הרב שמואל מוהליבר

ברית האהבה והשלום

למלאת מאתיים שנה להולדתו

כ"ז בניסן תקפ"ד - כ"ז בניסן תשפ"ד

"האושר היותר נעלה בעמנו היא ברית האהבה והשלום..."

"יסוד כל התורה הוא שלום ואהבה..."

"כן אחים נכבדים, עבודה רבה לפנינו, עלינו לעבוד ולעבוד בלי לאות ובלי הרף, עלינו לעבוד שכם אחד בלי פרוד, באהבה גמורה ובאחדות שלמה".

(הרב שמואל מוהליבר)

הרב שמואל מוהליבר

ברית האהבה והשלום

כתבים על ציונות, חינוך, מחשבה ומעשה

ערך: אברהם מוניץ

מבוא: אחיעזר ארקין

מגיד

ציוני דרך
מרכז סיור ולימוד
מזכרת בתיה (ע"ר)
מוזיאון הרב מוהליבר

Rabbi Shmuel Mohliver
The Covenant of Love and Peace: Selected Writings

ברית האהבה והשלום
הרב שמואל מוהליבר - מבחר כתבים

עורך אחראי: ראובן ציגלר
עורכת ראשית: אוריה מבורך
עורכת משנה: אפרת גרוס
עריכה לשונית: חננאל גולדברג ודוד פיאלקוף
הגהה: אביחי גמדני
עימוד ועריכה גרפית: אפרת בירר לבון, רינה בן גל
מפתחות: יונתן בדנרש
עיצוב כריכה: שמואל לעסרי

טל׳: 08-9340034 www.midrasha-m-b.org.il

ספרי מגיד, הוצאת קורן
ת״ד 4044 ירושלים 9104001
טל׳: 02-6330530 פקס: 02-6330534
www.korenpub.co.il

מסת״ב ISBN 978-965-526-246-9
נדפס בישראל תשפ״ד Printed in Israel 2023

תוכן העניינים

כתבי הרב שמואל מוהליבר 123

בעריכת אברהם מוניץ

הרב שמואל מוהליבר

נר זיכרון

לרבנים שכיהנו במושבה מזכרת בתיה מיום היווסדה

הרב שמחה הלוי בונים אוסוביצקי זצ"ל, תרמ"ד-תרמ"ח
נפטר בכ"ג בשבט תרנ"ט

הרב ברוך חומה זצ"ל, תר"ן-תרנ"ד
נפטר בכ"ט בשבט תר"צ

ר' מאיר אהרון הלוי זצ"ל, תרנ"ד-תרס"ט
נפטר בט' באדר ב' תרע"ו

הרב מרדכי לייב רובין זצ"ל, תרס"ד-תרס"ח
נפטר בג' בתמוז תרפ"ט

הרב יעקב יוסף הלוי דזימיטראובסקי זצ"ל, תרס"ח-תרע"ב
נפטר בכ"ט בתשרי תשכ"ו

הרב משה המאירי אוסטרובסקי זצ"ל, תרע"ב-תרע"ט
נפטר בכ"ה בסיוון תש"ז

הרב אברהם אליהו אלטמן זצ"ל, תר"ף-תש"ח
נפטר בכ"א באדר א תש"ח

הרב משה דוד הרץ זצ"ל, תש"ח-תשכ"א
נפטר בי"ז באדר תשכ"א

הרב צבי סנדרוביץ זצ"ל, תשכ"ג-תשכ"ז
נפטר בכ"ב בטבת תשכ"ז

תנצב"ה

פתח דבר

דלות המילים מלתאר מה רבה הייתה השפעתו ותרומתו של הרב שמואל מוהליבר זצ״ל לחידוש היישוב היהודי בארץ ישראל לאחר אלפיים שנות גלות.

בחלוף השנים, מסיבות שהזמן גרמן נדחקה דמותו לקרן זווית ותרומתו למפעל הציוני לא זכתה לסיקור הולם בספרי ההיסטוריה, לרבות בספרי הלימוד במערכת החינוך.

הרב היה אחת הדמויות המרתקות והמשפיעות על העולם היהודי בדורות האחרונים. רב, דיין ופוסק מצד אחד, ומהצד האחר מהפכן הקורא לשילוב ערכי המדע והאמונה, ולרכישת השכלה כללית ומקצועות חול. מצד אחד רב המשמש בקודש בקהילות מרכזיות ברוסיה, ומהצד השני עסקן ציוני נלהב, מייסד אגודת חובבי ציון הראשונה ברוסיה ורבם של חובבי ציון הנוסע בכל רחבי אירופה על מנת לעשות נפשות למען הרעיון הציוני.

לכתביו של הרב שמואל מוהליבר לא האיר המזל פנים. רוב הכתבים עלו באש וכלו מן העולם בשני אירועים שונים, האחד בחייו, והשני לאחר מותו כפי שיפורט להלן. עם זאת, מעט מכתביו ששרדו משני אירועים אלו, ובכלל זה כתביו שהתפרסמו עוד לפני כן בבמות שונות, פותחים צוהר להכרת דמותו הייחודית של הרב מוהליבר ומהם עולה דמותו רבת הפעלים: גדלותו בתורה כפוסק, תעוזתו בשדה

החינוך ומסירותו לארץ ישראל. במיוחד ניתן ללמוד מכתבים אלה עד כמה יקרה בליבו האהבה לעם ישראל ועד כמה פעל בלא לאות לאיחוי הקרעים בעם.

זאת ועוד, כתביו של הרב מוהליבר עוסקים בסוגיות הנוגעות לחיים המודרניים במדינת ישראל: יחסי חילוניים ושומרי מצוות, צביון החיים הציבוריים בארץ, שילוב של לימודים כלליים עם לימודי קודש, השירות בצבא, התמודדות עם העוני והאבטלה, התיישבות, היחס לממסד, שילוב חיי תורה ועבודה ועוד.

ספר זה הוא אסופה של כתבי הרב מוהליבר שנערכו על ידי אברהם מוניץ. אסופה זו כוללת את מאמריו שהתפרסמו בעיתונות התקופה ובמקומות נוספים, וכן מבחר מתוך איגרותיו שהשתמרו בארכיונים שונים. רבים מן הכתבים הללו כונסו ופורסמו בשנת תרפ"ג (1923) ב'ספר שמואל' בעריכת הרב יהודה לייב הכהן פישמן (מימון).

בשנת תש"ד (1944) הדפיס הרב מימון אוסף תשובות הלכתיות מתוך כתבי יד של הרב מוהליבר שנותרו לפליטה ופרסמו בספר 'חקרי הלכה ושאלות ותשובות', בהוצאת מוסד הרב קוק.

בשנת תש"מ (1980) הוא פרסם קובץ נרחב יותר בשם 'שו"ת מהר"ש מוהליבר: שאלות ותשובות וחקרי הלכה' על ארבעת חלקי שולחן ערוך בהוצאת מוסד הרב קוק (נדפס שוב מחדש בשנת תשפ"ב).

לספר זה מצורף מבוא המתאר את קורות חייו, משנתו החינוכית ופועלו של הרב מוהליבר לחידוש היישוב היהודי בארץ ישראל, וזאת לצד כהונתו כרב של ערים גדולות וחשובות ברוסיה.

שם הספר "ברית האהבה והשלום" הוא חלק מהמשפט: "האושר היותר נעלה בעמנו היא ברית האהבה והשלום..." המופיע במאמרו של הרב מוהליבר "היראה וההשכלה".

מוטיב האהבה והשלום שזור בכל כתביו של הרב מוהליבר. בסיום המנשר שכתב הרב מוהליבר יומיים לפני פטירתו שב והדגיש יסוד חשוב זה: "כן אחים נכבדים, עבודה רבה לפנינו, עלינו לעבוד ולעבוד בלי לאות ובלי הרף, עלינו לעבוד שכם אחד בלי פרוד, באהבה גמורה ובאחדות שלמה".

לחיבורו של ספר זה שותפים אנשים רבים שסייעו בעבודה בדרכים שונות: יצחק רפפורט הגיה את הנוסח הראשון של המבוא כשיצא כחוברת פנימית של 'ציוני דרך' מרכז סיור ולימוד מזכרת בתיה וחננאל גולדברג שעמל רבות בהתנדבות בעבודת העריכה התוכנית והלשונית של המבוא והכתבים. העריכה הסופית של הספר נעשתה על ידי הרב דוד פיאלקוף אשר הביא את המלאכה לידי גמר.

יעמדו כולם על הברכה.

תודתנו נתונה גם לרב ד"ר יהודה זולדן על עזרתו לכתיבת הפרק על פסיקתו ההלכתית של הרב מוהליבר, לרב ד"ר בועז הוטרר ולד"ר אילה שקלאר על הערותיהם החשובות והמועילות, ליאיר פיקסלר על הארותיו הנהירות ולאפרת בירר לבון על העריכה הגרפית.

כמו כן אנו מכירים טובה לעובדי הארכיון הציוני המרכזי, לעובדי הספרייה הלאומית ולעובדי בית התפוצות, על המסמכים והתמונות שהעמידו לרשותנו, וכן להנהלת מוסד הרב קוק על האישור שנתנו להשתמש בפרסומיהם בספר זה.

לבסוף, תודתנו נתונה לעומדים בראש הוצאת מגיד על נכונותם להדפיס ספר זה ולכל עובדי ההוצאה על השתדלותם להוציא לאור דבר נאה ומתוקן.

משימת קיבוצם של כתבים נוספים של הרב מוהליבר, ובכללם חידושי תורה שפזורים בספרים שונים ובכתבי יד שלא פורסמו, איגרותיו ומכתבי ההסכמות שנתן לספרים תורניים, טרם הושלמה וצו השעה להשלימה.

אנו תקווה כי ספר זה יתרום להארת דמותו של הרב מוהליבר, יסייע בידי המבקש ללמוד ממשנתו, ויציב את דמותו במקום הראוי לה בין שורת האישים שהביאו למהפך הגדול בעם ישראל בעת החדשה.

הספר מובא לדפוס במהלך מלחמת "חרבות ברזל". ייטיב ה' ולא יוסיף עוד ליסרה, ושבו בנים לגבולם, שלום על ישראל.

אחיעזר ארקין

מרכז הרב מוהליבר ו'ציוני דרך' מזכרת בתיה

ג' בכסלו תשפ"ד

מבוא: הרב שמואל מוהליבר
משנתו ופועלו

אחיעזר ארקין

א. תולדות חייו

הרב שמואל מוהליבר נולד בכ״ז בניסן תקפ״ד (1824) בעיירה הלובוקי שבפלך וילנה. מצד אביו היה נצר למשפחה רבנית ענפה. סבו, ר׳ יוסף מהורודוק, היה תלמידו של ר׳ חיים מוולוז׳ין, אך על אף גדולתו בתורה בחר להתפרנס ממסחר, ולא רצה לעשות את תורתו קרדום לחפור בו. אביו, ר׳ יהודה לייב, היה גדול בנגלה ובנסתר, והיה גם בעל השכלה כללית, אשר הצטיין באופן מיוחד בתורת החשבון. כמו סבו של הרב שמואל, גם אביו עסק רוב חייו במסחר ורק לעת זקנותו קיבל עליו את משרת הרבנות בעיירה שאלאק. שם אימו של הרב מוהליבר לא התברר לנו, אך ידוע שהיא הייתה בתו של הרב יהושע יפה אשר נמנה על אחד מזרמי החסידות.[1]

כבר בילדותו נתגלה הרב מוהליבר כעילוי. עוד בהיותו בן שמונה החל ללמוד מאביו גמרא ופוסקים, ובהדרכתו של אביו עסק גם בספרות המחשבה היהודית מימי הביניים (ספר הכוזרי, מורה הנבוכים, חובות הלבבות ועוד). מלבד זאת הרב מוהליבר למד גם

1. עץ המשפחה של הרב מוהליבר מופיע להלן נספח 1, עמ׳ 109.

לימודים כלליים: היסטוריה, חשבון, הנדסה ופיזיקה. מלבד עברית שלט גם ברוסית, יידיש, גרמנית ופולנית.

בהיותו בן חמש עשרה התחתן עם אסתר גרנום, ובמשך שלוש שנים היה סמוך על שולחן חותנו, ונתן שיעורים בגמרא לתלמידי החכמים שבעיר. בתום שלוש השנים המשיך את לימודיו בישיבת וולוז'ין, ושם הקפיד שלא להתפרנס מקופת הציבור. כעבור חצי שנה בישיבת וולוז'ין הסמיכו אותו ראשי הישיבה לרב. בדומה לאבותיו, הרב שמואל מוהליבר לא חפץ להתפרנס מהרבנות, ועסק במשך מספר שנים בסחר בפשתן. בהמשך הוא היה גם שותף בבעלות על אחוזה חקלאית.[2] את זמנו הפנוי ייחד ללימוד תורה ולהתכתבויות עם גדולי ישראל בענייני עיון והלכה. בשנים אלו גם כתב לזכר סבו ספר חידושים ודרשות על פרשיות השבוע בשם 'עטרת יוסף'.[3] כשהיה בן עשרים וארבע נספו הורי אשתו במגפה ועסקיו נקלעו לקשיים. רק אז נעתר לבקשת בני עיירתו הלובוקי והיה להם לרב. במשך כיובל

2. הרב מוהליבר רכש בשותפות אחוזה בשם זאוארע, בכספי כרטיס הגרלה שקיבל מאחותו (ראו פרלוב, ספר ראדום, עמ' 339).

3. ספר זה לא יצא עדיין לאור, וכתב היד שלו נמצא בספריית יד הרב מימון שבמוסד הרב קוק.

בשער הספר כותב הרב מוהליבר: "ספר עטרת יוסף זכר עולם לאבי זקני המופלג המפורסם י"א באמת מו"ה יוסף זצ"ל אשר נגוע ויאסף אל עמיו בחורף העבר ארבעה עשר יום לחודש טבת שנת תר"ז בעיר מולדתו דאויד־הארדאק... חוברו מאיתי הצעיר שמואל באאמו"ר הרב המופלג מו"ה יהודה ליב חתן הנגיד המפורסם מו"ה שמואל גרונם נ"י ותהי ההתחלה יום ב' כ"ו ניסן שנת תר"ז, יום מולדתי, זה לי עשרים ושלש שנים פה האליבאקע" (ספר שמואל, עמ' ה-ו). ספר 'עטרת יוסף' הנ"ל, כמו גם יתר כתבי היד של הרב מוהליבר שנותרו לפליטה מהפרעות שהיו בביאליסטוק, מצויים בספריית יד הרב מימון כפי שעולה מפרסומי מוסד הרב קוק ראו: חקרי הלכה ושאלות ותשובות, עמוד הפתיחה 'עם הספר'; גאולה בת יהודה, האנציקלופדיה של הציונות הדתית, ערך 'מוהליבר שמואל', עמ' 364; יצחק רפאל, **סיני**, 41 (כרך פ), תשרי-אדר תשל"ז, "דברי הספד של הגאון רבי שמואל מוהליבר על האדמו"ר רבי חיים מסאנדז", עמ' קצג-קצד.

שנים שימש ברבנות בקהילות חשובות ברוסיה: בהלובוקי, בשאקי, בסובאלק, בראדום ובביאליסטוק.[4]

שמעו כגדול בתורה וכפוסק יצא למרחקים, וממקומות רבים הפנו אליו רבנים והמוני בית ישראל שאלות הלכתיות. הוא זכה להערכה רבה לא רק אצל ה'מתנגדים' אלא גם בקרב החסידים. אלה קיבלו והעריכו את הרב מוהליבר ואף התייחסו אליו כאל אדמו"ר. רבים שיחרו לפתחו לקבל ממנו הסכמות לספריהם התורניים.[5]

הרב מוהליבר היה מעורב מאוד בחיי הקהילות שבהן שימש ברבנות. בד בבד עם עיסוקו הרבני, הוא החל לעסוק גם בעשייה ציבורית. אחת מהסוגיות הציבוריות־חינוכיות שאליהן נדרש הייתה היחס הראוי להשכלה ומערכת היחסים בין ה'משכילים' ל'יראים'. הרב מוהליבר פעל כדי ליישם את השקפותיו בתחום זה בתוך מוסדות חינוך יהודיים. תחום נוסף שבו עסק היה היחסים בין היהודים לשלטון הרוסי, ובכלל זה סוגיית הגיוס לצבא הרוסי.

פעילותו הציבורית התרחבה בהדרגה והייתה לעסקנות כללית הנוגעת לכל העולם היהודי, עד שאנשי עירו ביאליסטוק נהגו לומר עליו: "רבנו הוא רבם של כלל ישראל, ולעיתים גם של ביאליסטוק".[6]

אף שתרומתו של הרב מוהליבר לכלל ישראל באה לידי ביטוי בתחומים רבים, גולת הכותרת של מעשיו הייתה פעילותו למען שיבת עם ישראל לארצו, ופעילות זו היא שגרמה לכך שייחרט בזיכרון הלאומי כפעיל ציוני יותר מאשר כגדול בתורה. פעילות זו החלה עוד בשנת תרל"ה (1875), ומאז הרב מוהליבר ייחד את חייו למען יישוב ארץ ישראל, הן במסגרת תנועת חיבת ציון, שהיה ממנהיגיה הבולטים והן במסגרת התנועה הציונית שהיה שותף בהקמתה ואשר שימש דמות מרכזית בפעילותה עד לימיו האחרונים ממש. בשנותיו

4. המידע הביוגרפי הנזכר כאן מבוסס בעיקרו על ספר שמואל, עמ' ה–י. ראו גם 'מוהליבר שמואל' בתוך אנציקלופדיה של הציונות הדתית, ג, עמ' 338–365; ניסנבוים, הדת והתחיה, עמ' צב–קיח; הנ"ל, עלי חלדי, עמ' 105–126.
5. הרב מוהליבר נתן הסכמות לכארבעים ספרים.
6. מימון, שרי המאה, ה, עמ' 159.

האחרונות הועלתה ההצעה למנותו כרב המושבות באזור יפו,[7] והוא אף שקל אפשרות לעלות לארץ ישראל ולהשתקע בה.[8]

הרב מוהליבר נפטר בביאליסטוק בי"ט בסיוון תרנ"ח (10 ביוני 1898), ונקבר בה. על קברו הוקם 'אוהל', ואליו נהגו לעלות לרגל המוני בית ישראל. במלחמת העולם השנייה נותץ האוהל, ומקומו נשכח עד לשנת תשנ"א (1990), אז התגלו יסודותיו.

במבצע מורכב הועלו עצמותיו ונטמנו בבית העלמין של מזכרת בתיה בג' בכסלו תשנ"ב, לצד קברות ראשוני המתיישבים שעלו ביוזמתו להקים את המושבה.

על קברו נבנה 'אוהל' בדומה לזה שהיה בביאליסטוק.

בעקבות העלאת עצמותיו, הוקמו במזכרת בתיה 'מרכז הרב מוהליבר' ו'ציוני דרך' מרכז סיור ולימוד הפועלים להנחלת מורשתו.

בשנת תשס"ט (2009) נחנך 'מוזיאון הרב מוהליבר' במזכרת בתיה, המוקדש להנצחת פעילותו הציונית והחינוכית של הרב.[9]

על שמו קרויים הקיבוץ 'גן שמואל', ישיבת בנ"ע 'בית שמואל' בחדרה, וכעשרים רחובות ברחבי הארץ.

7. ראו קניאל, המשך ותמורה, עמ' 173; הנ"ל, במעבר, עמ' 299.
8. ראו מכתבים בנושא זה: ארכיון ציוני מרכזי, תיק A24/616-70, ו־A24/616-104.
9. פירוט נוסף אודותיו אפשר למצוא באתר האינטרנט של מוזיאון הרב מוהליבר: https://museum-mohaliver.org.il.

ב. דרכו בלימוד ובפסיקה

הרב מוהליבר היה בקיא בכל מקצועות התורה כפי שהיטיב לתאר זאת מזכירו הרב יצחק ניסנבוים הי"ד שהכין את כתביו לדפוס:

> הגרש"מ [הגאון רבי שמואל מוהליבר] היה בקי ועמקן גדול בספרות החקירה הדתית העברית וחכם בחכמת החשבון והתכונה, עסק הרבה גם בקבלה, וביחוד התעמק בספרי תולדות עמנו. כל ידיעותיו הרחבות והעמוקות האלה השאירו עקבותיהן בספרים שחבר בשפה עברית יפה. בכתביו, שנשארו אחריו, נמצאו יותר ממאתיים גליונות של דפוס בתשובות על ארבעה חלקי שו"ע, חִדושים כמעט על כל הש"ס ועל חושן משפט, דרושים כעין אטיקה תלמודית, דרושים על דרך החקירה, תשובות בדיני פאה וכלאיים הבנויים על חשבונות הנדסיים, תשובה ארוכה וחשובה מאוד בדבר שאלת השמיטה, שסדרתי על פי כתביו ועל פיו, גם לוח נצחי המלמד השתוות הימים למספר בני ישראל ולמספר האזרחים, ועוד.

דא עקא, לא שפר מזלם של כתבים אלה ובשל קשיי מימון הדפסתם התמהמהה ובתוך כך הלכו ונעלמו מן העולם כפי שמוסיף לתאר הרב ניסנבוים:[1]

> הכתבים האלה, שהיו כבר מסודרים תחת פקוחי לדפוס, ונמצאו ברשותו של נכד המנוח, ד"ר מוהליבר, **נקרעו** ברובם **ונשחתו** על ידי הפורעים בעת הפרעות האיומות בביאליסטוק בקיץ תרס"ו. [...] וכה נשארו מכל יצירות רוחו של הגאון רבי שמואל מוהליבר עלים בודדים וקרועים מתשובותיו וספרים אחדים שלמים בחידושי הש"ס ודרושים הנמצאים תחת יד נכדו הנזכר ומאמרים אחדים שהדפיס ב'הלבנון' אחד מהם בדבר יום השבת.[2]

בהמשך מדגיש הרב ניסנבוים:

> אבל גם 'שארית פליטה' זו, אם תראה בזמן מן הזמנים אור הדפוס, תעיד לדורות הבאים, כי היה רבי שמואל מוהליבר אחד הגאונים

1. הרב יצחק ניסנבוים, במכתבו לועד הפועל של הקונגרס הציוני מג' בכסלו תר"ס (1900) מתאר את קשייו בגיוס המימון להדפסת הכתבים ושוטח בקשתו לסייע בהדפסתם. עוד מציין את המניע שדחף אותו להכין את הכתבים לדפוס: "הגאון רבי שמואל מוהליוער זצ"ל היה מתחלה מפורסם לגאון בתורה אך כאשר החל לעסוק ברעיון הציוני זה **כעשרים** שנה החלו מתנגדי חבת ציון להוציא עליו לעז, כי איננו גדול בתורה והשתדלו למעט דמותו ולהקטין האוטוריטעט שלו. ורבים **מהרבנים הצעירים**, אשר לא ידעו את הגרש"מ טרם החל לעבוד עבודת הציוניות, חושבים באמת, כי גדול כחם של הרבנים הידועים **למתנגדי** הציוניות בתורה מכחו של הגרש"מ. את הדבר הזה שמתי אל לבי, כי למען הגדיל את האוטוריטעט של הגרש"מ בתורה ויחד עם זה להרים את הרעיון הציוני, **שהגאון** רבי שמואל מוהליבר **נשא דגלו ברמה**, דרוש להדפיס את כתביו **בהלכה**, למען יראו הלומדים את כחו בזה" (ניסנבוים, אגרות, עמ' 109).
2. מאמר בנושא השבת וקו התאריך שהתפרסם בהמשכים, ראו אודותיו בעמ' 11 ובהערה 6, באותו העמוד.

המובהקים בדורו, דור של מאורות גדולים ומזהירים בשמי היהדות הרוסית ולא לחנם ירש את כסאות הרבנות של הגאון רבי יחיאל הלר בסובאלק והגאון בעל עונג יו"ט בביאלסטוק והרבה מישישי הגאונים היו מעריצים את גודל תורתו.[3]

לקט מהשאלות והתשובות ששרדו מהפרעות בביאליסטוק כונסו כאמור בשו"ת מהר"ש מוהליבר.

הרב יצחק ניסנבוים

3. ניסנבוים, הדת והתחיה, עמ' צג.
הרב יצחק ניסנבוים הי"ד שימש כמזכירו של הרב מוהליבר והמזרח"י. נספה בגטו וורשה בחודש אב תש"ג (1943).

הרב מוהליבר העיד על עצמו שהוא נמנע מלעסוק בספרות השו״ת של האחרונים, והעדיף ללמוד את הסוגיה שבגמרא דרך דברי הראשונים ועד לפסיקת השולחן ערוך:

> והנני מוכרח להודות על האמת כי אין דרכי לעיין בתשובות מגאוני בתראי, כי אין לדבר קץ, ודי לפנינו לידע ולהבין כל הלכה על בוריה ממקורה בתלמוד על הש״ע ונושאי כליו, כי אם נבוא לפסוק דין מתוך תשובת האחרון בלי עיון בגמרא וראשונים, נהיה כעיוורים המגששים באפילה, ונוכל להורות היפך מאמת חס ושלום, ואם לא נפסוק הדין עד אשר נעיין בגמרא וראשונים היטיב, אזי לא נצטרך עוד לדברי תשובה.[4]

גם הרב יצחק ניסנבוים מתאר כך את דרך לימודו של הרב:

> דרכו בלימוד היה דרך הראשונים, אשר בקיאותו בדבריהם, ״בחידושיהם״ ו״תשובותיהם״ הייתה נפלאה מאוד. הוא מצא בכל עניין עומק פשוט, ופתר כל ״שאלה״ קודם כל על פי ״השכל הישר״ טרם שבא לצלול בים התלמוד ובכל הספרות הרחבה של הפוסקים הראשונים. [...] מחידודים ופלפולים הטוחנים הרי הרים התרחק. ובשעה שרבנים שונים התחרו ביניהם לפניו בחריפותם ובבקיאותם וסבכו עניין בעניין וסוגיא בסוגיא, עד שנסתבכו בהם גם בעצמם, היה יושב כמחריש, אך נראה היה, שהוא מחקה אחרי דבריהם ובקר אותם ביושר הגיוני, וכמו פתאום הפליט מפיו איזה ״מראה מקום״ ובאר אותו בקיצור נמרץ ובטל בבת אחת כל סברותיהם וחלוקיהם והדבר התברר כל כך עד שהמתווכחים נשארו כמשתוממים ונשתתקו.[5]

4. שו״ת מהר״ש מוהליבר, אבן העזר, סימן ח, עמ׳ קמג.
5. ניסנבוים, הדת והתחיה, עמ׳ צג. לתיאור המעשה שאליו כנראה רומז כאן הרב ניסנבוים ראו בספרו עלי חלדי, עמ׳ 117–118. על רתיעתו של הרב מוהליבר

שו"ת מהר"ש מוהליבר

מלקט התשובות בשו"ת מהר"ש מוהליבר אפשר ללמוד על מגוון הנושאים שלהם נדרש הרב מוהליבר לפסוק.

שו"ת מהר"ש מוהליבר כולל חמישה חלקים: הארבעה הראשונים מסודרים לפי חלקי השולחן ערוך (אורח חיים, יורה דעה, אבן העזר וחושן משפט), ובחלק האחרון 'חידושים בש"ס וברמב"ם' ו'דרוש ופלפול לבר מצוה'.

בחלק אורח חיים ישנן כמה תשובות שבהן הרב מוהליבר מתמודד עם שינויי מציאות הכרוכים בחיים המודרניים. ביטוי לכך אפשר למצוא בתשובתו בנוגע לקו התאריך הבינלאומי. הרב מוהליבר כתב בנושא זה תשובה יסודית ומקיפה הנשענת על מקורות רבים בתלמוד ובראשונים ומכילה גם ידע גאוגרפי נרחב.[6]

תשובה זו, של הרב מוהליבר, יחד עם עוד כמה תשובות של גדולי ישראל בזמנו, הקדימו את הדיונים ההלכתיים בנושא זה שעלו כעבור עשרות שנים, במהלך מלחמת העולם הראשונה, וביתר שאת עם עקירתה של ישיבת מיר לסין בעקבות מלחמת העולם השנייה והשואה.

חלק זה כולל גם שאלות רבות הנוגעות לחיי היום יום בגלות, רבות מתוכן בענייני השבת והמועדים. כך למשל, בחלק אורח חיים סימן יב התיר הרב מוהליבר לשתות מים בשבת מבור מים מגולה שהגויים היו משליכים בו חמץ בפסח.[7] שתי תשובות חשובות בחלק זה עוסקות בנושא אתרוגי קורפו (סימנים יח-יט[8]). נושא זה העסיק

מדברי פלפול וחידוד ראו שו"ת מהר"ש מוהליבר, אבן העזר, סימן כט, עמ' רכט.

6. תשובה זו התפרסמה בתחילה כסדרת מאמרים בעיתון 'הלבנון' (**הלבנון**, תרל"ה [1886], גיליונות 40-46). מאוחר יותר היא נדפסה על ידי הרב וייסמן בקובץ **דברי חכמים** (ורשה תרל"ו), והיא נדפסה שוב בתוספת הערות של הרב מימון בשו"ת מהר"ש מוהליבר, אורח חיים, סימן ו.
7. שאלה זו התעוררה גם בימינו בנוגע לכשרות השימוש בפסח במימי הכינרת והמוביל הארצי – ראו למשל **שו"ת יביע אומר**, חלק ז, או"ח סימן מד, אות ה.
8. התשובה בסימן יט מופיעה להלן סימן יד סעיף ד, עמ' 318-323.

את הרב מוהליבר רבות, והיה קשור גם לחיבתו לארץ ישראל. הרב מוהליבר השקיע מאמצים רבים כדי לשכנע את יהודי הגולה שלא לסמוך על כשרותם של אתרוגים מהאי קורפו, ולהשיג במקומם אתרוגים מהודרים מארץ ישראל.[9]

בחלק יורה דעה ישנן תשובות העוסקות בענייני שחיטה וכשרות, וכן תשובות בענייני נדרים, שבועות, ובכורות. בחלק זה הרב מוהליבר דן בין היתר באריכות בשאלה אם אפשר להתפלל בבית כנסת שבעבר שימש בית תפילה לנוצרים. בנושא זה הרב מוהליבר התכתב בין היתר עם הגאון הרב יצחק אלחנן מקובנה והוא מזכיר את דבריו בתוך תשובתו.

בחלק אבן העזר ישנם דיונים רבים הנוגעים לנישואין וגירושין, תוך דגש מיוחד בהתרת עגונות. בעניין זה הרב מוהליבר לא הסתפק רק בעיון למדני, אלא פעל רבות על מנת להתיר עגונות שהגיעו לפתחו כפי שיעידו הפרסומים בעיתונות הימים ההם.

בחלק חושן משפט דן הרב מוהליבר רבות בענייני שותפים ושליחים, וכן במקרה של אדם שאינו מוכן לקיים את הפשרה שפסקו רבנים בדין. בסוף חלק חושן משפט מופיעים חידושים מעמיקים על מסכתות בבא קמא ובבא מציעא ועל שולחן ערוך הלכות דיינים, ובחלק האחרון של השו״ת מופיעים, כאמור, ׳חידושים בש״ס ורמב״ם׳ ו׳דרוש ופלפול לבר מצוה׳.[10]

9. במכתב גלוי שכתב הרב מוהליבר והתפרסם בעיתון ׳הצפירה׳ הדגיש: ״אשר שאלני בדבר אתרוגי קורפו, זה כט״ו שנה אשר לא לקחתי אתרוג לצאת בו ידי חובת מצוות אתרוג, רק מאתרוגי ארצנו הקדושה, כי אתרוגי קורפו וכו׳ הם אצלי ספק מורכבים, והמברך עליהם הוא ספק ברכה לבטלה, אשר על כן לדעתי, אין ספק שלא לברך ולא לצאת כלל באתרוג אחר, רק באתרוג של ארצנו הקדושה...״ (**הצפירה**, תרנ״א [28.5.1891], גיליון 108).
10. להרחבה על פסיקתו ההלכתית של הרב מוהליבר ראו ביק, קווים למשנתו; הנ״ל, רבי שמואל מוהליבר. יש לציין כי הדפסת שו״ת מהר״ש מוהליבר הנגישה את תשובותיו של הרב מוהליבר לפוסקי ההלכה בדורנו, ואפשרה להם להסתמך על חידושיו ופסיקותיו (ראו למשל שו״ת יביע אומר שמופיעות בו הפניות לשו״ת מהר״ש מוהליבר בנושאים שונים כגון: שמיטה, חמץ בפסח, פינוי המת ועוד).

Hebräische Ausgabe des „Israelit"

שנת ארבע עשרה — נומער יוד № 10

הלבנון

מכתב עתי בשפת עבר

מאינץ, ה' מרחשון תרל"ח — MAINZ, den 12 October 1877

תקנת עגונות

אני האשה עצובת הרוח מבקשת את קוראי הלבנון מי מכם ימצא את בעלי אשר עזבני עגונה זה כארבע שנים ולא נודע מקומו איה. שמו שמחה בונם בארינשטיין יליד עיר חענטשין בפולין, שנותיו כבן שלשים וארבע, שערותיו בלאנד, וזקנו קטן ועיניו כחות. בערי גאליציען יש לו קרובים רבים ואחד מהם הוא דודו הנגיר ר' אייזיק שטערן בעיר דאמברואו, אנא קוראי הלבנון, אולי תמצאו את בעלי דברו נא על לבו כי יתירני מכבלי העגון וישלח לי ג"פ ע"ש הרב הגאון דפה. — ואתה הרב בעל הלבנון הואל נא והודע לקוראיך את צערי אולי תטיב גם לי בזה כאשר הטיבות גם לרבות כמוני העגונה

אסתר הדסה בת ר' אהרן יוסף שו"ב ז"ל.

כנים דברי האשה הנ"ל ואבקש מאת כבוד הרב המו"ל „הלבנון" אשר ידפיס הדברים הנ"ל. באעה"ח יום ד' ה' תשרי תרל"ח פה ראדום.

שמואל בהר"ב מוהר"י מאהליווער.

JBRI ANOCHI

שנת אחת עשרה — גליון מג

עברי אנכי

מאתי ברוך ווערבער בבראדי

Brody, den 25. Juli 1873. — (N. 29) — בראדי ר' תמוז תרל"ג לב"ע.

עגונות

איש אחד שמו ליבוש ווייצמאן מכפר הסמוך לעיר וואלין מחוז ראדום, הי' חולה בחולי נכפה (ה' ישמרנו) וחליו גבר עליו מאד, והלך לו לבקש מזור ותרופה למחלתו מאת רבי החסידים אשר בניסכיז וטריסק. וזה כעשר שנה אשר הלך מביתו ועזב את אשתו עגונה, ועקבותיו לא נודעו ותאומה לא נשמע מאתו. שנותיו היו אז כבן שלשה עשרה שנה, קומתו ממוצעת, שערותיו גטלב, יפה תואר לח ואדום, פניו וחוטמו ארוכים מעט, מלאכתו מלאכת סנדלר. ע"כ אחלי את אחינו בני עמינו בכל מקומות מושבותם, אולי יש להם איזה ידיעה מהאיש הנ"ל אם הוא בחיים עודנו או כבר שבק חיין, לרחם על נפש אשתו העגונה העלובה ולהודיע איש מהר או להרב בעל „העברי" או אלי הח"מ, ושכרם יהי' כפול מהשמים.

שמואל מאהליווער (החופ"ק ראדום ברוסיא)

מודעות בעיתונות בחתימת הרב מוהליבר בנושא התרת עגונות

גדלותו בתורה ובהלכה יכולה להסביר את ההערכה הגדולה שלה זכה הרב מוהליבר מצד רבנים וגדולי הדור גם אם הללו לא תמיד הסכימו עם השקפותיו בנוגע להשכלה ולציונות.

אירוע אחד מני רבים ממחיש את היחס המכבד שזכה לו מצד מתנגדיו: הרב מוהליבר הזדמן לבריסק בימים שבהם הגאון ר׳ חיים הלוי סולובייצ׳יק, אשר נמנה עם מתנגדיה החריפים של הציונות, ישב על כיסא הרבנות בבריסק. מיד עם היוודע הדבר לר׳ חיים הוא הזדרז והקדים לבוא לבית מלונו של הרב מוהליבר כדי לקבל את פניו בברכת שלום. כאשר מקורביו של ר׳ חיים, שהיו בדעה אחת עימו ביחסם השלילי לציונות, תמהו על כך, אמר להם ר׳ חיים: ״אני, אין לי אלא אותו רבי שמואל הגדול בתורה ובחסידות, ואותו אני מכבד ומעריץ...״.[11]

רבי חיים הלוי סולובייצ׳יק מבריסק

11. מימון, שרי המאה, ה, עמ׳ 157; בר אילן, בשבילי התחיה, עמ׳ ריא; ספר שמואל, עמ׳ א (וראו להלן פרק ו, עמ׳ 95, שר׳ חיים מבריסק אף טרח והגיע ללווייתו של הרב מוהליבר).

ג. הרב מוהליבר נוכח תנועת ההשכלה

בין השנים תרל"ב-תרל"ד (1872-1874), כאשר הרב מוהליבר שימש כרב קהילה בעיר ראדום, הוא פרסם כמה מאמרים בעיתונות ובהם ניתח את מצב היהודים בפולין וברוסיה והציג את יחסו לתנועת ההשכלה. גישתו הייתה חדשנית ופורצת דרך, וקראה בין היתר לשינוי יסודי בשדה החינוך היהודי.[1]

נראה שהרקע האישי שלו – ההשכלה הכללית שרכש וניסיונו במסחר ובחקלאות, השפיעו על תפישת עולמו. עמדתו הייתה בבחינת תגובה חדשה ואמיצה לתנועת ההשכלה, והיא התבטאה בקריאה לרפורמה חינוכית עמוקה. הרב מוהליבר תמך בשילוב של לימודי חול ושפות זרות עם לימודי קודש, וכן בעבודה יצרנית שתרומם את מצבו של עם ישראל ותדמיתו בעולם.

פרסומו הראשון המוכר לנו מתקופה זו הוא מאמר בשם 'משא פולין' שבו פרס את השקפתו אודות מצב היהודים בפולין. מאמר

1. ראו ירדן, הגותו החינוכית, עמ' 35-44.

זה תורגם לגרמנית ופורסם בשנת תרל"ב (1872) באחד העיתונים הגרמניים.[2]

באותם הימים פעלה במזרח אירופה 'חברת מרבי השכלה בישראל' אשר שׂמה לה למטרה לקדם את הפצת ההשכלה הכללית בקרב הציבור היהודי. החברה פרסמה קול קורא בעיתון 'הלבנון' שכותרתו 'מאת חברת מרבי השכלה בישראל' בו הבהירה את מטרותיה, יצאה בקריאה להצטרפותם של חברים חדשים וביקשה מרבנים לתמוך בה.[3]

הרב מוהליבר הגיב מיד לפנייה זו, וחיווה את דעתו בשאלת החינוך היהודי בגיליון הבא של עיתון 'הלבנון' במאמר שכותרתו 'אל חברת מרבי ההשכלה בישראל ואל הרבנים ברוסיה ופולין'.[4] כמה חודשים לאחר מכן פרסם מאמר המשך בעיתון 'הלבנון' תחת הכותרת 'היראה וההשכלה',[5] ובו הציג בהרחבה את עמדתו בנוגע לשילוב הרצוי בין ההשכלה והתורה.

כתוצאה מההתכתבויות הללו הוזמן הרב מוהליבר להשתתף בישיבת ועד של חברת מרבי ההשכלה בישראל ושם פרס את הצעתו לחברת מרבי ההשכלה בישראל בדבר שינויים במערכת החינוך היהודית, הצעה שפורסמה גם בעיתונות היומית.[6]

כעבור כשנה פרסם את מאמרו 'אושר האדם' ובו הביע את דעתו על המשמעות הדתית והרוחנית שבעבודת כפיים ובלימודי ההשכלה.[7]

במקביל לפרסום המאמר 'היראה וההשכלה' פרסם הרב מוהליבר

2. ראו 'מוהליבר שמואל' בתוך אנציקלופדיה של הציונות דתית, ג, עמ' 338 (לצערנו לא עלה בידינו לאתר את המאמר הנ"ל).
3. **הלבנון**, תרל"ב (24.7.1872), גיליון מו; חלקים ממנו מצוטטים להלן בהקדמה לסימן א, עמ' 131–132.
4. **הלבנון**, תרל"ב (31.7.1872), גיליון מז; מופיע להלן סימן א, עמ' 133–135.
5. **הלבנון**, תרל"ג (4–11.12.1872), גיליונות 15–16; מופיע להלן סימן ב, עמ' 138–153.
6. **המליץ**, תרל"ג (29.4.1873), גיליון 12; מופיע להלן סימן ג, עמ' 159–161.
7. **הלבנון**, תרל"ד (11.2–4.3.1874), גיליונות 26–29; מופיע להלן סימן ד, עמ' 164–185.

מאמר נוסף בעיתון 'המליץ' שעוסק ביחס של התלמוד לגויים ובאופן שראוי להתייחס לגויים בתקופתו.[8]

מאמר זה נכתב על ידי הרב מוהליבר בתגובה למאמר שפורסם בעיתון אחר שבו כותב המאמר תקף באופן בוטה את היחס הלא־מוסרי לטענתו של התלמוד ושל היהדות כלפי הגויים.

במאמרים הנזכרים יצא הרב מוהליבר בקריאה ליהודי מזרח אירופה לעשות חשבון נפש ולהתנער מהקיבעון שבחיים הגלותיים. קריאה זו נבעה מתוך דחף ולהט פנימיים שבערו בו, כפי שתיאר: "מאהבת עמי הבוערת כאש בקרבי, לראותו עולה על במתי האושר וההצלחה לכבוד ולתפארת".[9]

בפסקאות הבאות יוצגו עיקרי עמדותיו בנושאים הנזכרים, כפי שבאו לידי ביטוי במאמרים אלו ובמקומות נוספים בכתביו.

קריאה לרכישת מקצוע ולהתבססות כלכלית

הרב מוהליבר הטיף לרכישת מקצוע ולעבודה יצרנית.

לדבריו, ההתבססות הכלכלית הכרחית, והיא שתאפשר לחיות חיי תורה נכונים המקנים לאדם את 'האושר הזמני' בעולם הזה יחד עם 'האושר הנצחי' בחיי העולם הבא, שכן: "בלעדי אושר הזמני גם אושר נצחי ירחק מאיתנו".[10]

הרב מוהליבר היה מוטרד מאוד מהירידה במצב המוסרי של העולם היהודי, וכך כתב:

> בשלימות המידות ירדנו פלאים רחמנא ליצלן מכל מחמדינו שהיו לנו בימי קדם, כי על ידי עמל החיים וסבל הפרנסה אשר הכבידו אכפם בימים האחרונים, הננו רואים על הרוב את האדם

8. **המליץ**, תרל"ג (17.12.1872), גיליון 20; מופיע להלן סימן ה, עמ' 188–194.
9. להלן עמ' 145.
10. להלן עמ' 170.

> מדקדק מאוד בדברים שבינו לבין קונו ויקל לעצמו בדברים שבינו לבין רעהו.[11]

קריאתו לרכישת מקצוע יצרני ולהתבססות כלכלית נועדה בראש ובראשונה לשפר מצב זה. כמי שעסק בתחילת דרכו בסחר בפשתן, קרא לבני דורו להתרחק מעולם המסחר הנגוע ב"כמה מיני ערמה ומרמה ואונאה וגנבה וגזלה".[12]

באותם הימים יהודים רבים ברוסיה ובפולין התפרנסו ממתן הלוואות בריבית. הרב מוהליבר יצא חוצץ נגדם ודרש מהם לעסוק בעבודה יצרנית ובעבודת האדמה, שכן לדעתו:

> עבודת האדמה היא התרופה היותר נאמנה לרפא לא לבד את מצבו החומרי של עמנו אלא גם את מצבו הרוחני, כי העבודה הזאת שאין בה לא קנאה ולא תחרות תוכל ברבות הימים לגרש מקרבנו את רוח שנאת החינם שדבק כספחת בעמנו זה רבות בשנים.[13]

במקום אחר ציין הרב מוהליבר שהעיסוק בעבודת האדמה יכול להיות פתרון לבעיית האנטישמיות, "כי כאשר יהיה בנו חלק גדול עובדי אדמה, אז לא יאמרו עוד בגויים כי חיים אנחנו על חשבון אחרים למצוץ את דמם ויגיעתם".[14]

11. להלן עמ' 180.
12. להלן עמ' 210.
13. ניסנבוים, ר' שמואל מוהליבר, עמ' 77.
14. להלן סימן יד סעיף ב, עמ' 311. בענין ביקורתו על המסחר "התלוי על בלימה" והחשיבות להתפרנס מעבודת אדמה בארץ ישראל ראו גם מכתבו לחברת כי"ח המתפרסם אצל מלאכי, לתולדות.

כסיוע לתפישת עולמו התובעת מהאדם רכישת מקצוע, ציין הרב מוהליבר את דרך חייהם של גדולי ישראל בדורות עברו:

אבותינו הראשונים היו עובדי אדמה ורועי צאן, מגדולי חכמי התלמוד ז״ל היו בעלי מלאכות שונות, וכל זה לא האפיל זוהר מעלתם ונהפוך הוא כי על חכמתם הרבה נתוספו טהרת הלב ומנוחת הנפש.[15]

עוד הוא כתב כי במהלך שנות הגלות שירתו גדולי התורה גם בתפקידים בעולם החול:

הרבה מגדולי עמינו היו רופאים, פילוסופים, מורים בבתי חכמה הכוללים, וגם מהם אשר היו רבי המלוכה והתעלו לפקודות גבוהות במשרת המדינה ועם כל זה היו נאמנים לה׳ ולתורתו.[16]

לפיכך יצא בקריאה שלא להצטמצם בארבע אמות של תורה ולצפות שיזכו לאושר הזמני בזכות התורה בלבד, והוסיף: ״אם נשים אותה למטרה להשיג על ידה אושר הזמני... הלא נחטיא את המטרה ועוננו יהיה גדול מנשוא״.[17]

לדבריו, יחד עם הצורך בהתבססות כלכלית (׳אושר זמני׳), על כל יהודי להמשיך ולהתעלות בלימוד התורה ולראות באושר הזמני אמצעי ומטרה להשגת ׳האושר הנצחי׳ בחיי העולם הבא. עוד הדגיש שאי אפשר להגיע למדרגת אושר זו מבלי שהאדם ״יזכך את שכלו בדעת ה׳ ויטהר את נפשו מכל חלאת תרמית ואון וחמדת התאוה וכל זה לא יגיעהו כי אם על ידי העיון בתורה״.[18]

15. להלן עמ׳ 171.
16. להלן עמ׳ 172.
17. להלן עמ׳ 170.
18. להלן עמ׳ 173.

קריאה לרכישת השכלה כללית ולרפורמה בתוכנית הלימודים

הרב מוהליבר ראה חשיבות רבה ברכישת השכלה כללית לצד לימוד התורה שכן האמונה וההשכלה הן "אחיות תואמות", שתיהן "בנות אל חי" ואין להפרידן זו מזו.[19] לדבריו, רק בדרך של איחוד התורה וההשכלה "יש תקוה לאחריתנו לתת שארית פליטה לתורתנו".[20]

במאמרו 'היראה וההשכלה' לא נרתע הרב מוהליבר מלמתוח ביקורת נוקבת על חלק ממנהיגי העם וגדולי התורה שלא נענו לאתגר שהעמידה תנועת ההשכלה בפני העולם היהודי:

> הרבה מגדולי וראשי עמנו נרדמו בתרדמת הזמן, עד כי כל הנעשה מקיר ביתם וחוצה זר הוא להם. את סערת הזמן ההולך וסוער לנתוץ ולהרוס, לבנות ולנטוע, לא ישמעו. את רוח ההשכלה המפיח חיים חדשים בלב כל בשר, לא יבינו. ויש מהם עוד העמלים בתורה, וברוחב לבבם וחידוד שכלם יעלו שמים וירדו תהומות, ומארבע אמות של הלכה והלאה לא יביטו – כי זולת לימוד התורה יחשבו הכל לדברים של מה בכך.[21]

בהמשך לביקורת זו על מנהיגי הדור, המשיך הרב מוהליבר וקבע:

> הרבה מגדולי וראשי העם יודעים בסתר לבבם את המצב הפרוע בעמנו: אין סדר והנהגה בכל הקהילות, אין חינוך טוב לבנים, דרכי היראה והמוסר מלאים קוצים וחרולים, כבוד התורה ניטלה מאת הוגיה ומחזיקיה... אבל רק בסתר יבכה לבבם ומאומה לא יעשו... גדולי העם אשר בחכמתם ודעתם יודעים לתקן את

19. להלן עמ' 134.
20. להלן עמ' 183.
21. להלן עמ' 146.

> המעֻוָת, וגם המה ישימו ידם בחיקם, יען מה? יען כי דואגים המה לכבודם יתר הרבה מאשר ידאגו לאושר העם כולו, ומפחדם אולי כאשר יגלו דעתם בקהל יבולע להם...[22]

את מאמרו חתם הרב בקריאה נרגשת לרבני רוסיה לצאת "ממצב הדומיה הנוראה" ולפעול כדי "לאחד שתי בנות אלוקים אלה האמונה וההשכלה".[23]

הרב מוהליבר גם הדגיש את החשיבות של לימוד שפות זרות ומתח ביקורת נוקבת על הרבנים שאינם מצדדים ואינם מעודדים את לימוד שפת המדינה בארצותיהם.[24] לדעתו, העובדה שכמה מהמנהיגים של יהודי רוסיה אינם יודעים את השפה הרוסית מזיקה לכלל העם, שכן התקשורת בינם לבין השלטון לקויה, "ולוא היה לנו פה לדבר כי עתה יכולנו בכל עת להגיש עצומותינו ולגול מעלינו דיבת שוטנינו, ולהראות צדקתנו וצדקת תורתנו יחד".[25] הרב מוהליבר קרא לתושבי ארץ ישראל ללמוד ערבית וצרפתית משום ש"שתי שפות אלה, ערבית וצרפתית, הן הכרחיות בארץ הקודש כי ההמון מדבר ערבית וגדולי הממשלה מדברים צרפתית".[26]

בהתאם לגישתו סבר הרב מוהליבר כי ראוי לערוך רפורמה במערכת החינוך המסורתית ולהקים מוסדות חינוך חדשים בסיוע השלטונות שבהם ילמדו, לצד לימודי התורה, גם לימודים כלליים. לפי הצעתו, מורי ההוראה במוסדות חינוך אלה ייבחרו על פי גדולי הרבנים וזאת על מנת שנערי ישראל יגדלו ויתחנכו "על ברכי התורה ויראה ויהיו שלמים עם ה' ותורתו".[27]

22. להלן עמ' 146.
23. להלן עמ' 153.
24. ראו למשל דבריו שמופיעים להלן עמ' 149.
25. להלן עמ' 181.
26. להלן עמ' 301.
27. להלן עמ' 150.

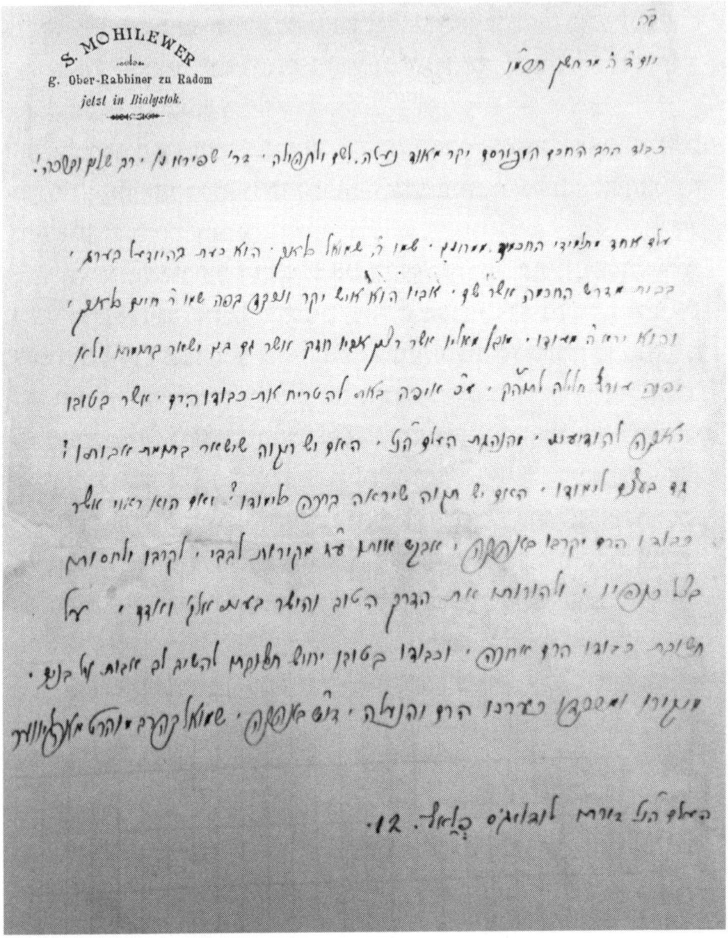

S. MOHILEWER
g. Ober-Rabbiner zu Radom
jetzt in Bialystok.

מכתב הרב מוהליבר לחיזוק חינוכו התורני של עלם צעיר

תנועת ההשכלה סחפה עימה רבים וטובים, ועקב כך הלך והעמיק השסע בין מחנה המשכילים ובין מחנה "שלומי אמוני ישראל". מצב דברים זה לא נתן מנוח לרב מוהליבר, ובמאמרו 'היראה וההשכלה' השיא עצות מעשיות במטרה לאחות את הקרעים בין המחנות ולקרב את הלבבות בין משכילים וחרדים. הקריאה להידברות בין המחנות השונים ולאחדות בעם, מופיעה שוב ושוב בכתביו של הרב מוהליבר, משום שלדבריו "האושר היותר נעלה בעמנו היא ברית האהבה והשלום..." ו"יסוד כל התורה הוא שלום ואהבה...".[28]

כדי לפעול להבאת שלום בין המפלגות השונות הציע הרב מוהליבר לכנס אסיפה כללית שבה ישתתפו "גדולי הרבנים ברוסיא ופולין המלאים בתורה וחכמה, גם מנכבדי העם וגביריו, דורשי אמת, ואוהבי עמם המבינים מה ה' שואל מאתנו, וגם מה הזמן מבקש מידינו...".[29]

קריאתו זו נשאה פרי. בי"ג בניסן תרל"ג (1873) התקיימה אסיפה כללית של חברת 'מרבי השכלה בישראל'. באסיפה נבחרו כמה חברים חדשים ובהם הרב מוהליבר. כשלושה שבועות לאחר מכן, בב' באייר נתכנסה בסנט פטרבורג אסיפת ועד של חברת 'מרבי השכלה בישראל' בהשתתפות הרב מוהליבר ורבנים נוספים.[30]

בפתח דבריו באסיפה בסנט פטרבורג בירך הרב מוהליבר על התחלת העיסוק המעשי ביוזמה "לאחד את דורשי החכמה עם תופשי התורה", ופירט את תוכניתו בעניין. התוכנית כללה בין היתר הצעה להקמת תלמודי תורה וישיבות שמלבד לימודי התורה יכללו לימוד רוסית וידיעות נחוצות במשך שעתיים עד שלוש בכל יום, וכן הקמת בתי ספר מקצועיים ("בתי אומנות ומלאכה") לתלמידים מתאימים.

28. להלן עמ' 141, 152.
29. להלן עמ' 146.
30. ראו רוזנטל, חברת מרבי השכלה, עמ' 100-101.

בכל המוסדות הנזכרים יהיה הפיקוח על לימודי הקודש בידי הרבנים ולימודי החול תחת פיקוח ממשלתי.[31]

הרב מוהליבר הדגיש שהיכולת להגשים את התוכנית "להפיץ ההשכלה גם בין החרדים והיראים", המהווים את רוב האוכלוסיה היהודית ברוסיה, תלוי בשיתוף פעולה בין חברת 'מרבי השכלה בישראל' לבין הרבנים. מתוך שיתוף פעולה כזה "נפעול הרבה בעזרת ה' להרחיב את הדעת בישראל, וגם התורה תשאר על מקומה".[32]

למגינת ליבו של הרב מוהליבר, קמו להצעתו מתנגדים אשר מתחו ביקורת נוקבת על התכנית ודרכי יישומה, וזאת מתוך חשש שמא יבולע לעולם התורה. בעקבות ביקורת זו נדחקה תוכניתו לקרן זווית.

בחתימת מאמרו 'אושר האדם', אשר נכתב לאחר האסיפה בסנט פטרבורג, הגיב הרב מוהליבר על דברי הביקורת הללו. הוא ציין כי אם מבקרי התכנית יעמדו על דעתם והתנגדותם הם "יביאו על העם כולו אסון איום חלילה, ורק המה ערבים בדבר ואחריות הסכנה הזאת רק עליהם אשר הרפו את רוחות המתנדבים בעם לפעול לטובת עמנו ודתנו".[33] הוא יצא בקריאה נרגשת וביקש לעורר את הציבור להשפיע על מנהיגי העם, "לאחד את התורה והחכמה בעוד מועד" ובעקבות כך יהיה אפשר "לקחת את החכמה לרעיה לגברת הבית – תורת ה' – ואף לכבוש אותה לאמה כאחת הרקחות והטבחות כאשר עשו חכמינו הראשונים".[34] לדבריו, כל ניסיון לדחות ולהדחיק את החכמה יביא לידי תוצאות הפוכות, ויגרום נזק בלתי הפיך לעולם התורה.

הצעותיו של הרב מוהליבר לאחד את התורה והחכמה זכו לתמיכה לא רק מצד המשכילים אלא גם מצד רבנים ידועי שם כגון הרב מרדכי גימפל יפה, רבה של רוז'נוי,[35] והרב יצחק אלחנן

31. נוסח ההצעה מופיע להלן סימן ג, עמ' 159-161.
32. להלן עמ' 160.
33. להלן עמ' 183.
34. להלן עמ' 184.
35. ראו מאמרו 'שלום ואמת', **הלבנון**, תרל"ג (25-31.12.1872), גיליונות 18-19.

ספקטור, רבה של קובנה.[36] אף על פי כן, התכנית לא יושמה בשל ריבוי המתנגדים לה.

הרב מוהליבר ראה בחזונו חברה יהודית שמחד גיסא תהיה חברה מתקדמת ומשכילה, ומאידך גיסא תהיה מושתתת על נכסי צאן הברזל של העם היהודי. כשהאשימו אותו שחזונו בדבר מדינה יהודית דתית עלול ליצור בארץ ישראל חברה של "יהודים בני המאה ה־12" ענה הרב מוהליבר:

> טעית! אנחנו רוצים ליצור בארץ ישראל שלנו לא בני המאה העשרים, ואף לא יהודים בני המאה הי"ב, אלא יהודים מטפוס אחר לגמרי, יהודים שמצד אחד יהיו בני המאה השלושים, אבל מצד שני יהיו יהודים מבני התקופות שקדמו לכל ספירת "המאות"... יהודים מתקופות הנביאים והמכבים.[37]

קריאה לכיבוד חוקי השלטון הרוסי

הרב מוהליבר הרבה לעסוק בחשיבות כיבוד השלטון הרוסי ובציות לו. במאמרו בעיתון ה'מליץ' על היחס לגויים הוא קרא לכבד את השלטון הרוסי:

> הממשלה הרוממה אשר אנחנו חוסים בצלה, אשר הגדילה חסדה להרימנו משפל מצבנו ולהשותנו עם יתר בניה, הלא חוב קדוש עלינו לעבדה באמת ובתמים... התורה חייבה אותנו לבלי להיות כפויי טובה וזאת נתאמץ להראות לעין כל לעת מצוא.[38]

36. על פי מאמרו של נפתלי הלוי, 'שמעו זאת הכוהנים והקשיבו בית ישראל', **הלבנון**, תרל"ד (25.11.1873), גיליון 15.
37. ניסנבוים, הדת והתחיה, עמ' קח.
38. להלן עמ' 193.

במאמר אחר קרא לנהוג על פי חוקי הממשלה הרוסית אשר "הם רק לאושר המדינה והצלחתה, ועל פי דין תורה קדושים הם לנו, ומחויבים אנו למלאותם בלי מגרעת".[39]

זאת ועוד, הרב מוהליבר שב והדגיש כי חוקי הממשלה הם:

> חמורים יותר מדיני התורה כי הוא סכנתא ואיסורא, הלא עלינו להזהר עד אשר אף שונאינו היותר גדולים לא ימצאו עון בנו, ולא יוכלו לחפות עלינו אף שמץ דברי בלע.[40]

לדבריו, האנטישמיות הולכת וגוברת ככל שנשמעים דברי בלע כלפי יהודים שאינם מצייתים לחוקי הממשלה הרוסית, אינם נוהגים ביושר, משקרים במשא ומתן ואינם בוחלים בכל דרך אפשרית על מנת להשתמט מהשירות בצבא רוסיה.

הרב מוהליבר ביקר בנחרצות את היחס המבזה של הגויים כלפי היהודים בהקשר זה, שכן לדעתו אמות המידה שלפיהן מתנהג העם היהודי הן טובות עשרות מונים מדרך התנהגותם של עמים אחרים:

> הן ידענו דבת שונאינו ומנדינו אשר לא מבני עמינו, ואם כי לא כצעקתם הבאה עלינו כן הוא באמת, כי בכל לאום ימצאו טובים ורעים וכן גם בעמנו. ואם נעריך זה לעומת זה לא יבוש יעקב נגדה נא כל העמים כאשר הננו רואים בהסטאטיסטין [בסטטיסטיקות] ממספר החייבים מכל עם ועם, ואז ינחל ישראל כבוד.[41]

39. להלן עמ' 151.
40. להלן עמ' 180.
41. שם.

השקפת עולם זו הביאה את הרב מוהליבר לידי פרסום קריאה לצעירי ישראל להתגייס לשורות הצבא הרוסי, וכפי שתיאר זאת נכדו ד״ר יוסף מוהילבר:[42]

> כשעמד להתפרסם בשנת תרל״ג החוק החדש בדבר עבודת הצבא, וכמעט כל הרבנים ראו בזה גזירה רעה, הבין ר׳ שמואל, כי במקום שאין חובות אין לקוות לזכויות וכי אם לא תחול עבודת הצבא הכללית גם על ישראל רעה תהיה נגד פנינו, ויעורר את לב אחיו במכתב גלוי לקבל באהבה וברצון את החוק החדש. הוא ראה בעבודת הצבא עבודה לשם כלל ישראל, ומפני כך היה תמיד מראה חיבה מיוחדת לחיילים היהודים, דואג לטובתם ומקדיש הרבה מרץ וזמן כדי להספיק להם מאכל כשר וליצור בשבילם בחגים ובשבתות סביבה חמה יותר. בחגים ובשבתות היו תמיד חיילים יהודים מסובים אל שולחנו והוא היה אוהב לשוחח עימהם ולהראות להם אותות קרבה כאב אל בניו.[43]

יחד עם הקריאה לכבד את השלטון הרוסי, קרא הרב מוהליבר לכבד את הנוצרים באשר הם. במאמרו בעיתון ׳המליץ׳ על היחס לגויים הוא

42. כך כתב הנכד את שם משפחתו: ״מוהילבר״, ולא ״מוהליבר״.
43. ניסנבוים, ר׳ שמואל מוהליבר, עמ׳ 80. ראו גם מכתבו של הברון יוסף גינצבורג אל הרב מוהליבר (**הלבנון**, תרל״ג [17.9.1873], גיליון 5) בבקשה שיפעיל את השפעתו בכל דרך אפשרית להזהיר את צעירי ישראל מניסיונות של השתמטות משירות צבאי, ובכלל זה להימנע מזיוף שנת הלידה. ועוד על היחס המיוחד שלו לחיילים היהודים: ״פעם אחת, בפרוס הפסח, בא אל הגרש״מ אחד מן הגבאים, שעסקו בהספקת מאכל כשר לאנשי הצבא היהודים, והתאונן באוזני הגרש״מ על המצב הירוד בעיר והיוקר של כל צרכי אוכל נפש. הרב הציע לגבאי, שיזמין אליו את הדיינים ויתירו קטניות בפסח. העסקן הודה וברך את הגרש״מ באריכות ימים, כי יקל לו להאכיל את אנשי הצבא מיני קטניות בפסח. לאנשי הצבא היהודים!? קרא הרב. לא! לא! לי, לך, ולעוד בעלי בתים. לכולנו – כן. אבל לאנשי הצבא שלנו, להבדילם חלילה מכלל ישראל – בשום אופן לא!״ (אפל, בתוך ראשית התחיה עמ׳ 265).

התנגד לדברי תעמולה שהיהדות היא דת גזענית השונאת נוצרים, וטען כי על פי התלמוד "אין שינוי הדת גורע מעלת האדם כלל, יהיה מאיזה דת שיהיה, אם הוא מקיים רק המצות השכליות אשר הסכימו עליהם כל יושבי תבל, הרי הוא נעלה בערכו".[44] זאת ועוד, הוא המשיך וקבע שם כי "המתהלך בצדק ובמישור אף שהוא בן דת אחרת הרי הוא כישראל היותר גדול וקדוש", ולכן "מחוייבים אנו לכבד ולאהוב את הנוצרים בזמנינו אשר שמו להם צדק לקו והיושר למשקולת, ורובם לבבם רק טוב לישראל, ומטיבים אתנו בכל יכולתם".[45]

הרב מוהליבר נאה דרש ונאה קיים. נאמנותו לשלטונות הייתה ידועה, ובעת ששימש ברבנות בעיר שאקי הוא זכה לקבל אות כבוד מהשלטונות. לימים הכרת הממסד הרוסי בנאמנותו לשלטון סייעה לו להשיג הקלות עבור יהודי קהילתו.[46]

קשריו של הרב מוהליבר עם השלטונות הרוסיים הלכו והתהדקו בתקופת כהונתו כרבה של ביאליסטוק, זאת לאחר שהרב מוהליבר הפגין יחס של כבוד כלפי קיסרי האימפריה הרוסית בהזדמנויות שונות.

כך, למשל, בשנת תרמ"ח (1888) לאחר שהקיסר אלכסנדר השלישי ניצל בנס יחד עם בני משפחתו לאחר שהרכבת הקיסרית סטתה מהמסילה וקרונותיה התהפכו, ערך הרב מוהליבר תפילת הודיה חגיגית עם מקהלת חזנים בהשתתפות כל נכבדי ביאליסטוק.[47] כשנה לאחר מכן, ערך הרב מוהליבר תפילת הודיה חגיגית נוספת לאחר שיורש העצר ניקולאי בנו של אלכסנדר השלישי ניצל בנס בעת שהותו ביפן לאחר שאזרח בלתי שפוי ירה בו, והפעם התפילה הייתה גם בהשתתפותם של נציגי השלטון.[48]

44. להלן עמ' 190.
45. להלן עמ' 193.
46. מימון, שרי המאה, ה, עמ' 122.
47. **הצפירה**, תר"ן (1.11.1889), גיליון 227.
48. **הצפירה**, תרנ"א (21.5.1891), גיליון 102.

Nr. 102

הצפירה

HAZEFIRAH

מכתב עתי מדיני מדעי וספרותי

יוצא לאור מדי יום ביומו

ביאליסטאק. ביום ב׳ 6 מאי, יום הלדת כבוד מלכותו יורש העצר יר״ה, התאספו כל נכברי וגדולי עירנו לביהכ״נ הגדולה דפה, ובראשם אדמו״ר ר״ש מאהליווער הגאב״ד שליט״א, להודות לה׳ חסדו על אשר הציל את כבוד מלכותו יורש העצר מכף מעול ומרצח בלכתו למסעיו בעיר אטסו אשר ביאפון המדינה. — אחרי כי כבדונו השר אדון העיר, שר המחוז, שר גדודי הזאנדארמים, השופט הראשי, שר האצילים וכל אדוני בית מועצות העיר, לבוא אל ביהכ״נ, עלה הגאון אב״ד דפה הבמתה ודרש מענינא דיומא בשפתים נוטפות חן, במיטב הגיון ובפה מפיק מרגליות, כי „החובה על איש ישראל הנאמן לאלהיו להיות נאמן למלכו ולארצו ולכל עמיו, מכל הדתות השונות, ולכל משפחתו הרמה והנשאה, וכי קדוש היום לנו ולאדוננו כבוד מלכותו יר״ה על התשועה הגדולה אשר עשה ה׳ לבית משפחת אדוננו הקיסר יר״ה״.

ככלות הרב הגאון את דבריו המסולאים בפז, פתח את הארון, והנבאים הנכבדים ר׳ פייבל בלומענפעלד, ר״א הערדישץ, ור״ר יוחנאווצקי והוא לקחו בידם ארבעה ספרי תורה עדויים בכלי כסף קדש, והחזן המהולל ר׳ אריה חדש ש״ץ דמתא נגש בקול זמרה וישורר את המזמור „לשלמה! אלהים משפטיך למלך תן וצדקתך לבן מלך...״, ובלוית קהל המנגנים (קאהר) שר את השיר הלאומי „אלהים! מלך שמור וכו׳״ ואת תפלת „הנותן תשועה״, ובהתלהבות גדולה ונפלאה ובהשתפכות הנפש ירה את פנת רעיונות זמרתו על המלים „הפוצה את דוד עבדו מחרב רעה״, עד אשר נתפעלו כל השומעים אשר כרה להם ה׳ אזנים לשמוע בנגונים ע״פ חקי הזמרה (נאטען), וגם הפיק רצון מכל השרים הבאים לשמוע בקול מנגינותיו, וכלם הושיטו ידם באהבה וביראת הכבוד להגאון אב״ד אדמו״ר שליט״א ולהגביר הנכבד היקר באדם ר״מ גארדאן הי״ו ולהגבאים הנכבדים, ולהחזן, וילכו לביתם שמחים וטובי לב.

אליהו סלאניסקי.

תיעוד תפילת ההודיה בעיתון הצפירה

ד. פעילותו בתנועת חיבת ציון

הרב מוהליבר החל את פעילותו המעשית למען יישוב ארץ ישראל בשנת תרל"ה (1874) בגיוס תרומות בקרב בני קהילת ראדום לקרן 'מזכרת משה'. הקרן הוקמה לציון תשעים שנה להולדתו של השר משה מונטיפיורי, ונועדה לסייע בהקמת יישובים עבריים בארץ ישראל. בשנה זו נפטר הרב צבי קלישר, והיו שראו ברב מוהליבר ממשיך דרכו, בבחינת 'עד שלא שקעה שמשו של זה זרחה שמשו של זה'.

פעילות הרב מוהליבר נוכח גלי ההגירה לאמריקה

בשנת תרמ"א (1881), בעקבות רצח הצאר אלכסנדר השני, פרצו פרעות ביהודי רוסיה שנודעו בכינוי 'סופות בנגב'. מיד לאחר הפרעות נסו רבבות פליטים בבהלה לעבר הערים ברודי ולבוב שבגליציה. באותם הימים ארץ ישראל נתפסה בעיני רבים כפינה נידחת בקצה האימפריה העותומנית המתפוררת, והיהודים המעטים שחיו בה נאלצו להתמודד עם קשיים רבים. רוב רובם של הפליטים שהגיעו לברודי וללבוב שאפו להגיע לארצות הברית שהייתה יעד עיקרי למהגרים מכל העולם. התחושה שאפפה את הפליטים היהודים הייתה שבארצות הברית, אשר כונתה 'דה גולדנע מדינה' (מדינת הזהב), יוכלו סוף סוף למצוא

ביטחון כלכלי. מגמה זו קיבלה חיזוק מגופים ציבוריים כמו חברת כי"ח (כל ישראל חברים) וכן מנדבנים יהודים ממערב אירופה שסברו שיש להפנות את זרם המהגרים לארצות הברית, ובהתאם לכך העניקו סיוע כספי להגירת היהודים לשם.

מצב דברים זה לא נתן מנוח לרב מוהליבר, ומתוך להט פנימי שבער בעצמותיו הוא ערך ביוזמתו ועל חשבונו הפרטי מסעות ארוכים כדי להשפיע על נדבנים שיסייעו כספית להפניית זרם המהגרים לארץ ישראל.

בלבוב, שאליה נהרו רבבות פליטים יהודים, נפגש הרב מוהליבר עם לורנס אוליפנט, נוצרי בריטי שהגיע לרוסיה כדי לסייע לפליטים יהודים. אוליפנט האמין בפעילות ציונית מדינית ליישוב הארץ כפתרון למצוקת העם היהודי. הרב מוהליבר שוחח עימו ארוכות והתרשם כי מניעיו לסייע בסכומי עתק ליישוב ארץ ישראל נובעים מ"רצונו ורצון חברתו שיתקיימו מאמרי הנביאים בשיבת ישראל לארצם, באופן שישמרו דת ישראל לכל פרטיה".[1]

ייסוד אגודת חובבי ציון בוורשה

במהלך מסעותיו נסע הרב מוהליבר לוורשה, ובשנת תרמ"ב (1882) ייסד שם את האגודה של חובבי ציון שהייתה הראשונה מסוגה ברחבי רוסיה ופולין. בתוך זמן קצר קמו בעידודו עשרות אגודות נוספות ברחבי רוסיה ופולין.[2]

בוורשה נפגש הרב מוהליבר עם הרב יוסף דב סולובייצ'יק, רבה של בריסק, ועם הרב אליהו חיים מייזל, רבה של לודז'. בהשפעתו פרסמו שלושתם כרוז שקרא ליהודים לעלות לארץ ישראל.[3] הקריאה

1. מתוך מכתבו של הרב מוהליבר לרב אבא יצחק עפשטיין (אוסף אברהם שבדרון, מחלקת הארכיונים, הספרייה הלאומית, ירושלים, קדש 966; וראו גם ספר שמואל עמ' י"ח).
2. ראו שלמון, אם תעירו, עמ' 131-164.
3. להלן סימן יד, סעיף א, עמ' 308.

הופצה במרכזי היהדות ברחבי רוסיה, ובה הדגישו הרבנים כי "דרך אחת היא – לעלות אל ארצנו הקדושה" ולא להגר לאמריקה. הם הגדירו את ההגירה לאמריקה כהליכה "מן הפח אל הפחת" והתריעו מפני סכנת ההתבוללות והאנטישמיות הצפויה ליהודים בארצות הברית. כמו כן הם קראו להקים אגודות עלייה לארץ ישראל בכל אחת מערי רוסיה, והתוו תכנית מעשית לגיוס כספים לרכישת קרקעות להקמת יישובים בארץ ישראל. את הכרוז הם חתמו במילים: "וזכות ארצנו הקדושה תעמוד לנו שלא נדע מהיום עוד מכל צרה, וישכון ישראל לבטח, אמן".[4]

פגישה עם הברון רוטשילד וייסוד מזכרת בתיה

בקיץ תרמ"ב (1882) יצא הרב מוהליבר למערב אירופה כדי לגייס משאבים מבעלי הון למען יישוב ארץ ישראל. הוא הגיע לפריז שבע אכזבות, וגם שם נכשל בניסיונותיו לקבל סיוע מהברון הרוסי הוראצי (הוראס) גינצבורג ומחברת 'כל ישראל חברים'.

הרב מוהליבר לא נואש והמשיך במאמציו, ולבסוף זכה להצלחה רבה ממקור אחר, הצלחה שחוללה מפנה בתולדות ההתיישבות בארץ ישראל. בתיווכו של הרב צדוק כֹּהן, רבה של פריז, נקבעה לרב מוהליבר פגישה עם הברון בנימין אדמונד דה רוטשילד בשעות אחרי הצהריים של יום טוב ראשון של חג הסוכות תרמ"ג (1882). על אף גילו המתקדם צעד הרב מוהליבר כשעתיים ברגל עד

הברון בנימין אדמונד דה רוטשילד

4. זמן קצר לאחר עליית ביל"ו חדלו הרב סולובייצ'יק והרב מייזל מפעילות למען יישוב ארץ ישראל בשל מעורבותם של גורמים חילוניים בתנועת חיבת ציון.

למשכנו של הברון, שם התקיימה הפגישה שבה השתתפו גם הרב צדוק כֹּהן ומר מיכאל ארלנגר, יועצו של הברון.

בתארו את הפגישה ציין הרב מוהליבר כי בתחילת השיחה הפגין הברון קרירות רבה, אך בתוך פרק זמן קצר הצליח לרכוש את לב הברון לרעיון של חידוש היישוב היהודי בארץ ישראל.[5] בפגישה זו סוכם להקים 'מושבת דגם' אשר תשמש מנוף להקמתן של עשרות מושבות חדשות בארץ ישראל. הברון והרב סיכמו על דרכי עבודתם: הרב מוהליבר יהיה אחראי לגייס למשימה חברים מתאימים, והברון יהיה מופקד על ההוצאות הכספיות להקמת המושבה.

לנציג הרב מוהליבר במילוי משימה זו התמנה יחיאל ברי"ל, עורך עיתון 'הלבנון'. בסופו של דבר, לאחר חיפושים לא מעטים, נבחרו להקים את המושבה, בעצה אחת עם הרב מרדכי גימפל יפה רבה של רוז'ינוי, עשרה ראשי בתי אב מהכפר פבלובקה שברוסיה, ואליהם התווסף אדם נוסף.[6] בתארו את תכונות מייסדי המושבה כתב הרב מוהליבר כי "כולם עובדי אדמה מנעוריהם כשרים ויראי ה' למאד".[7] כך קמה המושבה עקרון, לימים מזכרת בתיה, על שם אֵם הברון. ההחלטה להקמתה הייתה הסנונית הראשונה לפעילותו הרחבה והענפה של הברון רוטשילד בחידוש ההתיישבות היהודית בארץ ישראל.[8]

5. תיאור הפגישה והדברים שהשמיע הרב מוהליבר באוזני הברון מובאים על ידי הרב מימון בספר שמואל עמ' כא–כב (מובא בנספח 2, להלן, עמ' 110–112). על תוכן השיחה עם הברון ראו גם עדותו של יהודה אפל, בתוך ראשית התחיה, עמ' 552. לאחר הפגישה הציע יועץ הברון הרב איזידור לרב מוהליבר כסף להוצאות הנסיעה, הרב מוהליבר סירב להצעה זו וכתגובה לכך בירך הרב איזידור ברכת 'שהחיינו' כי בפעם הראשונה ראה רב מפולין שמסרב לקבל כסף (בתוך ראשית התחיה, עמ' 554). פגישה זו קדמה לפגישה של יוסף פיינברג, ממייסדי ראשון לציון, שהתקיימה כשלושה שבועות לאחר מכן (ראו בנספח שם, הערה 2).
6. על בחירת מייסדי מזכרת בתיה וקורות עלייתם לארץ ראו בריל, יסוד המעלה.
7. שו"ת מהר"ש מוהליבר, אורח חיים, סימן יט.
8. על תולדות מזכרת בתיה ראו נאור, ספר למזכרת; פינקל, גיבורי כח נשכחים.

ועידת קטוביץ'

כשנתיים לאחר ייסוד אגודת חובבי ציון בוורשה, ובעקבות התרחבות התנועה והקמת אגודות חדשות ברחבי אירופה, התעורר צורך בכינוס האגודות השונות של חובבי ציון שפעלו עד אז רק כאגודות מקומיות. הרב מוהליבר היה בין המחליטים לכנס את הוועידה בעיר קטוביץ', ובמעמד חגיגי זה לציין גם את יום הולדתו המאה של השר משה מונטיפיורי.[9] בוועידת קטוביץ', אשר התכנסה בחודש מרחשון תרמ"ה (1884), השתתפו שלושים ושישה צירים מחמש ארצות שונות, ודנו בה בדרכים לחיזוק היישוב היהודי בארץ ישראל.[10]

משתתפי ועידת קטוביץ;
הרב מוהליבר, נשיא הכבוד של הוועידה, רביעי משמאל בשורה הראשונה

9. על ועידת קטוביץ' ראו אפל, בתוך ראשית התחיה, עמ' 171–195.
10. לימים הוגדרה ועידה זו על ידי הרצל כ"קונגרס הציוני הראשון" (**די וולט**, 18.6.1897, גיליון 3; מופיע להלן נספח 4, עמ' 115, וראו גם ארקין, **הציוני המדיני הראשון**).

יו"ר הוועידה, ד"ר יהודה ליב פינסקר, הדגיש בפתח דבריו כי הוועידה שמה לה למטרה לכונן "מוסד שיהיה לתועלת לעם היהודי" ובהמשך דבריו הדגיש כי הוועידה תפתח "לעמנו דרך חדשה למסע לאושר ולפעילות שהיא באמת לכבוד האדם".[11]

הרב מוהליבר שימש נשיא הכבוד של הוועידה, ובישיבת הסיכום שלה הוא נשא נאום נרגש. בנאום זה ערך הרב מוהליבר הקבלה בין חזון העצמות היבשות בספר יחזקאל לבין האירועים שהתחוללו בעם ישראל בתקופתו, ועורר בשומעיו את התקווה כי כשם שבחזון יחזקאל העצמות היבשות לבשו בשר ורוח, כך יוכלו נידחי ישראל לשוב לארצם ולחדש ימיהם כקדם.[12]

בוועידת קטוביץ' הוחלט בין היתר על הקמת ארגון גג לכלל אגודות חובבי ציון והושגו בה הישגים גדולים וחשובים. ההישג החשוב ביותר הוא עצם החיבור של זרמים שונים ביהדות להגשמת חזון שיבת ציון.[13]

בין החלטות ועידת קטוביץ' נתקבלה ההחלטה: "לשלוח מלאָכות [משלחת] לבירת תוגרמה [טורקיה] כי תסיר כל מפריע מדרך ההתיישבות בארץ הקודש".[14]

ההחלטה לשגר משלחת לסולטאן הטורקי עלתה בקנה אחד עם תפיסתו של הרב מוהליבר ש"הגאולה תהיה בדרך הטבע", וכדי להחישה מחובתנו ש"נשתדל לפני כל מלכי תבל ורוזני ארץ שיסכימו להיטיב עם עמנו תחת הצרות והמכאובים אשר הציקו אבותיהם

11. כתבים ב, תעודה 420, עמ' 571.
12. הנאום מובא להלן סימן ט, עמ' 234-235.
13. ראו גולדשטיין, אנו היינו הראשונים, עמ' 87: "בקאטוביץ בפעם הראשונה ישבו יחד יריבים החלוקים ביניהם בשאלת צביונה התרבותי והדתי של מדינת היהודים. החיבור שנוצר בתנועה בין פינסקר למוהליבר סימל דווקא דו קיום חדש בחברה היהודית. המטרה המשותפת, הקמת אוטונומיה לאומית־יהודית בארץ ישראל, הושיבה את נציגי שני המחנות זה בצד זה ודחפה לניסיון הראשון לגבש סטטוס קוו חדש בקרב היהודים. ועידת קאטוביץ היא שהובילה לאותם הישגים, ומכאן חשיבותה ההיסטורית".
14. כתבים, ב, תעודה 420, עמ' 582.

לאבותינו".[15] לשיטתו "החכמים, הרוזנים והשועים מעמנו, הראויים לעמוד בהיכל מלך" הם שצריכים לייצג את עם ישראל לפני אומות העולם, ולא אלה "אשר הקדישו כל ימיהם לתורה ולעבודה, וחוץ מכותלי בית המדרש אינם יודעים עד מה".[16]

הרב מוהליבר, שהיה בעל חוש פוליטי נדיר ויכולת ראיית הנולד, התנגד לפרסום החלטות ועידת קטוביץ', כי חשש שהפרסום יזיק לפעילות המדינית אצל הממשל הטורקי. ימים אחדים לאחר הוועידה, בב' בכסלו תרמ"ה (1884), שלח מכתב לד"ר פינסקר בעניין:

> במכתבי זה מצאתי חובה בנפשי להעיר את כבודך, כי מאחר אשר גדולי אשכנז יתחילו לפעול בענין הקדוש והנשגב אשר אנחנו עוסקים בו, יתפרסם בלי ספק הדבר ויגיע גם לאזני ממשלת תוגרמא [טורקיה], ויכול לצמוח מזה נזק גדול לכלל הענין, על כן לפי דעתי חובה עלינו להקדים ההשתדלות אצל הממשלה הנ"ל בכל האמצעים שיהיה באפשרי, שתתן רשיון גלוי על הקאלאניזאציע [ההתיישבות] טרם יגיע לאזנה על ידי אחרים את פעולתנו והשתדלותנו בזה.[17]

אכן, חששותיו של הרב מוהליבר התממשו. זמן קצר לאחר ועידת קטוביץ' החמירה ממשלת טורקיה את מדיניותה בבלימת ההתיישבות היהודית בארץ ישראל, כדי למנוע עלייה המונית של יהודים שתדחק את רגלי הערבים. הממשלה הפסיקה לספק רישיונות לבניית בתים חדשים במושבות החדשות, אסרה רכישת קרקעות על ידי יהודים ואסרה על יהודים שביקרו בארץ לשהות בה יותר משלושים יום.

הרב מוהליבר העניק משקל רב להשפעה על ממשלת טורקיה

15. להלן עמ' 228-229.
16. שם.
17. כתבים, ב, תעודה 427, עמ' 610.

להסיר את הגזרות באופן ישיר ובדיפלומטיה חשאית, וחתר לפעול בתיאום מלא עם הברון רוטשילד לביטול הגזרות "בחשאי על ידי עושי רצונו".[18]

ועידת דרוזגניק

בעוד שוועידת קטוביץ' מסמלת אחדות בין אגודות חובבי ציון השונות ושיתופי פעולה פוריים בין חבריה ממחנה "המשכילים" לבין שומרי התורה, הרי שמוועידת דרוזגניק שהתקיימה בקיץ תרמ"ז (1887) מצטיירת תמונה הפוכה.

הידיעות שנפוצו כי מייסדי גדרה הינם מחללי שבת גרמו לכך שרבנים ידועים ובעלי השפעה נטשו את תנועת חיבת ציון ובעקבותיהם נטשו רבים וטובים. כפועל יוצא מכך, הכנסות התנועה הלכו והצטמצמו.

במהלך דיוני הוועידה בא לידי ביטוי המתח הרב ששרר בהנהגת התנועה בין חברי המרכז שהיה באודסה, שרובם ככולם היו ממחנה "המשכילים", לבין המרכז בוורשה שמרבית חבריו נמנו על שומרי התורה.

מתח זה הגיע לשיאו כאשר במהלך הדיונים הרב מוהליבר לא היה יכול לכבוש את כאבו ואכזבתו מהנהגתה החילונית של התנועה שהביאה להתרחקות ציבור שומרי התורה. הוא קרא בקול גדול "הנני מבקש יהודים כשרים". קריאתו ומשאלתו זו של הרב מוהליבר להעמיד בראש התנועה "יהודים כשרים" הדהדה לא רק בעת דיוני הוועידה אלא גם שנים רבות לאחר מכן. חלק מסיכומי הוועידה היה להגדיל את ייצוגם של שומרי התורה במוסדות העליונים של

18. כתבים, ג, תעודה 476, עמ' 27. רמז לפעילותו החשאית של הברון רוטשילד לביטול הגזרות אפשר למצוא במכתבו של מיכאל ארלנגר, יועצו של הברון, לרב מוהליבר: "הממשלה התורכית מתייחסת להגירה היהודית לארץ ישראל בחשד רב, והיא מבקשת לבלום אותה בכל צורה אפשרית, מצד זה כבר נעשה הרבה והוקרבו קורבנות ניכרים" (שם, תעודה 572, עמ' 235).

התנועה. במגמה להגדיל את ההכנסות של תנועת חיבת ציון לחיזוק ההתיישבות בארץ עלה הרעיון להעמיד קערות ל"פדיון כפרות" בערב יום הכיפורים בבתי הכנסת. יחד עם רבנים נוספים חתם הרב מוהליבר על קול קורא שפורסם בעותקים רבים בבתי הכנסת ברחבי אירופה.[19]

לאחינו היקרים והנכבדים
דורשי שלום ציון ומצפים לבנינה,
במקומותיכם למושבותיכם רב
שלום

זכרו את ה' מרחוק וירושלים תעלה על לבבכם, ובערב יום צום הקדוש הבא לקראתנו לשלום, השתדלו נא להעמיד קערות בבתי כנסיות ומדרשות, גם קראו נדבות השטיעו למשעו אחינו העובדים על הררי ציון במושבות פתח תקוה, גדרה, ויסוד המעלה. ואחינו בני ישראל בטח לא יקפצו את ידיהם מלבא לעזרת הענין הקדוש והנעלה הלזה, ומכחם ישחדו לבניו המקלט האחד לאגיתנו הסוערה.

ובזכות זה יחיש ה' לחננכם. יכתבכם ויחתמכם לחיים וכל טוב, תזכו לראות בנחמת עיר קדשנו והשוכן בציון ישלח ברכה והצלחה בכל מעשי ידיכם וממעון קדשו תבורכו סלה.

הננו חותמים ברגש כבוד וברכת שנה טובה.

נפתלי צבי יהודה ברלין
שמואל בהרב מוהרי"ל מאהליווער
מרדכי בהרב מוהרדי מבוסק

צעטיל להגיח על הקערות

ישוב ארץ ישראל

ה'קול קורא' המקורי שפורסם בעיתון המליץ

19. הרעיון להנחת 'קערות' לפדיון כפרות בערב יום הכיפורים בבתי הכנסת לחיזוק ההתיישבות בארץ ישראל עלה עוד בשנת תרמ"ה (1885) אך קרם עור וגידים בשלהי שנת תרמ"ז (1887). הקול קורא הראשון פורסם בעיתון המליץ בי"ח באלול תרמ"ז (1887) בחתימתם של הנצי"ב מוולוז'ין, הרב מוהליבר והרב מרדכי אליאשברג, והופץ בעותקים רבים בקהילות ישראל. בשנים הבאות חתמו על הכרוז גם רבנים נוספים, ביניהם גם הרב יצחק אלחנן ספקטור רבה של קובנה. אגודת ליבוי הייתה האחראית לאיסוף הכסף, שהניב סכומים לא מועטים כבר בשנה הראשונה, אולם נאלצה להפסיק את פעילותה בעקבות חקירה של השלטונות. מאוחר יותר לקחה על עצמה אגודת המזרח"י שבראשה עמד הרב מוהליבר את הפיקוח על התרמה זו (ראו בעניין זה **העברי**, 11, עמ' 13–14; ספר העליה הראשונה, א, עמ' 163).

פולמוס בני גדרה

תנועת ביל״ו[20] הייתה ארגון נוער יהודי לאומי שנוסד באוקראינה בשנת תרמ״ב (1882) לאחר פרעות ׳סופות בנגב׳. חבריה דגלו בשיבה לארץ ישראל, בתחייתו המדינית־כלכלית והלאומית־רוחנית של העם היהודי בארץ ישראל ובתחיית השפה העברית. במסגרת ביל״ו עלו לארץ ישראל בסך הכל כשישים עולים ומהם נותרו בארץ כחמישה עשר בלבד. רוב הנשארים הקימו בשנת תרמ״ד (1884) את המושבה גדרה.[21]

על מייסדי גדרה יצאה שמועה כי אינם מקפידים לקיים מצוות. אורח חייהם עורר מחלוקת עמוקה בקרב חובבי ציון ברוסיה לגבי המשך התמיכה בהם. היו שסברו שעצם ישיבתם בארץ ישראל היא בעלת ערך ולכן גרסו שיש להמשיך לתמוך בהם אף שאינם מקפידים על שמירת תורה ומצוות. לעומתם היו לא מעטים שצידדו בהפסקת התמיכה בהם, ואף בנקיטת צעדים חריפים יותר, וכך סברו הרב מוהליבר והנצי״ב. על עמדתו של הרב מוהליבר אפשר ללמוד ממכתב שכתב לד״ר פינסקר:

> הן אמת כי האחדות הוא דבר היותר גדול בכל עם ועם ובפרט לעם בזוז ושסוי כעמינו, אבל אם לא נתאמץ בכל יכולתנו לראות, שהאנשים אשר עלו שמה יהיו שומרי תורה ומצוותיו, ידע כבודו הרם, כי לא יתאחדו שם עם אחינו אשר הם תושביה מכבר, ואם כן אין אנו מסייעים לעשות אחדות ושלום, אבל אנו מרבים פירוד ומחלוקת.
>
> ועל כבודו הרם החובה ליתן חכמה ודעת בלב אוהביו, כי אם חלילה הבאים שם יפרו את התורה והמצוה, אזי יהרסו את

20. השם ביל״ו הוא ראשי תיבות של הפסוק: ״בית יעקב לכו ונלכה באור ה׳״ (ישעיהו ב, ה).
21. ראו שלמון, תנועת הבילויים, עמ׳ 117.

היישוב עד היסוד ויגרמו רעות גדולות ועצומות לכלל אחינו, כי היחשוב כבודו הרם, כי ארץ הקדושה היא כארץ אשכנז או צרפת או אף כארץ רוסיא, אשר תוכל לקלוט אל תוכה כשומר תורה כמפר תורה? לא כן הדבר. העם היושב בקרבה עד היום מאחינו האשכנזים הם נשויי פשע יראים ושלמים עם ה׳ ותורתו, מקנאים גדולים, ואם יתברר אצלם על איזה אנשים כי לא שמרו חוקי התורה בפרהסיא, אזי יתעבום וישנאום וישקצום, ואת אשר יהיה ביכולתם לא יניחו מלרדפם ולהדפם. ומה יהיה תוצאות דברים כאלה?

על כן עלינו לעשות כל מה שאפשר להשיב את בני גדרה לדרך התורה והמצווה, **ואם לא יאבו לשמוע לקול הורים אזי אין אופן אחר כי אם שילכו להם למדינות שבחוץ לארץ ויעשו מה שלבם חפץ.**[22]

במכתבו לנצי״ב (הרב נפתלי יהודה צבי ברלין) כתב הרב מוהליבר: ״לו היו בני ביל״ו היושבים בגדרה עוזבים את הקאלאניא, וילכו להם לחוץ לארץ, היה טוב מאד״.[23] גם הנצי״ב, שהיה ידוע בחיבתו הגדולה לארץ ישראל, כתב לפינסקר דברים דומים: ״טוב יותר לפזר כמה אלפים פראנק וליתן להם לשוב לחוץ לארץ ולהושיב בגדרה אנשים כשרים מיושבי ירושלים החפצים בעבודת הארץ באמת״.[24]

בסופו של דבר נפתר הסכסוך בין הצדדים באמצעות הצעתו של פינסקר למנות את ר׳ יחיאל מיכל פינס למפקח הרוחני על המושבה. הצעה זו לא הניחה בתחילה את דעתו של הנצי״ב, אך בעקבות מכתב של הרב מוהליבר אליו הוא השתכנע ונתן את הסכמתו לכך.[25]

22. להלן סימן י סעיף יב, עמ׳ 260 (ההדגשה אינה במקור).
23. להלן סימן י סעיף ב, עמ׳ עמ׳ 244.
24. להלן סימן י סעיף ה, עמ׳ עמ׳ 249.
25. יש לציין כי דעתו של הרב מוהליבר על תושבי גדרה ושאר המושבות בארץ שעליהן יצא לעז השתנתה מן הקצה אל הקצה לאחר ביקורו בארץ ישראל בשנת תר״ן. ראו להלן בפסקה ״נסיעת הרב מוהליבר לארץ ישראל״, עמ׳ 52.

פולמוס השמיטה

עוד לא יבשה הדיו על פולמוס בני גדרה והנה עלתה על הפרק בערב שנת השמיטה תרמ"ט שאלת קיום השמיטה על ידי המושבות החקלאיות שקמו בארץ.[26] המושבות החדשות היו אז בראשית דרכן והשבתת העבודה בהן במשך שנה שלמה עלולה הייתה לגרום לקטיעת התפתחותן בעודן באיבן ולסתימת הגולל על רעיון חידוש היישוב היהודי בארץ ישראל. לנוכח מצב זה, פנו עוד בראשית שנת תרמ"ח פקידי הברון בארץ אל רבני ירושלים בבקשה למצוא פתרון הלכתי להמשך העבודה בשנת השמיטה, ואולם בקשתם נדחתה. באותה עת פנו גם נציגי הברון בצרפת אל הרב יצחק אלחנן ספקטור מקובנה בשאלה כיצד לנהוג בשנת השמיטה. חובבי ציון גם הם היו מוטרדים מהעניין, ולכן פנה נציגם, ד"ר פינסקר, אל הנצי"ב מוולוז'ין בבקשה למצוא פתרון הלכתי לשאלה זו.

משחלפה כמעט מחצית משנת תרמ"ח ועדיין לא התקבלה תשובה מהרבנים הללו, פנו חובבי ציון אל הרב מוהליבר בבקשה למצוא פתרון הלכתי לסוגיה זו. הרב מוהליבר נשאל בעניין זה כבר בשלהי שנת תרמ"ז, ובאותו הזמן הוא התלבט בעניין ולא נקט עמדה חד משמעית. מצד אחד הוא קבע כי ניתן לבסס היתר הלכתי לעבודת האדמה בשנת השמיטה על ידי מכירת הקרקע לנכרים. יחד עם זאת הוא סבר כי כדאי להתאמץ ולנסות לקיים את מצוות השמיטה ללא הזדקקות להיתר מכירה:

> כי אם באה לידנו האפשרות לקיים את מצות שמיטה אחרי שנות אלפיים, שלא היתה לנו היכולת לקיימה, חושב אני, כי אולי כדאי לנו להחזיק במצוה גדולה זו ועל ידי זה נכבוש את

26. להרחבה על מצב המושבות הראשונות ערב שנת השמיטה ראו הוטרר, ובשנה השביעית, חלקים א–ב.

לב החרדים, שישובו אלינו ויחזיקו במצוות ישוב ארץ ישראל ויהיו חובבי ציון כמונו.[27]

עתה, משנשאל שוב בעניין, הגיע הרב מוהליבר לידי מסקנה כי למען הצלת המושבות מכיליון יש צורך ב'היתר מכירה' שיאפשר מכירה זמנית של האדמות לגוי, וכפועל יוצא מכך להפקיע את פירות הארץ מקדושתם. באופן זה ניתן יהיה בתנאים ובסייגים מסוימים להמשיך ולעבד את אדמות המושבות בשביעית. לאחר ליבון הלכתי מעמיק ולבטים לא מעטים, פרסם הרב מוהליבר יחד עם הרב ישראל יהושע טרונק מקוטנא והרב שמואל זאנוויל קלפפיש מוורשה את היתר המכירה. בפסקם התירו הרבנים את מכירת הקרקע לנוכרי, על מנת לאפשר את עבודת האדמה גם במהלך שנת השמיטה וזאת על מנת למנוע "חורבן הקאלאניות חלילה".[28]

ההיתר ניתן בכפוף לתנאים הבאים:

1. נוסח שטר המכירה של הקרקע לנוכרים ייערך ע"י בית הדין שבירושלים.
2. איכרים בעלי יכולת כספית ישכרו פועלים נוכרים לעבודות החקלאות ואילו האיכרים העניים אשר אין לאל ידם לשכור פועלים נוכרים יעשו את המלאכה בעצמם בכפוף להנחיות בית הדין שבירושלים אשר יקבע אילו מלאכות מותרות ואילו אסורות.
3. ההיתר מוגבל לשנת השמיטה תרמ"ט בלבד.
4. ההיתר מותנה בהסכמתו של "פאר הדור" הרב יצחק אלחנן ספקטור.

להיתר זה הצטרף, בסייגים נוספים, הרב יצחק אלחנן ספקטור.[29]

רוב המושבות בארץ פעלו על פי היתר המכירה, ועיבדו את

27. אפל, בתוך ראשית התחייה, עמ' 283. לסקירה על השמיטה ראו שם פרק השמיטה עמ' 279-311.
28. נוסח ההיתר מופיע להלן סימן יא, סעיף א, עמ' 265-266; וראו פוס, שטר היתר המכירה.
29. איגרת ההצטרפות של הרב ספקטור להיתר ומכתב שכתב לרב מוהליבר מופיעים להלן סימן יא סעיפים ב-ג, עמ' 266-269.

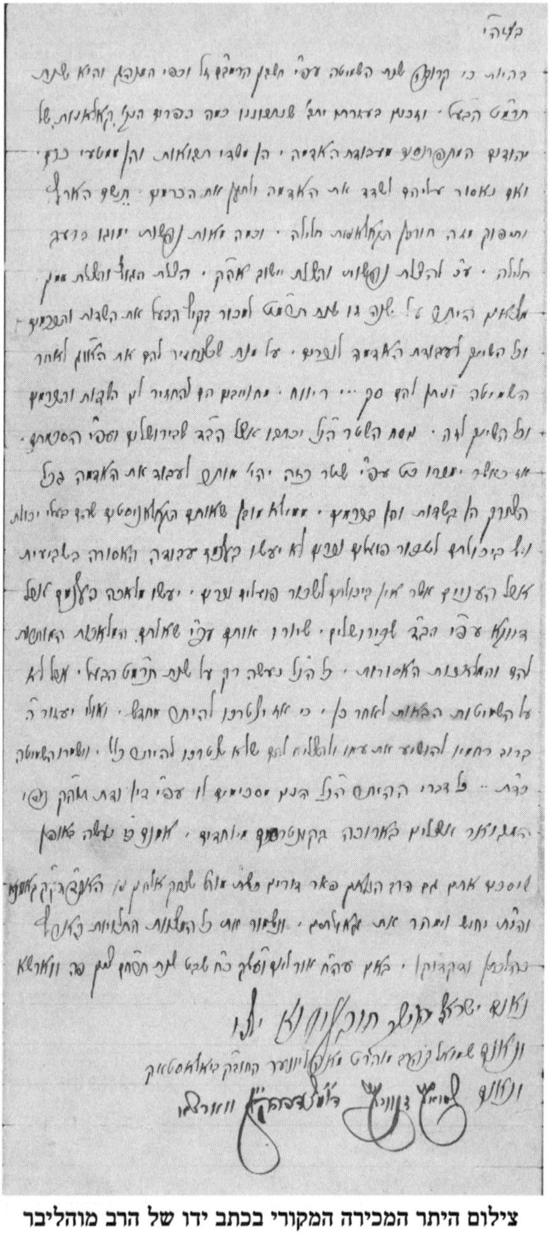

צילום היתר המכירה המקורי בכתב ידו של הרב מוהליבר

האדמה בשנת השמיטה. לעומת זאת כל תושבי מזכרת בתיה וחלק מחקלאי פתח תקוה נמנעו מלסמוך על ההיתר, ונהגו לפי פסק רבני ירושלים האשכנזים.

הודעה גלויה *)

מהרב הגאון הגדול הצדיק מוהר"ר יהושע ליב דיסקין שליט"א, והרב הגאון הגדול מוהר"ר שמואל סלאנט שליט"א ומשני בתי דינים אשר בעה"ק ירושלם ת"ו

יען הקרבה שנת השמיטה לבא שיא שנת תרמ"ט הבע"ל, לזאת מודיעים אנחנו לאחינו יושבי הקאלאניות יצ"ו כי אין שום היתר לחרוש ולזרוע לקצור ולנטוע אף ע"י עכו"ם אף ע"י נכרי, לבד מעבודת האילנות לאוקמי אילנא מותר מצד הדין, ופרטי הדברים כפי שיורו הרב"צ שי' ואנחנו בלא חמולים ובטוחים כי שביתת הארץ תהי' להם לברכה, ולמותר יחשב להודיע להם חומר עונש עון חילול השמיטה, ושכר השומרים ההלכתה כי יהי' הוא לכל בעל תורה ואלה אשר הנו חוגם עד כה לשמוע תורת ה' ומצותיו, בעתתינו שישמעו גם עתה ויזכה כולנו לביאת גואל צדק בב"א.

ולאות אמת ולראי' מסימנה התימנו בחותמינו פה ושל בר"ל.

הודעה גלויה של רבני ירושלים האשכנזים בדבר איסור העבודה בשביעית

החלטתם של מייסדי מזכרת בתיה שלא לסמוך על ההיתר גרמה למתח רב בינם ובין פקידי הברון שניהלו את המושבה והם הגיבו לשביתת העבודה עקב השמיטה בעונשים קשים. כך למשל נאסר על הרופא להעניק סיוע רפואי לתושבי המושבה, באר המים נחתמה ובית הספר במושבה נסגר.[30]

עמדת מייסדי המושבה גרמה גם להתערערות הקשרים המיוחדים והטובים ששררו בין הברון רוטשילד והרב מוהליבר. כפי שנזכר לעיל, הרב מוהליבר היה זה שביקש מהברון לתמוך בהקמת המושבה, ומשום כך ראה בו הברון אחראי כלפיו לגבי המתרחש בה.

במכתב שכתב הברון לרב צדוק כֹּהן והופנה לרב מוהליבר, תקף הברון את הרב מוהליבר על שאינו עושה דבר כדי להשפיע על מייסדי מזכרת בתיה לסמוך על היתר המכירה, ואף אינו משיב למכתביו.

בין השאר כתב הברון במכתבו:

לפי הוראתי כותבים לר' שמואל. מה עושה הרב הזה? הוא, אשר

30. ראו ארקין, נחשוני השמיטה; ארקין, הארות לפולמוס.

השליך על צוארי מאתיים נפשות והנושא באחריות כלפיי? אין הוא עונה לי אף במלה אחת...
העושה ר׳ שמואל משהו לעת כזאת? לא כלום. הוא האשם בכול, מפני שלפי רצונו עשיתי הכל, הוא אינו אומר דבר, ובשתיקתו הוא נותן תוקף למרידה. המכתבים הנשלחים אליו נשארים ללא תשובה. נראה שהוא אומר לנער מעצמו את האחריות ובה בשעה ההתרגשות הולכת וגוברת...
איש מהם לא ביקש עדיין סליחה. למרות זאת עוד מרשה לעצמו ר׳ שמואל לבקש ממני, שאני אשכח את הכול. לדבריו של ר׳ שמואל אין עוד כל ערך בעיניי, והמלצתו אין לה עוד כל תוקף בשבילי ואני בעצמי אראה מה לעשות. ככל שיתארך העניין, כן אקשיח את יחסי אליהם...
ידע נא ר׳ שמואל, שאת המתיישבים מעקרון, הם עם משפחותיהם, אשלח בחזרה אליו ואז יראה מה יכול הוא לעשות בהם. וחוץ מכרטיסי נסיעה לא אתן להם פרוטה.[31]

מזכרת בתיה בראשיתה; הבניין הגבוה מימין – בית הכנסת הראשון במושבה

31. כתבים, ז, תעודה 1838, עמ׳ 207 (המכתב נכתב במקור בגרמנית באותיות עבריות וכאן מובא התרגום שמופיע במהדורה הנזכרת).

מה העלה את חמת הברון על הרב שמואל מוהליבר, ומדוע לא השיב הרב על מכתבי הברון? הסבר לשאלות אלה הביא נכדו של הרב מוהליבר, ד"ר יוסף מוהילבר:

> הגאון רבי שמואל מוהליבר ז"ל לא ידע אז מנוחה, וכמה פעמים כתב להעקרונים [תושבי מזכרת בתיה] וגם טלגרמות שלח להם להטותם מדרכם, אבל כל עמלו עלה בתוהו. בינתיים פרצה המחלוקת הידועה בעקרון. בימי המבוכה ההם קבל הגאון רבי שמואל מוהליבר כמה מכתבים מהברון רוטשילד להתערב בדבר ולהשפיע על העקרונים. הגאון רבי שמואל מוהליבר בקש לנסוע לארץ ישראל לשם כך, אבל הוא חלה בעת ההיא, והרופאים אסרו עליו את הנסיעה הזאת. אז אמר הגאון רבי שמואל מוהליבר בלבו: אם הוא יחזיר תשובה להבארון ויספר לו את הדברים כהויתם – כלומר שהוא כבר עשה את כל מה שהיה בידו לעשות ולא הצליח – ודאי יגדל עוד יותר כעסו של הבארון על העקרונים, והכעס הזה ימיט אסון על העקרונים ועל הישוב כולו. לפיכך החליט שלא להחזיר תשובה כלל לבארון, ובזה יעלה עליו אמנם חרון אפו של הנדיב הגדול, אבל יסיר את חרון אפו מעל העקרונים, משום ששתיקה זו יהיה פירושה שהרב מוהליבר, ולא העקרונים, אשם בדבר, משום שהוא לא רצה להשפיע עליהם.[32]

מהאמור לעיל ניתן ללמוד על גדולתו של הרב מוהליבר ועל חיבתו הרבה למייסדי מזכרת בתיה, שגונן עליהם אף שלא צייתו לפסק שלו, והיה נכון לספוג עלבונות קשים ביותר ובלבד שלא לעורר ולהגביר את חמת הברון עליהם.

מכתב הביקורת של הברון רוטשילד כאב מאוד לרב מוהליבר,

32. כתבים (מהדו' דוריאנוב), ב, עמ' 778.

והוא ביקש להניחו למראשותיו לאחר מותו,[33] זאת כנראה מתוך כוונה שמכתב זה ילמד עליו זכות בבית דין של מעלה.

ועידת וילנה

בחודש אב תרמ"ט התקיימה בווילנה ועידת חובבי ציון, ובה נבחר הרב מוהליבר לראשות התנועה לאחר שד"ר פינסקר התפטר בשל בריאותו הלקויה. הרב מוהליבר ראה חשיבות גדולה בנטילת מושכות התנועה משום שסבר שרק על ידי הנהגה דתית ורבנית ראויה יש סיכוי למשוך אל התנועה את המוני יהודי רוסיה, וכפי שתיאר זו משה ליב לילנבלום מראשי ההנהגה המשכילית באודסה:

> הגאון מביאליסטוק [הרב מוהליבר] הציע כדברים האלה: עוד מראשית תנועת הישוב נמסרה ההנהגה בידי המשכילים אשר אין המון העם מאמין בהם, על כן רפו ידי חובבי ציון. את הקלקול הזה הבין מראש ועל כן היה עם לבבו לעמוד זה מכבר בראש הענין אך לא עלתה בידו. עתה מצא שעת הכושר לזה והוא מציע למנות אותו ואת הרש"י פין לכלכל את כל עניני חובבי ציון. לא כבוד אני מבקש מכם, הוסיף הגאון, אך הריני חפץ להיות שמש אצלכם.[34]

בוועידה הוחלט, בין היתר, לשגר מכתב בשם כל משתתפי האסיפה למייסדי מזכרת בתיה בבקשה לקבל את מרות פקידי הברון ולסיים את סכסוך השמיטה. כן הוחלט להפוך את 'שבת נחמו', לשבת לכבוד ארץ ישראל, ובה יעוררו בבתי הכנסת לתרום לטובת ההתיישבות בארץ ישראל.[35] לאחר ועידת וילנה החלו הרב מוהליבר ומקורביו

33. הערשברג, פינקס ביאליסטוק, עמ' 173 הערה 17.
34. לילנבלום, דרך לעבור גולים, עמ' 144.
35. אפל, בתוך ראשית התחיה, עמ' 143; כתבים, ו, תעודה 1356, עמ' 166.

ליזום פעולות שונות להרחבת פעילות התנועה, ובהן: פרסומים רבניים התומכים בתנועה, הקמת אגודות התיישבות ועוד.[36]

ועידת אודסה

הפעילות של חובבי ציון עד לשנת תר"ן (1890) נערכה בחשאי, וזאת מאחר שהתנועה לא קיבלה את אישור הממשלה הרוסית לפעילותה.

לנוכח מצב זה, לא אחת אירע שפעילי חיבת ציון נהגו לשרוף את הכתבים הקשורים לפעילות ציונית על מנת להעלים עקבות. לדאבון הלב, גם הרב מוהליבר נאלץ לנקוט בדרך זו להעלמת כתביו.

יהודה לייב אפל, מפעילי תנועת חיבת ציון, מספר בזיכרונותיו כי לאחר הלשנה לממשלה הרוסית על פעילותן של אגודות חובבי ציון בערי ליטא, נסע לביאליסטוק כדי להתייעץ עם הרב מוהליבר כיצד ניתן לְמַזְעֵר את הנזק לתנועה. וזה תיאורו:

> באור ליום הששי שעה ארבע בלילה באתי אל ביתו, העירותיו משנתו והודעתיו מכל, ויחדיו השלכנו חבילות חבילות מכתבים וכתבים הנוגעים לחיבת ציון אל התנור המוסק לאפיית חלה לשבת. ליבי התפקע והתכווץ בקרבי למראה אותיות הפורחות מן הנייר הבוער באש, אותיות שהיה בהן חומר יקר לתולדות תנועת התחייה בראשית שנות יצירתה. את הכל השליך הרב לתוך האש ואך את החוזה בדבר עקרון [=מזכרת בתיה] שם בכיסו בבגדיו בתקווה כי אם גם תהיה ביקורת וחיפוש בביתו לא יעזו למשמש ולחפש בכיסו.[37]

אולם בחודש אדר תר"ן (1890) חל מפנה משמעותי במדיניות הממשלה, ותנועת חיבת ציון קיבלה אישור מטעם הממשלה הרוסית

36. ראו שלמון, העימות.
37. אפל, בתוך ראשית התחיה, עמ' 155 (=ספר שמואל, עמ' קעח).

לפעול כ'חברה לתמיכת עובדי אדמה בארץ ישראל ובסוריה'. עם קבלת האישור יצאה התנועה מהמחתרת, החלה לפעול בגלוי ובפומבי והנהגתה חזרה לאודסה שהייתה מקום מושב והשפעה של המשכילים. במציאות זו פחתה השפעת הרב מוהליבר על הנהגת התנועה. אף על פי כן הוא פעל גם אז בצורה אינטנסיבית לעבות את פעילות התנועה, כמו גם להגדיל את השפעתם של הגורמים הדתיים בתנועה, מתוך הכרה שרק בשיתוף פעולה בין כלל חובבי ציון תיתכן פעילות משמעותית. כפי שציין משה ליב לילנבלום:

> האמת נתנה להאמר כי מיום שנתאשר ספר התקנות לחברת התמיכה והועד באדעססא פועל פעולתו בגלוי, עומד הגאון על ימין הועד ומחזיק בו בכל כחו, משתדל להרבות הכנסותיו ומגין עליו בכל עז ואיננו חובב ציון לעצמו בלבד.[38]

כחודשיים לאחר מכן, בחודש אייר, נתכנסה לראשונה ועידה פומבית של חובבי ציון, בעיר אודסה. באסיפה זו, שבה השתתפו 162 נציגים של חובבי ציון, נידון מצב המושבות בארץ והוחלט על שיגור משלחת לארץ ישראל שתבדוק את מצב המושבות במטרה "להביא ידיעות פנימיות מכל הנוגע ליישוב הארץ ולמסור הכול בכתב מבואר ומפורש לראשי הועד למען ידעו את אשר להם לעשות לטובת בני עמנו...".[39] ברקע החלטה זו עמדו מתחים רבים שנותרו אחרי פולמוס השמיטה בין היישוב הישן לבין היישוב החדש, וכן בין פקידי הברון לבין

38. לילנבלום, דרך לעבור גולים, עמ' 144.
39. מתוך פרוטוקול הוועידה (נדפס ב**הצפירה**, תר"ן [2.5.1890], גיליון 89). למעשה הוחלט על שליחת המשלחת כבר באגודת וילנה, אולם בפועל הדבר נדחה עד לאחר קבלת האישור הרשמי לוועד האודסאי (ראו גודלשטיין, אנו הראשונים, עמ' 175).

המתיישבים, כמו גם מתחים שנותרו אחרי פולמוס בני גדרה. חלק ממשתתפי האסיפה הצטלמו בסיומה בתמונה יצוגית.[40]

חלק ממשתתפי ועידת חובבי ציון באודסה בשנת תר"ן (1890); הרב שמואל מוהליבר במרכז, שורה שנייה, חמישי מימין

40. תמונה זו תוארה בפרוטוקול הוועידה: "האספות והבחירות כלו במוצאי שבת 14 באפריל וביום המחרת 15 נצטיירו ציור פאטאגרפי [הצטלמו] ראשי הוועד ממלאי מקומם ורואי החשבון ביחד עם כל צירי האגודות על טבלא אחת (גרופא) כולם בכיסוי ראש לכבוד הרה"ג מהרש"ם מביאליסטוק ולכבוד קדושת היהדות לאות זיכרון לימים רבים".

נסיעת הרב מוהליבר לארץ ישראל

על פי החלטת ועידת אודסה, יצאה משלחת שמנתה כשישה עשר נציגים של אגודות חובבי ציון בראשות הרב מוהליבר למסע בארץ ישראל לבדיקת מצב היישוב היהודי המתחדש בארץ.[41]

בי"ט באייר תר"ן (1890) ליוו כאלפיים איש את חברי המשלחת אל נמל אודסה. בין המלווים היה גם מנחם אוסישקין שתיאר את הרושם שהותיר עליו המעמד, ובעיקר ברכתו הנלהבת של הרב מוהליבר:

> אנחנו כולנו לוינו אותם אל האניה, ואנוכי לעולם לא אשכח את פרצופו המזהיר של הרב הגדול הזקן הזה, כשישב על מכסה האניה ודמעות זולגות מעיניו, וקורא מתוך חדוה פנימית: 'אני נוסע לארץ ישראל'.
> את כל אחד ואחד מהנפרדים ברך בלחיצת יד ובברכה מיוחדת, ועל ראשי שם את ידיו ובהתלהבות מיוחדת קרא: 'אני מברך אותך להשאר תקיף בדעתך, להתיישב ולעבוד ברוחך בארצנו'. ברגש קדש עזבתי את האניה – ולעולם לא אשכח את הברכה הזאת.[42]

במהלך הפלגתם עגנה אנייתם בנמלי ארצות שונות, וזו הייתה הזדמנות לבקר את הקהילות היהודיות באותן ערי נמל. בהגיעם לקונסטנטינופול (איסטנבול) הייתה לרב מוהליבר ולמשלחת פגישה

41. להרחבה בעניין מסע זה ראו מוסקט, על הרי ישראל; ציוני דרך – כתב עת לתולדות מזכרת בתיה וארץ ישראל, תשע"ז, גיליון 40; שקלאר, מסע המושבות הראשון. יש לציין כי מסע המושבות של הרב מוהליבר קדם בכמה שנים למסעו של הרצל לארץ ישראל (בשנת 1898), ולמסע המושבות של הרבנים בראשות הראי"ה קוק והרי"ח זוננפלד (בשנת 1913).
42. ספר שמואל, עמ' קט.

מרגשת עם הרב משה הלוי, החכם באשי – הרב הראשי של כלל היהודים באימפריה העות׳מנית.[43]

המשלחת הגיעה לנמל יפו בראש חודש סיוון. את המשלחת באו לקבל רבים מתושבי העיר, משלחת נכבדה של ׳היישוב הישן׳ בראשות מזכיר הוועד הכללי ר׳ יוסף ריבלין, נציגי ׳היישוב החדש׳, ראשי פקידות הברון, נציג מהקונסוליה הרוסית ביפו ורבנים ובהם הרב מרדכי גימפל יפה. חברי המשלחת התאכסנו ביפו בבית המלון ׳האטעל פאלעסטינא׳ אשר היה נקודת יציאה לביקורם במקומות השונים בארץ. עוד ביום הגיעם יצאה המשלחת לביקור במקווה ישראל, ולמחרתו ביקרו בפתח תקוה וביהודיה (יהוד).

לקראת חג השבועות עלו חברי המשלחת לחוג את חג מתן תורה בירושלים. קהל גדול המתין על אֵם הדרך מחוץ לירושלים:

> ויעלו עם הגאון הרב שמואל מוהליבר על הר מקום הקודש – כבוד הרב שמואל מוהליבר התפלץ ועיניו הורידו דמעות במבטו הראשון הצופה על פני ירושלים. ויקרע בגדיו, ויסע הלוך ונסוע עד גשתו אל בית המלון ׳האטעל יערוזאלעם׳. בנוחו ממסעו קיבל בחדר מיוחד ברכת שלום משלוחי העדה ונכבדי העם אשר באו לברך את בואו.[44]

חברי המשלחת שהו בירושלים כשבוע ימים. בפרק זמן זה ביקרו במוסדות התורה והחסד שבעיר. הרב מוהליבר ביקר גם בביתם של הרב יהושע ליב דיסקין והרב שמואל סלנט, ברי הפלוגתא שלו בנושא היתר המכירה, שקיבלו אותו בחמימות ובחיבה רבה. במהלך שהותם בירושלים נסעו חברי המשלחת לחברון כדי להשתטח על קברי האבות וללמוד על דרכי הקהילה היהודית בעיר.

43. **המליץ**, תר״ן (17.5.1890) גיליון 107.
44. **הצפירה**, תר״ן (9.6.1890), גיליון 118.

לבקשתו של הרב סלנט נשא הרב מוהליבר דרשה בבית הכנסת הגדול ׳בית יעקב׳ אשר בחצר חורבת רבי יהודה החסיד.

> כשעה עוד לפני העת הקבועה נקבצו המון רב מקהילות האשכנזים לבית הכנסת הנזכר והבית נמלא עד אפס מקום לעמוד, ובשעה העשירית הופיעו לבית הכנסת הדרת כבוד הרבנים הגדולים מהרש״ס [מורנו הרב שמואל סלנט] ומהרש״ם [מורנו הרב שמואל מוהליבר] ולפניהם השמשים לפנות הדרך בין ההמון הרב. כבוד הרב שמואל מוהליבר עלה על המעלות שלפני ׳ארון העדות׳ ומשם הטיף אמרותיו אמרות טהורות בשפה צחה ונעימה, ויעורר את השומעים כי תחדלנה הכתות לריב אשה את רעותה כי יתאחדו לקבל כל דבר טוב ומועיל, והטיף כטל דבריו על הפרץ הרחב בין עדות האשכנזים והספרדים אשר בשביל עסקי ממונות יתרחב הפרץ ותגדל השנאה בין עדה לעדה, על השלום כי נפקד מקומו בעיר הקודש, על אשר ירחיקו את אלה אשר לא יחשבו כמותם, ועוד דברי מוסר בהשכל ודעת אשר לקחו לב כל השומעים הרבים, כן הרבה לחדש חידושים באורייתא בהיגיון ושכל ישר המובן לכל. כשעה הטיף דבריו הנכבדים. גם בדבר יישוב ארץ ישראל דבר דברים נכבדים.[45]

לנוכח הרושם שהותירה דרשת הרב מוהליבר ״החליטו פרנסי ירושלים פה אחד בל להניח אותו לצאת את עיר הקודש עד כי ידרוש לפני העם עוד איזה פעמים, וליהנות לאור תורתו גם בשאר בתי כנסיות״.[46]

באסיפה של חברי המשלחת ומנהיגי ׳הישוב הישן׳ נדונו הדרכים שיש לנקוט על מנת להנמיך את אש המחלוקת בין ׳היישוב הישן׳ ובין ׳היישוב החדש׳. באסיפה הוחלט על פרסום כרוזים הדדיים של רבני ׳היישוב הישן׳ והמשלחת. רבני ירושלים והרב סלנט פרסמו כרוז

45. **המגיד**, תר״ן (26.6.1890), גיליון 25.
46. **חבצלת**, תר״ן (6.6.1890), גיליון 32.

שכותרתו "זמרת הארץ" ובו הם מקדמים בברכה את אנשי המשלחת ואת הרב מוהליבר, ומביעים את תמיכתם ברעיון של חידוש וחיזוק היישוב היהודי בארץ ישראל.

> מה נכבד היום בו עליתם לארצנו הקדושה, אלופים יקרים מאד ונכבדים! ורעיון מרום וקדוש עמכם רעיון ישוב ארץ הקדושה ע"י עבודת האדמה... ובכן, בכל לב נברך את עלייתכם הנכבדה, ונברך בואכם וצאתכם לשלום ויתן ה' ותחזקנה ידיכם לעשות חיל באפרתה בהר הקדש בדרך הקדש...

אנשי המשלחת פרסמו גם הם כרוז שכותרתו "שלום ירושלים", ובו חברי המשלחת והרב מוהליבר הביעו את התרשמותם החיובית ממוסדות התורה והחסד שבירושלים, שיבחו את רבני ירושלים כי "לבם ונפשם אל עניין היישוב על ידי עבודת אדמה בארצנו הקדושה", והביעו התנגדות והסתייגות מדברי הבלע שנכתבו כלפיהם בעיתוני התקופה.

הרב מוהליבר חתם את דברי הכרוז במילים הבאות:

> הנני מאשר ומקיים את דברי בני לוויתי הגבירים הנכבדים, האמורים באמת וצדק, ואקווה כי מעתה גם מכתבי העתים לא יקבלו עוד דברי בלע חלילה על יושבי אה"ק, כי עדי ראיה כמונו נאמנים יותר מעדי שמיעה...

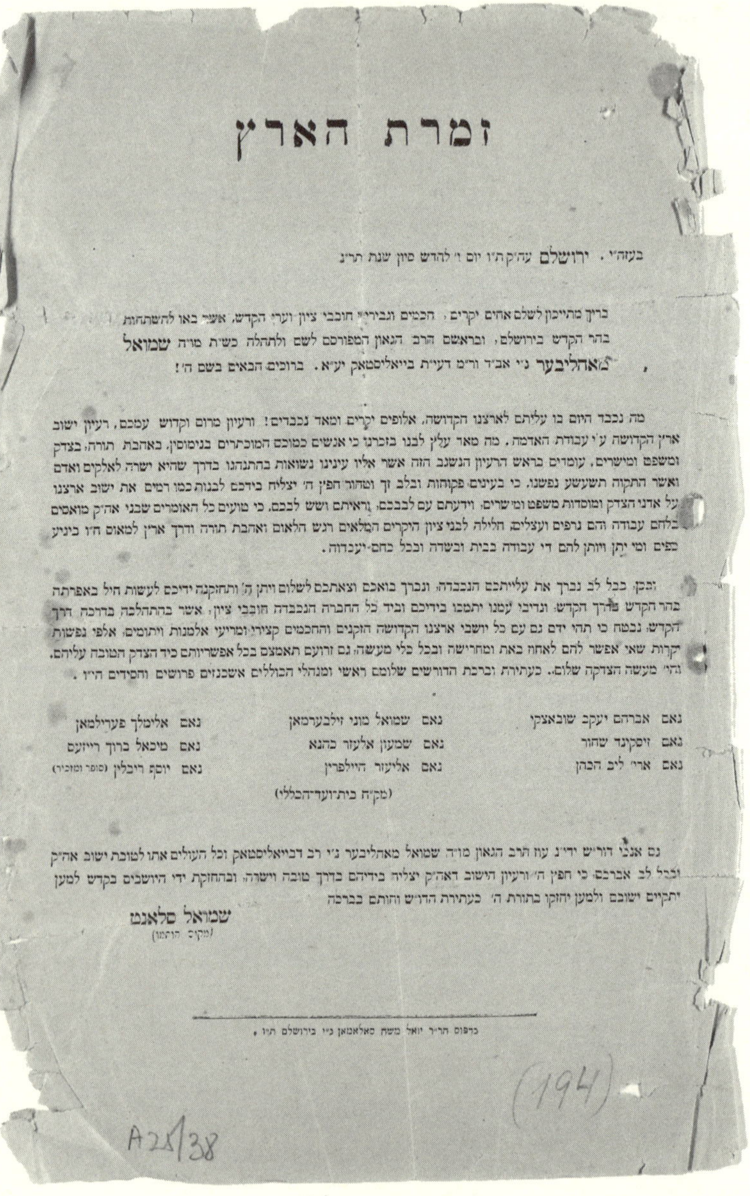

זמרת הארץ

בעזה"י. ירושלם עה"ק ת"ו יום ו' לחדש סיון שנת תר"נ

בריך מתייכון לשלם אחים יקרים, הכמים וגבירי' חובבי ציון וערי הקדש, אשר באו להשתחות בהר הקדש בירושלם, ובראשם הרב הגאון המפורסם לשם ולתהלה כש"ת מו"ה שמואל מאהליבער נ"י אב"ד ור"מ דע"ת בייאליסטאק יע"א. ברוכים הבאים בשם ה'!

מה נכבד היום בו עליתם לארצנו הקדושה, אלופים יקרים ומאד נכבדים! ורעיון מרום וקדוש עמכם, רעיון ישוב ארץ הקדושה ע"י עבודת האדמה. מה מאד עלץ לבנו בזכרנו כי אנשים כמוכם המוכתרים בנימוסין, באהבת תורה, בצדק ומשפט ומישרים, עומדים בראש הרעיון הנשגב הזה אשר אליו עינינו נשואות בהתנהגו בדרך שהיא ישרה לאלקים ואדם ואשר התקוה תשעשע נפשנו, כי בעינים פקוחות ובלב זך וטהור חפץ ה' יצליח בידכם לבנות כמו רמים את ישוב ארצנו על אדני הצדק ומוסדות משפט ומישרים, וידעתם עם לבבכם, וראיתם ושש לבכם, כי טועים כל האומרים שבני אה"ק מואסים בלחם עבודה והם נרפים ועצלים, חלילה לבני ציון היקרים המלאים רגש הלאום ואהבת תורה ודרך ארץ למאוס ח"ו ביגיע כפים ומי יתן ויותן להם די עבודה בבית ובשדה ובכל כחם יעבדוה.

ובכן, בכל לב נברך את עלייתכם הנכבדה, ונברך בואכם וצאתכם לשלום ויתן ה' ותחזקנה ידיכם לעשות חיל באפרתה בהר הקדש בדרך הקדש, ונדיבי עמנו יתמכו בידיכם וביד כל החברה הנכבדה חובבי ציון, אשר בהתהלכה בדרכה דרך הקדש, נבטח כי תהי ידם גם עם כל יושבי ארצנו הקדושה הזקנים והחכמים קצירי ומריעי אלמנות ויתומים, אלפי נפשות יקרות שאי אפשר להם לאחוז באת ומחרישה ובכל כלי מעשה, גם זרועם תאמצם בכל אפשריותם כיד הצדק הטובה עליהם. והי' מעשה הצדקה שלום. כעתירת וברכת הדורשים שלומם ראשי ומנהלי הכוללים אשכנזים פרושים וחסידים הי"ו.

נאם אברהם יעקב שובאצקי	נאם שמואל מוני זילבערמאן	נאם אלימלך פערילמאן
נאם זיסקינד שחור	נאם שמעון אלעזר כהנא	נאם מיכאל ברוך רייזעס
נאם ארי' ליב הכהן	נאם אליעזר הײלפרין	נאם יוסף ריבלין (סופר ומזכיר)

(מק"ח בית ועד הכללי)

גם אנכי דו"ש ידי"נ עוז הרב הגאון מו"ה שמואל מאהליבער נ"י רב דבייאליסטאק וכל העולים אתו לטובת ישוב אה"ק ובכל לב אברכם, כי חפץ ה' ורעיון הישוב דאה"ק יצליח בידיהם בדרך טובה וישרה, ובהחזקת ידי היושבים בקדש למען יתקיים ישובם ולמען יחזקו בתורת ה' כעתירת הדו"ש וחותם בברכה

שמואל סלאנט
(מקום החותם)

בדפוס הר"ר יואל משה סאלאמאן נ"י בירושלם ת"ו.

(194)

A25/38

כרוז רבני ירושלים

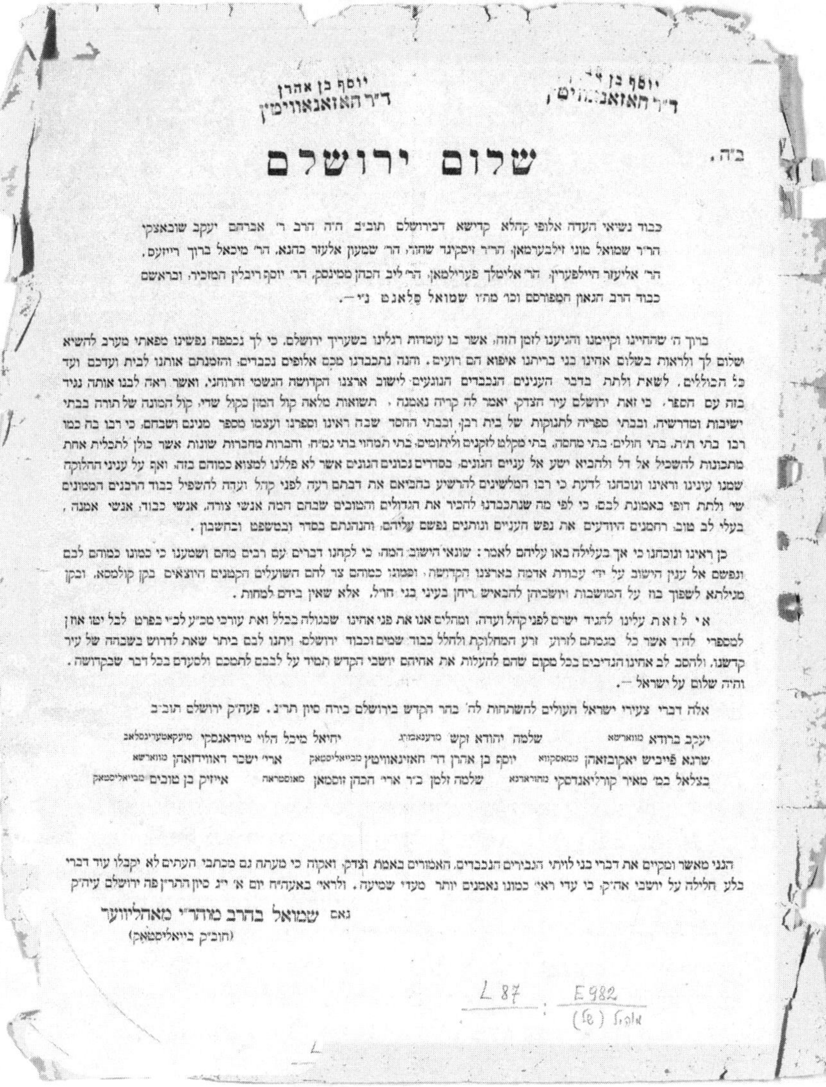

יוסף בן אהרן
ד״ר האזאנאוויטץ

יוסף בן אהרן
ד״ר האזאנאוויטץ

ב״ה.

שלום ירושלם

כבוד נשיאי העדה אלופי קהלא קדישא דבירושלם תובב״א ה״ה הרב ר׳ אברהם יעקב שובאצקי הר״ר שמואל מוני זילבערמאן, הר״ר זיסקינד שהוה׳ הר׳ שמעון אלעזר כהנא, הר׳ מיכאל ברוך רייזעס, הר׳ אליעזר היילפערין, הר׳ אלימלך פערילמאן, הר׳ ליב הכהן ממינסק, הר׳ יוסף ריבלין המזכיר, ובראשם כבוד הרב הגאון המפורסם וכו׳ מה״ו שמואל סלאנט נ״י —.

ברוך ה׳ שהחיינו וקיימנו והגיענו לזמן הזה, אשר בו עומדות רגלינו בשעריך ירושלם. כי לך נכספה נפשינו מפאתי מערב להשיא שלום לך ולראות בשלום אחינו בני בריתנו איפוא הם רועים. והנה נתכבדנו מכם אלופים נכבדים, והזמנתם אותנו לבית ועדכם ועד כל הכוללים. לשאת ולתת בדבר הענינים הנכבדים הנוגעים לישוב ארצנו הקדושה הגשמי והרוחני, ואשר ראה לבנו אותה נגיד בזה עם הספר. כי זאת ירושלם עיר הצדק, יאמר לה קריה נאמנה. תשואות מלאה קול המון כקול שדי, קול המונה של תורה בבתי ישיבות ומדרשיה, ובבתי ספריה לתנוקות של בית רבן, ובבתי החסד שבה ראינו וספרנו ועצמו מספר מנינם ושבחם, כי רבו בה כמו רבו בתי ת״ת, בתי חולים, בתי מחסה, בתי מקלט לזקנים וליתומים, בתי תמחוי בתי גמ״ח, וחברות מחברות שונות אשר כולן לתכלית אחת מתכונות להשכיל אל דל ולהביא ישע אל עניים הגונים, בסדרים נכונים הגונים אשר לא פללנו למצוא כמוהם בזה, ואף על עניני החלוקה שמנו עינינו וראינו ונוכחנו לדעת כי רבו המלשינים להרשיע בהביאם את דבתם רעה לפני קהל ועדה להשפיל כבוד הרבנים הממונים שי׳ ולתת דופי באמונת לבם, כי לפי מה שנתכבדנו להכיר את הגדולים והטובים שבהם המה אנשי צורה, אנשי כבוד, אנשי אמנה, בעלי לב טוב, רחמנים היודעים את נפש העניים ונותנים נפשם עליהם, והנהגתם בסדר ובמשפט ובחשבון.

כן ראינו ונוכחנו כי אך בעלילה באו עליהם לאמר: שונאי הישוב המה, כי לקחנו דברים עם רבים מהם ושמענו כי כמונו כמוהם לבם ונפשם אל ענין הישוב על ידי עבודת אדמה בארצנו הקדושה, ופמנו כמוהם צר להם השועלים הקטנים היוצאים בקן קולמסא, ובקן מגילתא לשפוך בוז על המושבות ויושביהן להבאיש ריחן בעיני בני הרל, אלא שאין בידם למחות.

אי לזאת עלינו להגיד ישרים לפני קהל ועדה, ומהלים אנו את פני אחינו שבגולה בכלל ואת עורכי מכ״ע לבי״ בפרט לבל יתנו אזן למספרי להר אשר כל מגמתם לזרוע זרע המחלוקת ולחלל כבוד שמים וכבוד ירושלם, ויתנו לבם ביתר שאת לדרוש בשבחה של עיר קדשנו, ולהסב לב אחינו הנדיבים בכל מקום שהם להעלות את אחיהם יושבי הקדש תמיד על לבבם לתמכם ולסעדם בכל דבר שבקדושה. והיה שלום על ישראל —.

אלה דברי צעירי ישראל העולים להשתחות לה׳ בהר הקדש בירושלם בירח סיון תר״ג. פעה״ק ירושלם תובב״א

יעקב ברודא מווארשא	שלמה יהודא זקש מרעגאמין	יחיאל מיכל הלוי מיידאנסקי מיעקאטערינסלאב
שרגא פייביש יאקובזאהן ממאסקווא	יוסף בן אהרן דר׳ האזינאוויטץ מביאליסטאק	ארי׳ ישכר דאווידזאהן מווארשא
בצלאל במ׳ מאיר קורליאנדסקי מהוראדנא	שלמה זלמן ב״ר ארי׳ הכהן זוסמאן מאוסטראה	אייזיק בן טובים מביאליסטאק

הנני מאשר ומקיים את דברי בני לויתי הגבורים הנכבדים, האמורים באמת וצדק, ואקוה כי מעתה גם מכתבי העתים לא יקבלו עוד דברי בלע חלילה על יושבי אה״ק, כי עדי ראי׳ כמונו נאמנים יותר מעדי שמיעה. ולראי׳ באעה״ח יום א׳ י״ג סיון התר״ן פה ירושלם עיה״ק

נאם שמואל בהרב מהר״י מאהליווער
(חוב״ק בייאליסטאק)

כרוז חברי המשלחת והרב מוהליבר

לאחר השהות בירושלים המשיכה המשלחת במסע שארך כחודש ימים לבדוק את מצב המושבות החדשות. נוסף על הביקור במקווה ישראל, בפתח תקוה וביהוד, שהיה לפני עלותם לירושלים, ביקרה המשלחת גם בגדרה,[47] במזכרת בתיה,[48] בנחלת ראובן (לימים נס ציונה), בראשון לציון[49] ובזכרון יעקב.[50] כמו כן פקדו את מוסדות הקהילה היהודית ביפו. במהלך ביקורו רכש הרב מוהליבר, בהיותו חבר באגודת "מנוחה ונחלה", שטח של מאה ועשרים דונם באדמת דוראן שבה החלה להיבנות באותם ימים המושבה רחובות.

47. בעקבות הביקור בגדרה שינה הרב מוהליבר את עמדתו הראשונית כלפי מייסדיה ולפיה הם מזלזלים בקיום מצוות (ראו בסעיף "פולמוס בני גדרה", לעיל עמ' 40), וקבע חד משמעית: "כי כל מה שדברו עליהם בפריצות מעשיהם הוא דִבת שוא ושקר" (להלן עמ' 282; מצוטט גם בפסקה הבאה עמ' 60), ועודד את התמיכה הכלכלית של חיבת ציון בבני המושבה.

48. הביקור במזכרת בתיה, בת טיפוחיו של הרב מוהליבר, היה מלווה בהתרגשות רבה. במיוחד בלטה הארת פניו של הרב למתיישבים, זאת על אף העובדה שבשנת השמיטה שקדמה לביקור הם לא קיבלו את פסיקתו בענין היתר המכירה ונהגו כפסק רבני ירושלים – דבר שהביא למשבר במערכת היחסים בין הרב מוהליבר והברון רוטשילד (ראו בסעיף "פולמוס השמיטה", לעיל עמ' 42).

49. המשלחת הגיעה לראשון לציון בעת בניית בית הכנסת כפי שמתאר אהרון אייזנברג שהצטרף למסע המשלחת בביקוריה במושבות: "יושבים הסתתים ועובדים, עובדים ושרים. הולמים הפטישים והולמים הלבבות. על גל אבנים ליד המסתתים ישב לו הרב שמואל מוהליבר שביקר אז בארץ, ומתייעץ איתם. מדבר ובוכה, בוכה ומברך 'שהחיינו' על שזכה לראות את בני משה נעשים סתתים והחולין נעשה קודש" (אייזנברג, קורותיו, עמ' 14).

50. בספר המבקרים של זכרון יעקב כתב הרב מוהליבר: "כאשר זיכני ה' לעלות לאה"ק ובקרתי את הקאלאניע המהודרה זכרון יעקב וכאשר שבעתי רב עונג ונחת מבנינו וכרמיה גינותיה ושדותיה, אשר הנדיב הגדול ברוב פזרונו הוציא את הכל מאש קדושתו לא"י, השי"ת יגן בעדו ויאריך ימיו וימי רעיתו הגבירה וימי בניו היקרים שיחיו, ויצליח בכל אשר יפנה.. עוד מצאתי לשמחת לבבי כי הקאלאניסטים שיחיו דאגו בעד אורחים עניים העוברים דרך זכרון יעקב ועשו חברת הכנסת אורחים בסדר ישר ונכון. יואל ה' לשלוח את ברכתו עליהם שיוכלו להחזיק האורחים וליתן להם צידה לדרכם וגם אנכי נדבתי חמשה פראנק ולראיה ואות אמת באתי על החותמת, אור ליום א' מוש"ק ז"ך סיון התר"ן פה בזכרון-יעקב נאום שמואל בהרב מוהרי"ל מאהליוועה החובק"ק ביאליסטאק ברוסיא" (סמסונוב, זכרון-יעקב, עמ' 202).

מסע המושבות הראשון

בהיותו באנייה בדרכו חזרה לביאליסטוק, כתב הרב מוהליבר את מאמרו "מטרת נסיעתי לארצנו הקדושה".[51] בפתח המאמר הרב מוהליבר גילה את התרגשותו מהמסע בארץ. לאחר מכן ניתח את

51. להלן סימן יב, עמ' 279–302.

מעלת הישיבה בארץ ישראל על פי דברי חז"ל. בתוך כך לימד סנגוריה על מייסדי המושבות הראשונות אשר על כמה מהם יצא לעז שהם פורקים עול תורה ומצוות והדגיש את מעלת הישיבה בארץ אף אם מתיישבים בה מי שאינם מתוקנים בשמירת המצוות:

הנה כבר כתבנו שהקב"ה רוצה יותר שישבו בניו בארצו אף על פי שלא ישמרו את התורה כראוי ממה שישבו בחוץ לארץ וישמרוה כראוי. ובפרט כי אפילו השונא היותר גדול להישוב לא יאמר חלילה שבארץ הקודש נעשו גרועים ממה שהיו בחוץ לארץ, ואדרבא כולי עלמא יודו, שאף היותר גרועים שבאו לשם שבו מדרכם והטיבו מעשיהם מבתחלה, ואם כן אפילו אם היה אמת כדברי מוציאי הדִבה שהם עדיין חוטאים ולא עזבו דרכם הרעה לגמרי, על כל פנים הלא הטיבו את אשר עשו בתרתי: (א) שהמצוה הגדולה ישיבת ארץ ישראל בידם, ו־(ב) שגם בשמירת התורה והמצות הוטבו הרבה.

אמנם אחרי זכני ה' והייתי בארץ הקודש בעצמי ובקרתי בעצמי את רוב הקולוניות, רובם ככולם כמעט, הנני אומר בפה מלא, **כי כל מה שדברו עליהם בפריצות מעשיהם הוא דִבת שוא ושקר**, יש מהם הרבה אשר הם צדיקים באמת, כי זכו לישב בארץ הקודש ולשמור המצות התלויות בארץ וליהנות מיגיע כפיהם ממש, בלי אונאה ותרמית, וגם לעסוק בתורה ומצות בדחילו ורחימו, וליתן צדקה כפי כחם; ויש מהם בינונים בקיום התורה והמצות כמו אצלנו הבינונים, אבל על כל פנים יש להם שלש מעלות אלה: הישיבה בארץ הקודש, העסק בישוב הארץ, ושמירת המצות התלויות בארץ; ואם אולי נמצאים בהם גם גרועים, הוא רק כדרך כל עיר ועיה, אשר הטבע מחייב להיות בהם גם גרועים, אבל אצלם הם מיעוטא דמיעוטא, ולא יזדמן אצלם כמו אצלנו שיחלל שבת או יעשה עבירה אחרת בפרהסיא.[52]

52. להלן סימן יב סעיף ג, עמ' 281–282.

בחלקו השני של המאמר הציג הרב מוהליבר בפירוט את עשר מטרות הביקור, וניתח את המצב בארץ ישראל בדרך מעמיקה כמדינאי רחב אופקים הרואה את הנולד. הוא עומד על הצורך הדחוף ברכישת קרקעות בכל חבלי ארץ ישראל, ומפרט את הצרכים הנדרשים לכל משפחה כדי שתוכל להתפרנס בכבוד. כמו כן הוא מנתח את מצבם הרוחני והחומרי של תושבי ירושלים ומציין כי "מצבה ברוחניות טוב מאד", אך הוא מצר מאוד על כך שאין הם לומדים שפות זרות:

> אמנם חסרון גדול יש בירושלים והיא האמונה כי אסור גמור הוא ללמד שפת ערבית וצרפתית לנערי ישראל, אשר באמת הוא הכרח גדול בזמננו לדעת לשון המדינה, ובפרט בארץ ישראל אשר שם אין מבינים כלל לשון המדינה, ורובם ככֻלם הם כאִלם לא יפתח פיו, וזאת היא סבה גדולה לביטול המסחר וההכרח לצפות ללחם הקלוקל לחם החלוקה.[53]

הוא חתם את מאמרו במילים:

> עיקר הדבר וחתימת מאמרי היא, שכל אחד האוהב שערי ציון וירושלים באמת לא יסתפק במחשבה בלבד אבל יעשה ויפעול בגופו ובממונו, אז יצליח ה' לנו בכל מפעלינו, והארץ החרבה והשוממה תהפך לגן ה' והעיר הבזויה והשפלה תהיה לכבוד ותפארת אמן.[54]

למסע המושבות היו תוצאות חיוביות במספר מישורים. ראשית, בעקבות המפגש הישיר עם מייסדי המושבות ובפרט אלה שיצא עליהם לעז כי אינם מקפידים בקיום מצוות, שינה הרב מוהליבר את עמדתו

53. להלן סימן יב סעיף י, עמ' 300–301.
54. שם, עמ' 302.

והפך להיות סנגורם כפי שהביע זאת באופן חד־משמעי: "כי כל מה שדברו עליהם בפריצות מעשיהם הוא דִבת שוא ושקר".

ברוח דומה, כתב הרב מוהליבר לנצי"ב שבעת 'פולמוס בני גדרה' היה בדעה שעדיף שבני גדרה ישובו לחוץ לארץ ולהשיב במקומם אנשים כשרים מאנשי ירושלים:

> גם גדרה הגם כי איננה שוה לפתח תקוה במצבה המוסרי, אבל עם כל זה לא נשמע חלילה שמץ רע עליהם, והם בחזקת כשרים ושומרי מצוה... וידע הדרת גאונו כי כל הדברי בלע שמוציאים על הקאלאניות הוא שקר וכזב.[55]

יתרה מכך, הרב מוהליבר מדגיש כי אווירה של ארץ ישראל מטיב את דרך ההתנהגות של האנשים העולים ומתיישבים בה, וכפי שעולה מדיווחו לחברי 'מנוחה ונחלה' משובו מהביקור בארץ:

> הנני מעיד בכל הקדוש לנו, כי כל בני המושבות כלם אהובים כלם ברורים וכלם עושים באהבה רצון קונם והולכים בדרך הטוב והישר בעיני אלוקים ואדם, וגם אלה אשר אולי בהיותם בארץ מולדתם עוו הישרה שבו אל ה' בכל לבם בשבתם על ארץ הקדושה.[56]

עמדתו זו של הרב מוהליבר זכתה להד ציבורי בקרב יהודי אירופה וכפועל יוצא מכך היה גידול ניכר בגובה התרומות לחיזוק היישוב היהודי בארץ לישראל.

לא רק זאת, השמועות על אודות המסע הובילו לגידול ניכר

55. להלן סימן י סעיף יב, עמ' 262. המכתב הוא מכ"ה בתמוז תר"ן, תשעה ימים אחרי שובו של הרב מוהליבר מן המסע.

56. להלן סימן יג, עמ' 305. לעניין זה ראו גם להלן סימן יד סעיף ג, עמ' 316.

במספר העולים לארץ, ביניהם גם חלק מחברי המשלחת, ובשנתיים שלאחר המסע הוקמו בארץ שבע מושבות נוספות.

המסע תרם לא מעט ליישור ההדורים בין אנשי 'היישוב הישן' ובין אנשי 'היישוב החדש', לשיקום מערכות היחסים עם פקידי הברון ולתוצאות ברוכות נוספות כדוגמת הטמנת הזרע הראשון להקמת 'בית הספרים הלאומי' (לימים הספרייה הלאומית) בירושלים, על ידי ד"ר יוסף חזנוביץ שנמנה על משתתפי המסע.[57]

ועידת פריז

בעקבות גל עלייה גדול במיוחד שהגיע לארץ בשנת תר"ן (1890), חזרו הטורקים וחידשו את המגבלות על הגירת יהודים לארץ ישראל.[58] לנוכח המצב החדש יצא הרב מוהליבר בשנת תרנ"א (1891) בראש משלחת לארצות מערב אירופה – גרמניה, צרפת ובריטניה – כדי לסלול נתיבות ללבו של הממשל הטורקי שיסיר את המגבלות המחודשות.

בח' באלול תרנ"א התכנסה בפריז ועידה בהשתתפות נציגי חברת כי"ח וראשי חובבי ציון מרוסיה, מגרמניה, מצרפת, מבריטניה ומארצות הברית, כדי לדון במצב החדש. ב'ועידת פריז' הוחלט על הקמת מרכז עולמי לתנועת חיבת ציון שבו יהיו שותפים נציגי אגודות חובבי ציון מארצות שונות יחד עם נציגות של הברון הירש וחברת 'כל ישראל חברים' (כי"ח). אחת ממטרותיו הראשונות של המרכז הייתה לפעול לשינוי המדיניות העוינת של השלטון העות'מאני כלפי היהודים. על חשיבות הקמת מרכז זה כתב הרב מוהליבר לידידיו בביאליסטוק: "אין לך דבר היותר גדול מקבוץ זה, אשר ממקום ומרכז אחד יצאו כל הדברים לטובת היישוב וטובת אחינו האומללים".[59]

57. ראו בר רב האי, "ד"ר יוסף חזנוביץ למלאת שבע שנים לפטירתו", **דאר היום**, תרפ"ח (4.3.1928), גיליון ק"ל, עמ' 3.
58. קלויזנר, מקאטוביץ עד באזל, ג, עמ' 108–147.
59. שם, עמ' 135.

בוועידת פריז עלה מחדש נושא ייסודו של בנק חקלאי (אגררי), המבוסס על מניות, שיאפשר למתיישבים בארץ לקבל הלוואות לביסוס והרחבת משקיהם.[60] החלטתה הראשונה של הוועידה הייתה "לשלוח לקושטא איש אחד או שניים שישתדלו להשיג מממשלת תורכיה רשיון להתיישב ולקנות קרקעות, ולקבל קרקעות חינם בסוריה, עבר הירדן וכו'".[61]

חברי המשלחת בראשות הרב מוהליבר הגיעו לידי הסכמה עם הברון הירש ועם חברת כי"ח לפעול בצוותא לביטול הגזירות שהטיל הממשל הטורקי. הם החליטו לגייס חצי מיליון פרנק כדי לשלם לקיסרות העות'מאנית עבור מתן זיכיון להתיישבות חופשית של יהודים בארץ ישראל. על פי ההסכם שנערך בין הצדדים, מחצית מסכום זה יגויס על ידי חברים באגודת חובבי ציון ברוסיה, בגרמניה, בצרפת, בבריטניה ובארצות הברית, והמחצית השנייה תמומן על ידי הברון הירש וחברת כי"ח.

הרב מוהליבר יצא לדרכו כדי לגייס את הסכום האמור. תחילה נסע עם המשלחת ללונדון, שם זכה לקבלת פנים חמה ולהצלחה רבה בגיוס התרומות.[62]

אך הפתיחה המוצלחת לא העידה על ההמשך. הוא נדד בארצות מערב אירופה כשלושה חודשים ללא תוצאות. הסכום שעליו הוסכם (250,000 פרנק) לא גויס, ובעקבות זאת נדחה הרעיון לשגר משלחת לקושטא.

בד בבד הטיל הברון רוטשילד את מלוא כובד משקלו בפעילות דיפלומטית בקרב ראשי השלטון בטורקיה, תוך מתן עדכון מלא לרב מוהליבר באמצעות הרב צדוק כֹּהן.[63]

פעילותו הדיפלומטית של הברון רוטשילד נמשכה תקופה

60. שם, עמ' 126–128; 260–264.
61. קלויזנר, בדרכי ציון, עמ' 225.
62. ראו המגיד, תרנ"א (1.10.1891), גיליון 39, עמ' 312.
63. ארכיון ציוני מרכזי, תיק A9/63-13.

ארוכה וכמעט הביאה לביטול האיסור שהטיל השלטון הטורקי על הגירת יהודים לארץ ישראל.[64]

אך התקווה נכזבה והפעילות הדיפלומטית לא נשאה פרי כמצופה. משהוחמרו ההגבלות על הגירת יהודים לארץ ישראל בשנת תרנ"ד (1894), עלה שוב הרעיון לשגר משלחת לקושטא כדי להטות את לב הסולטן ושריו לאפשר התיישבות יהודים בארץ ישראל. ב'קול קורא' שפרסמו חובבי ציון בוויטבסק בכ"ו בסיון תרנ"ד, הם עמדו על חשיבות הנסיעה לקושטא:

> נחוץ מאוד שהגרש"מ [הגאון רבי שמואל מוהליבר] שליט"א ואיש אחד מחובבנו הנאורים ייסעו לקושטא להתחקות על איסור הכניסה, לדעת במה ואיך אפשר לתקן הדבר להקדים תרופה למכה בעוד זמן.[65]

מאסופת מכתבים מתקופה זו עולה כי הרב מוהליבר הביע את הסכמתו לצאת לקושטא על אף גילו המתקדם ומצב בריאותו הרופף, אך התנה זאת בהצטרפות הרב צדוק כֹּהן מצרפת או הרב אדלר מלונדון.[66] באותה העת בדק הרב מוהליבר אפשרות לעלות ולהשתקע בארץ בעצמו. תכניתו הייתה שבמהלך הפלגתו לארץ יחנה בקושטא, ייפגש עם אנשי השלטון הטורקי במטרה להפעיל את השפעתו עליהם להסיר את המגבלות על התיישבות יהודים בארץ ישראל, וימשיך לארץ.[67]

64. ארכיון ציוני מרכזי, תיק A24/612. מכתבו של הרב מוהליבר לאוסישקין מר"ח אייר תרנ"ג: "מפאריס קיבלתי מכתב מערב פסח המבשר אותי כי תיקוותנו קרובה לבוא ואם נתמהמה עוד איזה שבועות בטח יתבטל האיסור. וכי לא ינום ולא ישן שליח שומר ישראל (לא אדע אם כוונתו על שייד או על הנדיב בעצמו. איך שהוא אין לנו מה לעשות בעניין גדול כזה, אשר הנדיב בעצמו שקוע בו ראשו ורובו כפי הנשמע...)".

65. תיק עמנואל סאלאוויי, ארכיון ציוני מרכזי, תיק A24/616-79.

66. מתוך מכתב לאושיסקין, ט"ז בתמוז תרנ"ד. ארכיון ציוני מרכזי, תיק A24/616.

67. מתוך מכתבים לאוסישקין ארכיון ציוני מרכזי, תיק A24/617-70, ו־A24/616-104. כידוע תוכנית זו לא יצאה אל הפועל והרב מוהליבר לא העתיק את מקום

הקמת המזרח"י

בשל המגבלות החוקיות על הוועד באודסה, שהחלישו את הפעילות של חובבי ציון, התקיימה בחודש אלול תרנ"ג (1893) אסיפה של חובבי ציון בעיר דרוזגניק. במהלך האסיפה הוחלט בין השאר להקים מרכז רוחני שיהיה מוקד להפצת הרעיונות של תנועת חיבת ציון בקרב המוני בית ישראל, ובהם החוגים החרדיים, ויפעל להידוק הקשרים בין אגודות חובבי ציון. לראש 'המרכז הרוחני', שנקרא בקיצור המזרח"י, נבחר הרב שמואל מוהליבר. מקום מושבו של המרכז הרוחני נקבע בביאליסטוק.[68]

הרב מוהליבר הקדיש את מיטב זמנו לפעילות המרכז, ומדי שבוע בשבוע שיגר מאות מכתבים לקהילות יהודיות בארצות שונות לעידוד הפעילות הציונית ולרתימת עוד ועוד תומכים להצטרף ולתרום למען ארץ ישראל. סייעו לו בפעילות זו מזכירי המזרח"י השונים, יהודה לייב אפל, דוד סוכולובסקי ובפרט הרב יצחק ניסנבוים. המזרח"י הפך למסגרת שמיסדה את הפעילות ההסברתית שהרב מוהליבר עסק בה שנים רבות.

מרבית פעילות זו הופנתה כלפי הרבנים והיהדות החרדית. כבר בתשובה שנכתבה בשנת תרמ"ו מתח הרב מוהליבר ביקורת על כך שבנושא יישוב ארץ ישראל גדולי התורה עומדים מרחוק וזאת על אף "שתמיכת הקאליניסטין הוא פיקוח נפש ממש". לדבריו, ככל שגדולי

מגוריו לארץ. ניתן להציע כמה סיבות לעניין וביניהן מצב בריאותו של הרב מוהליבר וקשיי התארגנות ומימון, אך נדמה שמלבד אלו סיבה נוספת היא שבסמוך לאותה עת החל להירקם הקשר עם הרצל, והרב מוהליבר ראה חשיבות להצמיח ולחזק את התנועה הציונית ברוסיה.

68. בשנת תרנ"ז (1897), לאחר כינוס הקונגרס הציוני בבזל, ובחירתו של הרב מוהליבר לאחד מארבעת חברי הוועד הפועל הציוני ברוסיה, היה המזרח"י של חובבי ציון למרכז הסברה של התנועה הציונית. מפלגת המזרח"י שייסד הרב ריינס בשנת 1902 לקחה את שמה משמו של המרכז שבראשו עמד הרב מוהליבר. ראו שויביץ', המזרח"י, עמ' 155–168.

התורה יהיו מעורבים יותר בנושא יישוב ארץ ישראל אזי תהיה להם השפעה על אורח החיים המתהווה בארץ:

> ממילא כאשר יתחילו הרבה מגדולי הדור להכניס עצמם בענין הנשגב הזה אזי יהי׳ ביכולתם לחזק שם גם עמודי התורה והיראה, אם אולי יש איזה מקום הצריך חיזוק, משא״כ כעת שרוב גדולי התורה עומדים מרחוק, וכל הענין נמסר בידי סוחרים או גם בידי המשכילים מדור החדש...[69]

גם בשנים שלאחר מכן המשיך הרב מוהליבר לנסות למצוא מסילות אל לב הרבנים שעמדו מנגד. בקול קורא משנת תרנ״ו, שעליו הוא חתם כראש המזרח״י, הוא פנה אל ״נוצרי תורה שומרי מצוותיה... ובראשם עמודי התורה הרבנים הגאונים רועי ישראל״, ושם הוא הביע את מחאתו ש״הרבה מהיראים והחרדים עומדים מרחוק״.[70]

בקול הקורא העלה הרב מוהליבר טיעונים שונים כדי לשכנע את הרבנים לפעול למען חיזוק ההתיישבות בארץ. הוא הדגיש את גודל חשיבותה של מצוות יישוב ארץ ישראל שעליה אמרו חז״ל כי היא שקולה כנגד כל המצוות, וטען כי ״ישוב ארץ ישראל בפני עצמו צריך להיות שמחת כל לב יהודי״. הוא העלה על נס את הקמתן של יותר מעשרים מושבות חדשות (שברובן ככולן יש בתי כנסת ותלמודי תורה) אשר הולכות ומתבססות. לדבריו, בשל העובדה שהיקף כזה של התיישבות יהודית בארץ ישראל לא היה שנים רבות:

> עלינו להראות מצדנו, כי אין אנחנו כפויי טובה לו יתברך וכל אחד מאתנו יראה בפועל את חפץ לבבו לשכלל את אדמת אבותינו ולקחת חלק בבנינה **לפי ערכו ויכלתו בגופו בנפשו ובמאודו.**

69. להלן סימן יד סעיף ד, עמ׳ 323.
70. להלן סימן יד סעיף ג, עמ׳ 316.

בהמשך דבריו הרב מוהליבר דחה את הטענה כי מייסדי המושבות נטשו את דרך התורה:

> זה שקר גמור ולשון הרע מגונה, אשר אין כמהו, כי באשר ידעתי ברור רובא דרובא מהם הם שומרי מצוה ונוצרי תורה בכל יכלתם והם צדיקים גמורים, כי רובם מצבם אינו בטוב ומקיימים את התורה מעוני, ונהנים מיגיע כפם ובזעת אפיהם יאכלו לחם ומקיימים מצוות עשה של ישוב הארץ מבקר עד ערב. ואם אולי יש מעוטא דמעוטא אשר אינם מדקדקים במצות, עם כל זה אוכל להבטיח אתכם, כי אם נמצאו איזה אנשים כאלה לא אוירה דארץ ישראל גרם להם להיות כן. ובכל אופן ישיבתם בארץ הקודש גרמה להם להיטיב דרכם.

מלבד פעילות ההסברה כלפי החרדים, הרב מוהליבר ניסה להגיע לכל פינות העם היהודי ולרתום אותם למען יישוב הארץ.

כך למשל כתב ליהודי לונדון, "כי ירימו סך ידוע לטובת יישוב ארץ קדושה",[71] בדומה לכך כתב גם לחובבי ציון בווילנה[72] ועוד.

בקול קורא שפרסם הרב מוהליבר פנה אל ראשי עדת ישראל באמריקה ובו הוא מגולל את העשייה הברוכה שחוללה תנועת חיבת ציון בחידוש היישוב היהודי בארץ ישראל:

> זה כחמש עשרה שנה התחוללה תנועה גדולה במחנה ישראל, תנועה שלא היתה בעולמנו מעת הלכנו שבי לפני צר ויד רומי עלינו התגברה, התנועה הזאת תסמן בדברי ימינו וממנה תחל תקופה חדשה להמנות, תקופת "תחיית עם ישראל בארץ אבותיו"... עשרים קולוניות נבנו בארצנו הקדושה ואחינו בצרפת,

71. ארכיון ציוני מרכזי, תיק A/2/110 מכתבו להר"ר א. די אביגדור. ראו גם מכתב נוסף ליהודי לונדון להלן סימן יד סעיף ב, עמ' 310–313.
72. להלן סימן יד סעיף ו, עמ' עמ' 326–328.

> רוסיא, אנגליא ואשכנז ועוד, תומכים בידי האכרים העובדים על הרי יהודה. בין התומכים האלה נמצא מכל המפלגות ומכל הכתות והרעיון הנשגב הזה עומד למעלה מהן ומושך אחריו לבות כולם, ובאמת כל איש ישראל המתבונן בו בשים לב מכל צדדיו וצדי צדדיו ימצא בו מה שתבקש נפשו והוא כמן הזה שכל אחד טועם בו טעמו האהוב לו...

בהמשך, הרב מוהליבר, הוכיח את יהודי אמריקה על שאננותם והתבדלותם מרעיון יישוב ארץ ישראל וקרא להם במקום זאת לתרום ולתמוך ביישוב הארץ:

> רק שמה בארץ החדשה, באמעריקא קול ציון נחבא, ומקול ההמולה של הדולרים והסענטים לא נשמע קול אמנו הזקנה הקוראה לבניה. ובשם הרעיון הקדוש ישוב ארץ ישראל הנני פונה אל כבודם בבקשתי לשום לבם אל מעשי חובבי ציון בכל אתר ואתר להעיר את לב בני עדתם לקחת חלק בדבר הגדול הזה, אשר כבוד ישראל תלוי בו.[73]

לקראת סוף דבריו הביע הרב מוהליבר את תקוותו כי "בני ציון הנדחים בארץ החדשה יזכרו את אמם מרחוק ונפשם ולבם נתונים יהיו לעמם ולארצם".[74]

הפצת קולות קוראים לחיזוק ההתיישבות ולעלייה לארץ בקרב כל קהילות העם היהודי ברחבי העולם, הניבה פירות ברוכים לאורך השנים.

73. להלן סימן יד סעיף ה, עמ' 325.
74. שם. להרחבה בנושא זה ראו: מלאכי, ר' שמואל וציוני אמריקה; מלאכי, לתולדות. המאמר עוסק בפנייתו לראשי כי"ח שיטו את משאביהם ליישוב ארץ ישראל חלף מאמציהם "לטעת את ישראל על אדמת אמריקה".

יובל השבעים

באספת חובבי ציון שהתקיימה בדרוזגניק באלול תרנ"ג (שבה הוחלט כאמור על הקמת המזרח"י) התקבלה בין השאר ההחלטה לנטוע גן אתרוגים בסמוך למושבה חדרה. התכנית של גן האתרוגים נועדה לספק ליהודי הגולה אתרוגים מארץ ישראל לחג הסוכות, לספק עבודה לפועלים שכירים בארץ, וכן ליצור מפעל משותף לכל שדרות העם ובכך לחזק את האחדות בעם.

שער הכניסה ל'גן שמואל'

על פי התכנית, כל יהודי שיחפוץ בכך יוכל לקנות חלקת אדמה ובה עץ אתרוגים, ולכשיניב העץ פרי יזכה התורם באתרוג מהודר מאותו העץ. שאר האתרוגים שיגדלו על העץ יימכרו, וההכנסה תסייע להרחיב את היישוב היהודי בארץ ישראל. הרב מוהליבר וראשי חובבי ציון האמינו שתכנית זו תהדק את הקשר האישי והנפשי של הרוכשים עם ארץ ישראל, שכן כל אחד מהרוכשים יזכה לקיים את המצווה

"ולקחתם לכם... פרי עץ הדר" (ויקרא כג, מ) מפרי גנו שלו, ויברך על אתרוג מהודר שגדל בארץ ישראל.[75]

כחצי שנה לאחר מכן, לקראת יום הולדתו השבעים של הרב מוהליבר שחל בכ"ז בניסן תרנ"ד (1894), החליטה תנועת חובבי ציון לציין את יובל השבעים של הרב מוהליבר בכל קהילות ישראל כאירוע חגיגי, על מנת שישמש מנוף לגיוס תרומות לחיזוק היישוב היהודי בארץ ישראל. כחלק מהחלטה זו, החליטו חובבי ציון לקרוא לגן האתרוגים שעליו הוחלט בוועידת דרוזגניק 'גן שמואל', לכבודו של הרב מוהליבר.[76]

ציון

שיר ושבחה

תודה וברכה

לראש וראשון לציון, מורם מעם ומרומם על כל תהלה

ה"ה הרב הגאון המפורסם בכל קצוי תבל, כבוד שמו הנעלה

מוה"רר **שמואל מאהליווער** שליט"א

האב"ד פה ביאליסטאק

ליום מלאת לו שבעים שנה

(כיום ה' ז"ך ניסן תרנד לפ"ק)

מגש ברגשי כבוד ותודה

מאת חברי "לינת הצדק" דפה.

הפתיח לשיר שחובר על ידי חברת לינת צדק

75. על תכנית גן האתרוגים, על מטרות החברה ועל תנאי החברה ראו ספר שמואל עמ' נ; אהרנסון, מה שקדם.

76. לימים נוסד במקום קיבוץ 'גן שמואל' של תנועת השומר הצעיר על שם הרב מוהליבר.

על אף הסתייגויותיו הראשונות הסכים הרב מוהליבר בסופו של דבר לרעיון זה, כפי שעולה ממכתבו שפורסם בעיתון 'המליץ':

> אחים יקרים ונכבדים! למרות חפצי ורצוני לבלי חוג את חג יובלי נאלצתי למלות בקשת מיודעי, אשר ידעו כי ביום כ"ז ניסן ימלאו לי בחסד ד' שבעים שנה, שבקשוני להרשות להם לפרסם הדבר הזה במכ"ע, כי חזקו עלי דבריהם אשר הדבר הזה יביא תועלת רבה להרעיון הקדוש ישוב ארצנו הקדושה משאת נפשנו. נתתי להם הרשות אך בתנאי כפול כי יפרסמו במכ"ע חפצי כי לא ירבו בהוצאות חנם על תלגרמות וכדומה רק ירימו נדבותיהם לטובת הישוב...[77]

ההחלטה של חובבי ציון לקרוא לגן האתרוגים בשם 'גן שמואל' הוכיחה את עצמה כהחלטה נכונה שכן מכל רחבי אירופה הורמו תרומות נכבדות לנטיעת גן האתרוגים.[78]

הרב מוהליבר קיבל מכתבי ברכה רבים מכל קצווי תבל לרגל יום הולדתו. בכל המכתבים באה לידי ביטוי ההוקרה הרבה למסירותו הבלתי נלאית ליישוב ארץ ישראל.[79] גם ממזכרת בתיה נשלח מכתב ברכה לרב מוהליבר,[80] וחברת 'לינת צדק' שבביאליסטוק אף חיברה לכבוד האירוע שיר מיוחד המבטא את פועלו למען ארץ ישראל. השיר פורסם בעיתונים רבים.[81]

77. **המליץ**, תרנ"ד (8.6.1894), גיליון 121.
78. פירוט חלק מהתרומות ראו **המליץ**, תרנ"ד (3.5.1894), גיליון 90.
79. לפירוט חלק מהמכתבים הללו ראו ספר שמואל, עמ' נא-סא. בין היתר מופיעה שם ברכתה של המושבה רחובות שכללה הזמנה לרב מוהליבר לבוא ולהתגורר ברחובות (לברכה נוספת מקהילת סובאלק שבה שימש הרב מוהליבר כרב העיירה בעבר, ראו **המליץ**, תרנ"ד [7.5.1894], גיליון 93).
80. **המליץ**, תרנ"ד (19.6.1894), גיליון 126.
81. ראו למשל **הצפירה**, תרנ"ד (14.5.1894) גיליון 97; ספר שמואל עמ' נב-נג.

משך שנים גן האתרוגים על שם הרב מוהליבר הניב אתרוגים ששווקו גם לאירופה חלף אתרוגי קורפו. דא עקא בחלוף הזמן הסתבר שהקרקע לא התאימה לגידול אתרוגים וצצו ועלו כשלים וקשיים בעיבוד המטע והציפיות של הוגיו לא התממשו במלואן.[82]

בשם ד׳ עזרי מעם ד׳

אתרוגי גן שמואל

אשר במושבה חדרה באה״ק תובב״א

ולקחתם לכם-משלכם-פרי עץ הדר
הנטועים ע״י ישראל:

האתרוגים המונחים בתבה הזאת ובה מספר
אתרוגים ועליה חותם כזה המה אתרוגי הגן
שמואל שבחדרה אשר חקרנו ודרשנו עליהם
ונוכחנו שאין בהם שום חשש הרכבה כלל וכן
אין בהם שום חשש טבל ושום חששות אחרות
וראוים המה לברכה להמהדרים בלי שום חשש ופקפוק כלל ולראי׳
באעה״ח יום ... לחדש ... התרס״א פה יפו ת״ו.
נאם

NAFTALI HERZ LEWY
RABBINER IN
JAFFA

תעודת כשרות של אתרוגי גן שמואל

82. על גן שמואל ראו אשל, גן שמואל, עמ׳ 10.

העומד על משמרת הקודש

בעקבות הקמת המושבות ועליית יהודים רבים הפכה יפו להיות מרכז כלכלי וחברתי לכלל היישוב היהודי בארץ. כך בכך החלו לנשב ביפו רוחות חדשות בהשפעה אירופאית, ותופעות החילון החלו להתגלות ולהתפשט בעיר.[83] השמועות על הנעשה ביפו הגיעו אל מרכזי היהדות באירופה וגרמו להוצאת לעז על יושבי הארץ ולהסתייגות מהרעיון של חידוש היישוב היהודי בארץ ישראל.

הרב מוהליבר לא שקט למשמע שמועות אלה והתייצב במלוא כוחו בניסיון לעמוד על משמרת הקודש. מחד גיסא שימש הרב מוהליבר כסנגורם של בני המושבות בקרב קהילות ישראל שבגולה; ומאידך גיסא כשמצא לנכון לא חסך שבט ביקורתו על יושבי הארץ על מנת שיטיבו דרכם ולא ייתנו פתחון פה למקטרגים על מפעל ההתיישבות. להמחשת הדברים ניתן להביא מכתב שכתב בעקבות העלאת הצגה מוזיקלית בחול המועד פסח תרנ"ד ביפו:

> קראתי באחד מגיליוני הצפירה אודות התיאטר אשר נעשה בעיר יפו בחול המועד פסח וירגז לבי בקרבי. עת צרה היא ליעקב בכל מקומות מושבותיו, ברומניא ובמאראקא וברוב ארצות אירופה אחינו נאנחים ונאנקים, ובארץ ישראל בעיר יפו הזקוקה לתמיכת אחינו שבגולה שמחים על מחזות שוא ומדוחים ובריקוד מרקדים. בארץ ישראל שנאה מתלקחת בין אחים בני אב אחד ועל כל שעל וצעד אלפי עינים רעות מביטים לחרחר ריב ולבטל הישוב והנה ששון ושמחה, תוף וחליל ובמת ישחק. הטוב הדבר הזה? האם נוכל לתאר את הרעות הכרוכות בדבר הזה?[84]

גם בנושא החינוך לא משך הרב מוהליבר ידו. הוא לא שקט

83. ראו קרק, עלייתה של יפו, עמ' 297–318; בן־יהודה, היישוב העברי, עמ' 149.
84. המכתב במלואו מופיע להלן סימן ו סעיף א, עמ' עמ' 197–199.

ולא נח על מנת להעמיד את מערכת החינוך ביפו על אדני התורה והמסורה. חברת כי"ח ואגודת 'בני משה' אשר ניהלו את בית הספר ביפו הכניסו שינויים בתוכנית הלימודים שבאו לידי ביטוי בהפחתתן של שעות לימודי הקודש, עובדה אשר גרמה להפצת שמועות בחוץ לארץ כי בית הספר מחנך לאפיקורסות.

הרב מוהליבר לא מצא מנוח למשמע שמועות אלה כעולה ממכתבו לד"ר מנחם שטיין ראש אגודת 'בני משה':

> זה ימים רבים אשר אמרתי לכתוב לכבודו הרם בדבר בית הספר ביפו עיר הקודש, אשר לא טובה השמועה שעם ה' מעבירים עליו. עוד בראשית החורף הבטיחני מר אייזנשטייה, כי יקחו **רב חרד** למורה דת ולמשגיח על כל הלימודים הקדושים כי יהיה הבית הזה **עברי** במלוא מובן המילה, והנה ימים רבים כבר עברו, אין **רב חרד** ואין **תלמוד** בבית הספר, והדיבות הרעות עליו הולכות ורבות. נפשי היתה מרה עלי על הדבר הזה. "מה זאת?" **אנשים עברים מייסדים בארץ העברים מכסף העברים בית ספר עברי לילדי העברים** והנה אינם מתיעצים ברבני העברים ואינם לומדים את **התלמוד** הקדוש לנו, נשמת אפנו ויסוד אמונתנו?[85]

בהמשך מכתבו הדגיש הרב מוהליבר: "לא אשקוט ולא אנוח עד מקום **שיכולתי** מגעת כי **דתנו תהי היסוד הראשון** של 'בית ספר עברי ביפו שער ציון'", ופנה בבקשה לד"ר שטיין והנהגת בית הספר "לתקן כל בדק ולסתום כל פרץ ולא תתנו מקום לצוררי הישוב להתנפל עליכם והשתדלו כי הבית הזה יהיה לשם ולתפארת לדתנו, עמנו וארצנו".

הפחתת לימודי הקודש והנושאים העבריים במערכת השעות בבית הספר ביפו העיקה על הרב מוהליבר, ובמכתב ששלח כשנתיים

85. המכתב במלואו מופיע להלן סימן ו סעיף ב1, עמ' 201–202. ההדגשות במקור.

לאחר מכן לחברת כי"ח בפריז הוא פנה בדברים נרגשים המדברים בעד עצמם:[86]

> הדבר שהניע אותי לפנות אליכם במכתב זה הוא השמועה שנפוצה כי חברת 'כל ישראל חברים' מתכוונת להכניס שינויים בתוכנית הלימודים של בית הספר היהודי ביפו – שינויים שיתבטאו בהגבלת לימודי היהדות ובהפחתת הנושאים העבריים.

לאחר שסקר את מצבו הירוד של עם ישראל ובפרט מצבם של בני הנוער, הוא עמד על החשיבות בכך שהלימודים בבית הספר יתקיימו בשפה העברית:

> שמחה מלאה כל לב יהודי בהיוודע לו כי בארץ ישראל, ערש עברנו המפואר שאליה מופנות תפילותינו הלוהטות מזה אלפיים שנה – **בארץ ישראל נוסד בית ספר שהשפה השלטת בו היא עברית, בית ספר שבו ילדי ישראל מהמזרח ומהמערב, מאירופה ומאסיה, מדברים בשפה אחת, היא שפת נביאנו.** קיווינו כי בית ספר זה יגדל דור שיהיה מצויד בידיעות הנחוצות לכל אדם באשר הוא **אדם**, אך בעת ובעונה אחת יהיה זה בית ספר ***יהודי*** שלם שישמש דוגמה למוסדות אחרים.

בסיום מכתבו כתב הרב מוהליבר:

> רבותיי! מובטחני שחברת 'כל ישראל חברים' שהציגה לפניה כמטרה נעלה את העלאת רמתם של היהודים והיהדות לא תרצה עכשיו להקטין את תוכנית הלימודים של הנושאים העבריים ועל ידי כך לשנות את פניו של בית ספר זה שחיבבוהו על מיליוני אחיו. אני מקווה שנפלה כאן רק איזו אי הבנה ומקווה

86. המכתב במלואו מופיע להלן סימן ו סעיף ב2, עמ' 203–204. ההדגשות אינן במקור.

אני להיוודע מכם כי הידיעה הנ"ל שנפוצה לא הייתה אלא שמועת שווא.

מכתבים אלה מלמדים על פן נוסף באישיותו של הרב מוהליבר. יחד עם הסנגוריה שהוא לימד על תושבי הארץ, הוא לא נרתע מלבקרם במקרה הצורך על מעשים שלא הלמו את רוח היהדות, כל זאת מתוך השקפה לאומית־חרדית המבקשת לבנות יסודות תורניים איתנים לחיים היהודיים המתחדשים בארץ.

קבוצת תלמידי בית־הספר לנערים ביפו עם מוריו ומנהלו.

קבוצת תלמידות בית־הספר לנערות ביפו עם מורותיו ומוריו.

בתי הספר ביפו

ה. פעילותו בתנועה הציונית

הרצל מתוודע לפועלו של הרב מוהליבר

כאשר החל בנימין זאב הרצל בפעילותו הציונית היו בארץ כבר שש עשרה מושבות, ובהן אלפי נפשות. הרצל שמע לראשונה על פעילותו הענפה של הרב מוהליבר לביסוס היישוב היהודי בארץ מפיו של מנחם אוסישקין שהגיע לבקרו בווינה בחודש אייר תרנ"ו (1896). בפגישתם דנו השניים במצבם של יהודי רוסיה ובהיערכות לקיום אסיפה כללית שאמורה הייתה להתכנס בלונדון בחודש תמוז באותה השנה.[1] הרצל, שראה חשיבות רבה בייצוג יהודי רוסיה באסיפה זו, ביקש באמצעות מנחם אוסישקין להזמין אליה גם את הרב מוהליבר, ראש המזרח". בתגובה להזמנה שלח הרב מוהליבר מכתב לאוסישקין ובו הביע את רגשותיו ויחסו החם כלפי הרצל, והוסיף כי הוא "מחבק אותו מרחוק על פעולותיו הגדולות". הרב מוהליבר הביע תקוותו כי הרצל וחבריו "לא ינומו ולא ישקטו עד אשר ירימו את כבוד ישראל בגויים לישב

1. אסיפה זו לא יצאה אל הפועל באותה השנה אלא שנה לאחר מכן בקונגרס הציוני שהתקיים בבזל.

שאנן על נחלתו, וה׳ אלוקי ישראל יהיה בעזרם״.[2] הוא ציין כי בשל בריאותו הרופפת יקשה עליו להשתתף באסיפה בלונדון, ולפיכך ישתדל לשגר לאסיפה דמות מכובדת לייצוג יהודי רוסיה.

הופעתו של הרצל על במת ההיסטוריה ורקעו האישי, עלו בקנה אחד עם תפיסתו המדינית של הרב מוהליבר שאותה גיבש כעשרים שנה קודם לכן, לפיה הגאולה:

> צריכה להיות בדרך טבעי, והיינו שאנחנו מצדנו, כאשר כבר נהיה מוכשרים לזה נשתדל לפני כל מלכי תבל ורוזני ארץ שיסכימו להיטיב עם עמנו תחת הצרות והמכאובים, אשר הציקו אבותיהם לאבותינו והשם יתברך יעזור לנו להשיג את ארצנו ולקבץ את פזורינו.[3]

לדעת הרב מוהליבר התפקיד להשפיע על ״מלכי תבל ורוזני ארץ״ אינו מתאים לאנשים אשר הקדישו את כל ימיהם לתורה ובילו כל חייהם בבית המדרש אלא תפקיד זה מוטל על:

> החכמים, הרוזנים והשועים מעמנו, הראויים לעמוד בהיכל מלך, הגיבורים הגדולים, אשר אין קץ לאוצרותיהם, אם ירצו בכל לבבם לעשות השתדלות בדרך הטבע בדבר הגדול הזה כפי יכולתם לא ייבצר מהם הדבר בעזר ה׳ אלוקי ישראל וגואלם.[4]

דברים אלה בכוחם להסביר את ההערכה הרבה שרחש הרב מוהליבר להרצל, כדמות שביכולתה להשפיע על מנהיגי העולם.

2. ספר שמואל עמ׳ סז.
3. להלן עמ׳ 228–229.
4. שם.

פנייתו של הרצל וחבריו לרב מוהליבר

בשנת תרנ"ז (1897) נתקלה המושבה הקטנה משמר הירדן בקשיים כלכליים, והוועד הפועל של חובבי ציון ביפו פנה לאגודות חובבי ציון ברחבי אירופה וביקש את עזרתם למושבה. בין מקבלי הפנייה הייתה גם אגודת חובבי ציון בווינה שבראשה עמד הרצל. באותה העת החל הרצל בפעילותו הציונית המעשית, ומאחר שלמד להכיר את תרומתה של חיבת ציון להקמת המושבות החדשות וביסוסן, והתוודע לדמותו ולפועלו של הרב מוהליבר החליט לפנות שוב אליו, והפעם בבקשת הכוונה כיצד לעזור למשמר הירדן. במכתבם של הרצל וחבריו (שנכתב בעברית) אל הרב מוהליבר הבהירו את סיבת פנייתם אליו:

> אשר על כן מרשים הננו לנו לשחר את פני מעלת כבוד תורתו להשמיענו את דעתו בדבר ההצעה, שהוצעה לפנינו זה לא מכבר מאת ראשי ועד הפועל ביפו לקחת חלק בשכלול המושבה "משמר הירדן", וכאשר ינהלנו מעלת כבוד תורתו בעצתו הטובה אותה נשמור לעשות. מדעתנו כי נהירין לו דרכי הרעיון והליכותיו עד כה, הננו מבקשים עצה מפיו, יען כי הוא הצעד הראשון שאנו עושים בעזרת השם בענייני היישוב ואין אנו בקיאין כל כך ומתייראים אפוא לבל נכשל חס ושלום במפעלנו זה...[5]

בהמשך המכתב ביקשו הכותבים מהרב לעורר את חובבי ציון ברוסיה להשתתף בקונגרס הציוני שתוכנן להתכנס במינכן. זאת בגלל ניסיונם של חובבי ציון במפעל ההתיישבות בארץ ובשל רצונו של הרצל כי בקונגרס יהיה ייצוג לכל ארצות הפזורה היהודית לכל גווניה. כן סבר הרצל כי שיתוף חובבי ציון מרוסיה, שהיו ברובם בעלי השקפה מסורתית ודתית, ובייחוד השתתפותם של רבנים כמו הרב מוהליבר,

5. אגרות הרצל, א, עמ' קנד; ספר הקונגרס, עמ' 164. לנוסח המכתב במלואו ראו להלן נספח 3, עמ' 113–114.

שתואר כ"עמוד התיכון שכל היהדות החרדית המשתתפת בחיבת ציון נשענת עליו",[6] תקרב גם את הציבור האורתודוקסי למפעל הציוני. הרצל היה מודע להשפעתו הרבה של הרב מוהליבר על יהודי מזרח אירופה, ולכן היה מעוניין לגייסו לתנועה הציונית החדשה, זאת בייחוד לנוכח העובדה שרבנים מעטים בלבד הצטרפו לתנועתו.[7] בעקבות פנייה זו פרסם המזרח"י קריאה לחובבי ציון להשתתף בקונגרס.[8]

בעקבות הירתמותו של הרב מוהליבר לארגון הקונגרס, פרסם הרצל מאמר מערכת אודותיו בביטאון התנועה הציונית 'די וולט' שהתחיל לצאת לאור זמן קצר קודם לכן.[9] במאמר זה סקר הרצל את פועלו של הרב מוהליבר למען יישובה של ארץ ישראל ולמציאת מענה למצוקות העם היהודי, כשהוא מתאר את הרב מוהליבר כ"לב שממנו הוזרם זרם החיים לתנועה". אגודת חובבי ציון הראשונה שהקים הרב מוהליבר בוורשה ב־1882 כונתה במאמר "הארגון הציוני הראשון", וועידת קטוביץ' של חובבי ציון, שהתכנסה ב־1884, שהרב מוהליבר היה מיוזמיה, כונתה "הקונגרס הציוני הראשון". במאמר מתאר הרצל את הציונות המדינית החדשה כהמשכה של הפעילות הציונית הענפה רבת השנים בתנועת חיבת ציון, וזאת כדי לקרב אליו

6. ספר שמואל, עמ' קנט.
7. על כישלונותיו של הרצל בגיוס היהדות האורתודוקסית ראו שלמון, אם תעירו, עמ' 239–251; גולדשטיין, אנו היינו הראשונים, עמ' 236–250.
8. נוסח הקריאה מופיע בניסנבוים, עלי חלדי, עמ' 113. בקריאה צוטט המכתב שכתב הרצל, ובו הגדיר את חובבי ציון ברוסיה כ"חלוצים הראשונים" אשר עברו לפני המחנה. אלא שבפתח הדברים ובסיומם הוסיף הרב קביעה שחידדה מעט גם את נקודות הראות השונות בינו לבין הרצל, תוך שהוא כותב שחובבי ציון ברוסיה אינם רק בבחינת "החלוץ ההולך לפני המחנה" כהגדרת הרצל, אלא "גם המחנה בעצמו וגם המאסף ההולך אחריו".
9. **די וולט**, 18.6.1897, גיליון 3. הציטוטים להלן מתוך המאמר תורגמו על ידי פרופ' דורון נידרלנד. צילום של המאמר המקורי והנוסח המלא של התרגום מופיעים להלן נספח 4, עמ' 115–116.

את מי שהזדהו עם דמויות דוגמת הרב מוהליבר וחבריו. לימים תיאר הרצל את הרב מוהליבר כ"ציוני המדיני הראשון".[10]

הרב מוהליבר והקונגרס הציוני בבזל

לקראת הקונגרס הציוני, שהיה אמור להתכנס במינכן, שלח הרצל את יהושע בוכמיל כדי שישמש שליח מטעמו ויעשה נפשות ברחבי רוסיה למען הקונגרס. בוכמיל פגש את הרב מוהליבר בביאליסטוק ושמע ממנו על תמיכתו בפעילותו של הרצל. בד בבד הזהיר הרב מוהליבר שלא להסתמך רק על הבטחותיה של ממשלת טורקיה:

> באותה שעה היה כבר חולה מסוכן, בכל זאת בדברו על ארץ ישראל "בהגיגו תבער אש" [...] הוא הביע את שמחתו הגדולה על סימני התחיה הלאומית שנראו בתוך אחינו המערביים, אולם פקפק מאד בחשיבות הבטחותיה של ממשלת תורכיה לד"ר הרצל [...] אנגליה, צרפת ואמריקה ממלכות אלו יעזרו לנו לשוב לארץ ישראל כשיגיע "הקץ" ויעלה רצון מאת אבינו שבשמים. אנו צריכים להיות מוכנים ומזומנים לשעה זו, אנו צריכים להזכיר לעמנו השכם והזכר שלפנים ישב בארץ ישראל, אנו צריכים להחיות בלבו את החפץ לשוב לארץ אבותיו. ואם רצון זה יתעורר באמת בעם אז יסייעו לו גם מן השמים.[11]

עדות חשובה זו מלמדת שהרב מוהליבר קרא במדויק את המציאות המדינית הפוליטית. בתבונתו הוא זיהה את ההסתאבות וההתפוררות של האימפריה העותמאנית, ואף זיהה את האימפריות העולות שאכן יסייעו להגשמת המטרה הציונית דור לאחר מכן.

10. ראו מוהילבר, הרב המנהיג, להלן נספח 6, עמ' 119–122; חסידה, החלוץ שלפני המחנה, עמ' 597–613.
11. ספר הקונגרס, עמ' 103.

התכנית לקיים את הקונגרס הציוני הראשון במינכן נתקלה בהתנגדות נמרצת מצד פרנסי הקהילה היהודית המקומית שחששו מפני השפעתה השלילית של התנועה הלאומית החדשה. באותו הזמן יצא ועד ארגון רבני גרמניה במחאה חריפה כנגד הקונגרס וכלפי הציונות. בגילוי הדעת שפרסמו נאמר כי השאיפות להקמת מדינה יהודית בארץ ישראל "עומדות בניגוד לייעודיה המשיחיים של היהדות", וכי "הדת היהודית מחייבת את מאמיניה לשרת בכל נפשם ובכל מאודם את המולדת שאליה הם שייכים".[12]

בתגובה לגילוי הדעת הזה תקף הרצל בחריפות את ועד ארגון רבני גרמניה וכינה אותם "רבני המחאה". לעומתם שיבח את הרבנים שעמדו לימינו, ובראשם הרב מוהליבר, כ"אישים אצילי רוח העומדים בתוך תוכו של העם, במקום שהוא נרדף ביותר".[13]

בעקבות ההתנגדות לקיום הקונגרס במינכן נאלץ הרצל להעתיק את מקום הכינוס לבזל שבשווייץ. הרב מוהליבר שתמך בהרצל עבד לילות כימים למען הצלחת הקונגרס. במכתביו להרצל הוא חיזק את רוחו ואיחל לו שיעמוד בקשיים העומדים בדרכו. מאמציו של הרב מוהליבר נשאו פרי, ואת יהודי רוסיה ייצגו כשמונים צירים, כמעט מחצית צירי הקונגרס.[14]

יש לציין שלצד תמיכתו של הרב מוהליבר בהרצל, הוא הסתייג מדרכי הפעולה שלו שנעשו "ברעם וברעש"[15] ומאופן ניסיונותיו של הרצל להשפיע על אומות העולם. דבר זה מוצא את ביטויו בשיחה שניהל הרב עם ד"ר שנירר, מעוזריו הבכירים של הרצל, תקופה קצרה לפני קיום הקונגרס:

12. ראו הרצל, בפני עם ועולם, עמ' 98.
13. **די וולט**, 16.7.1897, גיליון 7.
14. בקונגרס לא השתתף שום רב מרבני רוסיה. הרב חיים ברלין (בנו של הנצי"ב) היה מוכן לבוא, אולם משהתחוור לו שהרב מוהליבר חולה, לא רצה להיות הרב האורתודוקסי היחיד בקונגרס, וויתר על הנסיעה.
15. מכתב הרב מוהליבר למאיר חיים בק (אוסף מאיר חיים בק, מחלקת הארכיונים, הספרייה הלאומית, ירושלים, ARC.4*1664/8).

באותו קיץ בא לביליסטוק ד"ר שנירר וביקר את הרב בנאות הקיץ על יד העיר, הרב היה אז חולה מסוכן, אבל התעניינותו בכל ההכנות הנעשות פה ושם לקראת הקונגרס היתה רבה מאוד, והוא הקדיש שעות אחדות לשיחה עם האורח, שהיה אז אחד מראשי העוזרים על ידי הרצל.

בין השאלות השונות ששאל את האורח היתה גם השאלה: במה אומר הרצל לרכוש לו את לב המלכים והשרים לעזור להתגשמות הרעיון הציוני? שנירר ענה בפשטות: 'הרצל מבאר לפניהם את התסיסה הרבולוציונית המתגברת בקרב הנוער היהודי בארצות שונות, מעמיד אותם על הסבות הגורמות לתסיסה זו – רדיפות היהודים ולחיצתם – ועל הסכנה הצפויה להם ממנה, ומביא אותם לידי מסקנא, כי טוב להם לעזור ליהודים ליסד להם מדינה בפני עצמם ויפטרו מהחומר התוסס הזה'.

דברים אלה לא מצאו חן בעיני הרב, הוא ראה בדרך תעמולה זו סכנה רבה למצב היהודים בארצות הגולה. לרב היתה שיטה אחרת בעבודה המדינית, אשר הביע אותה עוד לפני עשרים שנה והיא: 'להשתדל לפני כל מלכי תבל ורוזני ארץ, שיסכימו להיטיב עם עמנו תחת הצרות והמכאובים שהציקו אבותיהם לאבותינו'. ובדרך זו צריכים ללכת גם עתה, בכל אופן בקש מאת שנירר למסור להרצל בשמו, כי עליו לעזוב את הדרך שהוא הולך בה, ולמצוא דרכי תעמולה אחרים, יותר מכוונים למצבנו.[16]

ד"ר יוסף מוהילבר

כאמור, הרצל ראה חשיבות רבה בהשתתפותו של הרב מוהליבר בקונגרס, והפציר בו להגיע לבזל כדי להשתתף בדיונים. ואולם רופאיו של הרב אסרו עליו את הנסיעה, ולכן שיגר באמצעות נכדו, ד"ר יוסף מוהילבר, מכתב ברכה לבאי הקונגרס. המכתב הוקרא במלואו במעמד פתיחת הקונגרס, ועשה

16. ניסנבוים, ר' שמואל מוהליבר, עמ' 62.

רושם עז על הנאספים. בסיום הקראת המכתב פרצו באי הקונגרס בתשואות נרגשות, ולאחר הקונגרס תורגם המכתב לכמה שפות והופץ באלפי עותקים.[17]

במכתב הברכה הביע הרב מוהליבר את עמדתו באשר לנושאים העומדים על סדר יומה של התנועה הציונית. בראש ובראשונה הדגיש הרב מוהליבר את הצורך להסיר את המגבלות שהטילה ממשלת טורקיה על הגירת יהודים לארץ ישראל. נוסף לכך הביע הרב מוהליבר את עמדתו כי צביון החיים הציבוריים הראוי בארץ ישראל צריך להתבסס על התורה, וכן הדגיש את החשיבות העליונה של האחדות ושמירת השלום בין כל חלקי העם:

> בסוד האסיפה נחוץ לתקן אשר "בני ציון" שלבם נאמן למטרתנו יחיו ביניהם באהבה ובאחוה גמורה אף כי המה חלוקים בדעותיהם בדברים שבין אדם למקום...

בסוף דבריו הביע הרב מוהליבר התנגדות נחרצת לדעותיהם של כמה רבנים במערב אירופה שטענו שהתנועה הלאומית סותרת את אמונתנו בביאת המשיח. על כך הכריז:

> לא כן הדבר! אמונתנו ותקוותנו היא מאז וגם עתה, כי יבוא משיח צדקנו ויקבץ נדחי ישראל לארץ אבותינו. ותחת שהיינו נודדים בארצות זרים, נעים ממקום למקום, נשב בארצנו ונהיה לעם במלוא מובן המלה הזאת; ותחת שהיינו לחרפה ולשנינה בעיני העמים, נהיה לכבוד ולתפארת ליושבי תבל. זאת היא אמונתנו ותקוותנו הנובעות מדברי נביאינו וחכמינו ז"ל ובהן מחזיק עמנו![18]

17. ספר הקונגרס עמ' 165; ספר שמואל, עמ' סח.
18. ספר הקונגרס עמ' 165.

על השגותיו של הרב מוהליבר מהחלטת הקונגרס להתמקד בעיקר בציונות מדינית ניתן להסיק מעדותו של נכדו ד"ר יוסף מוהילבר:

> בכל יום שלחתי מבזל לזקני ז"ל מכתבים מפורטים על מהלך הקונגרס ועל הדיונים שהתנהלו בו כשמסרתי לו בשובי הביתה פרטים נוספים אמר לי: 'אמנם הקונגרס עבר בהצלחה, ואני רואה בזה מאורע גדול והתחלת תקופה חדשה בתנועתנו, אף על פי שאני מצטער מאוד על ההחלטה להפסיק את העבודה המעשית בארץ ישראל עד שיהיה לנו מקלט בטוח על ידי משפט גלוי, ומצטער אני גם כן על היחס הבלתי נכון לברון רוטשילד. אינני יודע את העבודה המדינית שיעבדו להשגת מטרתנו, אבל ברור לי, כי הישוב והמושבות בארץ ישראל הם הגורם היותר חשוב גם במובן המדיני. העבודה המעשית בארץ ישראל זהו עורק החיים של תנועתנו, ואם יפסיקוה את נפש תנועתנו אנו קובעים [=עושקים]. אלמלא האמנתי כי יחזיקו באמת בהחלטה זו הייתי רואה בה סכנה לרעיוננו, אבל אני מקווה שזהו רק דבר זמני והציונים יחזרו בהם מהחלטתם זאת ויצרפו את העבודה המעשית בארץ ישראל לעבודה המדינית, כי בלעדיה אין מדיניות ואין תעמולה ולא כלום.[19]

הנה כי כן, לפנינו עוד הבדל רב משמעות בין גישתו של הרב מוהליבר לגישתו של הרצל. הרצל אחז בעיקר בדרך הציונית המדינית, ואילו הרב מוהליבר אחז בשתי הגישות גם יחד – בפעילות מדינית למען השגת רישיון התיישבות בארץ, לצד המשך פעילות מעשית לחיזוק והרחבת היישוב היהודי בארץ. בראייה מפוכחת הוא הבין שקשר

19. ספר הקונגרס, עמ' 168. בעניין הסתייגות חובבי ציון מדרך פעולתו של הרצל ראו גולדשטיין, אנו היינו הראשונים, עמ' 236-250.

הדוק קיים בין שתי הגישות, שכן "המושבות בארץ ישראל הם הגורם היותר חשוב גם במובן המדיני".[20]

הקונגרס בחר ברב מוהליבר לאחד מארבעת הנציגים שירכזו את הפעילות הציונית ברוסיה. שליח מיוחד מטעם הרצל נשלח לביאליסטוק להודיע לו על בחירתו ולהפציר בו שיקבל את התפקיד. באותה העת היה הרב כבר חולה מאוד, אך על אף בריאותו הרופפת החליט לכבד את החלטת הקונגרס הציוני וכתב אל "הד"ר הנפלא באהבתו הגדולה לעמו וארצו הערצל נ"י":

> מכתבכם הנכבד קיבלתי. רב תודות לכם על אשר כבדתם אותי להימנות לחבר בין דורשי ציון וירושלים, בלי נדר כל מה שיהיה בכחי לעשות לטובת עמנו וארצנו לא אמנע מלעשות כי רוחי ונפשי נתונים להם [...] ויהיה נועם ה׳ עליכם ויופיע על פועליכם להצלחת עמו וארצו.[21]

בשארית כוחותיו החל בהכנות ליצירת המסגרת הארגונית של ההסתדרות הציונית, ולשם כך כינס בביאליסטוק במרחשוון תרנ"ח (1897) אסיפה שהשתתפו בה כחמישים איש מחובבי ציון. אמנם הרב עצמו לא היה יכול להשתתף באסיפות שנערכו במהלך היום, אולם בכל ערב התכנסו בביתו וראש האסיפה היה מסכם את ענייני היום. באסיפה התקבלו החלטות שעסקו בארגון התנועה הציונית ברוסיה. בין היתר הוחלט שהמזרח"י (אשר הוקם בשנת תרנ"ג [1893] – ראה לעיל פרק ד ׳הקמת המזרח"י׳) ימשיך לפעול כמרכז רוחני גם בתנועה הציונית.[22]

בחלופת המכתבים שבין הרב מוהליבר ובין הרצל לאחר הקונגרס בבזל, תמך הרב מוהליבר ברעיונותיו של הרצל בכמה עניינים ועודד

20. להרחבה בנושא ראו ארקין, הציוני המדיני הראשון.
21. ורפל, זכרון שמואל, עמ׳ קכו.
22. שם, עמ׳ קכו-קכח.

אותו להוציאם לפועל. באחד ממכתביו להרצל הפותח במילים "ד"ר הרצל, החבר המוערך!" הרב מוהליבר המריצו להוציא עיתון מטעם התנועה הציונית: "הצעתך להוציא לאור עתון גדול חשובה בעיני מאד כדי להגשים את מטרתנו. אני מצידי אעשה הכל".[23] במכתב נוסף שכתב ימים ספורים לאחר מכן עודד הרב מוהליבר את הרצל לממש רעיון ישן שעלה שנים מספר קודם לכן בתנועת חיבת ציון – להקים את בנק אוצר ההתיישבות:

> לדעתי צריך קודם כל לזכות בתמיכת בנקאים יהודים בעולם המסחרי בלונדון בייסוד הבנק... אני מאמין ומקווה שהבנק היהודי יקום למרות כל הקשיים ויזכה בתמיכה ואהדה של כל הלבבות ויעזור לגאולת הארץ.[24]

קריאה להקמת בנק אוצר ההתיישבות

בי"ז בסיון תרנ"ח, כשלושים שעות לפני פטירתו, כתב הרב מוהליבר לבקשת הרצל מכתב בדבר חשיבות הקמתו של בנק אוצר ההתיישבות שנועד לממן את המפעל הציוני וההתיישבות בארץ ישראל.[25] בפתח המכתב כתב הרב מוהליבר: "באנק יהודי כזה בהמצאו בידים בטוחות ואמונות לעמנו ולארצנו יוכל להאיר אור חדש על ציון ועל ישובה. וחובה על כל אחד מאתנו להשתדל בקיומו..."

23. מכתב מתאריך 27.11.1897 (ארכיון ציוני מרכזי, תיק H3713; תורגם מגרמנית על ידי פרופ' דורון נידרלנד).

24. מכתב מתאריך 4.12.1897, ראו מקאטוביץ עד באזל, עמ' 126–128, 260–264. על הקשרים הידידותיים בין הרב מוהליבר והרצל הבאים גם לידי ביטוי במכתביהם של השניים ראו ארקין, משני קצות הגשר הציוני, עמ' 4.

25. הנוסח המלא של המכתב מופיע להלן סימן טז, עמ' 335–338. הרעיון להקמת בנק אוצר התיישבות עלה עוד בתקופת חיבת ציון והרב מוהליבר כראש המזרחי פעל לקידומו, אך משהתפרסמה עצתו של הרצל בדבר הקמת הבנק רוכזו כל המאמצים להקמת הבנק באמצעות התנועה הציונית (ראו ניסנבוים, עלי חלדי, עמ' 117).

במכתב זה חזר הרב מוהליבר על ההפרדה שצריכה להיות לדעתו בין הנהגתם הפרטית של חברי התנועה הציונות, ובין המדיניות הכללית שלה:

> היסוד לחיבת ציון היא תורתנו הקדושה, כאשר כתבתי במכתבי הראשון אל האסיפה בבזל... אמנם כל הבא לעבוד עבודת עמנו וארצנו איננו שואלים אותו על הנהגתו היהודית הפרטית, אחים הננו כולנו לצרה ואחים נהיה לתחיה, אבל יסוד עבודתנו הלאומית צריך להיות תורתנו הקדושה, ולכן הבאנק היהודי הזה ישמור את יסוד תחיתנו מכל משמר.

בהמשך ציין הרב מוהליבר את הפעילות ההתיישבותית רבת ההיקף שנעשתה בארץ ישראל בשנים האחרונות:

> הישוב בארץ הקודש הראה לנו ולכל העולם כי עוד רוח חיים בקרבנו, חיה גם שפתנו וחיים בקרבנו כל הכשרונות הטובים שחוננו מאת אלוקינו. המושבות בכרמיהם ופרדסיהם מראים, כי עוד נוכל לחיות מפרי אדמתנו הטובה וכי אחינו מסוגלים לעבודת האדמה וירושת אבותינו לא אבדה מאתנו והחובה עלינו להרחיב את הישוב הנהדר הזה ולהחזיק בידי כל המפעלים הדורשים חיזוק, כי יוכלו להגדיל פעלם... ידע עמנו את גדלו בעבר, וגדלו לא ביד חזקה וחרב שלופה, כי אם בתורתנו הקדושה, ברוחו הכביר ובחייו הטהורים על אדמתו, ידע עמנו את מצבו בהווה, שלבד מצבו החומרי ההולך ורע יום יום, עוד תורתו, מקור חייו, משתכחת ובנים רבים מתרחקים ממנו רחוק, רחוק. ידע עמנו את תקותו לעתיד מה היא. ידע כל אלה, ועלינו להודיעו, ללמדו, ויתן ידו ולבו לציון.

וכך חתם הרב מוהליבר את דבריו:

> כן אחים נכבדים, עבודה רבה לפנינו ועלינו לעבוד ולעבוד בלי לאות ובלי הרף, עלינו לעבוד שכם אחד בלי פירוד באהבה גמורה ובאחדות שלמה.

במילים חמות אלה חתם הרב מוהליבר לא רק את המכתב, שנכתב לבקשת הרצל, אלא גם את מסכת חייו רבת הפעלים למען תורת ישראל, עם ישראל וארץ ישראל לדורות הבאים.

המכתב תורגם לשפות רבות, והופץ בעיתוני התקופה ובכל תפוצות ישראל. לצד הפרסום נוספה הערה שמכתב זה "יוכל להיחשב לצוואתו".[26]

Das Testament Rabbi Samuel Mohilewers*).

צוואת הרב ר' שמואל מאהליווער.*)

בא שמשנו, כבה אורנו, נפלה עטרת ראשנו, רבנו הגדול, הגאון הנשגב, הצדיק התמים, איש האמת ובעל החסד, אבי ישראל ובונה ציון, רבנו מאורנו רבי שמואל מאהליווער איננו! גדול השבר נורא האסון! ביום ה' י"ט סיון בשעה הרביעית וארבעים רגעים נצחו אראלים את המצוקים ונשבה ארון הקדש! אין מלים בפה, אין כח ביד לתאר כעת את ערך האבדה הגדולה שאבדה לעמנו. לא זקן בן שבעים וארבע שנים וחמשים ואחד יום מת עלינו, כי אם צעיר־הרוח שלבו היה פתוח לכל דבר הנוגע לתורתנו, אומתנו וארצנו ותחיתן. עד יומו האחרון שם כל מעיניו בהן ולהן הקדיש כל ימי חייו. ביום ג' י"ז סיון בשעה השמינית בערב אשר וקים את המכתב החוזר הכתוב בזה לשלחו לכל חובבי ציון והמה דבריו האחרונים בצרכי הכלל. למחרתו, ביום ד', בשעה השמינית בבקר אחזהו השבץ ולא יכול עוד לדבר. הננו עושים את רצון מורנו הגרש"מ זצ"ל והננו מוסרים את המכתב החוזר מלה במלה, כפי שאשרהו וקימהו.

Gesunken ist unser Stern, erloschen ist unsere Leuchte, gefallen ist die Krone von unserem Haupte. Der große Gaon, der Gerechte und Fromme, der Mann der Wahrheit und der Güte, der Vater Israels und Erbauer Zions, unser Herr und Meister Rabbi Samuel Mohilewer ist nicht mehr! Der Schicksalsschlag ist schwer. Am Donnerstag den 19. Siwan, um vier Uhr vierzig Minuten wurden die Irdischen von den Unsterblichen besiegt und die heilige Lade wurde gefangen genommen. Ich habe keine Worte, mir versagt die Sprache, um die Größe des Verlustes zu schildern, von dem unser Volk betroffen ward. Es war nicht ein Greis von 74 Jahren und 51 Tagen, der von uns gegangen, sondern ein Jüngling an Geist, dessen Herz warm für alle unsere Lehre, unsere Nation, unser Land und deren Wiederbelebung betreffenden Angelegenheiten schlug. Bis zum letzten Tage seines Lebens war sein Sinnen und Trachten der Allgemeinheit gewidmet. Am Dienstag den 17. Siwan, 8 Uhr Abends genehmigte er den Inhalt dieses Rundschreibens, das an alle Zionsfreunde ergehen sollte. Tags darauf, am Mittwoch gegen 8 Uhr Morgens ward er bewußtlos und hat die Sprache nicht wieder gewonnen. Wir vollstrecken hiermit den Willen unseres Meisters, indem wir dieses Rundschreiben in wortgetreuer Wiedergabe des von ihm bestätigten Textes der Oeffentlichkeit übergeben:

הפתיח לצוואתו כפי שפורסם מטעם המזרח"י

26. ראו **המליץ**, תרנ"ח (21.6.1898), גיליון 125.

ו. פטירתו והעלאת עצמותיו לארץ ישראל

הרב שמואל מוהליבר נפטר ביום חמישי, י"ט בסיוון תרנ"ח (1898). עוד בטרם הובא לקבורה התפרסמו בכותרות העיתונים הודעות אבל על פטירתו.[1] מועד לווייתו נקבע למחרת היום, ביום שישי בשעה עשר בבוקר. ברחבי ביאליסטוק פורסמו מודעות שכותרתן "אבל כבד" ובהן פורטו סדרי הלוויה.[2]

בעיתון 'המליץ' תוארו ההכנות ללוויה וכן חלק מההספדים שנישאו בבתי הכנסת בביאליסטוק ערב הלוויה.[3]

1. הודעות על פטירתו של הרב מוהליבר: כותרת ראשית ב**המגיד**, תרנ"ח (9.6.1898), גיליון 22: "שר וגדול נפל היום הזה בישראל"; כותרת ראשית ב**המליץ**, תרנ"ח (10.6.1898), גיליון 116: "רבנו שמואל בהרב ר' יהודה לייב מוהליבר איננו!"
2. מודעת 'אבל כבד', אוסף ד"ר מרחביה, מחלקת הארכיונים, הספרייה הלאומית, ירושלים.
3. **המליץ**, תרנ"ח (13.6.1898), גיליון 118

כעבור כמה ימים תואר מסע הלוויה:

כ׳ בסיוון. יום מר ונמהר. מאז הבוקר המונים המונים שואפים באים לרחוב משכן רבנו זצ״ל... כל החנויות ובתי המסחר סגורים על מסגר... רבבות אנשים עומדים ומחכים לצאת נושאי המטה... כארבעים אלף איש לוו את רבנו זצ״ל לבית עולמו, הלויה אשר כמוה לא נהיתה מאז היתה ביאליסטוק לעיר... כשלש שעות הלכו נושאי המטה, חלופיהן וחלופי חלופיהן הרבים, עד הגיעם לבית מועד לכל חי. בכל הדרך הרב, כארבע פרסאות, לא הופרע הסדר, רבבות המלווים הלכו ראשם שח, והורד לארץ מבטם...[4]
רבבות יהודים מכל הסביבה הגיעו ללוויה אף שנערכה ביום

לוויית הרב מוהליבר בביאליסטוק, סיוון תרנ״ח (1898)

4. **המליץ**, תרנ״ח (17.6.1898), גיליון 122.

שישי, ומועד קיומה התפרסם רק יום אחד קודם לכן. השתתפו בה רבנים ואדמו"רים, ובהם גם המתנגדים לדרכו, כמו הרב חיים מבריסק.[5] גם נציגי אגודות חובבי ציון באו לחלוק כבוד אחרון למי שהוכתר כראש וראשון לחובבי ציון. רשימה ארוכה של אישים ומוסדות שלחו מברקי תנחומים.

ספר

הספד מר

על הרב הגאון האמתי הצדיק תמים
חכם הכולל רשבבה"ג רבינו
ר' שמואל מאהליווער זצ"ל
אב"ד דביאליסטאק
הראש וראשון לרעיון ישוב ארץ ישראל

מרדכי שאטץ

פיעטרקוב

שנת שבר ציון לפ"ק

ГЕСПЕДЪ МАРЪ
Надгробная рѣчь

תמונת השער של ספר הספד

תגובות אבל למותו של הרב מוהליבר הגיעו מכל רחבי העולם היהודי. העיתונים היהודיים בכל רחבי אירופה ובארץ ישראל ייחדו מקום רב להספדים שתיארו את גודל האבדה.[6] גם בארצות הברית נערכו הספדים.[7] רבנים רבים שנשאו הספדים על הרב מוהליבר בקהילותיהם פרסמו לאחר מכן את דבריהם בדפוס.[8]

בארץ ישראל, ובייחוד בירושלים, נערכו הספדים במקומות שונים. בבית הכנסת 'בית יעקב' אשר בחצר בית

5. שם.
6. **המגיד**, תרנ"ח (16.6.1898), גיליון כ"ג; **המליץ**, תרנ"ח (10.6.1898), גיליון 116; **הצפירה**, תרנ"ח (10.6.1898), גיליון 119; **חבצלת**, תרנ"ח (17.6.1898), גיליון 34; **הצבי**, תרנ"ח (17.6.1898), גיליון לה; שם, תרנ"ח (24.6.1898), גיליון לו.
7. **הפסגה**, תרנ"ח (22.7.1898), גיליון מס' 39.
8. הרב מרדכי שטאץ, **הספד מר**, פיעטרקוב 1898; צבי הירש טורבאוויץ, **ארזי הלבנון**, ווארשא תרנ"ט; ישראל בנימין־בענט, **צרור המור**, שנת "תור חיים"; אליקים געציל, **רמת שמואל**, ווילנה תרנ"ט; יחיאל מיכל האוושא, **וימת שמואל**, ורשה תרנ"ח; ר' יצחק ניסענבוים, **רבינו שמואל מאהליבער**, פערלאג תרנ"ט (ביידיש). ראו להלן נספחים 5-6, עמ' 117-122, בהם מובאים הספדי הראי"ה קוק זצ"ל, וד"ר יוסף מוהילבר, נכדו של הרב מוהליבר.

הכנסת 'החורבה' נערך הספד בהוראת הרב שמואל סלנט, רבה של ירושלים, ובבית הכנסת 'רבן יוחנן בן זכאי' הספידו הראשון לציון הרב יעקב שאול אלישר. הרב סלנט ציין במכתב תנחומים ששיגר לחברי ועד הפועל של חובבי ציון ביפו בין היתר:

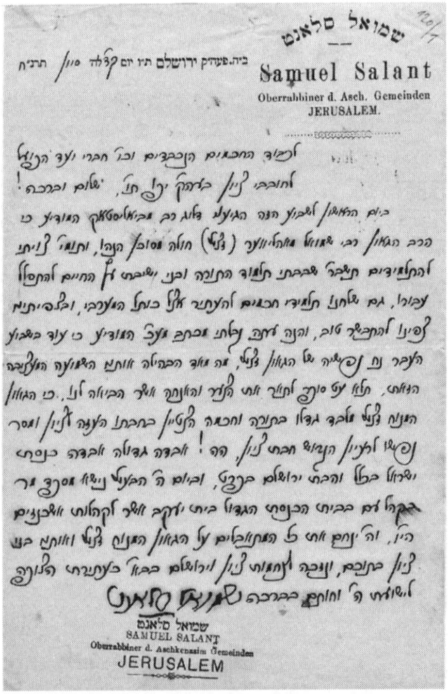

שמואל סלאנט

Samuel Salant

Oberrabbiner d. Asch. Gemeinden

JERUSALEM.

שמואל סלאנט

SAMUEL SALANT

Oberrabbiner d. Aschkenasim Gemeinden

JERUSALEM

מכתב תנחומים מהרב שמואל סלנט

כי הגאון המנוח זצ"ל מלבד גודלו בתורה וחכמה הצטיין בחיבתו העזה לציון ומסר נפשו לרעיון הקדוש חיבת ציון, הה! אבדה גדולה אבדה כנסת ישראל בכלל והבת ירושלים בפרט...[9]

9. מכתב ההספד של הרב שמואל סלנט (אוסף שבדרון, מחלקת הארכיונים, הספרייה הלאומית, ירושלים, 40793/96).

גם נסים בכר, ראש ועד העדה הספרדית בירושלים, שלח מכתב תנחומים לועד הפועל לחובבי ציון ביפו ובו הביא מדברי הספדו של הראשון לציון הרב יעקב שאול אלישר:

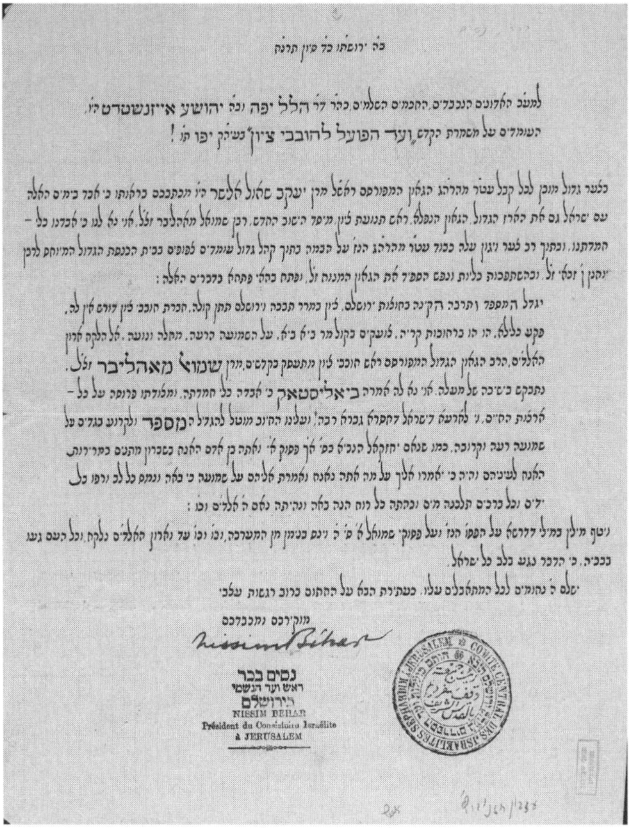
פה ירושת"ו כ"ד סיון תרנ"ח

למעלת האלופים הנכבדים, החכמים השלמים, כהר"ר הלל יפה וכה"ר יהושע אייזנשטדט הי"ו,
העומדים על משמרת הקדש "ועד הפועל לחובבי ציון" בעיה"ק יפו תו"!

בצער גדול מובן לכל קבל עט"ר מהרה"ג הגאון המפורסם ראשל"צ מרן יעקב שאול אלישר הי"ו מכתבכם בראותו כי אבד בימים האלה עם ישראל גם את הארז הגדול, הגאון הנפלא, ראש תנועת ציון, מיסד ישוב הקדש, רבן שמואל מהאליבר זצ"ל. אוי נא לנו כי אבדנו כלי-חמדתנו. ובתוך רב צער ויגון עלה כבוד עט"ר מהרה"ג הנז' על הבמה בתוך קהל גדול עומדים צפופים בבית הכנסת הגדול המיוחס לרבן יוחנן בן זכאי ז"ל. ובהשתפכות כליות ונפש הספיד את הגאון המנוח ז"ל, ופתח בהאי פתחא בדברים האלה:

יגדל המספד ותרבה הקינה בחוצות ירושלם. ציון במרר תבכה וירושלם תתן קולה. חברת חובבי ציון דורש אין לה. פקע כלילא, הו הו ברחובות קריה, צועקים בקול מר ביא ביא. על השמועה הרעה, מחלה ונועה. אל הלקח ארון האלקים, הרב הגאון הגדול המפורסם ראש חובבי ציון מתעסק בקדשים, מרן שמואל מאהליבר זצ"ל. נתבקש בישיבה של מעלה. אוי נא לה אמרה ביאליסטאק כי אבדה כלי חמדתה. ומצודתו פרוסה על כל-הרבות הח"ים, כי לתרעא לישראל דאתרע גברא רבה! ועלינו החוב מוטל להגדיל המספד ולקרוע בגדים על שמועה רעה וקרובה. כמו שנאם יחזקאל הנביא בפ' כ"א פסוק י"ב: ואתה בן אדם האנח בשברון מתנים ובמרירות האנח לעיניהם והיה כי יאמרו אליך על מה אתה נאנח ואמרת אליהם על שמועה כי באה ונמס כל לב ורפו כל ידים וכל ברכים תלכנה מים והנה באה ונהיתה נאם ה' אלקים וכו':

ויסף מילין במילי דדרשא על הספד הנז' ועל פסוקי שמואל א' פ' ד' וינס בנימין מן המערכה, וכו' וכו' עד וארון האלקים נלקח, וכל העם געו בבכיה. כי הדבר נגע בלב כל ישראל.

ישלם ה' נחומים לכל המתאבלים עליו. כעתירת הבא על החתום ברוב רגשות עלבי

מוקירכם ומכבדכם

Nissim Behar

נסים בכר
ראש ועד הגשמי
בירושלם
NISSIM BEHAR
Président du Consistoire Israélite
à JERUSALEM

COMITÉ CENTRAL DES ISRAÉLITES SEPHARDIM JERUSALEM

מכתב הספד של ועד קהילת הספרדים בירושלים

יגדל המספד ותרבה הקינה בחוצות ירושלים, ציון במרר תבכה וירושלם תתן קולה. חברת חובבי ציון דורש אין לה. פקע כלילא, הו הו ברחובות קריה, צועקים בקול מר ביא ביא, על השמועה הרעה, מחלה ונועה, אל הלקח ארון האלוקים, הרב

> הגאון הגדול המפורסם ראש חובבי ציון המתעסק בקודשים, מרן שמואל מאהליבר זצ״ל. נתבקש בישיבה של מעלה, אוי נא לה אמרה ביאליסטאק, כי אבדה כלי חמדתה, ומצודתו פרוסה על כל ארצות החיים, אוי לארעא דישראל דחסרא גברא רבה, ועלינו החיוב מוטל להגדיל המספד ולקרוע בגדים על שמועה רעה וקרובה, כמו שנאם יחזקאל הנביא...[10]

בהספד שנערך ביפו בכ״ו בסיוון תרנ״ח השתתפו עסקני היישוב היהודי ונציגי המושבות. בנוסף הם שיגרו מכתב תנחומים לבני משפחת הרב מוהליבר ובין היתר כתבו:

> על שברכם, שברנו, בהלקח אדמו״ר הגדול מעל ראשינו, נשבר לבנו בקרבנו וככל חובבי ציון שבגולה ובארץ, מתאבלים ובוכים ומבכים אנו על מתנו האהוב, היקר והנעלה מאה, על אבינו, האב הטוב לכל החובבים את ציון וכל מקראי קדשיה...

על המכתב מופיעים חתימותיהם של כשבעים מראשי היישוב.[11] גם במזכרת בתיה, שאת הקמתה יזם הרב מוהליבר, נערכו הספדים:

> ממזכרת בתיה מודיעים, כי ביום י׳ בתמוז קראו שם אל אבל עוד הפעם לספד להגאון רבנו שמואל מוהליבר זצ״ל ולבכותו. המספיד, הרב החכם ש.ע. שרקון, פקיד המושבה, דבר בכל רגש וחום לב, כדרכו, והנוכחים, אכרי עקרון ידעו, כי גם להם אבד מגן ומחסה, אוהב וחומל, אשר הגן ויבקש רחמים עליהם הרבה פעמים לעתות בצרתם, לפני כבוד הנדיב הגדול הי״ו.[12]

10. מכתב ההספד של ועד קהילת הספרדים בירושלים (אוסף שבדרון, מחלקת הארכיונים, הספרייה הלאומית, ירושלים, 0102134).
11. אוסף ד״ר מרחביה, מחלקת הארכיונים, הספרייה הלאומית, ירושלים.
12. **המליץ**, תרנ״ח (16.8.1898), גיליון 172.

בישיבת הפתיחה של הקונגרס הציוני השני, שנערך כשלושה חודשים אחרי פטירתו של הרב מוהליבר, העתיר הרצל מילות הערכה על ידידו שנפטר זה עתה:

באחרונה הרשוני נא להזכיר את שם הרב הגאון אשר בריתו הנאמנת לנו היתה אחת הסבות לתנועה כבירה בארצות המזרח, הלא הוא הרב ר' שמואל מוהליבר ז"ל, אשר בדרכי חייו הנעלים, באהבתו העזה לרעיוננו ובנדבת רוחו אשר הקריב על מזבח תנועתנו זכה לשם עולם בקרבנו, לשם עולם אשר לא יכרת.

רימונים מכסף שהוקדשו לזכר הרב מוהליבר בקונגרס הציוני השני בבזל 1898

הגאון רבי שמואל מוהליבר, בהיותו אחד הרבנים היראים והחרדים ובכל זאת גם חובב ציון בכל נפשו ומאודו, הראה גלוי לכל את אמונתו בדבר אשר רבים עוד דורשים ראיות על אמתתו. הוא לא זכה לראות קץ שאיפותינו ותכליתן אולם דעתנו אנחנו נחה בזה, שיודעים אנו, כי הזקן הנכבד הזה זכה לראות בסוף ימיו את האור, אשר כמונו כמוהו מאמינים אנו, כי שמש זורח היא לנו. לאות כבוד קמתם כולכם ממושבותיכם. אדמה כי על האות הזה אין להוסיף עוד.[13]

13. **פרוטוקול הקונגרס הציוני השני בבזל**, ורשה תרנ"ט, עמ' 13.

קהילת ביאליסטוק הקימה 'אוהל' על קברו, ובחזית האוהל קבעו שני לוחות שיש ועליהם נחרתה תמצית מפעליו. במשך שנים רבות שימש המקום כמוקד עלייה לרגל, אך במהלך השואה נותץ האוהל ומאז לא נודע מקומו במשך כמה עשרות שנים.

בשנת תש"ן (1990) אותר מקום קבורתו של הרב מוהליבר, ובעקבות זאת העלה הרב אפרים זלמנוביץ', רבה של מזכרת בתיה, את הרעיון להעלות את עצמותיו של הרב מוהליבר לארץ הקודש ולטמנן בבית העלמין במזכרת בתיה. בחודש כסליו תשנ"ב הועלו עצמותיו ארצה ונטמנו בבית העלמין במזכרת בתיה בסמוך לקברי מייסדי המושבה, במעמד רבנים, אישי ציבור והמונים מכול שדרות העם.

מעמד הטמנת העצמות
עומדים מימין לשמאל: זבולון המר (שר החינוך), הראשון לציון הרב מרדכי אליהו, הרב ישראל מאיר לאו (אז רבה של תל אביב־יפו) והרב משה צבי נריה

כמה חודשים לאחר מכן, בי"ט בסיוון יום פטירתו של הרב מוהליבר, נחנך על קברו 'אוהל' דומה ל'אוהל' שהיה בביאליסטוק. אוהל הרב מוהליבר במזכרת בתיה משמש כיום מקום עלייה לרגל ולתפילה, ובכך מתממשים איחוליו של הראשון לציון הרב מרדכי אליהו למושבה במעמד הטמנת העצמות: "מעתה תהיה המושבה

לתפארת לעם ישראל, כי רבים יעלו על ציונו וזכותו תגן עליהם אלף המגן...".[14]

חניכי השומר הדתי בביאליסטוק תרפ"ט (1929) על רקע אוהל הרב מוהליבר

חניכי המחזור הראשון של סניף בני עקיבא, מזכרת בתיה, כסליו תשנ"ה (1994)

14. ראו ארקין, מזכרת בתיה.

ז. סיכום

בהרבה תארי כבוד ובהרבה כתרים הוכתר הרב מוהליבר. בין תכונותיו הבולטות ניתן לציין את תעוזתו, היותו בעל חזון, בעל מנהיגות פורצת דרך ומדינאי הרואה למרחוק. תכונות אלה הציבוהו כראשון בין ראשונים בתחומים רבים. פעילותו הענפה למען שיבת ציון האפילה במידה רבה בזיכרון האומה על היותו גדול בתורה ופוסק הלכה מוערך בקרב בני דורו.

פעילותו הציבורית ברחבי רוסיה וארצות אירופה נעשתה בד בבד עם היותו רב קהילות גדולות וחשובות במשך כיובל שנים.

שני התחומים המרכזיים שבהם עסק היו היחס להשכלה ושיבת ציון.

הרב מוהליבר שאף ליצור מהפכה בדפוסי החיים הגלותיים של העם היהודי. בלהט פנימי שנבע מתוך דאגה לעתיד האומה, ורצון לראות את עם ישראל יוצא ממעגל העוני ומתבסס מבחינה כלכלית, ביקש עוד בתחילת פעילותו הציבורית לבצע מהפכה בעולם החינוך היהודי המסורתי, והתווה תוכנית לימודים שעיקרה שילוב השכלה כללית ומדעים בלימודי קודש.

הוא ראה חשיבות רבה ברכישת מקצוע ולימוד שפת המדינה,

והטיף להשתלבות במעגלי העבודה בכל המקצועות ובכל התחומים. עיתון 'הלבנון' שימש כשופר למשנתו, ובו פרסם הרב מוהליבר מאמרים מקיפים הקוראים לשלב ו"לאחד את התורה והחכמה בעוד מועד".

תפיסה זו נראית כיום כמעט מובנת מאליה בקרב חוגים רחבים, אך באותם הימים היא זעזעה את אמות הסיפים, גרמה תסיסה, ועוררה כלפי הרב מוהליבר לא מעט מתנגדים. קריאה מהפכנית זו אשר יצאה מבית מדרשו של רב ופוסק המוערך על ידי גדולי התורה שבדורו, מעידה על תעוזה רבה, והיא מציבה את הרב מוהליבר בשורה הראשונה של מעצבי החינוך היהודי המודרני המשלב לימודי קודש והשכלה כללית.

את המחצית השנייה של שנות פעילותו הציבורית הקדיש הרב מוהליבר למען הגשמת חזון שיבת ציון.

הוא היה הראשון לאחר אלפיים שנות גלות אשר החל להתניע את גלגלי שיבת ציון בצעדים מעשיים תוך ראייה ממלכתית, ולא בכדִי הוכתר בתארים "ראש וראשון לחובבי ציון" ו"הציוני המדיני הראשון".

הרב מוהליבר לא הסתפק עוד בעלייה של יחידים לארץ ישראל, כאלה המבקשים לבלות את שארית חייהם בעולם התורה ולהיקבר בארץ הקודש. הוא פעל בלא לאות להטות את גלי ההגירה ההמוניים לעבר ארץ ישראל ולהקים בה מושבות חדשות, תוך שהוא מסביר שחידוש היישוב היהודי בארץ ישראל הוא המענה לקשיים ולאתגרים הניצבים בפני העולם היהודי. מבלי שאיש בחר בו ומבלי שהתמנה על ידי גוף כלשהו, אלא מתוך דחף פנימי, הוא כתת רגליו מעיר לעיר ומארץ לארץ על חשבונו הפרטי על מנת לעשות נפשות ולגייס תורמים למפעל ההתיישבות בארץ ישראל, כל זאת כאמור, בד בבד עם היותו רב של קהילות חשובות.

נוסף על כך, הרב מוהליבר הקים את אגודת חובבי ציון הראשונה ברוסיה שבעקבותיה קמו עשרות אגודות של חובבי ציון. במשך שנים פעל רבות במסגרת הנהגת תנועת חובבי ציון לקידום היישוב בארץ, תוך שהוא מהווה גשר בין הצדדים החילוניים והחרדיים שהיו חלק

מתנועה זו.

הרב מוהליבר ראה ברעיון יישובה של ארץ ישראל אמצעי לקירוב הלבבות ולאיחוי הקרעים בין פלגי העם והוא ראה בארץ ישראל מקום שיכול להיטיב את התנהגותו והליכות חייו של כל אחד ואחד מישראל השוכן בה.

המהפך ההתיישבותי הגדול בתולדות עם ישראל מאז חורבן הבית החל ברגע שבו הצליח הרב מוהליבר לרכוש את לב 'הנדיב הידוע' הברון אדמונד דה רוטשילד לרעיון יישוב ארץ ישראל. התבססותן והתרחבותן של המושבות החדשות בתמיכתו של 'אבי היישוב' היו למעשה המסד לתקומת מדינת ישראל.

כאן המקום לציין את תעוזתו של הרב מוהליבר כפוסק הלכה. מכוח גדולתו בתורה הוא יזם והיה בין החותמים על היתר המכירה הראשון ערב שנת שמיטת תרמ"ט וזאת מתוך חשש להתמוטטות המושבות החדשות שהיו בראשית צעדיהן. היתר מכירה זה היה למעשה היתר המכירה הראשון מאז חידוש היישוב העברי בארץ ישראל, ובהסתמך עליו ניתנו כל ההיתרים בשנות השמיטה הבאות עד עצם היום הזה.

בשנת תר"ן (1890) יצא הרב מוהליבר בראש משלחת גדולה וחשובה של חובבי ציון לבדוק את מצב המושבות הראשונות וליישב את ההדורים בין אנשי היישוב הישן ובין אנשי המושבות. מסע זה הוכתר בהצלחה והצמיח תמורות חדשות בתולדות העם.

בשנת תרנ"א (1891), על רקע חידוש גזרות השלטון התורכי להגבלת עליית יהודים לארץ ישראל יצא הרב מוהליבר בראש משלחת לארצות מערב אירופה: גרמניה, צרפת ובריטניה כדי לטכס עצה איך לבטל את הגזרות. בועידת פריז הוחלט על הקמת מרכז עולמי לתנועת חיבת ציון שאחת ממטרותיו הראשיות הייתה לפעול מול הממשל התורכי לביטול הגזרות. כן נדון נושא הקמת בנק יהודי שיסייע להתיישבות בארץ ישראל.

בערוב ימיו, עם עלייתו של הרצל על במת ההיסטוריה, ראה הרב מוהליבר את התנועה הציונית כממשיכת דרכה של תנועת

חיבת ציון ועל כן נרתם כשותף פעיל בארגונה וביסוסה של התנועה הציונית ברוסיה.

בין הרב מוהליבר והרצל היו הבדלי גישה הן ביחס לאופן הפעילות המדינית והן ביחס לאורח החיים שצריך יהיה להתגבש בקרב היישוב היהודי המתחדש בארץ. כהרצל, דגל הרב מוהליבר במתן חופש הפרט, אך להבדיל מהרצל ביקש לבסס את החיים הציבוריים בארץ ישראל על אדני התורה, וכדבריו בנאום ברכתו לבאי הקונגרס הציוני הראשון בבזל: "תורתנו, שהיא מקור חיינו, צריכה להיות יסוד תחייתנו בארץ אבותינו".[1] למרות ההבדלים הם שיתפו פעולה לקידום הרעיון הציוני.

עמדותיו המורכבות של הרב מוהליבר, שמחד גיסא תמך בתנועה הציונית ובהרצל שעמד בראשה, ומאידך גיסא עמד בתוקף על כך שהחיים הציבוריים בארץ ישראל חייבים להיות על פי התורה, הצמיחו כלפיו לא מעט מתנגדים אשר הסתייגו מאופייה החילוני של התנועה. עובדה זו לא ערערה את נחישותו של הרב מוהליבר לפעול לחיזוק ולהגדלת שורותיה של התנועה הציונית.

הרצל, אשר הכיר והוקיר את פעילותו הברוכה של הרב מוהליבר בתנועת חיבת ציון, הגדירו כ"ציוני המדיני הראשון", וראה בו דמות מפתח בארגונה של התנועה. זאת בפרט לנוכח העובדה שהרב מוהליבר היה בין הרבנים האורתודוקסים הבודדים שתמכו בתנועה הציונית.

פעילותו של הרב מוהליבר נתנה השראה להרצל הן בפעילותו המדינית והן באימוץ רעיונות שצצו ועלו בתנועת חיבת ציון שנים מספר קודם לכן, כגון: הקמת בנק, הוצאת עיתון, כינוס קונגרסים ועוד.

לבקשת הרצל כתב הרב מוהליבר יומיים לפני פטירתו מכתב בדבר חשיבות הקמת בנק אוצר ההתיישבות. במכתב זה, הנחשב לצוואתו הרוחנית, סקר הרב מוהליבר את הישגי ההתיישבות ואת היעדים שעומדים לפני העם, וסיימו במילים הבאות: "יסוד עבודתנו

1. ספר הקונגרס, עמ' 165.

הלאומית צריך להיות תורתנו הקדושה... כן אחים נכבדים, עבודה רבה לפנינו ועלינו לעבוד ולעבוד בלי לאות ובלי הרף, עלינו לעבוד שכם אחד בלי פירוד, באהבה גמורה ובאחדות שלמה".

על אף הבדלי הגישה והשקפת העולם השונה בין הרב מוהליבר 'הציוני המדיני הראשון' ובין הרצל 'חוזה מדינת היהודים', שיתפו השניים פעולה לחיזוקה של התנועה הציונית. עובדה זו צריכה לשמש מודל לימינו אלה לחיי יצירה ובניין של כל פלגי העם במדינת ישראל "באהבה גמורה ובאחדות שלמה".

ראויה דמותו רבת הפעלים של הרב מוהליבר להיות חרוטה בציפורן שמיר על לוח קורות עם ישראל ולשמש כמגדלור לאומה העברית וכדמות מופת במדינת ישראל.

בול הרב שמואל מוהליבר

נספחים למבוא

נספח 1

עץ המשפחה של הרב מוהליבר

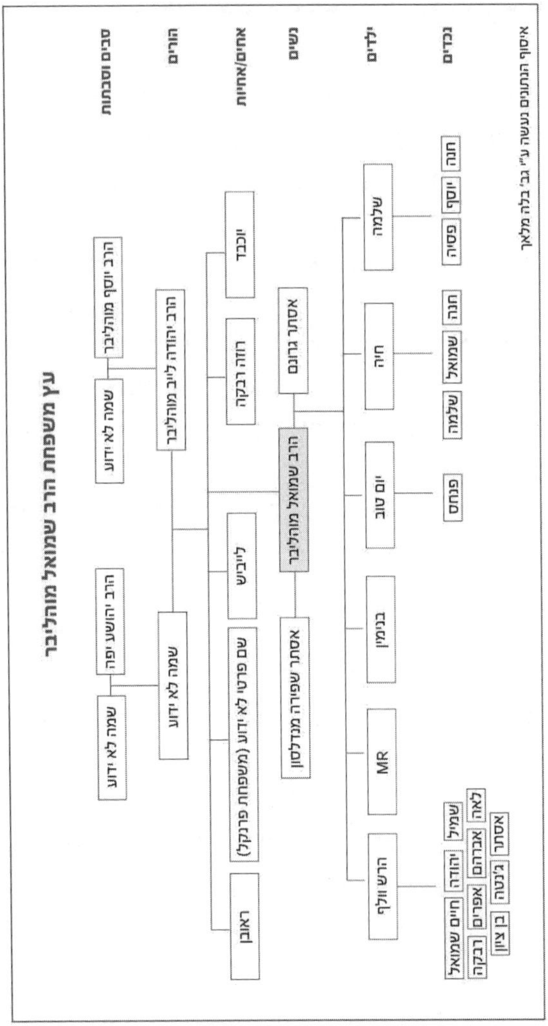

הנתונים לוקטו על ידי גב׳ בלה מלאך, עיבוד גרפי: אפרת בירר לבון

נספח 2
תיאור הפגישה של הרב מוהליבר עם הברון רוטשילד[1]

ואלה הדברים אשר סיפר הרב מוהליבר בעצמו על אודות פגישתו הראשונה עם הברון כפי שמוסרים עדים נאמנים מה ששמעו מפיו ממש:

"אל הברון הלכתי בלויתם של הרב צדוק הכהן ושל מיכאל ערלנג'ר. הם היו המתווכים ביני ובין הברון ועל ידם קבע לי זמן לראיון. בשעה הקבועה נכנסנו ללשכתו, הברון הושיט לי את ידו ובתנועה קרה ומנומסת הראה לי על הכסא, שעמד סמוך לשלחנו, לאחר רגעים שאלני, ושוב בטון קר, שאין בו אלא משום נימוס:

מה שאלתך, רבי?

שאלה זו ואופן הבעתה לא יכלה לעורר תקוות רבות בלבי, ובאמת לא הייתי אנכי הרב הראשון, שפנה להברון. רבנים רבים מארצות שונות, לבושים בתלבושת רבנים כמוני, היו פונים אליו לתמיכה ולעזרה. רובם לצורך עצמם ומיעוטם לשם איזו חברה או אגודה. וכיצד אפשר להשפיע עליו, שידע להכיר את מטרת בואי אליו ויתייחס אליה בכובד ראש הראוי? ואמנם ברגע הראשון נסתתמו דברי, אולם תיכף ומיד נזכרתי במטרה הגדולה שלשמה נסעתי ולא השגחתי בכחותי הדלים ובמצב בריאותי הרופף. התעודדתי ואמרתי לו:

יסלח לי, אדוני הברון, אם דברי אליו יהיו באופן שאני רגיל לדבר לבני עדתי, רב אנכי, רב מבית מדרש הישן, ורגיל אני לדבר במשל ובמליצה. בת צחוק עברה על שפתיו ובפנים מסבירות ובטון חם ולבבי אמר אלי: בחפץ לב אקשיב לדבריך.

מיום שעמדתי על דעתי, פניתי אליו, אני מבקש פתרון לשאלה קשה וחמורה: מפני מה נבחר משה רבינו שהיה כבד פה וכבד לשון, להיות רועם ומנהיגם של ישראל, להוציאם מארץ מצרים ולהוליכם

1. הרב מימון בתוך ספר שמואל, עמ' כב. תיאורו של הרב מימון מבוסס כנראה על זכרונותיו של ליטמן רוזנטל שפורסמו בעיתון **העברי**, תרע"ח (1918), גיליון י"ח.

לארץ ישראל? הרי בתור מנהיג מדיני היה עליו לבוא בדברים עם מלך מצרים, עם שרי המלוכה, ואחד התנאים ההכרחיים בהנהגה מדינית הוא להיות בעל לשון, להשפיע בכח הדבור, ותנאי הכרחי זה היה חסר למשה בהיותו כבד פה וכבד לשון? ימים רבים ישבתי על מדוכה זו ולא מצאתי פתרון. אולם בנסיעתי זאת, כשהגיע לידי להעשות שליח מצוה, לבוא בדברים עם אילי הכסף לשם ישוב ארץ ישראל, אורו עיני ואמצא את הפתרון הנכון.

משה רבנו נבחר להיות לא רק מנהיג בישראל, אלא גם נותן התורה. הוא נבחר מפי הגבורה לא רק להוציא את בני ישראל ממצרים אלא גם להביאם למעמד הר סיני ולמסור להם את התורה. ואלמלי היה למשה רבנו לשון למודים, אלמלי היה יודע להשפיע על אנשים בכח פיו ובדבור שפתיו, היו המינים מונים את ישראל, שהתורה אינה מן השמים, אלא משה השפיע על יוצאי מצרים בקסם לשונו ותחת השפעת הרגע נתקבלו דבריו. אולם כשמשה היה כבד פה וכבד לשון ואף על פי כן קבלו בני ישראל את התורה מידו, הרי זו לראיה ולמופת שהשכינה היתה מדברת מתוך גרונו של משה, ולא היה אלא שליח להולכה, למסור את התורה לישראל.

אדוני הברון, הוספתי לדבר, לפני השולחן הזה, שאתה יושב עליו, באים צירי מדינות שלוחי עמים כבירים, באי כח מוסדות פיננסיים ובפיהם הצעות ותכניות שונות, על בנין מסלות ברזל, על חפירות תעלות ועל ישוביהן של ארצות נשמות. כולם באים אליך מזוינים בידיעות רחבות ועשירות על הענין שהם דנים בו, ובכח לשונם הם מבררים ומלבנים לפניך את הצעותיהם ותכניותיהם, את הריוח הגדול שבצדן ואת הטוב הצפון בהן לעולם. גם אנכי באתי אליך שלוח מאת אחי בני עמי, בהצעה גדולה וחשובה, שנשמת עמנו תלויה בה – ישוב ארץ ישראל – אולם כבד פה וכבד לשון אנכי לברר לפניך את כל גדלה וחשיבותה, את האושר הצפון בה לך ולעמנו. אם תשמע להצעתי ותענה לבקשת עמך, להחיות את הארץ השוממה אין זה אלא משום שגורל עמך האומלל הדווי והסחוף נגע ללבך, ואם גם לא תשים לב לדברי וריקם תשלחני מאתך לא אתחרט

על נסיעתי הקשה שעלתה לי בכל כך יסורי גוף ונפש, אנכי מלאתי את חובתי המוטלת עלי, עשיתי את שליחותי.

דברי אלה עשו, כנראה, רושם עז על הברון וכשהרציתי לו אחר כך פרטי ההרצאה, הקשיב לה בהקשבה רבה ומתוך כובד ראש מיוחד".

כשתיאר אחר כך הרב מוהליבר לפני הברון את ענות אחינו ואת השאיפה הנשגבה והתקוה הגדולה התלויה ברעיון הישוב – ענה הברון ואמר לו: "רבי, אם באת לבקש ממני עזרת כסף לצרכי העבודה הזאת, נקבה את הסכום הדרוש ואתנה, אבל, אם באת לרכוש את נפשי, עלי מתחלה להמלך עם לבי, וגם לעשות קודם נסיון למען דעת איך יפול דבר".

ועל זה ענה לו הרב: "אדוני הברון, גם אנחנו אין אנו יודעים עוד את הענין הקדוש בכלל על פי הנסיון, כי זה קרוב לאלפיים שנה שנתרחקנו מארצנו ומעבודת אדמתה, ועל כן לא נוכל גם אנו לומר בהחלט כי נעשה ונצליח, ואולם אנחנו מקוים כי יברך ה' את פעלנו ואת חפצנו ישלים".

התוצאות של הפגישה הזאת היו כי הברון הסכים לעשות נסיון בעבודת הישוב, ואת ידי הרב מוהליבר מילא למצוא מספר משפחות המסוגלות לעבודת האדמה ולקנות בשבילן קרקעות על אדמת ישראל על מנת לעבדן ולשמרן, ויחד עם זה ביקש ממנו להציע לפניו את תכנית הצעותיו הישוביות בכתב.[2]

2. השתלשלות האירועים לאחר אותה פגישה מפורטת על ידי יחיאל בריל בספרו "יסוד המעלה". בחלק ניכר מספרי ההיסטוריה והאנציקלופדיות נכתב בטעות כי יוסף פיינברג, ממייסדי ראשון לציון, היה הראשון אשר נפגש עם הברון רוטשילד ושכנעו לעשות למען יישוב ארץ ישראל. למעשה, הרב שמואל מוהליבר נפגש עם הברון בא' סוכות תרמ"ג (28.9.82) ואילו יוסף פיינברג נפגש עמו כשלושה שבועות לאחר מכן, בה' במרחשון תרמ"ג (18.10.82). לענין זה ראו: בריל, יסוד המעלה, עמ' 164; אפל, בתוך ראשית התחייה, עמ' 552; ספר שמואל, עמ' כה; גלעדי ונאור, רוטשילד אבי הישוב, עמ' 16; חיסין, מרשומות אחד הבילויים, עמ' 138 הערות 3, 5 (של שולמית לסקוב); אהרנסון, הבארון והמושבות, עמ' 10; תולדות היישוב היהודי בארץ ישראל, עמ' 422, 424; שלמון, אם תעירו, עמ' 54; הכהן, על הראשונים, עמ' 247–262.

נספח 3
מכתב הרצל וחברי אגודת חובבי ציון בווינה בבקשת עזרה מהרב מוהליבר[1]

AN SAMUEL MOHILEWER, Bialystok
[Wien, 25 Mai, 1897] כ"ג אייר תרנ"ז

קיבלנו את תשובתו הנכבדה, הכתובה בידי הועד "מזרחי" וגם את "המכתב החוזר", אשר קראנו אותו באזני קהל חברינו, ובדבריהם היקרים העירו בקרבנו רגשות קודש ויפעלו על לבנו פעולה עזה ונמרצה, בראותנו גדל אהבתכם לציון ואת פעולותיכם הנשגבות, אשר פעלתם עד כה לטובת הרעיון הקדוש, משאת נפשנו ונחמתנו בארצות פזורינו. לדאבוננו לא ערבה גם לנו השמחה על דבר צעדי חובבי ציון עד כה וכמוכם כמונו מצטערים אנו על רפיון כחנו וידינו הקצרות לכלות אף מפעל אחד עד גמירתו, כאשר תתאוננו בצדק במכתבכם החוזר הזה, אשר על כן מרשים הננו לנו לשחר את פני מעלת כבוד תורתו להשמיענו את דעתו בדבר ההצעה, שהוצעה לפנינו זה לא כבר מאת ראשי ועד הפועל ביפו, לקחת חלק בשכלול המושבה "משמר הירדן", וכאשר ינהלנו מעלת כבוד תורתו בעצתו הטובה אותה נשמור לעשות. מדעתנו כי נהירין לו דרכי הרעיון והליכותיו עד כה, הננו מבקשים עצה מפיו יען כי הוא הצעד הראשון שאנו עושים בעזרת השם בעניני הישוב ואין אנו בקיאין כל כך ומתיראים איפוא לבל נכשל חס ושלום במפעלנו זה. - - - - - - ובכלל הננו מקוים, כי תעשה עתה חבת ציון צעדים קדימה בארצות המערב על ידי אספתנו הכללית הנכונה להיות בעזרת השם במינכן בסוף ירח אוגוסט שנה זו. והננו מעידים את מעלת כבוד תורתו וכל חובבי ציון הנלוים אליו לשים לב על האסיפה ההיא ולהשתדל בין חובבי ציון כי יקחו בה חלק במספר רב, ובפרט אלה מחובבי ציון אשר ידעו את כל

1. אגרות הרצל, א, עמ' קנד; ספר הקונגרס, עמ' 164.

דרכי הישוב והתפתחותו עד כה ואשר ידעו גם את רוח עמנו ותורתנו הקדושה ותולדותינו, נחוץ כי יבואו אל האסיפה וישמיעו את דעותיהם בנוגע לצרכי עמנו ועתידותיו. הן מטרת האסיפה היא למען אשר יתאחדו כל חובבי ציון שבכל ארצות התבל לאגודה אחת, שתעבוד עבודתה ברוח אחד ובמחשבה אחת. ואתם, חובבי ציון שברוסיה אשר עברתם לפנינו כחלוצים הראשונים עליכם לקחת חלק בראש האגודה ולהשתתף במפעלנו זה בעזרת ידיעותיכם, אשר רכשתם לכם במשך ימי עבודתכם להרחבת הרעיון הקדוש. עוד זאת נתכבד להודיע למעלת כבוד תורתו, כי יסדנו מכתב עתי [עיתון] בשפת אשכנז גדול ונכבד בערכו מפאת הסופרים אשר נתנו ידם לנו. בו יכתבו כל טובי הסופרים מבני עמנו במערב אירופא הנודעים לשם בישראל ובעמים, ונקוה כי גם ממפעלנו זה תצמח תועלת לא מעטה לרעיוננו הקדוש.

ברגשי כבוד ויקר בשם החברה ציון:

ד"ר הרצל, ד"ר משה שנירר, ד"ר עוזרקאקעש

נספח 4
מאמרו של הרצל על הרב מוהליבר
תרגום מגרמנית מאת פרופ' דורון נידרלנד

הרב שמואל מוהליבר

נולד בשנת 1824 בעיירה קטנה, הולביקי, במחוז וילנה שבליטא. בגיל 18 הוסמך לרבנות מכמה רבנים ידועים ובגיל 24 קיבל משרת רב במקום הולדתו ושימש בה עד 1856. משנת 1856 עד 1860 היה רב בצ'אקי, שם שירת את הקהילה בנאמנות רבה וקיבל על כך אות הצטיינות מהממשלה בעבור שירותו. ב־1868 נקרא לראדום. ב־1873 השתתף באסיפה של נציגי קהילות יהודיות ורבנים בסנט פטרסבורג.

בפעילותו הציונית החל ב־1875, כאשר חגגו את יום הולדת ה־90 למשה מונטיפיורי. מאז היה קשור לרעיון ההתיישבות היהודית בארץ ישראל ונתן את חלבו ודמו לרעיון זה. לאחר פרעות הדמים ב־1881, ליווה את המהגרים היהודים עד למברג (לבוב), שם הכיר בין השאר אישים ממערב אירופה, וביניהם את מונטגיו ואוליפנט, שפעלו אף הם למען ההתיישבות בארץ ישראל. במסעו חזרה לרוסיה עצר בוורשה והשתתף בהקמה של הארגון הציוני הראשון. מאז ניסה לעשות נפשות במערב אירופה לרעיון ההתיישבות. בפריז, בתיווכם של הרב צדוק הכהן ומיכאל ארלנגר, הגיע גם לברון רוטשילד כדי לזכות לתמיכתו ברעיון ההתיישבות. בפגישתו עם הברון רוטשילד סוכם על מציאת אנשים מוכשרים בעלי כושר עבודה אשר יעלו לארץ ישראל. הרב מוהליבר מצא מספר מסוים של אנשים מתאימים והם הקימו את המושבה עקרון. כשחזר לרוסיה עבר בכל הערים הגדולות והשיג תומכים רבים לרעיון ההתיישבות. החל מ־1883 היה לרבה של ביאליסטוק ומשם התפרסם בפעילותו הציונית האינטנסיבית. בקונגרס הציוני הראשון בקאטוביץ', ב־1885, היה הרב מוהליבר מהדמויות המובילות. שנה לאחר מכן נסע שוב למערב, לגרמניה, לפריז וללונדון ועשה תעמולה, הפעם ביתר הצלחה, לרעיון ההתיישבות. בשנת 1887, כאשר נתגלע ריב במושבה ראשון לציון כתוצאה מאי־שביעות הרצון

של התושבים מההנהלה, פעל הרב מוהליבר כמתווך ומשכין שלום. בשנת 1889 התעוררה בעיית השמיטה שיכלה לפגוע במתיישבים. אז התעורר פולמוס בין רבני ארץ ישראל לרבני רוסיה אם צריך לשמור את השמיטה על פי חוקי התורה. לרב מוהליבר ניתנה ההזדמנות להוכיח את אצילותו ואהבתו הגדולה לעם היהודי העובד ועם כל ההחלטיות והנחישות הוא היה נגד השבתת העבודה בשנה זו. הצטרפו אליו כמה רבנים ידועים וכך הצליח להגן על המתיישבים מהלחץ והמצוקה. בקיץ 1890, ערך הרב את ביקורו הראשון בארץ הקודש בראש משלחת חשובה של חובבי ציון כדי לבדוק את מצב המושבות החדשות. בדוח על המסע הזה הוא מתאר את התרגשותו מצמיחתן המהירה של המושבות החדשות בארץ ומההחקלאות שהלכה והתבססה.

בביקור זה סייע הרב מוהליבר לייסד את המושבה רחובות וקנה בה חלקת אדמה. בשנת 1891 ניסה להשפיע בפריז על הברון הירש לתמוך בהתיישבות בארץ ישראל במקום בארגנטינה. בשנת 1894 ציינו את יום הולדתו ה־70. לרגל האירוע קנו חלקת אדמה בחדרה ונטעו עליה גן אתרוגים וקראוהו בשם 'גן שמואל'. הרכישה עלתה יותר מ־80 אלף פרנקים ורווחי מכירת האתרוגים ניתנו לטובת ההתיישבות. בשנת 1896 נכנס הרב מוהליבר בשנית לעובי הקורה בנושא העבודה בשנת השמיטה והצליח בעניין זה להשיג את תמיכת הרב יצחק אלחנן ספקטור מקובנה. הרב שמואל מוהליבר נחשב בצדק מוחלט כגורם בעל חשיבות מכרעת בתנועה הציונית ברוסיה [...] הרב מוהליבר היה הלב שממנו הוזרם זרם החיים לתנועה הציונית.

Die Welt.

Nr. 3. I. Jahrgang.

Redaction und Administration: Wien II., Rembrandtstraße 11.

Preise der Anzeigen: Die viermal gespaltene Petitzeile 10 kr.

Erscheint jeden Freitag.

Wien, 18. Juni 1897.

Zuschriften sind nicht an einzelne Personen, sondern an die Redaction oder Administration Wien, II., Rembrandtstraße 11, zu richten.

Unfrankirte Briefe werden nicht angenommen und Manuscripte nicht zurückgesendet.

Bezugspreise.

Oesterr.-Ungarn:

Für das Ausland:

Einzelne Nummern 15 kr.

כותרת עיתון די וולט 3 (18 ביוני 1897)

נספח 5
קטעים מהמאמר 'גדול וגיבור' – הראי"ה קוק זצ"ל[1]

[...] ומסוג **גדולי־ישראל** היה **הגאון רבי שמואל מוהליבר זצ"ל**. מפעולותיו הגדולות הידועות ומפורסמות, ומשאיפותיו ואורחות חייו האציליים שנתגלו לי עוד בימי נעורי, ושנתחוורו לי עוד יותר אחרי שנזדמן לי להיפגש אתו בשנת תר"ן בערך, במרחץ דובלין ברוסיה, עשה עלי האיש הגדול הזה רושם של **גדול־גיבור**, של רב **רב־פעלים** המושל בשני זרמים של חיים ומשקיע בכל אחד מהם את **כל** תשומת לבו, את **כל** נפשו ואת **כל** כשרונותיו. מצד אחד: רב גאון גדול מלא תורה ומעשים טובים, מחמיר על עצמו במילי דחסידותא, גם בדברים כאלה שרבים וגדולים נהגו להקל בהם; ומצד השני: נפש רעננה מלאה עוז וחיים וצופה צפיה עמוקה לתשועתם של ישראל באופן מוחשי בהיר, לגלויות ישראל שישובו, לארץ־ישראל שתשתכלל, ולהרים וגבעות, לאפיקים ולגיאיות שלה, שיהיו פורחים בכל זיום והדרם, ולהוד גבורים ותפארת קדושים שיאירו יחד על דור בנינו בארץ הצפייה והתחייה; בתוך לבו הרחב של רבי שמואל הייתה חיה תמיד ההכרה הברורה כי אנחנו כולנו חייבים לעבוד בעד שני זרמי החיים הרוחניים שלנו גם יחד, ומתוך הכרה זו היה ממשיך את העבודה החיה הקדושה הזאת, לאחד ולשלב את שני הזרמים ולמזגם יחד מתוך גבורה פנימית ומתוך ידיעה סודית כזאת אשר חוננו בה יראי ה' האמיתיים אשר עליהם נאמר: "סוד ה' ליראיו ובריתו להודיעם" (תהלים כה, יד).

[...] וכדי לשמור את משמרת הקודש ולתמם את שני החזיונות הגדולים: חזון הגלות וחזון הגאולה גם יחד, שמהרכבתם המזגית המתאימה תצא לנו נשמתה של התחייה הלאומית בכליל הדרה – ישמשו לנו זכרונותיהם של גאוני ישראל, אלה הגדולים־הגיבורים אנשי־השם, יחידי הסגולה, **כרבי שמואל מוהליבר** וחבריו,

1. ספר שמואל, עמ' קד-קז.

שהם־המה, מתוך מלחמות פנימיות רבות ועצומות, שהן הרבה יותר קשות וכבדות מכל מלחמה חיצונית – יצרו לנו את זיו נשמתה העדינה, החסינה והאצילה של התחיה הלאומית שלנו. ועל ידי הופעתם של פרצופי הגדולים־הגיבורים האלה אשר ברוח ממוזג בגבורה־נשמתית רבת־ערך מצאו את אבן הראשה אשר לתחיתנו הלאומית, את האבן האחת אשר עליה שבעה עינים ואשר לפניה כל הר גדול למישור – נמצא שוב את המסלול והדרך לפנינו לעבוד את עבודת ה׳ וישראל עמו כימי עולם וכשנים קדמוניות.[2]

2. לניתוח מאמרו של הרב קוק ראו טאו, הגדולה והגבורה.

נספח 6
הרב המנהיג - ד"ר יוסף מוהילבר[1]

ראה הקדוש ברוך הוא שצדיקים מועטין, עמד ושתלן בכל דור (בבלי יומא לח ע"ב).

וצדיקים אלה מה הם עושים? הקדוש ברוך הוא עושה להם כנפים כנשרים ושטין על המים (בבלי סנהדרין צב ע"ב).

אחד הצדיקים המועטים האלה, שהקדוש ברוך הוא עשה לו כנפיים כנשרים והוא שט על פני המים הזידונים של הגלות, כדי לחתור לחוף מבטחים בשביל עמו, היה סבי, רבי שמואל מוהילבר ז"ל, המנהיג הדגול בתקופת חיבת ציון. ראשית פעולתו על שדה תחייתנו נעוצה בתקופה שקדמה לחיבת ציון, תקופת הרבנים הגדולים רבי יהודה חי אלקלעי, רבי צבי קאלישר, רבי נתן פרידלאנד וחבריהם. עיקר פעולתו בתקופה השנייה, תקופת חיבת ציון המעשית, שבה פעל גדולות ונצורות, ואחרית פעולתו בראשית התקופה השלישית, תקופת הציונות המדינית.

רבי שמואל היה לא בלבד גאון מובהק בדורו, דור של מאורות גדולים ומזהירים ביהדות הרוסית, לא בלבד איש מופת ביראה, במוסר ובמידות, אלא אף אישיות למופת בשלמותה ובאחדותה. הייתה בו אותה תומת הלב העמוקה והטהורה, שלפי קארלייל היא משמשת סימן מובהק לכל האנשים המצטיינים במידת הגבורה העילאית. הוא היה אחד הצדיקים המועטים והבודדים, שהם מגוש אחד. מחשבתו החריפה והרגשתו הדקה, דבריו ומעשיו, הגיונותיו ורצונו התמזגו לחטיבה אחת שלמה והרמונית, ביחידות כמו בציבור, בחדרי חדרים

1. יוסף מוהילבר נכדו של הרב מוהליבר, נפטר בי"ט באדר תש"ג (1943), ונקבר בהר הזיתים. נהג לכתוב את שם משפחתו מוהילבר. המאמר פורסם **בהצופה**, י"ח בסיוון תרצ"ח (17.6.1938), עמ' 5.

כמו בחוץ. האמת הייתה נר לרגלו, והוא – הסמל העתיק של עמנו: זקן מצד אחד ובחור מצד שני. זקן גם כשהיה צעיר לימים וצעיר גם כשהיה בא בימים. הרצינות הגדולה, או כפי שאני, שהתחנכתי מילדותי בביתו, זכיתי לראותה: הקדושה, שהייתה תמיד נסוכה עליו ועל מחשבתו ועל מעשהו – עשתה אותו לזקן מן הזקנים גם כשהיה צעיר; הרגש הער, הכמיהה הלוהטת לגאולה, הרצון המוצק, המרץ הכביר – עשוהו לאותו צעיר מן הצעירים גם כשהיה זקן.

שלמותו זו נבעה מאמונתו הגדולה ומביטחונו המוצק באלוהים ובעתידות עמו; אותה האמונה ואותו הביטחון שבעזרתם הציל בימי המרד בפולין מאות אחיו מתלייה; אותו הביטחון שבו מיהר בימי הפוגרומים הראשונים בקיץ תרמ"א לעזרת אחיו הנודדים בלבוב ובברודי; אותו הביטחון שלא עזבו אף לרגע, גם כשגנבו מחדרו בחוץ לארץ בשבת את כל הונו, שעלה אז לסכום גדול ולא נתן להודיע על זה בו ביום למשטרה מפני קדושת השבת; אותו הביטחון שבשמו בא אל הברון רוטשילד כדי לרכוש את נפשו לרעיון הגדול של יישוב ארץ ישראל; אותה האמונה ואותו הביטחון שבהם עלה בידו להשפיע באסיפה של גדולי חובבי ציון מרוסיה, שנתקיימה בווארשה בשנת תרנ"ב ובה ישבו כולם מדוכאים מחמת הסכנה שהייתה צפויה אז לחיבת ציון מהתנועה הארגנטינאית ומאות המיליונים במזומנים שהיו קשורים בה; אותו הביטחון שבו דרש את עיזבונו של הברון הירש לטובת יישוב ארץ ישראל; אותו הביטחון שבו כיתת את רגליו מעיר לעיר וממדינה למדינה, כדי לעשות נפשות לציון, כדי להשפיע על כל המפלגות ועל כל המעמדות, על החרדים ועל החופשים, על העשירים ועל ההמונים, על הזקנים ועל הצעירים; אותו הביטחון שבו עודד את הד"ר פינסקר כשרוחו נפלה עליו בנסיעתו לפרנקפורט ושבו חיזק אחר כך את ידי הד"ר הרצל שלא יירתע לאחוריו מפני המעצורים והמכשולים שנתקל בהם בראשית דרכו.

משלמותו זו נבעה גם סבלנותו לאחרים וגם אהבתו לצעירים. הוא, שהיה לגבי עצמו קנאי בענייני דת, מחמיר על עצמו בקלה כבחמורה, היה מתייחס בסבלנות גדולה לאחרים. הוא חיפש את

הניצוץ היהודי בלב אחיו, וכשלא מצא אותו במובן הדתי היה מתנחם כשמצאו במובן הלאומי, בתורת אהבה לעם ולארץ. הוא התייחס באהבה יתרה לנוער ושם בו את תקוותו בעבודת התחייה והגאולה. מכאן נובעת גם השקפתו על הטוב הכללי והטוב הפרטי. יכול אדם להיות צדיק גמור בגדר הפרט, במצוות שבינו לבין קונו, ואף על פי כן בגדר הכלל איננו צדיק, אם אינו דואג לעמו ולאחיו. ויכול אדם להיות רשע בגדר הפרט, במצוות שבינו לבין קונו, אף על פי כן אם לבו טוב, והוא מסור לעצמו ולאחיו, הוא נחשב בגדר הכלל לצדיק.

משלמותו זו נבעה גם שאיפתו הגדולה לאחדות, לשלום ולאחווה. אסוננו הגדול ביותר ראה במחלוקת ובפירוד הלבבות. "חֲבוּר עֲצַבִּים אֶפְרָיִם הַנַּח לוֹ" היה נוהג לומר. כשישראל עושים חבורה אחת, אפילו עובדי אלילים ביניהם, אין מידת הדין שולטת בהם.

משלמותו זו נבעה גם ענוותו בתורת הפרט ותקיפותו והכרתו העצמית כרב, כבא כוח הכלל, כמנהיג. היא התקיפות, שבה אסר יחידי מדי שבת בשבתו את המלחמה הגדולה והארוכה מבימת בית הכנסת בראדום על כל המגרעות והליקויים שמצא בקהילתו; היא התקיפות, שבה התייצב לפני הנציב העליון הגרף ברג, שיבטל את הגזרה שיצאה מלפניו על יהודי פולין; היא התקיפות של רב ומנהיג שהרגיש שמואל מונטאגיו כשבא ללוותו לבית הנתיבות בלבוב ורצה להשיב לו את הוצאות נסיעתו והרב נרתע לאחור ושאל את בעל המיליונים: "ומי יחזיר לך את הוצאות נסיעתך, אתה?" היא ההכרה העצמית של רב ומנהיג, שהתבטאה בדבריו אל הנדיב הידוע לאחר שביאר לו את העניין הגדול של יישוב ארץ ישראל ואמר לו: "באתי אליך לא לבקש כסף, אלא לרכוש את נפשך לרעיון הגדול הזה, שכל עתידות עמנו תלויים בו. ואם תשלחני ריקם מעל פניך לא אתחרט על נסיעתי אליך, כי אני את חובתי מילאתי"; היא התקיפות של רב ומנהיג, שהראה באסיפה בפטרבורג בבית הברון גינצבורג, כשהד"ר קנטור והפרופסור באקסט יצאו נגד חיבת ציון וטענו שיישוב ארץ ישראל מתנגד לרעיון המשיחי. אז קם הרב החרד ואמר להם: "זהו עניין שלי, הרב בישראל המאמין בו, ולא שלכם, שאינכם מאמינים בו".

וכשזרח בערוב ימיו שמשה של הציונות המדינית היה רבי שמואל מן הראשונים שנענו לתנועה הזאת וראה בהרצל את המנהיג שקיווה לו זה שנים רבות. הוא קיווה זה כבר (ואת רעיונו זה הביע עוד כחצי יובל שנים לפני הציונות) ליום שבו יקום לנו אחד מגדולי אחינו במערב אירופה שיוציא את תנועתנו למרחב ויעמידנה על הבמה העולמית. ושמח המנהיג הישיש לראות לעת זקנתו תקוותו זו מתגשמת. ולא לחינם קראהו הד"ר הרצל בשם "הציוני המדיני הראשון".

כשהשלים רבי שמואל את עבודתו ביישוב ארץ ישראל תמו ונשלמו גם חייו. בלילה האחרון עבר על המכתבים בענייני הציונות וחתם על החוזר בדבר "אוצר ההתיישבות ליהודים", ובחתימתו זו נחתמה גם פרשת חייו. אולם מעשיו הכבירים על שדה תחיית עמנו וארצנו חיים וקיימים והולכים ומתגברים. הבניין, שהוא הניח לו את היסוד, הולך ונבנה. וזכרו של הרב המנהיג, שהיה במידה מרובה יוצר התנועה של חיבת ציון המעשית, לא יסוף מקרב עמו השב לארצו, ולנצח יהיה חרות בספר דברי הימים של תחייתנו הלאומית.

כתבי הרב שמואל מוהליבר

בעריכת אברהם מוניץ

הקדמת העורך

מרבית כתביו של הרב שמואל מוהליבר זצ"ל מעולם לא ראו אור. רובם אבדו בשני אירועים מצערים: באחד נאלץ הרב מוהליבר לשרוף בעצמו את כל הכתבים שהיו בביתו עקב הלשנה לשלטונות הרוסיים;[1] באירוע אחר בפרעות בקהילת ביאליסטוק בשנת תרנ"ו (1906), נשרפו כל שרידי כתביו שהוכנו לדפוס על ידי מזכירו הרב יצחק ניסנבוים.[2]

בשל אירועים מצערים אלו רוב משנתו של הרב מוהליבר לא הגיע לידינו. אף על פי כן ישנם שלושה מקורות חשובים שלוקטו בהם שרידי כתביו של הרב מוהליבר. המקור הראשון הוא לקט מתוך כתבי יד של הרב מוהליבר שערך נכדו, הרב ד"ר יוסף מוהילבר,[3] בשנת העשרים וחמש למות סבו, וכותרתה **דעותיו והשקפותיו של הרב שמואל מוהילבר**. המקור השני הוא **ספר שמואל** שערך הרב יהודה לייב מימון לציון עשרים וחמש שנים לפטירתו של הרב מוהליבר שכולל מידע רב על אודות הרב מוהליבר, וכן לא מעט ציטוטים ומקורות מכתביו של הרב מוהליבר (ובכלל זה גם הלקט שערך נכדו ד"ר מוהילבר). המקור השלישי הוא **שו"ת מהר"ש מוהליבר**, שפרסם הרב מימון בהוצאת מוסד הרב קוק, הכולל שאלות ותשובות הלכתיות שנכתבו על ידי הרב מוהליבר בנושאים מגוונים.

לצורך הכנת ספר זה נעשה שימוש במקורות הללו, כמו

1. ראו לעיל עמ' 49.
2. ראו לעיל עמ' 8.
3. כך הוא כתב את שם משפחתו: "מוהילבר", ולא "מוהליבר".

גם בכתבים נוספים של הרב מוהליבר הפזורים בעיתוני התקופה, במכתבים וכתבי יד בארכיונים שונים ועוד.[4]

דרך אסופה זו ניתן לקבל תמונה מקיפה של דמותו והשקפותיו של הרב מוהליבר.[5] ממכלול הכתבים בולטים שני נושאים מרכזיים החורזים את כתביו של הרב מוהליבר: **ההשכלה וארץ ישראל והציונות**. לשני נושאים אלו יוחדו השער הראשון והשני. השער השלישי עוסק במאמרים מחשבתיים־אמוניים בנושאים נוספים, בעיקר מתוך אסופת כתבי היד שפרסם ד״ר יוסף מוהילבר.

אפרוס כאן את עקרונות העריכה של המקורות:

- רוב הקיצורים וראשי תיבות פוענחו ונפתחו. כמו כן נעשו שינויים קלים בכתיב ובפיסוק לפי הצורך.
- הבהרות והערות שנוספו לגוף הטקסט הוכנסו לסוגריים מרובעים.
- כל הערות השוליים המופיעות בספר הן הערות של העורך, אלא אם צוין במפורש שהן הערת המחבר שמופיעה במקור. כל ההדגשות בציטוטים מופיעות במקור אלא אם כן צוין אחרת.
- מראי המקום המקוריים הועברו להערות שוליים, ותוקנו טעויות שנפלו בהם. כמו כן נוספו אליהם עוד מראי מקום רבים במקומות החסרים.
- לכל סימן נוספו דברי הקדמה שנותנים את הרקע לתוכן האמור בו.

4. לצערנו, ישנם מקורות שאליהם לא הצלחנו להגיע. כך למשל, על אף מאמצים מרובים לא הצלחנו לעיין בכתבי היד שעמדו לנגד עיני נכדו של הרב מוהליבר, שנמסרו ככל הנראה לגנזך הציונות הדתית שבספריית יד הרב מימון בהנהלת מוסד הרב קוק. [על קיומם של כתבי יד אלו מעידים כמה כותבים: י׳ אבן חן, ״ארכיון הציונות הדתית״, **הצפה**, יז׳ באלול תשי״ט (20.9.1959), עמ׳ 4; ג׳ בת יהודה, ״הרב שמואל מוהליבר״, בתוך אנציקלופדיה לציונות הדתית, עמ׳ 364; י׳ רפאל, ״דברי הספד של הגאון רבי שמואל מוהליבר על האדמו״ר רבי חיים מסאנדז״, **סיני**, שנה 41 כרך פ, תשרי-אדר תשל״ז, עמ׳ קצג-ר. כתבי היד כוללים בין השאר ספר דרשות על פרשיות השבוע, ״עטרת יוסף״ שמו.]
5. באסופה זו לא נכללו התשובות ההלכתיות של הרב מוהליבר מכיוון שאלו כבר נאספו וקובצו בשו״ת מהר״ש מוהליבר, וכן בשל אופיין ההלכתי־למדני שחורג מהמסגרת של אסופה זו.

איסוף הכתבים וההדרתם נעשו בסיוע ובעזרה של רבים.

להוצאת הספר קדמה עבודת מחקר ארוכת שנים שנערכה ב"ציוני דרך" – מרכז סיור ולימוד מזכרת בתיה (לשעבר, המדרשה למורשת הציונות), בניהולו של אחיעזר ארקין, נין למייסדי מזכרת בתיה, שכתב את המבוא לספר.

סבי, אריה מוניץ, שימש לי מקור בלתי נדלה של ידע, והוא סייע לי רבות להבין את ההקשר ההיסטורי ואת עולמו של הרב מוהליבר. מלבד הידע ההיסטורי והשפות הרבות שהוא שולט בהן, הוא חלק איתי גם סיפורים וידיעות מכלי ראשון, כמי שגדל בברית המועצות לפני מלחמת העולם השנייה.

בית הספר ג'ק, ג'וזף ומורטון מנדל ללימודים מתקדמים במדעי הרוח העניק לי מלגה נדיבה שאפשרה לי להתפנות לעבודת העריכה והמחקר שהביאה להוצאת ספר זה.

חננאל גולדברג הגיה ותיקן במסירות ובמקצועיות רבה את הכתבים ואת המבואות שלהם. טביעותיו והערותיו הניכרות שקועות בכל דף מדפי ספר זה. הרב דוד פיאלקוף עבר בדקדקנות על כל חלקי הספר בעריכה מהוקצעת, מקצועית ונעימה.

לכולם התודה והברכה!

רבים נוספים סייעו בעצה, בהפניה או בעזרה ביבליוגרפית. לצערי לא אוכל לפרטם, אך תודתי הרבה שלוחה גם להם.

תודה אחרונה לאשתי ובנותיי, שהצטרפו לחיי במהלך העבודה על ספר זה.

אברהם מוניץ

ירושלים, מרחשוון תשפ"ג

שער ראשון

על ההשכלה

סימן א

אל חברת 'מרבי השכלה בישראל' ואל הרבנים ברוסיה ופולין

חברת 'מרבי השכלה בישראל' פעלה ברוסיה החל מהמחצית השניה של המאה ה־19, וייצגה את המשכילים המתונים בעולם היהודי.[1] מייסד החברה, יוסף גינזבורג (1878-1812), עמד בראשה מהקמתה בשנת 1863 עד מותו בשנת 1878, ואחריו עמד בראש החברה בנו, הברון הוראצי (הוראס) גינצבורג (1909-1833). משפחת גינצבורג הייתה משפחת בנקאים עשירה, שמימנה את רוב פעילות החברה, וישיבות הוועד של החברה נערכו בביתה בסנט פטרבורג. קרבתם לשלטון הרוסי איפשרה לבני המשפחה לסייע בקידום מטרות החברה, כמו גם קידום אינטרסים אחרים החשובים ליהדות רוסיה.

בי"ח בתמוז תרל"ב פורסם בעיתון 'הלבנון'[2] קול קורא של החברה. תוכנו העיקרי היה קריאה לציבור להצטרף לחברה ולסייע לה להגשים את מטרותיה.

על פי הקריאה מטרתה של החברה "להרביץ השכלה בישראל, ללמדם לשון ארצנו, להרים קרן חכמת ישראל וספרותה ולעזור לבני הנעורים הבאים לבקש חכמה ודעת".

סעיף י קורא לרבנים להצטרף ולסייע לחברה וטוען שמטרות החברה אינן פוגעות כלל בענייני דת ואמונה:

גם את הרבנים תופשי התורה וכל בעל בעמיו זקן ונשוא פנים

1. ראו שלמון, אם תעירו, עמ' 48-50.
2. **הלבנון**, תרל"ב (24.7.1872), גיליון מו.

החרדים לטובת אומתנו ואמונתנו הקדושה, גם אותם נבקש לבלי יעמדו מרחוק ולבוא גם המה במספר חברינו, אם להעניק את חברתנו בנדבת כסף, אם לתת עצה...

אין חברתנו נוגעת בדברי דת ואמונה אפילו כמלא נימא! כל תכליתנו ומגמתנו ללמד לבית ישראל לשון המדינה, ללמד ידיהם לאומנות ולמלאכה שמפרנסת את בעליה, לתת את העולם בלבם למען אשר ידעו את כל המעשה אשר יעשו בחכמה ובמישרים לטוב לנו לחיותנו חיי אֹשר והצלחה על פי דתי תורתנו ודתי המלכות. גם רבנינו הזקנים יודעים כי כל הדברים הטובים האלה אשר אנחנו חושבים על עמנו המה מועילים ומתוקנים אין בהם מכשול ועון בשום פנים; בודאי יקומו ויעזרונו בחכמתם הרבה ובדעתם הנשמעת לרבים. עיניהם הרואות שהשעה הזאת שעת רחמים ועת רצון, כל זמן שהצנורות פתוחים והשפע שופעת מתחת כסא הכבוד של אדוננו הקיר"ה [הקיסר ירום הודו] המרבה להיטיב עמנו חדשים לבקרים; ועלינו רק להעשות הגונים וכשרים לקבל את ההשפעה. אל נא, אחי, אל נא נחמיץ שעת הכושר — כי אם לא עכשיו אימתי?!

עורך 'הלבנון', יחיאל ברי"ל, הוסיף לקריאה זו הערה, ובה כתב: "נקוה כי ראשי החברה הנכבדה הזאת, ישמעו לעצת הרבנים החפצים כי תרב ההשכלה בין אחינו אך באופן אשר תהיה יראת ה' על פניה". כדי שפעילות החברה תצא לפועל ולא תיתקל בהתנגדות על רקע דתי, הציע לכנס אסיפה משותפת עם רבנים תומכי השכלה שיבחנו במשותף את סעיפי ההצעה של החברה.

שבוע לאחר מכן פרסם הרב מוהליבר באותו העיתון מאמר תגובה לקול הקורא ולתוספת העורך. במאמר זה הרב מוהליבר סוקר את היחס הראוי לדעתו בין תנועת ההשכלה לאמונה היהודית, והוא מעין הקדמה לנושא שפיתח הרב מוהליבר במאמריו המופיעים בסימנים הבאים.

אל חברת מרבי השכלה בישראל ואל הרבנים ברוסיה ופולין

כבוד ידידי... מר יחיאל בריל נרו יאיר יפרח כתמר וכארז בלבנון ישגא.

אם כי לא פה המקום, ולא זאת העת, לרפאות את שבר בת עמי מתחלואיה השונות, כי הנני יושב פה **עמס**[3] לעסוק ברפואות גופי. אמנם אחרי ראותי את המודעה בשערי הלבנון נומ' [מספר] מ"ו, מאת החברה הנכבדה, דורשי טובת עמם וחפצים להרים קרן ישראל בכל לבבם, מרבי ההשכלה בארצינו ארץ רוסיא, גם את דבריך היקרים אדון נכבד! אשר שמת נוספות עליהם, קריתי בהגיון לב, מצאתי את עצמי מחוייב לתת לך תודה נגד עמי, כי בדבריך קלעת המטרה. כי הרבה מרבני גדולי ארצנו חפצים מאוד בריבוי ההשכלה בין נערי ישראל.

כי הן גם בעיתים החשוכים, אשר רוב לאומי תבל הלכו אחרי ההבל ויהבלו, גם אז כבר זרח אור החכמה במחנה העברים, וגדולי ישראל הצטיינו בחכמות ומדעים ויהיו לנס! ומה גם עתה אשר שמש התבונה זורחת בעצם תקפה, ותשלח קוי אורה בכל קצות התבל, היתכן אשר אנחנו בית ישראל נעצים עינינו מבלתי ליהנות מאורה? אבל הסיבה העיקריית אשר גדולי הרבנים לא פעלו עד היום מאומה בזה, הוא יען כי עם ישראל לא ככל הגוים הנהו, אשר אחדות הלאם והאמונה, הם נפרדים ואינם תלוים זה בזה, ואם כן יתכן שאחד ידרוש טובת הלאום בכל לבבו, אף אם יתנגד לאמונתה.

לא כן עם ישראל אשר הנם מפוזרים בכל קצות הארץ ואין להם דבר אשר יאחד אותם זולת האמונה, ולולא היהדות כבר נכחד שמם מבין יושבי תבל ככל המון הגוים הקדומים אשר באבדון ממשלתם נאבד גם זכרם, אם כן איפוא היהודים והיהדות הם עצם אחד, כי באין יהדות אין יהודים והדורש טובת היהודים באמת הוא מוכרח לדאוג גם כן בעד שלימות היהדות, וזה הוא לדעתי כוונת הכתוב "ואתם תהיו לי ממלכת כהנים וגוי קדוש",[4] רצונו כי בעת שלותכם

3. עמס היא העיירה שבה שהה הרב מוהליבר לצורכי רפואה.

4. שמות יט, ו.

תהיה ממלכת כהנים, אבל גם בעת שתגלו ותתפזרו בכל הארצות, גם אז לא יכרת שמכם, כי התורה הקדושה תאחד אתכם, עד שתהיו מצויינים "לגוי קדוש".

הנסיון עד היום הורה לנו עד למדי, אשר כל באי שער ההשכלה, אם כי ארמנותיה נסגרו לפניהם וכאשר באו כן שבו, אבל ארחות חיים לא ישיגו עוד, וזה כל פרי השכלתם להשליך אמונת אבותם אחרי גיום.

אבל עם כל זה לא אבדה תקוה, ואין דבר זה בכלל מעות לא יוכל לתקן, כי כאשר יהיה אסיפה מרבנים ומשכילים ביחד, ימצאו דרך נכון להגדיל ההשכלה ולהאדירה, גם לחזק הדת והאמונה בל ימוטו חלילה, ולא חסר לנו רק אשר החברה הנכבדה 'מרבי ההשכלה' ישיגו רשיון מהממשלה ירום הודה על האסיפה (כפי עצתך הנאמנה, אדון נכבד) ואז ירבה הדעת וחברתם תפרח כשושנה, כי יביאו באגודתה כל חובבי עמם ומחזיקי הדת, והמונים המונים ינהרו אליו מכל פינות ארצנו הגדולה.

יסלחו נא לי ראשי החברה הנכבדה, אם ארשה את עצמי לאמר כי עוד לא יצאו ידי חובתם במה שכתבו במודעה בסעיף העשירי "אין חברתנו נוגעת בדברי דת ואמונה אפילו כמלא נימא", כי מאחר אשר ישתדלו להרבות ההשכלה ובעד האמונה לא יפעלו מאומה הלא האמונה תחלש כחה עד כי תגוע לגמרי חלילה! על כן אין עצה ותרופה אחרת רק לפעול רשיון על אסיפת רבנים ומשכילים למען יחברו את האמונה וההשכלה כאחד בל יערצו ובל יצרורו עוד אשה את רעותה. כי באמת הלא אחיות תואמות הם, שתיהם בנות אל חי.

גם אליכם רבותי, רבני רו"פ [רוסיה ופולין], אקרא בקול: התאמצו נא להסיר התרדמה אשר כסתה את פני שלומי אמוני ישראל בארצנו, ותחוו דעתכם דעת תורה אשר רצונכם להשיג רשיון על האסיפה, כי עד מה אנו מחשים, הלא לנו להתבונן מארץ אשכנז, בעת אשר החל רוח ההשכלה לפעמם, בראשונה דימו הרבנים כי ביד חזקה יעצרונה, אבל שגו ברואה, כי אין מעצור לרוח, ואף כי לרוח השכלה, ותחת אשר חשבו להיטיב עוד הרעו, כי פרצה בעים [בכוח] עוזה, ותשחית כל

חלקה טובה מדתנו הקדושה, כי צמאי השכלה פנו להם עורף, ויסוגו אחור מתורת ה'. אז שמו יד לפה ובמסתרים בכתה נפשם, ואחרית הדבר באשכנז הלא ידוע לכל.

על כן עליכם רבותי לא לאחר את השעה, עד אשר יגיעו ימים אשר אין בהם חפץ, ויהיה חסרון לא יוכל להימנות חלילה! השמיעו דעתכם חיש ומהר בקהל, ואז בטח נקוה כי חברת מרבי ההשכלה הנכבדים הדורשים טובת עמם באמת, ישתדלו אצל הממשלה ירום הודה להשיג רשיון על האסיפה והממשלה בגודל חסדה תמלא משאלותם, ואז יקויים בנו "ומלאה הארץ דעה"[5] כי כולם ידעו את ה', וקדוש ישראל יעריצו.

עמס ב' לסדר אם תעשון הדבר הזה והייתם נקיים מה' ומישראל תרל"ב.[6]

שמואל בהרב מוהר"יל [מורנו הרב יהודה לייב]
מאהליוועער האבד"ק [האב בית דין של קהילת] ראדאם והגליל.

5. ישעיהו יא, ט.
6. בחתימה זו מובאים המקום והתאריך שנחתם בו המאמר. הוא נחתם בעיירה עמס ביום שני לשבוע בפרשת מטות (הרמז מכוון לבמדבר לב, כב) תרל"ב – כלומר, כ"ג בתמוז תרל"ב (29.7.1872), יומיים לפני פרסום מאמר זה בעיתון.

סימן ב

היראה וההשכלה

מאמר זה פורסם בהמשכים בעיתון 'הלבנון' כחמישה חודשים אחרי פרסום התשובה לחברת מרבי השכלה בישראל (ראו סימן קודם). מאמר זה מרחיב ומפתח את הנושאים שנזכרו במכתבו לחברת מרבי ההשכלה בישראל, ולמעשה ניתן לראותו כהמשך למכתב הנזכר (כפי שמשתמע מחתימת המאמר).

את המאמר פותח הרב מוהליבר בדרשה הנוגעת לחגי תשרי ולמצוות שבין אדם לחברו. מתוך דרשה זו הוא עובר לעסוק בעמדתו בנוגע לתנועת ההשכלה. הוא פותח בחשיבות הגדולה של השלום והאחדות בין היראים והמשכילים, ומבקר את האופן שבו התקיים הדיון בין שני המחנות, שנעשה לדעתו בצורה לא עניינית ולא מכבדת.

לאחר מכן מציג הרב מוהליבר את עמדתו בנוגע ליחסים שבין היראה וההשכלה. לדעתו הסתירה בין שני התחומים היא סתירה מדומה, וכשהדיון יהפוך לענייני יתגלה "כי היראים באמת הם גם משכילים... והמשכילים על דבר אמת הם גם יראים" (להלן, עמ' 21).

בחתימת המאמר הרב מוהליבר מציג השלכות מעשיות של דבריו, כשהוא קורא לבצע תיקונים בשלושה תחומים: חינוך (בדגש על לימוד שפת המדינה), היחס לממשלה והיחסים הפנימיים בתוך העולם היהודי. על מנת לקדם תיקונים אלו, בייחוד בנושא החינוך, קורא הרב מוהליבר לכינוס אסיפה כללית של משכילים ורבנים שבו ידונו בדרכים שבהן יש לקדם את התיקונים בצורה מוסכמת.[1]

1. לגבי אסיפה זו ראו להלן סימן ג.

היראה וההשכלה

א

אם אני כאן הכל כאן, ואם איני כאן מי כאן (בבלי סוכה נג ע"א).

כאשר נבוא להתבונן בסדר הנפלא של מצוות התורה האלקיית התלויות בזמן, לא נעלים עינינו מלהשקיף גם על משטר הימים של ירח תשרי: בראשונה יבואו בו ימי דין וחשבון – ראש השנה ועשרת ימי תשובה – אחריהם יבוא יום סליחה וכפרה, אחריו כל אדם ימשוך לשמוח בחג האסיף, זמן שמחתנו.

כאשר התלהטה נפשי מרשפי שלהבת־יה, הנוצצים מבין חרכי טעמי התורה ומסתריה, אמרתי אעופה נא על כנפי הדמיון ואשכונה בגיא החזיון. ואראה: והנה איש אחד, סוכן על אוצרות ושטרות בית מסחר איש המושל במכמני זהב וכסף, מתנודד והולך בבית, אחת הנה ואחת הנה, ועצבת נוראה תשכון על פניו. ותגש אליו בתו ותאמר: מה לך אבי כי כה נפעם לבבך? ויאמר: בתי יחידתי, תקות חיי ומשוש רוחי! הלא תדעי כי בעוד שלשים יום יגיע יום כלולותיך. ואנכי אהה! כבר שלחתי ידי בכסף אדוני כעשרת אלפים כסף. מדי אזכרה זאת יהמה לבבי בקרבי כי מה אעשה ליום אשר יפקדני אדוני לערוך לפניו חשבונותי, ועתה דרושים עוד לי איזה אלפים כסף לצרכי חתונתך, ומאין אקח כל אלה? ותאמר לו בתו: הלא ידעת אבי את נפש אדונך ורוחו העדינה, המלאה חסד ורחמים לכל, אף כי לבן משק בית מסחרו, נסה נא לבקשהו במכתב להתעלס אתך בראש שמחתי, והוא בטוב לבבו יפתח את ידו הנדיבה להריק לך די מחסורך.

האב האומלל שמע לעצת בתו. וירץ מכתב לגבירו. ויהי כאשר חכה הסוכן בעינים כלות לתשובת הגביר, ויביא אליו איש אחד ספר חתום ויתנהו על ידו. בידים רועדות פתח את המכתב, וימצא בו כתוב לאמר: מהר קח את ספר חשבונות ובוא אלי מהרה חושה אל תעמוד.

פני הסוכן קבצו פארור,[2] ולדאבון לבו עשה את אשר צוה, וילך בפיק ברכים ויתיצב לפני אדונו.

ויהי כאשר שם האדון עיניו על החשבונות הנכתבים בספר, ויאמר: איה העשרת אלפים כסף החסרים מאוצרותי, האם שלחת יד בהוני? זרם דמעות פרץ מבין עפעפי הסוכן ויאמר: חטאתי! ואתה אדון נעלה סלח נא כרוב חסדיך. הגביר האיר פניו לסוכנו ויאמר: סלחתי כדבריך; ועתה הא לך עוד ארבעת אלפים כסף לצורכי כלולת בתך. למה זה נבהלת מראות? שאל האדון בראותו כי לבב הסוכן פחד ורחב – התדמה, כי למהול את ראש שמחתך בתוגה קראתיך הנה? לא! אבל אנכי ידעתי מראש כי שלחת ידך בהוני. ואמרתי אני בלבי אולי יפריעך עצבון חטאתך נגדי מלשים על ראש שמחת בתך. או אולי שְׂשׂוֹנך יעקר וישרש מאתך כל רגש טוב, לבלתי התעצב על אשר שלחת יד בפקדוני. ובשניהם געלה נפשי, לכן גמרתי בלבי לקרֹאתך הנה ולסלוח לך על חטאתך ולתת לך די צרכך, או אז תוכל לשמוח באין שטן ומפריע וגם את שמי תזכיר לברכה.

שבתי להתבונן והנה כבוד ה׳ נגלה במחזה, כי ככל דברי החיזיון הננו רואים במועדי תשרי.

התורה האלהית, הגבילה לנו זמן לשיש ולשמוח על כל הטוב אשר עשה ה׳ אתנו, והוא חג האסיף. אבל הישמח ילוד אשה קצר ימים ושבע און ומרמה? הישיש אסיר עוני, אשר בעוד ימים יובילוהו לבית המשפט לתת דין וחשבון על אשר הרבה להרשיע? ואם ישמח הלא אז יהיה נאלץ לכבות מלבבו כל רגש קודש, ויתמכר לכל תועבה כמאמר הכתוב "[והנה ששון ושמחה] הרֹג בקר ושָׁחֹט צאן [אכֹל בשר ושָׁתוֹת יין אכוֹל ושָׁתוֹ כי מחר נמות]",[3] על כן אב הרחמים הקדים לנו יום דין וחשבון, ואחריו יום סליחה וכפרה. וכל איש ישראלי מרגיש בקרב לבבו רוח קדושה וטהרה. כי ה׳ הטוב ומרבה לסלוח, סלח לנו

2. ע"פ נחום ב, יא.
3. ישעיהו כב, יג.

על כל אשר העוינו נגדו. אז, אז, יתכן לנו לשמוח בחג האסיף שמחה טהורה ונקיה, בכל הטוב אשר חנן ה׳ אותנו על חג השמחות.

האומנם! אף כי יום הכיפורים מכפר על כל, אבל רק בדברים שבין אדם לקונהו, אבל לא במה שבינו לרעהו. כי המהרס את היסוד יפול הבנין כולו, ויסוד כל התורה הוא ״מה דעלך סני לחברך לא תעביד״.[4] לעורר אותנו על מעלת השלום והאהבה, צוינו בחג האסיף על מצות לולב, והוא כמאמרם ז״ל:[5] ״מה אתרוג יש בו טעם וריח כך ישראל יש בהם בני אדם שיש בהם תורה ומצות כו׳; מה ערבה אין בה לא טעם ולא ריח, כך ישראל יש בני אדם שאין בהם לא תורה ולא מעשים טובים, אמר הקדוש ברוך הוא יוקשרו כלם אגודה אחת, ואם עשיתם כך אותה שעה אני מתעלה. הדא הוא דכתיב ׳הבונה בשמים מעליותיו׳,[6] אימתי הוא מתעלה כשהן עשויין אגודה אחת שנאמר ׳ואגודתו על ארץ יסדה׳״.[7]

את אשר חזיתי אספרה: הרבה מעמינו אומרים קודם נטילת לולב בכל התלהבות נפשם ה׳יהי רצון׳ הנדפס לזה, והוא ליחד אותיות שמו יתעלה, ועם כל זה למגינת לב כל איש משכיל ואוהב עמו באמת, קנאת איש מרעהו באה כרקב בעצמותיהם, איש באחיהו יתנו דופי ומגרעת. הוא רק הוא אדם ובן אמו התולעת. הוי! פתיים ואין לב, בפיכם תתפללו לְיַחֵד שמו יתעלה, ובלבבכם תפרידוהו, כמאמר הכתוב: ״הלא אב אחד לְכֻלנו הלא אל אחד בראנו מדוע נבגד איש באחיו״,[8] ואם כן איפה בגידת איש ברעהו הוא הכחשה חלילה באחדותו יתעלה, כי אחים בני אב אחד יאהבו זה את זה, וזה שאמר הכתוב: ״שתו בשמים פיהם, ולשונם תהלך בארץ״,[9] רצונו, בפיהם

4. בבלי שבת לא ע״א.
5. ויקרא רבה ל, יב.
6. עמוס ט, ו.
7. שם.
8. מלאכי ב, י.
9. תהלים עג, ט.

עולים השמים ליחד אותיותיו, ופה בארץ תהלך לשונם ליתן דופי באחיהם, היתכן דרכיהם?

וזה היה פתגם הלל הזקן שאמר בשמחת בית השואבה "אם אני כאן הכל כאן",[10] וכתב רש"י ז"ל שאמר כן על ה' יתעלה שנקרא אני,[11] והתוספות כתבו בשם הירושלמי שאמר כן נגד כלל ישראל.[12] ומימיהם נאמנים, ודברי שניהם נוזלים מבאר מים חיים, והוא אם הכלל הישראלי מקושר בשלום אמת עד שהם כולם כאיש אחד, ונכון לאמר על כולם "אני" אזי גם ה' מתעלה על ידם, והכל מכירים את אחדותו, ואז "אם אני כאן הכל כאן".

את כל הדברים האמורים בחרנו להציגם בפתח דברינו למען ידעו הכל כי האושר היותר נעלה בעמנו היא ברית האהבה והשלום, באין הבדל ויתרון, כחכם כאשר איננו חכם, כירא כאשר איננו ירא. כל כחות הנפשיות המנגדות לאהבה ושלום – קנאה, נטירה וכדומה, הן קנאת כבוד עצמו, הן קנאת ה' ותורתו, הן קנאת ההשכלה – כולם יעלו כליל על מזבח אהבת הכלל, והיו לבער עד תומם. אין פה לא קנאה ולא שנאה ולא תחרות, אבל, אהבה ואחוה ושלום אמת.

ב

רבי אלעזר הקפר אומר הקנאה והתאוה,[13] מוציאין את האדם מן העולם (משנה אבות ד, כא).

התורה האלהית, והחכמה העליונה, אשר שתיהם למטרה אחת כוננו,

10. בבלי סוכה נג ע"א.

11. שם: "אם אני כאן הכל כאן – דורש היה לרבים שלא יחטאו בשמו של הקב"ה. אם אני כאן הכל כאן כל זמן שאני חפץ בבית הזה ושכינתי שרויה בו יהא כבודו קיים ויבאו הכל כאן ואם תחטאו ואסלק שכינתי מי יבא כאן".

12. שם ד"ה אם אני כאן.

13. במשנה כתוב "הקנאה והתאוה והכבוד". הרב מוהליבר ציטט את המשנה ללא המילה "כבוד", וגם בהמשך הדרשה הוא מתייחס לקנאה ולתאווה ולא לכבוד.

והוא השלום, כאשר אמר המלך החכם "דרכיה דרכי נעם וכל נתיבותיה שלום"[14], שתיהם נהפכו בידי מחזיקיהם לחרב נקמה, עד כי עם ישראל נחלק למפלגות שונות, ובראשיהם המה: מפלגת היראים, והמחזיקים על ידם הלא המה כל המון עם ישראל ברוסיא ופולין, וגם הרבה מאצילי ונכבדי העם; [ולעומתה] מפלגת המשכילים, ועל ידם הרבה מאצילי העם וגביריו ומעט מהמון העם.

ולא בשובה ונחת יתווכחו אלה עם אלה, אבל ברעש וחזקה ילחמו, ירעצו וירוצצו איש אחיהו, ובין כה וכה עמודי השלום התפלצו, שמי התורה והתבונה לבשו קדרות, והחשך כסה ארץ, כל משפטי התורה הישרים והתמימים לא יספיקו לבער את השובבות ואי־הסדרים, השורר בקרבנו, כל חוקי החופש והדרור אשר חנן אותנו מלכנו גדל החסד לא יועילו להרים אותנו מעפר שפלותינו, כל אחד נפרד בדעותיו מרעהו, את אשר יבחר זה ימאן השני, עד כי כל איש יפנה לדרכו ולבצעו ואין דואג בעד העם כולו.

אם ישאלני איש האם כה כבד הדבר למצוא פשר בין בעלי הריב ולשים את העקוב למישור, הלא גם שתי ממשלות גדולות כבריטניא ואמריקא מצאו פשר ואחרית לסכסוכם, על ידי אנשים חכמים וידועים, ואף כי עם אחד קטן ודל בגוים, רק הוא לא ימצא פשר דבר לסכסוכיו; רק הוא לא יוכל לכבות אש המריבה מקרב עדתו? על זאת אשיב: הן אמת כי לא בנקל הוא לבצֵעַ בין בעלי מריבה, אשר אלו יחסו תחת מגן אש דת, ואלו יחסו תחת מגן ההשכלה והחופש. כי הן כל מסה ומריבה אשר תהיה בין שני אנשים פרטים, או בין שני לאומי תבל, לא יתכן לבצוע ביניהם, זולת אשר כל אחד יוַתֵר מה מחלקו, ובאין ויתור אין ביצוע. אם כן איפוא! מפלגת היראים אומרים: אין בידינו לותר מאומה, כי התורה איננה קנין כספנו אשר נעשה בה כאות נפשינו, בתורת פקדון באה לידינו מדור דור ונתחובבנו לשמרה בשלימות לבנינו אחרינו, אם אתם, המשכילים תאבו למעול מעל בהפקדון, מי יעצור בעדכם, אבל אנחנו לא נעזור לרעה. המשכילים הממוצעים

14. משלי ג, יז.

(כי מתקנים רעפארמאר [רפורמים] אשר יאבו לנתק מוסרות התורה, הודות לה׳ כמעט אין בארצנו)[15] אומרים: התורה נתנה להצלחתינו ואשרינו בזה ובבא, ואם כל מעשיכם והנהגתיכם הוא על פי התורה, איה איפא האושר אשר נשיג על ידה בזה? בהשכלה תמאסו, בהרמת כבוד ישראל בגוים לא תחפוצו, חופש ודרור תתעבו, הלנצח נשאר שפלים ונבזים אלמים וחרשים!

בריב רוחני ורעיוני כזה, מי כהחכם יודע פשר דבר, אשר ישית ידו על שניהם, ובעז רוחו יאמר, אתם המשכילים: אל תעפילו לעלות ולבקש יתר מאשר בידינו לתת לכם, כל הרוצה לעקור ענף אחד מענפי התורה הכתובה והמסורה, כאלו יעקר וישרש את כל כרם ישראל עד תומו! ואתם היראים אל תְדַמו כי כל העולה על רוחכם, וכל אשר תנהגו במעשיכם, הכל תורה הוא! אנכי אעביר רוח הבקורת להבר ולזרות בחכמתי כי נבונותי את הגרגרים הזרים אשר התערבו מזרע הארץ ועל מֵי התורה לא גדלו, הימצא איש כזה בין רבבות אלפי ישראל? ואם ימצא הישמעו דבריו?

אם נוסיף לחדור במסתרי היראה והחכמה פנימה, נשוב עוד להתפלא: מדוע זה נפלגו ונתרחקו ככה שתי המפלגות זו מזו, היתכן אשר יראת ה׳ תאלצנו לברוח מפני החכמה כמפני דוב שכול, ולתעב כל דעת וכל תבונה, הלא ה׳ בחכמה יסד ארץ בדעתו תהומות נבקעו! בנות אל חי הנה, ומדוע נרחיקם; או היתכן אשר החכמה תרמוס ברגלה כל קודש, ותתנכל על אחותה היראה להכרית ה׳ מארץ החיים. הלא הכתוב אמר ״הן יראת ה׳ היא חכמה וסור מרע בינה״.[16]

שני דברים מפליאים אשר נקרו ויאתיו בראשית הבריאה יפתרו על נכון את מבוכתינו:

אֵם כל חי כאשר ראתה כי טוב העץ למאכל וכי תאוה הוא לעינים ונחמד העץ להשכיל ותקח מפריו ותאכל, הביאה מיתה לעולם,

15. כוונת הרב מוהליבר לרוסיה ולמזרח אירופה, שכן התנועה הרפורמית התפשטה בעיקר בגרמניה ובמערב אירופה.

16. איוב כח, כח.

ומדוע? האם מוות בסיר ההשכלה? אבל המקרה הנזכרת הורה אותנו לדעת כי השכלה הבאה על ידי התעוררות תאוה בשרית מוות בקרבה.

עוד זאת: קין הביא מפרי האדמה מנחה לה׳, והבל הביא גם הוא מבכורות צאנו ומחלבהן, וה׳ שעה למנחת הבל. מה היה אחריתו, אחיו בחרונו רצחו נפש, הזה תגמולו על נדיבת לבבו? אבל לשון הכתובים יורנו דעת, כי הבל לא היה ברצונו להביא מנחה, רק מקנאתו במנחת קין הביא גם הוא מנחה. ועוד יתרה עשה שהקריב מבחר צאנו. וזה אמרו ברבה בראשית "על מה היו מדיינין? זה אומר בתחומי בית המקדש נבנה, וזה אומר בתחומי".[17] רצונם: קין אמר כי הוא הקריב ראשונה, על כן בחלקו יבנה המקדש להקריב קרבנות, והבל אמר, הלוא ה׳ רצה קרבנו כי הביא מהיותר מעולה, על כן בחלקו יבנה המקדש. על כן היראה הבאה על ידי קנאת איש מרעהו, הביאה רציחה לעולם.

על כן לא נתפלא גם בזמנינו על הריב אשר בין היראים ומשכילים, כי קנאת היראים ותאות המשכילים בין אחים הפריאו.[18] אלה יביטו ברוח קנאה על אחיהם הנאורים וכשמחים אלי גיל ישישו כי ימצאו להם קבר לחפות עליהם דברי בלע, ולא יאבו לדונם לכף זכות כלל, ואלה יתאבו לשאוף רוח הדרור יתר על המדה הדרושה לאושר האדם, ותאותם תוליכם שולל להרוס גדר התורה והיראה.

השתי כחות הנזכרות, תאוה, קנאה, הם ראשית כל חטאת ומדון ומקור כל רעה, ונפש האדם לא תמלא מהם לעולם, ולא ירוה את צמאונו, כאשר אמר הנביא בדבר ה׳ "ויצאו וראו בפגרי האנשים הפושעים בי, כי תולעתם לא תמות ואשם לא תכבה, והיו דראון לכל בשר",[19] רצונו: כי אז כאשר יבוער הרע מקרב הארץ, אז יתבוננו בינה בסיבת פשעי האנשים (כי ראיה תפול גם [ב]ראיה שכלית כמו "ולבי

17. בראשית רבה כב, ז.
18. ע"פ הושע יג, טו.
19. ישעיהו סו, כד.

ראה הרבה חכמה"[20]), ויכירו כי האנשים אשר פשעו ופגרו מלכת בדרך ה', הסיבה הראשית היא שתי כוחות רעות אלה, התאוה והקנאה, התאוה כינה הכתוב בשם 'תולעת' כי תאות אכילה היא היותר גדולה ומוכרחת, וה"מרבה בשר מרבה רימה" אמרו חז"ל;[21] והקנאה כינה בשם 'אש' כי רקב עצמות קנאה, וכאש עצורה בעצמותיו, וזה שכתב "כי תולעתם לא תמות ואשם לא תכבה", רצונו התאוה והקנאה לא ריותה מעולם את צמאונם, ועל כן הרבו לפשוע. וזה שאמר רבי אלעזר הקפר, "הקנאה והתאוה מוציאין את האדם מן העולם".[22]

סלחו לי רבותי ואדוני, אם לקחתי לי את הרשיון לגלות את האמת מעט יותר על החפץ, כי לא מרוע לב ולא לנגוע בכבוד בני עמי כתבתי כל אלה. אבל מאהבת עמי הבוערת כאש בקרבי, לראותו עולה על במתי האושר וההצלחה לכבוד ולתפארת. ורשפי אהבת אש דת תורתנו הטהורה, יבעירו אש תמיד על מזבח לבבי, לבער את הסכלות והחמדה אשר אכלוה מפה ומפה ולגזרים קרעוה. על כן מרוב שיחי פלטה עטי אולי איזה דברים אשר לא נתנו להגלות בקהל, אבל לא על הכלל כולו יצאתי, ידעתי כי היראים באמת הם גם משכילים כי"באין חכמה אין יראה"[23] והמשכילים על דבר אמת הם גם יראים, כי "באין יראה אין חכמה".[24]

ג

וַתְּכַבֵּד את בניך ממני וגו' והקימותי לי כהן נאמן כאשר בלבבי ובנפשי יעשה (שמואל א ב, כט-לה).

אם כי כבד הדבר למצוא הדרך המובילה אל השלום בין מפלגות

20. קהלת א, טז.
21. משנה אבות ב, ז.
22. שם ד, כא.
23. על פי אבות ג, יז.
24. שם.

השונות, עם כל זה איננו מן הנמנעות ולא אבדה כל תקוותה עדנה, אם ראשי ישראל בכל מקומות מושבותיהם ישימו נוכח פניהם את הסכנה המרחפת על היהדות מעבר לזה, ועל מצבו החמרי מעבר לזה, ובלא לב ולב יתאמצו להציל את שניהם גם יחד. והוא על ידי אסיפה כללית מגדולי הרבנים ברוסיא ופולין המלאים בתורה וחכמה, גם מנכבדי העם וגביריו, דורשי אמת, ואוהבי עמם, המבינים: מה ה׳ שואל מאתנו, וגם מה הזמן מבקש מידינו – אז אולי נמצא דרך השלום קרובה אלינו יותר מאשר קווינו.

אמנם הנסיבות המפריעות מלהוציא לפעולת אדם אסיפה נחוצה כזאת, הם שלשה: תרדמה, יאוש, כבוד המדומה.

הרבה מגדולי וראשי עמנו נרדמו בתרדמת הזמן, עד כי כל הנעשה מקיר ביתם וחוצה זר הוא להם. את סערת הזמן ההולך וסוער לנתוץ ולהרוס, לבנות ולנטוע, לא ישמעו; את רוח ההשכלה המפיח חיים חדשים בלב כל בשר, לא יבינו. ויש מהם עוד העמלים בתורה, וברוחב לבבם וחידוד שכלם יעלו שמים וירדו תהומות, ומארבע אמות של הלכה והלאה לא יביטו – כי זולת לימוד התורה, יחשבו הכל לדברים של מה בכך.

הרבה מגדולי וראשי העם יודעים בסתר לבבם את המצב הפרוע בעמנו: אין סדר והנהגה בכל הקהילות, אין חינוך טוב לבנים, דרכי היראה והמוסר מלאים קוצים וחרולים, כבוד התורה ניטלה מאת הוגיה ומחזיקיה, וההמון יפזרו את כבודם לכל משתגע וצבוע... אבל רק בסתר יבכה לבבם ומאומה לא יעשו, כי כבר נואשו מלהעלות ארוכה לשבר בת עמם.

האחרון הכביד: גדולי העם אשר בחכמתם ודעתם יודעים לתקן את המְעֻוָּת, וגם המה ישימו ידם בחיקם, יען מה? יען כי דואגים המה לכבודם יתר הרבה מאשר ידאגו לאושר העם כולו. ומפחדם אולי כאשר יגלו דעתם בקהל יבולע להם, כי יקראו אחריהם מלא מפה ומפה: אלה יאמרו, אלה רבניך ישראל נוטרי כרם התורה, גם המה כבר טעמו מעץ הדעת ורוצים לשקול בפלס את תהלוכות העם ודעתו; ואלה יאמרו, התראו רבני עמנו רוצים להתאמר בהשכלה, ועם כל

זה יחזיקו באמונת ישראל כאשר היתה באמנה לפני מאות שנה, בכל פרטי מצות התורה על פי חכמי התלמוד והשולחן ערוך.

יש מהם עוד אשר לפי ערך גדולתם בתורה לכלימה יחשב להם להתערב בין רבנים סופרים מכ"ע [מכתב עִתי, עיתון] אשר נגרע ערכם בתורה, או עיר מושבם קטנה היא (כי גם המקום מכבד את האדם בזמנינו זה).

ולדמיון הנני נאלץ לדאבון נפשי להעתיק מכתב רב אחד מפורסם באחת מהערים הכבודות במדינת רוסיא, הנשלח לידֵי העתקתו. וכה דבריו:

> יקרתו מן ה' העבר [יום חמישי שעבר] וכן שני מכתביו על ידי הזדמנות באו אלי לנכון, אך לא היה לי מה לכתוב לו בענינים האלו, אשר לא אבינם ולא אאמין אשר יהיה תוצאות מזה, ובפרט אשר תוצאות הקארעספאדענץ ברוסלאנד [הכתבות בעיתונות ברוסיה] הוא על ידי רבנים הבטלנים, אשר לא טעם להם בענינים כאלו, וחדלתי מזה. ואולי רצון ה' להושיע לעם דל על ידי אנשים כאלה, אומר אנכי יבוא הנס מכל מקום. אבל אנכי לא אוכל לעסוק בדבר אם לא אדע סידורו והנהגתו.

עתה אשאל את הרב הנזכר ואם כארזים גבהו: הזה פועל גבר חכם כיוצא בו, לרפות ידי עם קודש; ולהשפיל מעלת הרבנים היחידים השרידים אשר אהבת התורה ועמם עד נפשם הגיע, והתעוררו לצאת בפועל לעזרת ה' בגבורים? הגם כי לא נעלם מאתם כי שמו את גיוום למטרה לחצי הקנאים מכל פה; הזה תגמולם מאת רב וגדול העומד לנס עמו, לכנותם: "בטלנים, ואין טעם להם", על מה, ולמה? אם ראה את דבריהם ומצא בם שגיאות הלא על רב גדול כמוהו לסלק השגיאות ולישר המסילה העולה בית אל. ואם גם בטרם ראה את דבריהם כבר גזר אומר לשום לְאַל מִלָּתם, היצדק בזה? עוד אשוב להתפלא על אחרית דבריו: "אבל אנכי לא אוכל לעסוק בדבר אם לא אדע סדורו והנהגתו" – מדוע זה לא יסדר הוא ברוחב לבבו ההנהגה הנאותה לדבר

נשגב ונעלה כזה? הלא מבין כותלי מכתבו ניכר שמרגיש בנפשו אשר איננו מהרבנים הבטלנים, וטעם וריח לו בענינים גבוהים כאלה, וגם באמת שמעו הולך למרחוק לגדול בתורה ויד ושם לו בחכמות ומדעים, וגם איתן מושבו בין כנעני וגבירי ארץ ראשי אלפי ישראל. ומדוע זה יטמון ידו בחיקו? האם נעלם מעינו הבדולח את מצב ישראל כי פרוע הוא, ואין עצור ועזוב? או היעצים עיניו מראות הסכנה הרובצת על הדת והיהדות מצד אחד, ועל מצב ישראל המדיני מצד השני?

הוא הדבר אשר דברתי כי הכבוד המדומה יעוור עיני פקחים ויסלף דברי צדיקים. עתה לא נתפלא, עוד על אשר ניטל הוד הרבנות מאת שכם גדולי התורה ברוסיא, הרבנים האמיתיים, ונתנה למרמס לרגלי הרבנים החדשים אשר לא ידעו בין ימינם לשמאלם בדיני התורה! כי ה׳ מצא את עונינו, כמאמר הכתוב "ותכבד את בניך ממני וגו׳ והקימותי לי כהן נאמן" וגו׳[25] יען כי פחדנו לכבודינו יותר מכבוד ה׳ וכבוד העם כולו, על כן באתנו כל אלה. ועוד יתר מהכתוב פה, כי לכהן נאמן עדיין לא זכינו בעונינו.

על כן רבותי נשליכה נא את דאגת הכבוד המדומה מעל פנינו, ונחוה את דעתינו בקהל גלוי לכל באר היטיב בלי לב ולב, בכל דבר הנוגע להטבת מצב עמנו, והרמת קרן תורתינו, או אז אולי ירצה ה׳ את פעלינו, ויוציא כאור צדקנו, לעשות גם לנו כהבטחתנו ויעודו מאז: "והקימותי לי כהן נאמן כאשר בלבבי ובנפשי יעשה".[26]

ד
חתימת המאמר

רבן שמעון בן גמליאל אומר על שלשה דברים העולם קיים על האמת על הדין ועל השלום (משנה אבות א, יח).

25. שמואל א ב, כט-לה.
26. שם, לה.

הדברים היותר נחוצים לתקן בעמנו, המה: (א) חינוך הבנים; (ב) מצב המדיני; (ג) עזיבת ריב ומשטמה בדברי אמונה והשכלה. והנני לבארם אחת לאחת:

חינוך הבנים. כל איש ישר יחזה, יודה, כי לפי רוח הזמן, רק בדרך הצלחה רחוקה יוכל האדם להשיג חיים נעימים ומאושרים, אם לא ידע לדבר צחות ולמשוך בעט סופר מהיר בשפת המדינה. עם כל זה מרבית בני עמנו, עוד לא יאבו מרצון נפשם לשלוח את בניהם לבתי ספר אשר הוקמו לזה מטעם הממשלה ירום הודה. הנסיבות לזה שתים המה:

(א) מאמר הגמ' על רבי ישמעאל שהשיב לבן אחותו "'והגית בו יומם ולילה'[27] צא ובדוק שעה שאינה לא מן היום ולא מן הלילה ולמוד חכמת יונית"[28] – אם כן איפא איכה יתנו את בניהם להמיר לימוד תורה בלימוד כתב ולשון.

(ב) הנסיון הראה לנו כי הרבה משוקדי בתי ספר כאלה בשאט נפש יבוזו ליקהת אמם ולכל קודש ילעגו, וזרע יעקב אשר דת קדשם יקרה בעיניהם מכל מחמדי תבל, ואף את נפשם יתנו כפרה, איככה הם בעצמם יבערו עצים להעלות את נפשות בניהם החמודים על מוקדה?

אמנם כאשר נשים עין חודרת בזה, נחזה כי שתי הסיבות הנזכרות אין בכחם להפריע את העם מלחנך את בניהם על ברכי שפת המדינה. הנסיבה הראשונה, כאשר נעמוד על דעתם ז"ל במקומות אחרים מהתלמוד, תעלה בתוהו ותאבד. בברכות: מאמר רבי ישמעאל בעצמו "'ואספת דגנך'[29] מה תלמוד לומר? לפי שנאמר 'לא ימוש ספר התורה הזה מפיך',[30] יכול דברים ככתבם? תלמוד לומר 'ואספת דגנך' הנהג בהם מנהג דרך ארץ"[31] – מבואר שחובה על האדם לעשות בצרכי ביתו, אף שבהכרח ישבות על ידי זה מלמוד התורה. ושלא יסתור

27. יהושע א, ח.
28. בבלי מנחות צט ע"ב.
29. דברים יא, יד.
30. יהושע א, ח.
31. בבלי ברכות לה ע"ב.

רבי ישמעאל את דברי עצמו במנחות, מוכרחין אנחנו לבאר דבריו: במנחות רצה בן אחותו ללמוד חכמת יונית לא לצרכי חייו רק לעונג ושעשועים, על זה השיבו שצריך להגות בתורה יומם ולילה, אבל לצורך חייו חובה על האדם ללמוד אם חכמה או אומנות או כתב ולשון. וכן מבואר בירושלמי פרק קמא דפאה,[32] ובקידושין אמרו "כשם שחייב ללמדו תורה כך חייב ללמדו אומנות".[33] עוד אמרו בסוטה: "'הכן בחוץ מלאכתך'[34] זה בית, 'ועתדה בשדה לך'[35] זה כרם, 'אחר ובנית ביתך'[36] זו אשה".[37] ובאמת אמרו "כל תורה שאין עמה מלאכה סופה בטלה".[38]

הנסיבה השניה, אם כי באמת יסודה, כי לא נוכל להכחיש את הנסיון, אבל יש לזה תיקון, אם הממשלה תתן רשיום, אשר מורי דת ואמונת ישראל יהיו נבחרים בבתי ספר האלה, על פי גדולי הרבנים, או אז יגודלו נערי ישראל על ברכי התורה ויראה, ויהיו שלמים עם ה' ותורתו, ובלי תפונה,[39] הממשלה ירום הודה אשר לבה אך טוב לחוסי צילה, תמלא את בקשתנו זאת, אשר בצדק יסודה, ואף כי להפצת ההשכלה נחוץ הוא, כי אז כל העם בכל לבבם יריצו את בניהם לבתי ספרי החכמה, ותרבה הדעת בארץ.

מצב המדיני. קול דברים אנחנו שומעים מאת שונאינו ומנדינו לאמר: עם ישראל בגוים לא יתחשב, ובקהל אזרחי המדינה לא יֵחַד, כי קשה עורף הם, הנהו נגד פקודות הממשלה, מעולם לא יאבה לעבוד

32. הלכה א: "שאלו רבי יהושע מהו שילמד אדם את בנו יוונית אמר להן ילמדינו בשעה שאינה לא יום ולא לילה דכתיב 'והגית בו יומם ולילה' (יהושע א, ח). מעתה אסור לאדם ללמד את בנו אומנות בגין דכתיב 'והגית בו יומם ולילה' והתני רבי ישמעאל 'ובחרת בחיים' (דברים ל, יט) זו אומנות!".
33. בבלי קידושין ל ע"ב.
34. משלי כד, כז.
35. שם.
36. שם.
37. בבלי סוטה מד ע"א.
38. משנה אבות ב, ב.
39. בלי פקפוק – ע"פ תהלים פח, טז.

בצבא מרצון נפשו. וכל הממוצעים [אמצעים] להפטר מעבודת הצבא לא יכבד עליו לעשותם, אף אם בנפשו הם. ועוד דברי בלע כאלה.

והנה אף אם באמת דברים כאלה רק בשנאה ומשטמה יסודם, כי מה יאשם הלאום כולו אם ימצאו בם אנשים פרטים אשר יפירו חוק. איפה עם ולשון בתבל אשר לא יהיו בקרבו מפירי חוק, הכי איש אחד יחטא ועל כל העדה יצא הקצף?

אבל עם כל זה עלינו להזהר ביותר מכל שמץ דיבה אשר תהיה ביכולתה להבאיש את ריחנו. כי אמנם עוד לא נתרחקנו הרבה מימי הביניים, והשנאה הישנה היא רק מסתתרת, אבל עוד לא נמחה זכרה. ובכל עת מצוא תנסה לצאת ממחבואה. על כן עלינו לפלס את דרכינו בלי תת מקום אף לדיבת שוא. וזה כאשר נתאמץ לנטוע בלב כל איש הישראלי ואף כי בלב צעירי ימים, את האהבה והמורא אשר נתחובבנו למלכנו אשר אנו חוסים בצילו, על פי חוקי התורה, וכי כל חוקי הממשלה ירום הודה הם רק לאושר המדינה והצלחתה, ועל פי דין תורה קדושים הם לנו, ומחוייבים אנו למלאותם בלי מגרעת.

עוד זאת, בהיות אשר גם בעתות החשוכים, אשר החמס קם למטה רשע וישראל היו עשוק ורצוץ, עם כל זה נמצאו הרבה מאמרים בתלמוד המחייבים אותנו לאהוב את כל אדם, ולדרוש טובתו, ולהשיב אבדתו, שלא להרבות בנשך, שלא להונו, באין הבדל דת ואמונה, כמו שסופר על שמעון בן שטח בירושלמי[40] ובמדרש תהלים.[41]

ואף כי בזמננו זה אשר משפט אחד לכל האנשים באין הבדל דת, והממשלה ירום הודה לא תכיר בין נוצרי ליהודי בכל דבר חוק ומשפט, הלא חובה עלינו להזהר מכל פעולה אשר לא טובה נגד הנוצרים. ביתר שאת מחוייבים אנחנו להראותם בכל עת את ישרת לבבנו וצדקת נפשינו אשר משנאינו היותר גדולים לא ימצאו עלינו דברי עמל ורוח.

40. ירושלמי בבא מציעא ב, ה.
41. שוחר טוב, סי׳ יב.

עזיבת ריב ומשטמה מדברי אמונה והשכלה. הוא על ידי אשר נתאמץ לטעת בכרם ישראל כי יסוד כל התורה הוא שלום ואהבה, כמבואר בהרבה מקומות בתלמוד ומדרשים, רבו מספר. הן אמת כי חז"ל אמרו: "ישראל ערבים זה בעד זה".[42] אבל היתכן אשר האיש אשר נושיו יסובבוהו לדרוש מאתו את משאת ידו אשר נשה מאתם, ואין לאל ידו לשלם, הוא לכל אלה לא יחוש אבל ידאג למסת רעהו אשר ערב בעדו – אם לא למשתגע נחשבהו; הלא בראשונה ישלם את נֹשָׁיו, ואחר ידאג על ערובתו. גם אנחנו מה לנו איפה לדאוג בעד אחרים, בעוד אשר לא נִקינו עוד בעצמנו.

עוד זאת: הנה, חז"ל אמרו "כל מי שיש בידו למחות, ואינו מוחה [נענש עליו]",[43] ואנחנו אין בידינו למחות, כי ממשלה דתית אין לנו לאכוף את האיש הישראלי על שמירת חוקי התורה. ואף כי הדתות המושלות גם הן לא יבקרו אחרי מומי האדם בדברים דתיים, וחופש האדם בידו הוא, לחשוב בדעתו ולעשות בביתו כרצונו, בדברים שבינו לקונו. ועל כל אלה יביאהו האלקים במשפט. אם כן, מה כחנו לריב ריב האמונה, רק להרבות ריב ומדון, באין תועלת יוצאת מזה.

כן המשכילים, אם יחפוצו להפיץ ההשכלה בעמנו, הלא עליהם להבין רוח העם, כי כל זמן אשר ינגדו לתורה ואמונה, יניאו את לב העם מהשכלה, וכמפני דוב שכול יברח, אבל אם יתנו כבוד לה' ולתורתו ויכבדו גם את מכבדיה והוגיה, אז בחבלי אהבה ימשכו אחריהם את לב העם כולו.

הוא מאמרם ז"ל: "על שלשה דברים העולם קיים":[44] "על האמת", הוא חנוך הבנים על ברכי התורה והחכמה שנאמר "אמת קנה ואל תמכור";[45] "על הדין", הוא מצב המדיני בדברים שבין אדם לרעהו; "על השלום", בין תופשי התורה ודורשי החכמה. ואמנם לשׂוּם

42. ראו בבלי שבועות לט ע"א.
43. בבלי עבודה זרה יח ע"א.
44. משנה אבות א, יח.
45. משלי כג, כג.

העקוב למישור בכל הדברים הנזכרים, נחוץ מאוד אסיפה כללית, אשר נבחריה יהיו על דעת הקהל, וכל העם יתנו אומן בם, והתיקונים אשר יצאו מאתם יקבלום בלב נכון ורוח שקטה.

עתה, כהתימי מאמרי, אקרא מעומק לבבי להאדונים הנכבדים העומדים לנס עמם ראשי "**חברת מרבי השכלה בישראל**": דבר גדול הניח ה׳ בידכם, להיות לפה לעם אצל הממשלה ירום הודה! היו נא מליצי יושר להוציא הדבר הגדול הזה לאורה, ושמכם וזכרכם יהיה חרות לנצח על לבות בני ישראל לכבוד ותפארת.

ואתם רבותי רבני רוסיא ופולין, שמעו נא לקול עבדכם המדבר מעומק לבבו, עד אנה תעמדו מנגד לשועת בת עמכם אשר תתיפח תפרש בפיה, נלחצה בין המצרים, באה עד משבר וכח ללידה אין. ואם אולי שגיתי במשפטי, הלא בידכם לחוות דעתכם כפי העולה על רוחכם, אם תיימינו ואם תשמאילו. אבל עת לצאת ממצב הדומיה הנוראה, אשר תכלה את כל באין כל, ותגלו דעתכם בשערי "הלבנון" וה׳ אלקי ישראל ינחנו בעצתו למצוא הדרך הסלולה, לאחד שתי בנות אלקים אלה "האמונה, וההשכלה", לעבדו שכם אחד, ובגוים יהיה שמנו לתפארת ולתהלה.

הנני כותב וחותם פה **ראדום** לסדר "ואגדלה שמך והיה ברכה" תרל"ג.[46]

שמואל בהרב מוהרי"ל מאהליוער החופ"ק [החונה פה קהילה] הנ"ל והגליל.

46. בחתימה זו הרב מוהליבר מפנה לשבוע של פרשת לך לך (לפי בראשית יב, ב). בשנת תרל"ג שבת זו הייתה בח׳ במרחשוון.

סימן ג

הצעה לחברת 'מרבי ההשכלה בישראל' בדבר שינויים במערכת החינוך היהודית

חברת 'מרבי השכלה בישראל' קיבלה מספר תגובות לקריאה שפרסמה, ובעקבותיהן פרסמה מאמר[1] המתייחס לתגובות ולטענות המרכזיות שעלו בדיון הציבורי שכלל שתי הבהרות מרכזיות:

ראשית החברה הבהירה שהיא דוחה את הבקשה שמלבד קידום השכלה היא תנסה לקדם גם את הדת ומוסדות הדת:

> לא נתחברנו לעסוק בדברי הלכה ובענייני דת ואמונה, כי אז היתה חברתנו כנסיה דתית, ולא זאת היתה כונתנו וגם בני ישראל בארצנו לא לכך היו צריכים. כי ראה ראינו את האמונה אצלנו כפורחת והתורה ב"ה מורשה לכל קהלות יעקב ורק החכמות האנושית והידיעות הכלליות, שאין שום בר דעה עתה מסופק בתועלתן ובנחיצותן, הן הנה הנקראות בשם הכללי השכלה, רק הידיעות ההן חסרות להם מחמת שלא נכללו בשיטת הלמוד אשר אחזו בה בחדרים ובישיבות מזמן קדום להשתלמות אותן הידיעות ולהתפשטותן. על כן נוסדנו יחד למלאות את החסרון המורגש ההוא, להרבות את הידיעות המושכליות ביעקב ולהפיצן בישראל יושבי ארץ רוסיה.

1. **המליץ**, תרל"ג (1.4.1873), גיליון 8.

שנית, החברה דחתה את הבקשה לכנס אסיפה משותפת לרבנים ולמשכילים, וזאת מכמה טעמים. ראשית, ראשי החברה סברו שאסיפה בעיתוי הנוכחי לא תניב פירות, אלא להפך תדגיש את חילוקי הדעות בין הצדדים ותגביר את המחלוקת. שנית, אסיפה כזו דורשת את אישור הממשלה, אישור שקשה להשיג ושיגביל את האסיפה בצורה שתגביל את התועלת הפוטנציאלית מאסיפה כזו.

עם זאת, בסיום דבריה החברה קראה לרבנים לנקוט יוזמות מקומיות לריבוי ההשכלה, ואף הבטיחה שתסייע במאמצים אלו:

> אי לזאת, רבנים נכבדים, אחרי אשר באמת ובתמים מוכנים אתם להיות לנו איש מעירו לעזור בהפצת ההשכלה בין בני עמנו יכול תוכלו לעשות ולהועיל הרבה בדבר גם מבלי אסיפה כוללת ומבלי לחכות עד עת בוא שעת הכושר לזה. תוכלו איש איש בעירו לקחת תחת השגחתכם את חינוך הילדים, אשר הוא עד היום כשדה הפקר וכחצר שהחזיקו בו רבים; תוכלו להביא את למודי הדת בסדרים טובים מיושרים כדי שיהיה סיפק בידי התלמידים לעסוק גם בלמודים הכוללים; תוכלו להטיל חוב גמור על המלמדים להביא את הידיעות הכלליות לתוך שיטת הלמוד ולעסוק בהם יחד עם למודי הדת; ולתכלית זאת תוכלו לעשות לכם קבע לספר בדרשותיכם בשבח ההשכלה כדי לחבבה על בני קהילתכם המקשיבים לקולכם ולהשיב עליה לב האבות והבנים המפחדים ובורחים מפניה; תוכלו להתאחד עם המשכילים הישרים שבכל עיר ועיר בלי קנאה ובלי תחרות לפקח יחד על עסקי החינוך, לשים סדרים בחדרים ובישיבות, לחלק למשל את התינוקות של בית רבן שבכל עיר ועיר למחלוקות מיוחדות, אשר לתורה ואשר לחכמה ואשר לאומנות ולחלק בערך זה את למודי הדת ובכללם גם למוד לשון הקודש על בוריה ובדקדוקה לפי כח התלמידים שבכל מחלקה ומחלקה וכשרונם ולפי צורך מטרתם אשר אליה המה נושאים את נפשם; לקרוא לכם מורים בידיעות הכלליות ובלשון המדינה כאשר בלבבכם, מאלה היודעים מלאכתם ויש להם רשות לעסוק בה, אשר לחדרים לחדרים ואשר לישיבות לישיבות, ולקצוב להם שכרם משכר הלמוד אשר אחינו בית ישראל משלמים ונותנים בחפץ לבב וביד גדושה או גם להוסיף עליו מקופת הקהל; ליסד בישיבות

ובבתי המדרש בתי עקד ספרים בלשון הקודש ובלשון המדינה כדי שיקראו בהם הלומדים ויתרגלו בכתיבתם תחת יד מוריהם, ולקבוץ בבתי עקד ספרים ההמה ביחד עם ספרי גפ"ת [גמרא פירוש תוספות][2] ופוסקים גם ספרי הידיעות הכלליות, בין הכתובים בלשון המדינה לאלה אשר כבר למדו לשונם לקרוא בהם, ובין הכתובים בלשון הקודש לאלה אשר שפת המדינה עוד איננה שגורה בפיהם; ותעמידו לחק ולא יעבור שלא לסמוך שום תלמיד להוראה בטרם ילמד לשון המדינה על בוריה כדי לכתוב ולדבר בה בלשון צחה כל צרכיו, ובטרם ידעו גם את הידיעות הכלליות לכל הפחות בראשי פרקים, כמו שעושים אחינו הרבנים בארצות אחרות...

אם את הדברים האלה והדומה להם תעשו, אז אין לכם לפי שעה הצורך באסיפת רבנים כוללת אשר אין הדור עוד ראוי לכך, כאמור. ואם תחפצו לשמוע או להשמיע עצה מפי הרבנים בערים אחרות תוכלו לעשות זאת על ידי שו"ת במכתבי העתים, וכל העם ישמעו וילמדו לעשות. ואנחנו מצדנו מוכנים להיות לכם לעזור בכל אשר תמצא ידנו בתרומות כסף ובעצות טובות ובהכנות סדרי הלמוד ובבחירת מורים מוכשרים ומיטיבי לכת וכדומה; ובין כה וכה נראה מי אתנו מי ועל מי יש לנו להשען מאשר בקרבנו, ויראו גם שרי המלוכה כי לא מואסי הדעת ומשניאי השכלה אנחנו כאשר יגוללו עלינו מחרפינו והוקל לנו לשאת פנינו אליהם ולבקש מהם לעת מצוא את אשר נבקש!...

אף שהחברה דחתה את בקשת הרב מוהליבר לכנס אסיפה ארצית קריאתו לא נדחתה לחלוטין.[3]

2. כינוי לשיטת לימוד נפוצה של הגמרא הכוללת לימוד של גוף הגמרא, פירוש רש"י ופירוש בעלי התוספות.
3. ירדן, הגותו החינוכית, קושר את הפגישה המצומצמת שכן התקיימה ללחצים שנבעו מכניסתו לתוקף של חוק שאסר על עבודתם של מלמדים שאינם בוגרי גמנסיה או סמינר. החוק עמד להיכנס לתוקף במאי 1875, והציב איום חמור על קיומו התקין של החינוך היהודי העממי ברוסיה שכן מרבית המלמדים ב'חדרים' לא עמדו בקריטריון זה. לפי ירדן הפגישה נועדה גם לצורך התייעצות עם הברון גינזבורג על דרכי השתדלנות האפשריות על מנת להסיר את רוע הגזרה.

פחות משבועיים אחרי פרסום התגובה, בי"ג בניסן תרל"ג, נערכה אסיפה כללית של חברת מרבי השכלה בישראל שבחרה ברב מוהליבר (יחד עם אחרים) לחברים. כשבועיים אחר כך, בב' באייר, הגיע הרב מוהליבר עם רבנים נוספים לישיבת ועד של החברה בסנט פטרבורג, ושטח את הצעתו בדבר השינויים הדרושים במערכת החינוך היהודית. ההצעה פורסמה בו ביום גם בעיתונות היומית.

ההצעה המופיעה כאן מבוססת על היוזמות שהוצעו בדברי התגובה של החברה, והרב מוהליבר הדגיש במיוחד את הצורך שהן תיעשנה בשיתוף פעולה עם הרבנים. בתגובה להצעותיו החליטה חברת 'מרבי השכלה בישראל' להקים ועדה מיוחדת על מנת לבחון את דרכי יישומה.[4]

4. רוזנטל, תולדות, עמ' 101.

הצעה לחברת מרבי ההשכלה בישראל בדבר שינויים במערכת החינוך היהודית

אדוני הנכבדים!

לשמחת לבבי הנני רואה את הצעד הראשון להדבר הגדול אשר אליו קויתי זה רבות בשנים, והוא – לאחד את דורשי החכמה עם תופשי התורה, וכולם כאחד ישיתו עצות בנפשם איך ובמה לתקן את מצב בני עמנו לאשרו והצלחתו. הצעד הראשון כבר נעשה בהועד אשר עשיתם היום, ובצדק אקוה מעתה כי נדרוך הלאה על דרך האמת והשלום עדי נגיע למטרת חפצנו ולמרום פסגת אות נפשנו – הרשוני אדונים יקרים להציע לפני כבודכם ראשי הדברים אשר ראיתי כי מוכרחים המה להצלחת עמנו.

בתשובתכם אדוני לרבני מדינתנו בהמליץ מס׳ 8[5] היתה עצתכם הנאמנה אשר הרבנים יקחו תחת השגחתם את חינוך הילדים ולהביא את למודי הדת בסדרים טובים מיושרים כדי שיהיה סיפוק בידי התלמידים לעסוק גם בלמודים הכוללים, והוספתם לאמר וז"ל: "ואנחנו מצדנו מוכנים להיות לכם לעזר בכל אשר תמצא ידנו בתרומות כסף ובעצות טובות וכו'". נשענים על הבטחתכם הנאמנה באנו כהיום להציע לפניכם האופנים אשר על פיהם יצאו לאור דבריכם היקרים.

א. לעשות בתי תלמוד תורה וישיבות תחת השגחתנו בכל הנוגע לדת ואמונה וסידור למודים, כן יהיו מורים על פי הממשלה ירום הודה על למוד שפת רוסיא וידיעות הנחוצות. זמן הלמוד משפת רוסיא והידיעות יהיה בכל יום משתים עד שלש שעות, מלבד יום השבת אשר בו יבואו רק למודי קודש.

ב. בחירת הרבנים יהיה מבתי הישיבה על פי סמיכות מרבנים

5. ראו בדברי ההקדמה לסעיף זה.

הגדולים מורי ומשגיחי הישיבה, ועל פי עקזאמען [בחינה] משלשה או ארבעה קלאסען[6] בלימודיות. מוסמך כזה ביכולתו להיות קאנדידאט [מועמד] לרבנות.

ג. לעשות בתי אומנות ומלאכה לאותם הנערים אשר יהי להם כשרון וחפץ לאומנות, גם שמה יהיו מורי הדת תחת השגחת הרבנים, ומורי שפת רוסיא וידיעות נחוצות תחת השגחת הממשלה ירום הודה.

ד. להתאמץ לפעול אצל הממשלה (אם יהיה באפשרי) אשר משפט בתי ספר אלה יהיה משפט בתי ספר הכוללים אשר מטעם הממשלה בכל זכיותיהם, לפי ערך מדרגתם ומעלתם, כן משפט הרבנים כמשפט שאר כהני דת.

ה. יען כי רצוננו באמת להפיץ ההשכלה גם בין החרדים והיראים – אשר המה רובא דמינכרא במדינתנו, כי אנשי דור החדש אשר לא ידאגו כל כך לתורת ד׳ ואמונתו, הלא פתוחים בפניהם כל בתי ספר הכוללים באין מעצור, ובתי ספר המיוחדים אשר ברצוננו לעשות, הם לפני היראים אשר לא יאבו לשלוח את בניהם לבתי ספר הכוללים בשום אופן, אם כן איפוא הלא פעולה זאת היא באמת רק להפצת השכלה ולהרחיבה בעמנו, על כן הלא עליהם אדוני, להיות לנו לעזר ולמשען ומחסה בכל האפשרי מצדכם. סלחו לי אדוני אם אמצא עוז בנפשי לקחת לי החופש להגיד לכם דבר אמת כמו שהוא, כי את אשר אתם בעצמכם לא תוכלו בשום אופן להוציא לאור, כי לא תפעלו לעולם על היראים והחרדים לדבר ד׳, אנחנו בעזרתכם או אתם בעזרתנו נפעול הרבה בעזרת ה׳ להרחיב את הדעת בישראל, וגם התורה תשאר על מקומה.

ו. יען כי דברים אלה נאמרים רק בקצרה ובדרך כלל, על כן אנחנו מבקשים מאת כבודכם אשר תבחרו מהועד כשנים או שלשה

6. למילה זו יכולים להיות מספר פירושים בהקשר זה. ייתכן שהכוונה למסכתות או לתחומי לימוד מוגדרים.

אנשים נכבדים אשר תסמכו עליהם בכל הפרטים, ונקבע זמן מידי יום כשתי שעות אשר נציע לפניהם כל פרטי הדברים, וכאשר נגמור הדבר בכל פרטיו, אז תתאמצו להוציאו לאור ולפעולת אדם.

ז. את השר הנכבד ראש חברת "מרבי השכלה בישראל",[7] אותו אנחנו מבקשים ביחוד בשם כל גדולי עמנו, אשר ישתדל להוציא את הדבר להצלחת ואושר בני עמו, יען כי בו נקבצו אהבת הדת והחכמה גם יחד, על כן ידע להוקיר את המפעל הגדול הזה, ועל ידי גדולתו ומצבו הנכבד גם בין שרים ורוזני ארץ תהיה לאל ידו להטות גם את לב הממשלה לזה, הדורשת באמת אושר והצלחת כל בניה חוסי צלה באין הבדל דת והיה כאשר יגמור הדבר הגדול הזה יהיה זכרו לברכה לנצח ולפני שמש ינון שמו.

שמואל מאהליוועד
אב"ד דק"ק ראדאום

7. כוונתו לברון גינצבורג. ראו לעיל מבוא לסימן א, עמ' 131.

סימן ד

אושר האדם

מאמר זה חותם את סדרת המאמרים על ההשכלה שנתפרסמו בעיתון הלבנון. הוא התפרסם כשנה לאחר פרסום המאמר 'היראה וההשכלה'.

מאמר זה מהווה נדבך נוסף על העמדה שהוצגה במאמר 'היראה וההשכלה' (לעיל סימן ב). בעוד שהמאמר ההוא התמקד בקריאה לאחדות ובטענה שלפיה אין סתירה בין היראה וההשכלה, במאמר שלפנינו הרב מוהליבר מעניק משמעות דתית ורוחנית לעבודת הכפיים וללימודי החול. לדעתו האושר הרוחני של האדם אפשרי רק אחרי שהאדם הגיע לאושר חומרי, והדרך היחידה להגיע לכך היא על ידי רכישת השכלה ועבודת כפיים.

בחתימת המאמר מתייחס הרב מוהליבר לפגישה שהתקיימה בסנט פטרבורג שבה הוא הציע הצעות מעשיות בתחום החינוך וההשכלה.[1] אף שרבים תמכו בהצעותיו ובהם גם מרבני המדינה, לצערו קמו להצעותיו גם מתנגדים רבים ובהם גם גדולים בתורה וביראה. לדבריו גם אם כוונתם של המתנגדים לטובה הרי שהם שוגים במעשיהם, ואם כתוצאה מכך יארע חלילה אסון לעם, האחריות תהיה עליהם.

1. מדובר כנראה בפגישה שנערכה שנה קודם לכן עם ועד חברת מרבי השכלה בישראל כמתואר בסימן ג.

אושר האדם

א

תן חלק לשבעה, אלו שבעת ימי החג, וגם לשמונה, הזהר אף בקדושת יום השמיני (קהלת רבה יא, א [ב]).[2]

"חכמת אדם תאיר פניו",[3] וחכמת איש האלקים אשר כבר נפשו בטוב תלין תאיר במאמריו. האמנם, אור גנוז הוא לוטה בערפל, אבל כאשר נעמול להסיר מאתו פני הלוט הלוט, אז יתנוצץ לעינינו באורו והדרו.

בהלוך נפשי לרום ועומק המאמר ועשתנות אין קץ מלאו חדרי לבבי, ותאחזני רוח דמיוני ותשאני בכנפיה לגיא החזיון.

ואשא עיני ואראה עיר תשואות מלאה אדם רב, רוכלת עמים היא, כנעני ארץ מִיָם ומקדם אליה ינהרו, רחובותיה הגדולות מלאות אדם מפה לפה, ירוצו ישתקשקו יהמו אף יתגעשו, אלה יקנו ערובתם ואלה ימכרו, ואלה יטענו משא לעיפה לשלוח לביתם את אשר כבר קנו. עוד לא הרויתי את נפשי די עונג מהמחזה הנעימה הזאת, ואשמע אחרי קול מחריד לב מאחד הארמונות, מהרתי לבוא אל הארמון פנימה, והנה איש אחד ענוג ורך מתהלך בבית אחת הנה ואחת הנה, ועצבת נוראה תשכון על פניו ועיניו נגדו[4] מאין הפוגות. מה לך אדון נכבד? שאלתיו. וישיבני לאמר: אוי לקשי־יומי! מלא ברכת ה׳ באתי לפה, הון עתק הבאתי אתי, וכל רואי התברכו בגדולתי. אבל הה! גדולתי ועשרי הועילו רק לְהַוָתִי, כי ברב עשרי שכחתי כי רק לסחור באתי הנה ולא להתעדן. לא לרב אוצרות כמוני – אמרתי – לדאוג לימים יבואו!

2. ההפניה לקהלת רבה נמצאת במקור. אמנם הנוסח המצוטט כאן איננו מופיע במדויק שם אלא בניסוח המעובד של המדרש בילקוט שמעוני קהלת רמז תתקפט, יא.
3. קהלת ח, א.
4. כך במקור, וייתכן שצריך להיות "נגרו" – השווה איכה ג, מט: "עיני נגרה... מאין הֲפֻגוֹת".

שכרתי לי היכלי מלך, כסף רב פזרתי לפאר את ארמוני בכל שכיות החמדה. מבחר זמני כליתי בחברת רעים אוהבי עונג ובטלה. כן כלו בפח כספי וזמני גם יחד, באין דעת וחשבון, עתה הגיעה עת הפרידה לשוב לביתי. ומאומה אין בידי. הה! מלא באתי לפה וריקם אשובה.

כה ספר אלי האיש, וילט פניו באדרתו להסתיר את רגשות נפשו ודמעות עיניו גם יחד.

בלב מלא תוגה יצאתי מהיכלו, ואתהלך לרוח היום בחוצות קריה, למען השכיח שאון גלי לבבי. אבל עוד לא היה שֶׁפֶק למגינת נפשי, כי בלכתי ראיתי והנה איש אחד ממרט פאת ראשו, יבכה אף יילל. התבוננתי בפניו, והמה דלים ורעים, בשרו כחש משמן ועורו נצמד על עצמותיו, וכל יצורי גיוו יעידו כי לא הראה לנפשו עונג. בתמהון נפשי שאלתיו: מה לך יקירי? הן חוות פניך יענה בך כי לא מרודפי תענוגי בני האדם אתה, וכל ימיך פה עמלת לצבור ולאסוף, ועתה מה לך עוד להתאונן?

כן הוא אדוני – ענני – את נפשי חסרתי מכל טובה, וכל מגמתי היתה לאסוף ולכנוס לימים יבואו. כוכבים מזהירים ומפיצים אורה, האירו שמי תקותי. כבר בניתי לי – ברוח – טירות וארמונות מלכים, עד כי ברוב אולתי שכחתי על ההוה, לא דאגתי לשכור לי מעון למנוחה ובית אוצר למרכולתי, ימי עמל מינו לי[5] גם לילות תלאה, ואחר עמלי ביום, גם בלילה לא מצאתי מרגוע, אנכי וערובתי גם יחד היינו מושלכים בחוצות קריה, ושודדי לילה עשקו מאתי מרבית סחורתי, עד כי נחליתי ולא ידעתי מה נעשה אתי, ופליטת עמלי נמכר על ידי זרים, להשיב לנפשי חיים – המרים ממות. כה התאונן האומלל וימרר בבכי.

מכאב לב ועצבון רוח נותרתי על עמדי כגבר אין אֱיָל. והנה קול שאון מרכבה מרקדה רתומה לשני סוסים דוהרים עולה באזני, וירד מתוכה איש נכבד הדור בלבושו, אור פניו יעיד על שמחת לבבו. ויגש אלי ויאמר: מה לך ידידי כי כה נפעמת? ואספר לו את המחזה הנורא

5. על פי איוב ז, ג: "...ולילות עמל מִנּוּ לי".

אשר חזיתי, וישיבני לאמר: שניהם הסכילו לעשות, זה עשה לו ארובות בשמים ולא שם עיניו בפח אשר מתחתיו עד כי נפל בקרבו; וזה עשה לו רפידתו ארגמן להשתעשע ולהתענג ולא נשא עיניו למרום לראות כי שמי חייו ושמש הצלחתו לבשו קדרות. עד כי בא גשם שוטף וישטוף אותו ואת חמודותיו גם יחד. אבל אנכי איש הבינים הייתי. ידעתי כי שבתי פה היא רק מטרה לכונן אשרי לימים יוצרו, על כן לא הוצאתי את כספי על עצבי החמדה ופסילי התאוה, אבל הרביתי את מרכולתי והגדלתי את מסחרי, למען יכון אשרי לבלי ימעד נצח. אך גם על זה פקחתי עיני, כי באין מצב לחיי ההוה, אין תקוה להיות מאושר בחיי העתידות, על כן ראשית מעשי היתה לשכור לי מעון למנוחה, ובית אוצר למרכולתי, גם בעתות המרגוע לא חסרתי נפשי מטובה בחברת ריעים נכבדים, למען אחליף כח ליום מחר. כה עברו לי ימי שבתי פה בעונג ונועם, ואשרי יכון סלה.

ככל דברי החיזיון הזה הורה לנו ה׳ יתעלה בציויו לעשות סוכה בחג האסיף זמן שמחתינו. כי בראשית ההשקפה הלא נתפלא מה לנו לחג האסיף? ולשמחה מה זו עושה? הגם לנו ישראל לשמוח אל גיל כעמים, הקוצרים ברינה? הלא רק על העתיד עינינו נשואות, מרום ונשא וגבוה מאוד, וכל תענוגי הזמן ושעשועיו במאזנים לעלות המה מהבל יחד! על זה באה מצות סוכה, להורות אותנו דעת: הגם כי הישיבה בה היא רק לשבעת ימים, עם כל זה "כל שבעת ימים אדם עושה סוכתו קבע וביתו עראי. [...] היו לו מצעות נאות מעלן לסוכה" וכו׳.[6] והוא, כי ההוה יקר מאוד, ואם כי מצער הוא, יען כי הוא יסוד כל העתידות, וכאשר יתמוטט היסוד כל הבנין יפול למשואות נצח.

על כן האדם בהיותו פה על האדמה, אם כי מטרתו האמיתית נעלה הרבה מעניני העולם השפל הזה, אבל יען כי כל עניניו, גדולות נצורות בם, להנחיל את האדם כל טוב ואושר הנצחי, על כן ראשית פעולת האדם היא לכונן אשרו בימי חייו בפה״[7] על עמודים בל יסיעו

6. בבלי סוכה כח ע״ב.
7. כלומר בעולם הזה.

ואז זה וזה יתקיימו בידו, כי אם לא יכונן אשוריו במקום עמדתו, וכל מעינו ישים לבנות לו היכלי שן ברוח, יפול בפח אשר מתחתיו, ויאבד חלקו בזה ובבא כמאמרם באבות "כל תורה שאין עמה מלאכה סופה בטלה" כו'.[8]

על כן איפא, בא יבא ברנה נושא אלומותיו לשמוח בחלקו בחג האסיף אשר בזיעת אפו ועמל ידיו אסף די טרף לביתו, כפיו לא נגואלו באון וחמס ולבו חף מתרמית ואונאה, בטוהר לבו כבר עלה בידו יסוד החיים, ועליו יבנה את בית אושר הנצחי מאבנים יקרות: תורה, וצדקה, מעשה הטוב.

אמנם לשמור את האדם בל יפול ברשת התאוה ומצודת הסכלות לחשוב כי עניני העולם אך זה כל חלקו בחיים, על זה באו פרטי מצות סוכה. והוא "סוכה שהיא גבוהה למעלה מעשרים אמה פסולה",[9] כן "אם אין הגשמים יכולים לירד לתוכה פסולה"[10] – והוא להזכיר את האדם כי סוכת חייו רק דירת עראי היא, ולא ישכח כי בזמן מצער ישוב לביתו, על כן ישיב מטרתו לבנות את ביתו בכבוד.

ואל זה רמזה התורה באמרה "ואת להט החרב המתהפכת לשמור את דרך עץ החיים",[11] והוא כי החרב אשר שני קצותיה חדים וממורטים, כל הנוגע בן לא ינקה וימות לשחת טרם אחזו בעץ החיים. כן האדם אם יעלה לשמים שיאו, ומהארץ יסור לבבו, או יהיה טמון בתחתיות ארץ ולא ישא עיניו למרום, אחריתו נכרתה. ורק ההולך בָּתָוֶךְ הוא יצליח בדרכו.

8. משנה אבות ב, ב.
9. בבלי סוכה ב ע"א.
10. תוספות שם ד"ה "כי עביד ליה דירת קבע שפיר דמי".
11. בראשית ג, כד.

את כל דברי האמת האמורים, הליטו חכמינו ז״ל בדבריהם היקרים ״תן חלק לשבעה אלו שבעת ימי החג״.[12] רצונם ראשית מעשיך תהיה לבנות לך יסוד נאמן ומעין לא אכזב, אשר ממנו תהיינה תוצאות חייך וחיי הנפשות הקרובים לך, פה על האדמה. אבל בפרוץ מעשיך וכל אשר לך ירבה, בל תשכח תכלית מטרתך לעשות לך בית נאמן, אשר בשיא חסנו יפלש מבין ערפלי עלטה, וראשו לשמים יגיע, וזה אמרם ״וגם לשמונה, הזהר אף בקדושת יום השמיני״ רצונם, כי יום השמיני קודש לה׳ ולעמו ישראל כמבואר בסוכה.[13]

ב

אמר רבי אלעזר כל אדם לעמל נברא שנאמר ״כי אדם לעמל יולד״,[14] איני יודע אם לעמל פֶּה נברא אם לעמל מלאכה נברא, כשהוא אומר ״כי אכף עליו פיהו״[15] הוי אומר לעמל פֶּה נברא. ועדיין איני יודע אם לעמל תורה אם לעמל שיחה, כשהוא אומר ״לא ימוש ספר התורה הזה מפיך״,[16] הוי אומר לעמל תורה נברא (בבלי סנהדרין צט ע״ב).

מי הוא בן תמותה אשר לו עינים לראות, ולא יתענג מאור השמש, ואף כי בעת מלכת השמים הזאת מפזזת ומכרכרת בעצם השמים לטהר ואור זהב חיציה יהלכו בכל רחבי תבל! ומי הוא האיש אשר לו לב לדעת, ולא יתעדן מנועם אמרי תורתנו הטהורה, ואף כי עת תשוח

12. ראו לעיל הערה 2.
13. בבלי סוכה נה ע״ב: ״אמר רבי אלעזר הני שבעים פרים [שמקריבים במהלך חג הסוכות] כנגד מי? כנגד שבעים אומות. פר יחידי [שמקריבים בשמיני עצרת] למה? כנגד אומה יחידה. משל למלך בשר ודם שאמר לעבדיו עשו לי סעודה גדולה, ליום אחרון אמר לאוהבו עשה לי סעודה קטנה כדי שאהנה ממך״.
14. איוב ה, ז.
15. משלי טז, כו.
16. יהושע א, ח.

בסתרי הבריאה, ועולמות אין קץ וכל צאצאיהם תחת שבטה יעברו, ומחרכי[17] מאמריה תתנוצץ אור יקרות, אור פלדות, להאיר לנו הדרך להשיג אושר החיים.

תורת ה׳ בהעריכה לפנינו משטרי הבריאה, סִפרה לנו: בראשונה הוציאה הארץ כל עשב מזריע זרע, וכל עץ עושה פרי אשר זרעו בו, אחר כן ברא ה׳ את התנינים ואת כל עוף כנף למינהו, אחר כן ברא את חית הארץ ואת הבהמה. אחר כל אלה ברא את האדם, למען לא יחסר לו מאומה ברגע צאתו לאור החיים. זאת לא רק זאת, אבל עוד יתרה עשה כי נטע גן עבורו ויצמח שם כל עץ נחמד למראה וטוב למאכל, למען יהיה לעונג ושעשועים למבחר יציר כפיו זה. אם כן איפוא, האב הנעלה ומרומם על כל, וברגע אחד לא יבצר ממנו לעשות את כל, עם כל זה הכין את הכל לפני הבן הזה טרם נוצר, אף כי אדם אין אונים, כמה לו לדאוג לאושר והצלחת בניו אשר יולדו, אשר בעת צאתם מרחם יהיה הכל נכון לפניהם. וכמו שכתב בסוטה "׳אשר בנה... אשר נטע... אשר ארס׳[18] למדה תורה דרך ארץ שיבנה בית ויטע כרם ואחר כך ישא אשה".[19] האם נלך גם אנחנו בארחות חיים אלה אשר הורה אותנו התורה? לא! ומדוע? ידענו כולנו את הנסיבות התלויות בנו וגם הבלתי תלויות בנו אשר קלקלו הסדרים הישרים האלו. העולם ים זועף הנהו, גליו ומשבריו בשצף קצף יתרוממו, יחוגו אף ינועו, ואוי לו לקשה יום אשר לא ידע לפרוש משוט בגלי ים אלה, וגם תורן וגם אין בידו, כי אז בלי תפונה[20] יהיה לברות למו![21]

והנה השגת האושר הוא או בפועל כפים או בחכמת לב. האמנם כי יתרון לחרושת המעשה על חכמת לב, כי שושנת החיים הנטועה בכרם המדעים, קוצים וחרולים סביב לה. ומעשה אבות סימן לבנים, וכמו אבינו הראשון אחר אשר אכל מעץ הדעת, גורש מגן ה׳, למען

17. האות השלישית במילה חתוכה במקור הנדפס.
18. דברים כ, ה-ז.
19. בבלי סוטה מד ע"א.
20. בלי פקפוק – ע"פ תהלים פח, טז.
21. על פי איכה ד, י.

לא ישלח ידו ולקח גם מעץ החיים ואכל וחי לעולם, כן גם בניו אחריו. רובם כאשר ישלחו ידיהם לאחוז בסנסני עץ הדעת ולהתעדן ברצון נפשם ותאות לבבם, יתנו יד להגרש מגן ה׳ כרם התורה, פן ישלחו ידם ולקחו גם מעץ החיים הנצחיים, ואכלו וחיו לעולם! האמנם, גם אם ירצה האדם לבנות את בית אושרו על עמודי חכמת התורה, ובתורתו יהגה יומם ולילה, ואך בה ישים כל מעיינו – הן אמת הוא כי רק על ידה נשיג את האושר הנצחי. אבל כבר כתבנו כי בלעדי אושר הזמני גם האושר הנצחי ירחק מאתנו. ואיככה איפה נשיג את האושר הזמני על ידי התורה אם נשים מבטחינו בה׳ לאמר כי הוא יוריד לנו דגן שמים, כבר אמרו חז״ל ״הרבה עשו כרשב״י ולא עלתה בידם״.[22] ואם נשים אותה למטרה להשיג על ידה אושר הזמני, בהסתפח לאחת הכהונות בתוך עם ה׳ לרב או מורה וכדומה, הלא נחטיא את המטרה, ועוננו יהיה גדול מנשוא! כי האושר הזמני הוא הממוצע להשיג על ידו התכלית הנכבדה והוא האושר הנצחי, אבל לא להפך הסדר, לעשות את התכלית הנכבדה ממוצעה להשיג על ידה דבר המך הרבה מערכו והוא האושר הזמני, עליונים למטה ותחתונים למעלה? את הדרך הזה הורה אותנו התורה, בהחזיון אשר חזה יעקב אבינו: ״ויחלום והנה סולם מוצב ארצה וראשו מגיע השמימה והנה מלאכי אלקים עולים ויורדים בו... וידר יעקב נדר לאמר אם יהיה אלקים עמדי ושמרני בדרך הזה אשר אנכי הולך ונתן לי לחם לאכול ובגד ללבוש, ושבתי

22. בבלי ברכות לה ע״ב: ״תנו רבנן: ׳ואספת דגנך׳ (דברים יא, יד) מה תלמוד לומר? לפי שנאמר ׳לא ימוש ספר התורה הזה מפיך׳ (יהושע א, ח) יכול דברים ככתבן? תלמוד לומר ׳ואספת דגנך׳ הנהג בהן מנהג דרך ארץ, דברי רבי ישמעאל. רבי שמעון בן יוחי אומר: אפשר אדם חורש בשעת חרישה וזורע בשעת זריעה וקוצר בשעת קצירה ודש בשעת דישה וזורה בשעת הרוח, תורה מה תהא עליה? אלא בזמן שישראל עושין רצונו של מקום מלאכתן נעשית על ידי אחרים שנאמר ׳ועמדו זרים ורעו צאנכם׳ וגו׳ (ישעיה סא, ה) ובזמן שאין ישראל עושין רצונו של מקום מלאכתן נעשית על ידי עצמן שנאמר ׳ואספת דגנך׳ ולא עוד אלא שמלאכת אחרים נעשית על ידן שנאמר ׳ועבדת את אויביך׳ וגו׳ (דברים כח-מח). אמר אביי: הרבה עשו כרבי ישמעאל ועלתה בידן כרבי שמעון בן יוחי ולא עלתה בידן״.

בשלום אל בית אבי והיה ה' לי לאלקים".[23] פה חזה יעקב את סולם האושר מוצב ארצה, ראשיתו פה על הארץ, לעשות לו יסוד נאמן לאושרו הזמני, אז יבנה עליו בית רם ונשא, "וראשו מגיע השמימה" הוא בית אושרו הנצחי. האיש אשר ילך בדרך זה, ויעשה מעשהו על הסדר, הוא יצליח ויעלה מעלה. אמנם האיש אשר זר מעשהו, ויעלה למרום קינו לבנות לו בית אושר הנצחי, ואותו יעשה למטרה להשיג על ידו אושר זמני, הוא ירד מטה, וזה וזה לא תעלה בידו. וזה שכתב "והנה מלאכי אלקים עולים ויורדים בו", על כן בהקיץ יעקב משנתו נדר לאמר "אם יהיה אלקים עמדי... ונתן לי לחם לאכול ובגד ללבוש", שכבר היה יסוד הסולם נצב פה על הארץ במצב הקיים, והוא אושרו הזמני, אז ישים אותו למטרה להשיג על ידו האושר הנצחי "והיה ה' לי לאלקים". וזה אמרו חז"ל בקצרה באבות "ודישתמש בתגא חלף",[24] רצונם, הוא מחליף את הסדר כו'.

אם כן איפוא מכל דברי אמת האלה נתבאר כי יתרון רב לחרושת המעשה על חכמת לב, ומדוע זה מאסו בני עמנו בכל מלאכת יד? אבותינו הראשונים היו עובדי אדמה ורועי צאן, מגדולי חכמי התלמוד ז"ל היו בעלי מלאכות שונות, וכל זה לא האפיל זוהר מעלתם. ונהפוך הוא כי על חכמתם הרבה נתוספו טהרת הלב ומנוחת הנפש. ורק אנחנו כלימה תכסה פנינו ללמד את בנינו אומנות. הגם לאכול לחם בלתי מגועל בעושק ותרמית, רק מעמל ידיו ויגיע כפיו, הגם זה לאשמה תחשב! הלא חז"ל אמרו "גדול הנהנה מיגיע כפיו יותר מירא שמים".[25]

הן לא נוכל לכחד אשר הרבה מבעלי האומנות הם בשפל המדריגה במצבם הרוחני, ולא יוכלו אף קרוא מקרא, ומספר לא מעט ימצאו אשר גם מצבם המוסרי פרוע מאוד. אבל האם האומנות הסבה כל אלה? הלא רק אנחנו אשמים בדבר! יען כי כל איש אשר לו עוד זיק רגש כבוד בלבבו, ואיזה שקלי כסף באמתחתו, ומה גם עוד תקוה

23. בראשית כח, יב-כא.
24. משנה אבות א, ג.
25. בבלי ברכות ח ע"א.

רחוקה על בנו אשר יפתחו לפניו שערי התלמוד – אף כי ישאר על עמדו בפתח השער ולא יבוא פנימה – אם יתן לו איש את כל הון ביתו לא יתן את בנו ללמוד איזה מלאכת יד. רק נער בודד באין אב ואם, משולח ונעזב לנפשו, או בן אחד מדלת העם וכבר אפס מאתו כל תקוה להבין אף קרוא במקרא – נערים כאלה יתנום ללמוד מלאכת יד. ומה יש לנו לקות מנער כזה?

עם כל זה הלא נתפלא כי נמצא אנשים לא מעט בין האומנים, אשר לב יקר ונעלה להם, ועומדים במדרגה נשגבה במצבם המוסרי, וגם במצבם הרוחני גדלו והצליחו, ובכל עת הפנויה להם מיגיעתם הם עמלים בתורת ה׳ איש כפי יכולתו. ומה יהיה[26] עוד כאשר חפץ ה׳ יצליח בידינו לשרש מאתנו את רעיון אי־דעת הזר כי חרפה הוא לאיש נכבד ללמד את בנו אומנות, ואנשים מכובדים יאבו ללמד את בניהם – אשר כבר נתחנכו בחינוך טוב – כל מלאכת יד, וגם יגבילו זמן מיוחד מידי יום להורותם תורת ה׳, שפת המדינה ודרכי המוסר, הלא אז יעלו ברום המעלה, ויהיו לברכה ותפארת.

והנה אם כי שושנת החיים אשר בגן החכמה, קוצים וחרולים סביב לה, עם כל זה לא נאמר נואש מלהשיגה. ושוה היא כל עמל ותלאה אשר נסבול למענה. כי כאשר תשיג ידינו לטעת אותה על מבועי התורה בכרם ה׳, אזי תפרח כחבצלת השרון וריחה הטוב ישאפו כל רוזני ארץ, וכרם ה׳ יהיה לשם ולתהילה. אמנם במה נסיר את הקוצים המעיקים סביב לה? הלא רק בחינוך הטוב! כי הלא ידענו אשר לפני שנות מאות שנים, הרבה מגדולי עמינו, היו: רופאים, פילוסופים, מורים בבתי חכמה הכוללים, וגם מהם אשר היו רבי המלוכה, והתעלו לפקודות גבוהות במשרת המדינה, ועם כל זה היו נאמנים לה׳ ולתורתו. ומדוע? יען כי התחנכו בחינוך טוב, ויראתם קדמה לחכמתם, על כן עמד טעמם בם וריחם לא נמר,[27] על כן גם עתה אם כל איש משכיל ביראת ה׳ יחנך את בנו על ברכי האמונה

26. המילה אינה ברורה במקור.
27. על פי ירמיהו מח, יא.

הטהורה, וירחיק מאתו אמונת שוא ותפל, ויתאמץ לטעת בקרב לבבו עמוק עמוק את לימודי חוזי ה׳, אשר בשלהבת־יה הטיפו אמרי קדוש ישראל, ובשטף רוחם והתלהבות נפשם הוריקו נחלי אש להבעיר את לב השומעים למוסר ה׳, בדיעות טהורות ומצורפות, ומידות נעלות ונשגבות, אשר אין ערוך להן, כי גבהו מרוח בן תמותה, כן המוסר הנעלה היוצא ממאמרי חז״ל בתלמוד ומדרשים, אשר רוב דבריהם נאמרו בדרך משל וחידה, גוף מאמרם הוא נסי או פלאי, המבהיל את לב קוראיו, אבל נשמתו אשר תחייהו הוא רעיון נפלא או מוסר נעלה, ושניהם כאחד טובים: לבעלי הגוף חסרי רגשות הנפשיות, יועיל הרבה גוף המאמר, ולבעלי נפש אחר שיעמלו להסיר את המסכה תאיר להם נפש המאמר כאור בהיר בשחקים.

על כן איפה האיש אשר יעתד את בנו להעלותו על במתי המדע ולרומם כחות נפשו על גופו, חובה עליו להורותו מלאכת הניתוח לנתח המאמר לחלקיו ולחלץ מאתו את הרעיון הזך המתנוצץ בקרבו, ואז כאשר יגדל לא יהיה בוזה לדברי חכמים וחידותם, והעיקר לחנכו במעשים טובים על פי התורה, ואז כאשר יזקין לא יסורו ממנו, כי ההרגל נעשה טבע שני כידוע. אז אך אז, ילך בטח בדרך החכמה, והתורה והחכמה תתלכדנה אצלו ולא תפרדנה, ויהיה לנס עמו.

זאת היא העולה מדברינו, שני דרכים להשגת האושר: פועל כפים, וחכמת לב. הראשון יותר בטוח, והשני צריך לזהירות יתירה אבל נעלה הוא בערכו מהראשון. האמנם גם שניהם הם רק מטרה להשגת התכלית הנעלה והוא האושר הנצחי, אשר לא יתכן מבלעדי אשר יזכך את שכלו בדעת ה׳, ויטהר את נפשו מכל חלאת תרמית ואון וחמדת התאוה. וכל זה לא יגיעהו כי אם על ידי העיון בתורה.

וזהו דברי רבי אלעזר[28] ״כל אדם לעמל נברא״, כי רק על ידי העמל ישיג האושר. ״איני יודע אם לעמל פה אם לעמל מלאכה״, רצונו אם לעמול בחכמה, כי הפה הוא מפתח מאוצרות החכמה הגנוזים בלבבו, אם לעמול במלאכת ידים. ״כשהוא אומר כי אכף עליו

28. כאן הרב מוהליבר מפרש לפי דרכו את מאמר חז״ל שהוא ציטט בראש הפסקה.

פיהו הוי אומר לעמל פה נברא", כי החכמה נעלה מעמל מלאכה. "ועדיין איני יודע אם לעמל תורה אם לעמל שיחה", שיחה, רצונו שארי חכמות ומדעים, כמו שכתוב בסוכה "שיחת עופות ושיחת דקלים".[29] "כשהוא אומר לא ימוש ספר התורה הזה וגו' הוי אומר לעמל תורה נברא", רצונו הוא התכלית האחרון, ואם כי הדברים המביאים להשגת אושר הזמני הם קודמים בזמן, אבל פחותים במעלה כי הם רק כמטרה להתכלית הנכבד אשר אין למעלה ממנו.

ג

> קומי אורי כי בא אורך וכבוד ה' עליך זרח. כי הנה החושך יכסה ארץ וערפל לאומים ועליך יזרח ה' וכבודו עליך יראה. והלכו גוים לאורך ומלכים לנוגה זרחך (ישעיהו ס, א–ג).

הרב הגדול החוקר בעל העקידה ז"ל, העמיק שאלה בספרו, וז"ל:

> למה שהיה ההשתדלות על הדבר אשר לא נשאר בקיומו כפי רצון הפועל הוא מפעולת הריק, ופועל כזה לא להתיחס אליו יתברך בשום ענין... והיה כל מעשה ה' יתעלה וכל מזמות לבו בכל אשר עשה עם אבותינו מיום צאתם ממצרים עד סוף בנין הבית ומלכות שלמה דברים אשר לא עמדו בקיומם אבל כולם חרב נחרבו וספו תמו, נתחייב מזה ספק מגונה ובלבול דעת בשום תפלה ותהלה במעשה האלקים אשר עשה מתחילה ועד סוף בין שנניח שהאל יתעלה ידע כל אלה הענינים טרם שיהיו או שלא ידעם, אלא שאם ידעם הוא חסרון בתוך שלמותו, ואם לא ידעם הוא צד העדר בחוק ידיעתו.[30]

והנה זה שנים אשר ראיתי לאחד מהחדשים מבני עמינו בספרו

29. בבלי סוכה כח ע"א: "אמרו עליו על רבן יוחנן בן זכאי שלא הניח מקרא ומשנה גמרא הלכות ואגדות דקדוקי תורה ודקדוקי סופרים קלים וחמורים וגזרות שוות תקופות וגימטריאות שיחת מלאכי השרת ושיחת שדים ושיחת דקלים משלות כובסין משלות שועלים דבר גדול ודבר קטן".

30. עקדת יצחק, שער קג (פרשת וילך).

אשר חבר בשפת אשכנז, שרוצה לרפאות את השבר על נקלה, והוא כמתלהלה יורה זיקים וכו׳ ואומר הלא מצחק אני.[31] כי בדבריו רוצה לערות עד היסוד את תקות ישראל לימים יבואו. וזה קוטב דעתו המשובשת: הטבע האלקי דואגת לאושר ותיקון הכללי, ולא לאיבוד אישים הפרטים. וכל פרטיו יעלו כליל על מזבח הכלל, יחלופו, ימירו, עד אשר תגיע לכלל הטבע לשלמות מטרתה. על כן המו גוים חלפו ממלכות, כי הגוי או הממלכה, אשר כבר עשו מלאכותם בתיקון אושר הכללי, כבר מלאו תפקידם, ותחתיהם לקחו עמדתם גוים וממלכות חדשות, ועל חורבן משאותיהם הקימו ארמנות חדשות בממשלת הטבע לאושר הכללי; כן הוא מדור לדור וכן יהי עד אחרון לעפר יקום. וגם אנחנו עם בני ישראל, תעודתינו היתה להרחיב בתבל מציאת האלקים והשגחתו, וכבר נתפשטה זאת הידיעה בכל קצות הארץ, אשר כלינו את מלאכתנו, על כן נשבתנו מהיות עוד לגוי.

עד כאן המכחש בנצחיות ישראל ויעודו. אמנם גם בדעתו המשובשת ובהנחתו הכוזבת אשר הניח, לא ירפה את אסירי התקוה מלקוות, אבל עוד יאמצם בתקותם כי כל הגוים והממשלות אשר היו לפנינו כבר כלו בעשן וילכו, התבוללו בין לאומי תבל החדשים ולא נודע כי באו אל קרבנה, על כן נוכל לקבל את דעתו עליהם, לאמר: המה בשכבר עשו את מלאכותם על כן אבד זכרם, אבל לא כן הגוי הנפלא הזה זרע יעקב, אשר מצחו חזק מצור וערפו כנחושה, רעידת הארצות וגלי הזמן אשר עקרו משרשם את כל לאומי תבל, לא יכלו אף להניעהו, והוא נשאר על עמדתו הרוחני גם בעת אשר ירד מרום מצבו החומרי – הלא ההכרח לאמר כי עוד לא כלה מלאכתו, ומעותד הוא לגדולות לימים יבואו! דברי אמת האלה הגיד לנו הנביא בקצרה: ״כי אני ה׳ לא שָׁניתי ואתם בית יעקב לא כליתם״.[32] רצונו, אני ה׳ לא שניתי להמיר אתכם בלאום אחר, כי אתם בני יעקב לא כליתם

31. משלי כו, יח-יט: ״כְּמִתְלַהְלֵהַּ הירה זקים חצים ומות. כן איש רמה את רעהו ואמר הלא משחק אני״.
32. מלאכי ג, ו.

כשאר גויי הארצות. ואם כן איפה עוד לגדולות נוצרתם להיות לנס עמים ולאור גוים.

והנה אם כי הדברים האמורים ברורים בלי ספק אשר תעודת ישראל היא להאיר לכל יושבי תבל ידיעת ה׳ והשגחתו וההילוך בדרכיו, כי לא נוכל לאמר אשר עת בחר ה׳ בעם סגולתו היה רצונו אשר רק הם – מתי מספר נגד כל יושבי תבל כאחד אחוז ממאתים – ישיגו השלמות והאושר האמיתי, וזולתם ישארו כחיתו יער ומותר האדם מן הבהמה אין. אבל בחר בעם ישראל, לעשותם למורים וכהנים ללאומי תבל, ובאור תורתם יאירו לארץ ולדרים עליה, כאשר אמר ה׳ יתעלה לנאמן ביתו כאשר הכינם לקבלת התורה: ״ועתה אם שמוע תשמעו בקולי ושמרתם את בריתי והייתם לי סגולה מכל העמים כי לי הארץ. ואתם תהיו לי ממלכת כהנים וגוי קדוש״,[33] רצונו, אתם תהיו לי סגולה מכל העמים, אבל עם כל זה גם הם יקרים לי כי יצורי כפי המה, וכמאמרם ז״ל באבות ״חביב אדם שנברא בצלם כו׳ שנאמר בצלם אלקים עשה את האדם״[34] וכפירוש התוספות יום טוב שם.[35] וזה אמר ״כי לי כל הארץ״ רק ״אתם תהיו לי ממלכת כהנים

33. שמות יט, ו.
34. משנה אבות ג, יד.
35. זה לשונו: ״חביב אדם שנברא בצלם חבה יתירה וכו׳ שנאמר בצלם אלהים עשה את האדם. פירש רש״י: ׳חביב אדם שנברא בצלם לכן מוטל עליו לעשות רצון קונו׳. עד כאן. ובכלל אדם אמר רבי עקיבא וכמו שהוא הראיה שממנו הביא שהוא נאמר לבני נח לא לבני ישראל לבדם. ורצה רבי עקיבא לזכות את כל אדם אף לבני נח. ומאמר מלא אמר הרמב״ם בפרק ח מהלכות מלכים (הלכה י), וזה לשונו: ׳צוה משה רבינו ע״ה מפי הגבורה לכוף את כל באי העולם לקבל מצות שנצטוו בני נח וכל מי שלא יקבל יהרג. והמקבל אותם הוא הנקרא גר תושב בכמה מקומות וכו׳. כל המקבל שבע מצות ונזהר לעשותן הרי זה מחסידי אומות העולם ויש לו חלק לעולם הבא. והוא שיקבל אותן ויעשה אותן מפני שצוה בהן הקב״ה בתורה והודיענו על ידי משה רבינו ע״ה מקודם נצטוו בהן. אבל אם עשאן מפני הכרע הדעת אין זה גר תושב ואינו מחסידי אומות העולם (ולא) [אלא] מחכמיהם׳. עכ״ל. ומעתה אני תמה: למה זה רחקה הדרך מן המפרשים, ולא רצו ללכת בה לפרש דברי רבי עקיבא שאמר מאמרו כלפי כל אדם כי אם לישראל בלבד. ונסמכו במאמרם ז״ל: ׳אתם קרויים אדם׳ וכו׳, והרי זה דרש

וגוי קדוש", להאיר בקדושתכם את הדרך אשר ילכו בה כל יושבי תבל, וכאשר הבטיחנו ה׳ יתעלה על ידי נביאו "והלכו גוים לאורך ומלכים לנגה זרחך".[36]

אבל עם כל זה עדיין לא יצאנו ממבוכה: מדוע לא צותה אותנו התורה על ככה אשר נתאמץ לדבר על לב עמי הארץ שיתיהדו, או למצער שיאמינו בה׳ ובתורתו? ונהפוך הוא, כי נעמי דברה על לב כלותיה שישובו לעמן. וכן אמרו בתלמוד "גר שבא להתגייר בזמן הזה אומרים לו מה ראית שבאת להתגייר" כו׳.[37] אמנם אחר העיון נחזה גם בזה כי ישרים דרכי ה׳ נעלים מרעיוני בן אדם. הן האדם משתוקק אשר רעהו יחשוב כמחשבותיו, ויאמין במה שהוא מאמין, על כן יתאמץ לפתותו וגם לאכפו ולהכריחו, שיעזוב האמונה והדיעה שקיבל מאבותיו, ויבחור בדעתו ובאמונתו. וכאשר הורה לנו הנסיון אשר דם רב נשפך על ידי מלחמת האמונה ללא הועיל רק להגדיל המדורה! אבל ה׳ יתעלה לא לבן אדם דרכו, לא נתן הזכות לבן תמותה לשלול מאת רעהו הבחירה החפשית שחננה אותו הטבע, או הדיעות שנתנו לו במורשה מאבותיו. ואם הוריו הורישו לו אמונת שוא ותפל, המשפט לאלקים הוא, ונחנו מה! הן הזכות למלך להושיב שופטים בארץ אשר ישפוטו בדברים שבין אדם לרעהו – יען כי הוא תיקון המדינה, כי לולא זאת איש את רעהו חיים בלעו; הזכות לכהן ומורה הדת להוכיח את צאן מרעיתו ולהטיף להם דברי מוסר – יען כי מרצונם הטוב אבו לקבלו עליהם למטיף ומוכיח; הזכות לאוהב להוכיח את עמיתו – יען כי רעהו יקבלם באהבה כי יודע במוכיחו

על דרש. ובזה נכנסו בדוחק ענין הצלם ובפירוש הכתוב שהביא לראיה. אבל בעיני זו הדרך דרך סלולה ומרווחת כי בא רבי עקיבא להיישיר לכל באי עולם, כאשר נצטוינו מפי משה רבינו ע"ה, כדברי הרמב"ם. ואם בכפיית חרב הרג ואבדן נצטוינו כל שכן בכפיית דברים להמשיך לבם אל רצון קונם וחפץ צורם יזכרם לטובה ושהם חביבים שנבראו בצלם להורות נתן בלבם כי זאת תורת האדם לעשות חוקי אלהים ומשפטיו מצד אשר הוא צוה כדברי הרמב"ם. דהואיל שחבבו לברוא בצלמו לכן מוטל עליו לעשות רצון קונו, כפירוש רש"י".

36. ישעיהו ס, ג.

37. בבלי יבמות מז ע"א.

שטובתו ידרוש. ועל זה נאמר "הוכח תוכיח את עמיתך".[38] אבל אין זכות וכח בעולם אשר יזכה את האדם שיכריח לבן אמונה אחרת אם בפועל או בפיתוי דברים, להשליך אמונת אבותיו ולידבק באמונתו. ומה גם כי ללא יועיל הוא, כי הוא רק כמוסיף גחלים על אש לוהט.[39]

על כן מנעה אותנו התורה מלדבר על לב בן אמונה אחרת שיקבל אמונתנו, אבל צותה אותנו לילך בדרך התורה ולשמור משפטיה ומצותיה התמימים והישרים. ואז כאשר יאיר אור הדעת ונגה האמת על כל מצעד כף רגלינו, ימשכו מעצמם כל לאומי תבל להדבק בנו ולאחוז בדרכינו.

אמנם לא יתכן לבוא למדרגה גבוהה ונכבדה כזאת עד שנשתלם בשלשה דברים:

א. להיות שלם בדיעות, הן בידיעת העיקר הגדול והנכבד מציאת ה' ואחדותו, אשר אין עוד מלבדו, ורק אותו נעבוד, ואליו נתפלל, בלי שום אמצעי בינינו לבינו, לא אמצעות בן אדם ולא אמצעות מלאך ושרף, כי נגדו יתעלה הכל כאין ואפס. וכאמרם ז"ל "לשם מיכאל השר הגדול לשם שלשול קטן שבים הרי אלו זבחי מתים".[40] הן בידיעת התורה והמצות המאירות עינים בנגליהם ופשוטם, כאשר מצאנו לרבותינו בעלי התלמוד והמדרש ז"ל.

ב. להיות שלם במדות, נקי כפים ובר לבב לותר לעולם משלו נגד כל אדם, ואף כי נגד בן אמונה אחרת, למען יתקדש שם ה' אלקי ישראל על ידינו, כן בנימוסי ותהלוכות דרך ארץ, למען נמצא חן ושכל טוב בעיני אלקים ואדם, וכמו שכתב הרמב"ם ז"ל בסוף

38. ויקרא יט, יז.

39. **הערת המחבר:** ואולי יש להעמיס זה בדברי רב יוסף (בבלי עבודה זרה ב ע"ב): "'עמד וימודד ארץ ראה ויתר גוים' (חבקוק ג, ו) מאי ראה? ראה ז' מצות בני נח שקיבלו עליהם ולא קיימום כיון שלא קיימו עמד והתירן". רצונו, שעזבם על בחירתם החפשית, ולא הרשה לאומה אחרת להכריחם על קיומם.

40. בבלי חולין מ ע"א.

פרק ה מהלכות יסודי התורה: "עוסק בתורה עטוף בציצית מוכתר בתפילין ועושה בכל מעשיו לפנים משורת הדין, והוא שלא יתרחק הרבה ולא ישתומם, עד שימצאו הכל מקלסים אותו ואוהבים אותו, ומתאוים למעשיו, הרי זה קידש את ה', ועליו הכתוב אומר: 'ויאמר לי עבדי אתה ישראל אשר בך אתפאר'".[41]

ג. מדברו יהיה נאוה ושפתותיו נוטפות מור בשפת המדינה, למען ידע מה להשיב דבר על אופניו, ויערב לאוזן שומעת מבני נכר אשר לא ישמעו את שפתנו.

והנה כמו חפצנו אשר השלש מדות האלה תענדנה עטרות לבני עמנו, כן הננו להודות על האמת, אשר לדאבון לבבנו הננו רואים ומבחינים ברבים משלומי אמוני ישראל אשר מסיבות שונות, מעול החיים וסבל התלאות משנות ראינו רעה טרם זרחה שמש הדרור מצדקת מלכי חסד, וברבים מחסרון הכרה – כל אלה עשו פרעות ומגרעות בהשלש מעלות האלה, והנה בחסרונם הן הנסיבות הראשיות לרוע מצב אומתנו במעמדם החומרי והמוסרי יחד, ואין תקוה לגהות שבר עמנו כל עוד לא נתאמץ להסיר המכשולים למען הגיע אל המעלות האלה לתכליתם. חרפה שברה לבבנו:

א. כי עוד נמצאו בעמינו מהבילים, העושים זר מעשיהם, ואנשים קלי דעת ינטו אחריהם להאמין את אשר לא יאומן, ויפלו במהמורות. מעשים ושערוריות כאלה נשמע בכל עת, ועל ידם ידל כבוד ישראל. ונהיה לחרפה ולשנינה בגוים אחרי אשר בימים האלה אין נסתר בכל עם ועם אשר לא יפורסם בכה"ע [בכתבי העִתים, בעיתונים] ללשונותם, ומחפשי מומים ישישו אלי גיל במצאם דבר מה להטיל דופי בנו, ועל כל ישראל יהיה קצף! זאת לא רק זאת, כי כרקב המה לעצמות האומה להאביד ולשרש כל מחשבה ורעיון ישר לטובת האומה ודתה, יען כי לבם צפון מהשכיל וכל הישרה

41. ישעיהו מט, ג.

יעקשו, כי הפתאים והמהבלים האלה גם במיעוטם וקוצר מעלתם בהאומה ומיעוט ערכם, עם כל זה רב כחם לעשות פרעות לקלקל הסדרים והמחשבות הטובות ואין נחת.

ב. בשלימות המידות ירדנו פלאים רחמנא ליצלן מכל מחמדינו שהיו לנו בימי קדם, כי על ידי עמל החיים וסבל הפרנסה אשר הכבידו אכפם בימים האחרונים, הננו רואים על הרוב את האדם מדקדק מאוד בדברים שבינו לבין קונו ויקל לעצמו בדברים שבינו לבין רעהו. הן ידענו דבת שונאינו ומנדינו אשר לא מבני עמינו, ואם כי לא כצעקתם הבאה עלינו כן הוא באמת, כי בכל לאום ימצאו טובים ורעים וכן גם בעמנו. ואם נעריך זה לעומת זה לא יבוש יעקב נגדה נא כל העמים כאשר הננו רואים בהסטאטיסטין [בסטטיסטיקות] ממספר החייבים מכל עם ועם, ואז ינחל ישראל כבוד. עם כל זה עדין לא יצאנו ידי חובתנו כי על פי תעודתנו אשר נבחרנו מקדם מראש להיות לאור עמים, עלינו להתרומם במעשינו הטובים ושם ה׳ יתקדש ולהיות נעלבים ואינם עולבים, ואף כי בשמירת חוקי הממשלה ירום הודה אשר אסור לעבור עליהם על פי תורתנו הקדושה, וחמורים יותר מדיני תורה כי הוא סכנתא ואיסורא, הלא עלינו להזהר עד אשר אף שונאינו היותר גדולים לא ימצאו עון בנו, ולא יוכלו לחפות עלינו אף שמץ דברי בלע.

בנימוסי ותהלוכות דרך ארץ עוד נמצאו בנו פרעות ומגרעות, עד כי היינו לשמצה ולחרפה בלאומים, וזה באשמת הבוערים בעם אשר הכניסו בסוג אחד חוקות הגוים הקדמונים לעבודה זרה אשר צותה אותנו התורה שלא לילך בחוקותיהם לחוקי ונימוסי דרך ארץ ישרים אשר אינם נוגעים לאמונה ודת בלתי אם לתהלוכות האדם בחיי החברה והמדיני. וידוע כי רבותנו בעלי התלמוד למדו הרבה פעמים איזה הלכות דרך ארץ משאר לאומי תבל.

ג. לדבר צחות בשפת המדיני הננו רחוקים עוד מהשלימות הזאת ומה גם אלה העומדים בראש האומה רועי ישראל וגדוליהם, ועתה היגדל כבוד ישראל בגוים באין פה לדבר? היתכן להאיר דרך לאחרים באין נוגה על דרכנו? הן נודע לכל כי בהעדר הכרתנו

בשפת המדינה קנתה לה הממשלה ירום הודה אשר לבה אך טוב לנו, מושגים שונים על עמנו, ולוא היה לנו פה לדבר כי עתה יכולנו בכל עת להגיש עצומותינו ולגול מעלינו דיבת שוטנינו, ולהראות צדקתנו וצדקת תורתנו יחד, וגם הממשלה ירום הודה ראתה ותשמח בצדקת בניה חוסי בצלה.

אמנם ידענו כי נמצאו איזה אנשים בעמנו אשר ידמו כי לאורם ילכו בית ישראל, אבל יגורתי מאוד אם לא אור מתעה הוא, אם לא תעו בעצמם מהאור האמיתי, ואתם כל השוגים אחריהם "ואנו אין לנו להשען כי אם על אבינו שבשמים"[42] אשר יקים לנו את יעודו על ידי עבדיו הנביאים "קומי אורי כי בא אורך... והלכו גוים לאורך".[43]

ד
חתימת המאמר

קוה אל ה׳ חזק ויאמץ לבך וקוה אל ה׳ (תהלים כז, יד).

בין הכחות הנפשיות היותר נעלות ונכבדות תחשב התקוה. כאם רחמניה תנחם את האדם לעתות בצר לו, בכל פגעי הזמן ותמורותיו, אך היא תשעשעהו. אי לזאת הורה אותנו המלך החסיד ברוח קדשו להקדיש אותה לה׳ לבדו, באמרו "קוה אל ה׳". אמנם בל יפול האדם ברשת השגיאה לאמר: בה׳ שמתי תקותי אשר הוא כל יכול, ומאומה לא יבצר ממנו ומה לי עוד לעשות, ויחבק את ידיו ויצפה לרחמי שמים. לזה אמר "חזק ויאמץ לבך" – לְחום בכל עוז נגד מקרי הזמן, "וקוה אל ה׳" – אז תקוה אליו אשר יצליח מעשיך, כי אם ה׳ לא יבנה בית שוא עמלו בוניו בו.

הרעיון הזה העיר את נפשי בשנה העברה לאמר: הן מצב עמנו

42. ראו משנה סוטה ט, טו.
43. ישעיהו ס, א–ג.

פרוע מאוד ועל ארחות חייו מוטלים אבני נגף מהמחסור והעוני. כבוד תורתנו הקדושה הולכת הלוך וחסור רחמנא ליצלן, ומדוע יחשו גדולי עמנו? ואמרתי אל לבי בלי תפונה[44] צרת אחיהם נגעה עד חדרי לבבם. אבל מחשים יען כי מחכים לתשועת ה׳ ותקותם היא מעוזם. אז שאלתי לנפשי לאמר: הן אם ירעב האדם ללחם, הישקוט רעבונו בתקוה? ואם יצמא למים, היכבה צמאונו בתוחלת? אמנם יען כי לא נרעב ללחם ולא נצמא למים רק על צרת הכלל תכאב לבבנו, על כן די והותר תקוה קלה להשקיט על ידה המית נפשינו. היתכן דרכנו זה?

על כן התעוררנו אז עם עוד כמה וכמה רבנים מגדולי גאוני דורינו, והרבה מגדולי ושועי עמנו הקיצו לקולנו, וביחוד השר ונשיא בישראל הגביר האדיר מוה׳ יוסף גינצבורג[45] שיחיה נתרצה לבקשתנו ויבוא לע״מ ספ״ב [לעיר מחוז סנט פטרבורג[46]] וגם איזה רבנים ונכבדי העם באו לספ״ב להתראות אתו, וגם אני הייתי בתוכם.[47]

ובהיותנו בס״פ, גליתי את דעתי להציע איזה אופנים אשר בהם נאמת לפני הממשלה ירום הודה, וגם גדולי עמנו יִוָּכחו כי הננו חפצים באמת ובתמים ללמד את בנינו שפת המדינה ושארי הידיעות הנחוצות לפי הזמן והמקום באופנים שנהיה בטוחים אשר הדת והאמונה תשארנה בתוקפם, ואז כאשר גדולי עמנו ובראשם השר הנכבד גינצבורג שיחיה, אם הם יתנו יד לתמוך את המפעל הגדול הזה

44. בלי פקפוק – ע״פ תהלים פח, טז.
45. הברון יוסף גינצבורג. ראו אודותיו לעיל במבוא לסימן א, עמ׳ 131.
46. סנט פטרבורג היא העיר השנייה בגודלה ברוסיה כיום, אך בתקופתו של הרב מוהליבר נחשבה ל׳עיר המלוכה׳ שכן בה שכן ארמונו של הצאר (באותן שנים כונתה מוסקבה ׳בירה שניה׳). במקור נקראה על שם פטרוס הקדוש, ופירוש המילה סנט הוא ׳הקדוש׳. היהודים נהגו לקרוא לה רק בשם פטרבורג על מנת להימנע מלייחס קדושה לסמלים נוצריים. ייתכן שמשום כך נכתב שם העיר כאן בראשי תיבות על מנת להימנע מהמילה ׳סנט׳.
47. הרב מוהליבר מתאר כאן אספת רבנים שנערכה בשנת תרל״ג, שנה לפני כתיבת מאמר זה. ככל הנראה כוונתו לפגישה שנערכה עם חברת מרבי השכלה בישראל שתוארה לעיל סימן ג.

בידי רבני וגאוני ארצנו לאחד התורה והחכמה, יש תקוה לאחריתנו לתת שארית פליטה לתורתנו.

ורבים אמנם החזיקו בימיני, הן בספ"ב וכן מרבני המדינה שיחיו. אולם למגינת לבבינו, הגיעונו שמועות מבהילות כי יצאו ממחבואם רוגנים מלינים וחשדנים, וחשדו אותנו כי הפרזנו על המדה באופני הסדרים אשר הצענו שמה, באחדות התורה והחכמה, ודברים כאלה כיון שנתנה יד לחשוד, הלא אין מעצור לרוח, ומה גם כי בתָוֶך ימצאו תמיד אנשים כאלה האוהבים להתכבד בקלון חברם וכבודם, ואינם שמים על לב כי עד נפש האומה ולב הדת יגיעו דבריהם. אכן מעשים כאלה לא חדשים המה בקורות אומתנו ורק על ידם הגיענו מה שהגיענו, עד כי סבותי את לבי ליאש מכל עמלי שעמלתי לדאבון לב כל אוהב עמו באמת ולב חכם לו להבין הסכנה הגדולה המרחפת בימינו על היהדות אם נעזבנה למקרי הזמן וחיצי תעתועיו. ואם כי לפי השמועה נמצאו בין המתאוננים גם אנשי שם גדולים בתורה וביראה ובלי ספק גם כונתם לטובת עמנו ותורתנו, אבל הרבה שגו בזה, ואם יעמדו על דעתם יביאו על העם כולו אסון איום חלילה, ורק המה ערבים בדבר ואחריות הסכנה הזאת **רק עליהם** אשר הרפו את רוחות המתנדבים בעם לפעול לטובת עמנו ודתנו.

הן ידענו כי כל הפרעות בעמנו וחסרון תקוניהם בכל עת הוא רק מחסרון מתנדבים מגדולי עמנו לפעול בצרכי הכלל, זה מטרדתו וזה מחסרון הכרתו, וזה מיראתו מדבת עם לפעול בעד עם כזה אשר מוֹרָשָׁה להם להיות טרחנין וחשדנין. ואם סכנת דת קדשנו העירה רוח נדיבה בלבבות כמה מגדולי האומה לנסות דברים בעד עמנו ודת קדשנו, ואם גם בעת הסכנה לא עצרו כח להבליג על רוח החשד אשר הפיחו במו [בהם] רוגנים ומלינים אלה אשר כבוד עצמם אולי יקר למו מאושר ישורון כולו – הנה אלה המתנדבים פטרו נפשם כי יצאו ידי חובתם לעמנו ודתנו באמת ובתמים, ורחמנא ליבא בעי, והמפריעים אמנם מלבד אשר הפריעו את כל המחשבות הטובות אשר עמדו הכן לראות אור, לאושר עמנו ודתנו, אשר לא היה במו כל נפתל ועיקש כפי אשר בדו המפיחים מדנים. אולם עוד פי שנים ברעתם כי הביאו

מורך ורפיון רוח בלבבות גדולי וגאוני אומתנו מלנסות עוד דברים לצורך ישראל גם בימים הבאים. ומי אשם בדבר (שומו שמים!) אם איזה מקנאים הוציאו דבה – הלא שאול ישאלו בראשונה, דבר ידברו ידרשו יחקרו ואחר ישפטו! אולי לא כהשמועה הבאה עדיהם כן הוא באמת, ואם גם אז לא ישרו בעיניהם הלא למו לתת עצות ולדבר דבר לטובת עמנו ודתנו באופנים ישרים ונאמנים בלתי פורחים באויר, הרצוים לה' ומלך המסכימים עם חוקי הארץ וחוקי תורתנו יחד, אשר יקובל על לבבות האומה – ואז שמענו לכם ככל אשר יעצתם אף היינו לכם לעזרה בכל אשר לאל ידינו. אכן להפריע רק מעשה זולתם רק על ידי חשדים אשר לא היו, ולבלי עשות בעצמם מאומה הלא למו לדעת כי אסון דתנו רחמנא ליצלן כרוכה רק בעקבם וה' יכפר בעד!

וגם עתה הָרֵי ישראל תנו לב והתאחדו, השמיעו דעתכם ברבים גלוי לכל וקרבו אל המלאכה, כי לא עת לחשות, התעוררו, התעוררו! הבו לכם עצה הלום וקראו אל גדולי עמנו וה' יהיה אתכם. נסו נא אתם לצאת מהמבוכה ולתת עצות ישרות לאחד את התורה והחכמה בעוד מועד, ואז בכוחנו לקחת את החכמה לרעיה לגברת הבית – תורת ה' – ואף לכבוש אותה לְאָמה כאחת הרקחות והטבחות כאשר עשו חכמינו הראשונים ז"ל, אבל כאשר נאבה לגרשנה כלה, אזי תפרוץ בסופה וסער, ובשאון עוזה תשרש את הכל ותורתנו הקדושה מה תהי עליה? הלא על חכמי ישראל לשמור את תנאי החכמה כאשר אמרו: "איזהו **חכם** הלומד מכל אדם",[48] "איזהו **חכם** הרואה את הנולד",[49] ומדוע לא יתבוננו בהסכנה הרובצת על דת קודשנו כאשר כבר הורה הנסיון, אשר על ידי התנגדות כאלה אבדנו טובה הרבה, ועוד נתנו יד לפרוע פרעות כנודע.

גליתי לפניכם במאמרי זה את כל מערכי לבבי והנהו עומד לפני כס משפטכם, אנא שפטו צדק ומשרים, לא למעני, אבל לאושר והצלחת עמנו אשר הוא מטרת מאמרי זה, ואנכי תקוה לאלקי ישראל

48. משנה אבות ד, א.
49. בבלי תמיד לב ע"א.

אשר יראה בעני עמו ויאיר לפניהם הדרך המובילה לאושר האמיתי, כמאמר הכתוב ״קוה אל ה׳ חזק ויאמץ לבך וקוה אל ה׳״.[50]

שמואל מאהליוועד אבד״ק ראדום והגליל

50. תהלים כז, יד.

סימן ה

היחס לגויים בזמן הזה

המכתב להלן פורסם בכתב העת 'המליץ' במקביל לפרסום המאמר 'היראה וההשכלה'. כפי שהרב מוהליבר כותב בתחילת המכתב, המאמר הוא תגובה לטענות שהתפרסמו בעיתון 'הקול' בשפה הרוסית על היחס הגזעני והלא־מוסרי של ההלכה והיהדות כלפי הגויים.[1]

1. מערכת 'המליץ' הוסיפה הערה בסוף המאמר, וממנה אפשר ללמוד על הרקע למכתב ועל החשיבות שמערכת העיתון הקנתה לדבריו של הרב מוהליבר:
הערת המערכת:
יקרו לנו דברי רב יושב על מדין ועל כן אספנום, האמנם קוראינו יחזו ויוכחו כי עוד טרם באו דבריו (מג' כסלו) וכבר יצא מאמרנו בענין הזה מועתק לשפת המדינה [רוסית] בנומר 20 מהוועסטניק [מהעיתון] (מן 16 נאוועמבר שהוא כ"ח חשוון) וגם בעברית בו ביום שכתב הרב ושלח מכתבו (ג' כסליו, 21 נאוועמבר), בתוך דברינו ימצאו דברי הרב המאוה"ג ועוד נוספות. ואנחנו לא להתפאר בזה כי נתכונו לדעת הגאון מגמתנו, רק להעיר על איזה ענינים:
נכיר עד כמה יחדרו דברי המשטין בהקול תוך קרב ולב אחינו, עד שגם רב אב"ד בנפת פולניא, ששם אין עוד חזון שפת רוסיא נפרץ, נתפעל למקרא השטנה הזאת.
נעים לנו לראות כי כבר החלו אחינו להרגיש נחיצת מ"ע [מכתב עִתי, עיתון] רוסי להשיב דבר למחרפינו, כי הרב הנכבד בקש ממנו במכתבו להעתיק את מאמרו לשפת רוסיא (אשר נחשוב כעת למותר [למיותר], אחרי שכבר השיבונו ברחבה [בהרחבה] על כל פרטי המלשין).
יראו אחינו ויוכחו כמה מעלות טובות למ"ע בשפת המדינה ודוקא בעיר המלוכה [פטרבורג, שם היה באותן שנים ארמון המלוכה של הצאר הרוסי ובה יצא לאור עיתון המליץ], כי לא החמצנו הדבר ונשיב כהלכה למגלה פנים בתלמוד שלא כהלכה.
מי יתן והיה לבב רבים להבין אל פועל הוועסטניק [העיתון] והמליץ הנחוצים כאחד היחידים במדינה וידעו להוקירם ולתמכם למען יוכלו עמוד – המו"ל.

במאמרו מציג הרב מוהליבר עמדות תלמודיות הסותרות את הטענות שפורסמו בעיתון 'הקול'. הוא אף קובע כי האמירות בתלמוד שמהן ניתן להסיק על גזענות ויחס לא מוסרי כלפי לא יהודים הן אמירות שאינן רלוונטיות לנוצרים בימינו מכיוון שהן מתייחסות ל"פראים שהיו אז אשר מלאו את הארץ חמס", וממילא לא חלות על "הנוצרים בזמנינו אשר שמו להם צדק לקו והיושר למשקלת, ורובם לבבם רק טוב לישראל, ומטיבים אתנו ככל יכולתם".[2]

מַצרף לכסף וכור לזהב ובוחן לבות ה'. מרע מקשיב על שפת אָוֶן שקר מזין על לשון הַוֹּת (משלי יז, ג-ד).

ראיתי לדאבון נפשי את אשר התגולל עלינו המ"ע [מכתב עִתי, עיתון] "ГОЛОСЪ" [גולוס][3] בנומער [מספר] 191 מיום 7 טאן נאיאבער [בנובמבר], ולו לא ראו עיני את כל הכתוב בו, לא נתתי אמון אשר בדור הנאור הזה יובא בקהל דברי רוח כאלה. קוטב דבריו המה "כי התלמוד מקור משחת הוא, בו מבואר כי כל איש אשר ממעי יהודה לא יצא מותר להונו לגוזלו ואף לרוצחו נפש, והפאנאטיזמוס [פנאטיות, קנאות] מלא כל חללי התלמוד, לאמר כי רק ישראל המה אנשים, וזולתם ילידי רוח ומעשי תעתועים המה" ולאמת את דבריו הציג לפנינו מאמרי התלמוד המורים על זה.

על היסוד כזב הנ"ל בנה טיח תפל, לאמר כי עם ישראל גם

2. עמדה זו מזכירה את עמדתו של המאירי (שכתביו לא פורסמו בחיי הרב מוהליבר). לדיון מפורט בסוגיה זו ראו אברהם, על היחס לגויים.
3. בתרגום לעברית: הקול (קול העם). מדובר בעיתון יהודי שביטא דעות ליברליות מתונות. העורך היה א' קרייבסקי. תפוצתו בשנת 1877 (כחמש שנים אחרי פרסום המאמר הזה) הייתה עשרים אלף עותקים. נסגר בשנת 1884 בלחץ המשטרה.

בדור הנאור הזה נשרשו אצלם הדעות הנשחתות מבעלי התלמוד, על כן לא עַם בינות הוא ובגוים לא יתחשב.

עתה אשאל את שופט צדק הלז, לו היה יסוד הנחתו אמת אשר בתלמוד נמצאו מאמרים זרים כאלה, מאין הולידו עשתונותיו אשר גם אנחנו הולכים בעקבי המאמרים האלה? ומה לו לחפש דעות ומאמרים שנאמרו באחרית האלף הרביעי או בראשית האלף החמישי לבריאת העולם, ולדון מזה על רוח בני יעקב היום. הלא עוד מראשית האלף הששי ביכולתו למצוא דעות כאלה בספרי כנסיות אמונות אחרות, ולא במאמר רק בפועל, מי יוציא משפט מעוקל להאשים את הדור החי השומר אמונים לעיקרי האמונה האלה? עלינו להודות לה׳ אשר ימי הביניים כלו בחשך וילכו, ובדורות האלה התנערו כל העמים לחיים חדשים, חיי חופש ודרור, חיי צדק ויושר, ורק את הטוב קבלו מאבותיהם אבל לא את הרע. ואם כן איפוא מדוע זה רק עם ישראל יצאו אצלו מן הכלל, ליחס להם גם היום את הדעות הנשחתות, אשר מצא לפי דעתו בתלמוד, אשר נכתבו זה מכבר כאלף וחמש מאות שנה. גם אנחנו רק את הטוב נקבל, אבל לא את הרע, וכל חפצנו ותקותנו היום הוא, אשר כל ברואי עולם יחיו בשלום ואהבה, בצדק ובמישור, בלי הבדל דת; ילך לו איש איש בשם אלהיו, אבל לא יטה אשורו מדרכי הצדק והחסד.

כל זה יש לנו להשיבו אף אם היו כנים דברי תלונותיו על התלמוד כי מצא בו דעות נשחתות כאלה. אבל מה אומר ומה אדבר, אחרי כי הכותב הלז אינו יודע בדברי התלמוד בין ימינו לשמאלו, ויגשש בם כעיוור באפלה, ובשגגה או בזדון הפך אור לחשך ומתוק למר.

והנני מתכבד להביא לפני הקוראים מאמר אחד מן התלמוד אשר יהיה די והותר לסתור את כל חלומותיו ותואנותיו, וזה תוארו: "היה רבי מאיר אומר מנין שאפילו גוי ועוסק בתורה שהוא ככהן גדול שנאמר: 'אשר יעשה אותם האדם וחי בהם',[4] כהנים ולוים וישראלים

4. ויקרא יח, ה.

לא נאמר אלא 'האדם', הא למדת שאפילו גוי ועוסק בתורה הרי הוא ככהן גדול".[5] והתלמוד מפרש שם שזהו כשהגוי מקיים שבע מצוות דידיה. והנה מאמר זה הוא מוסכם בתלמוד בלי חולק, והוא שנוי בשלשה מקומות.[6]

והשבע מצות של בני נח כבר מבואר שם בסנהדרין אשר המה: א) עבודת אלילים; ב) ברכת השם; ג) גילוי עריות; ד) שפיכות דמים; ה) גזילה; ו) דינים; ז) אבר מן החי; וכולם הם מצות שכליות, אשר אין גם אחד מהעמים הנאורים אשר לא יודה עליהם, וכולם מוזהרים עליהם בעונשים חמורים. אם כן איפוא על פי דברי התלמוד אין שינוי הדת גורע מעלת האדם כלל, יהיה מאיזה דת שיהיה, אם הוא מקיים רק המצות השכליות אשר הסכימו עליהם כל יושבי תבל, הרי הוא נעלה בערכו, עד שכהן גדול היותר קדוש ומכובד אצלנו אין לו יתרון עליו.

המאמר הלז יפיץ אותו על שיטת בעלי התלמוד ודרכם הישרה, והוא כי לשיטתם מטרת הדת ותכליתו הוא רק שילך האדם בדרך צדק ומישור, וכמבואר אצלם בכמה מקומות. אמרו "דעלך סני לחברך לא תעביד [מה שעליך שָׂנוּא אל תעשה לחברך], זו היא כל התורה כולה ואידך פירושה הוא".[7] "קשה עונשן של מדות יותר מעונשן של עריות".[8] "חזר ישעיה והעמיד (כל התורה כלה) על שתים, שנאמר 'כה אמר ה' שמרו משפט ועשו צדקה'[9]".[10] על כן האדם שהולך בדרך צדקה ומשפט, אין לבן ישראל יתרון עליו, ואף להיותר קדוש מאתנו.

עתה אשאל את האנשים המחפאים [המעלילים] עלינו דברי בלע כי התלמוד הוא בעוכרינו להרחיקנו מהציוויליזאציע [ציוויליזציה], הלא עליכם להודות כי הציווליזציאן היותר נעלה, וכאשר אולי עוד

5. בבלי סנהדרין נט ע"א.
6. שם; בבא קמא לח ע"א; עבודה זרה ג ע"א.
7. בבלי שבת לא ע"א.
8. בבלי יבמות כא ע"א.
9. ישעיהו נו, א.
10. בבלי מכות כד ע"א.

יעברו מאות שנים עד אשר ישיגוה כל יושבי תבל, כבר זכו בה בעלי התלמוד וישימוה לחוק בישראל.

עתה איפוא כל תלונת הכותב על מאמרי התלמוד כלו בהבל וילכו, כי המאמר הנזכר הורנו לדעת אשר בכל מקום שדברו מעכו"ם [עובדי כוכבים ומזלות] הוא על אותם הפראים שהיו אז, אשר מלאו את הארץ חמס, ובעלילותיהם הנתעבות השחיתו את דרכיהם למאוד, עד כי היו גרועים מחיתו יער, ולטובת חברת האנושי וקיומו היתה אחת דתם לבערם מן הארץ. אמנם יען כי נטל אז מעמינו הכח לדון דיני נפשות הזהירו חכמינו שהגם שאין ביכולתנו לתקן את העולם ולבער עושי רשעה כאלה, עם כל זה לא נהיה עוזרים לרעה חלילה, לחזק ולאשר את משחיתי ארץ. על כן לא נטיב עמהם ואם יסתכנו לא נטרח בהצלתם וכדומה. ולא על בן דת אחרת בלבד אמרו כן, כי גם בן דת ישראל אם יקבע פרנסתו מגזילה וחמס דינו כדין העכו"ם כמבואר בעבודה זרה "העכו"ם ורועי בהמה דקה (אף אם הם מזרע ישראל)[11] לא מעלין ולא מורידין"[12] והטעם שאז היה מנהג רועי בהמה דקה לפשוט ידם בחמס ולרעות את צאנם בשדות אחרים. ואף כי אולי הפריזו על המדה להעניש בעונשים כזה על גזילה, אבל הלא גם בזמנינו ימצאו מדינות אשר יענישו על גניבה וגזילה עונש מות בפועל. אם כן אין ליחס לאכזריות לבעלי התלמוד על אשר הורו שלא לטרוח בהצלת הגזלן, כי באמת המרחם על פועלי און ומשחיתי חברת האנושי לאכזר יחשב.

והנה כל מי אשר קרא בתלמוד בשים לב יודע היטב איך הכו החמלה והרחמים שורש בלבבם, ורחקו מכל אכזריות. אמנם לפני האיש אשר דברי התלמוד מוזרים לו, הנני מתכבד להביא פה מאמר אחד מדבריהם, למען יראה בעיניו, וזה תוארו:

מותר לעבוד בעבד כנעני בפרך. ואף על פי שהדין כך מדת

11. הסוגריים הם תוספת והדגשה של הרב מוהליבר, והן אינן חלק מהגמרא.
12. בבלי עבודה זרה כו ע"א.

> חסידות ודרכי חכמה שיהיה אדם רחמן ורודף צדק ולא יכביד עולו על עבדו ולא יצר לו, ויאכילהו וישקהו מכל מאכל ומכל משתה... וכן לא יבזהו ביד ולא בדברים, ולא ירבה עליו צעקה וכעס, אלא ידבר עמו בנחת וישמע טענותיו וכן מפורש בדרכי איוב שהשתבח בהם: "אם אמאס משפט עבדִי ואֲמָתִי בריבם עמדי, הלא בבטן עושני עשהו ויכוננו ברחם אחד",[13] ואין האכזריות והעזות מצויה אלא בעובדי אלילים,[14] אבל זרעו של אברהם שהשפיע להם הקב"ה טובת התורה וצוה אותם בחוקים ומשפטים צדיקים, רחמנים הם על הכל...[15]

וכמדומה לי שמאמר זה מספיק לברר את נועם מוסרם ומדותיהם הנעלות.

עוד זאת אף העובדי אלילים הפראים אשר היו בזמנם, אם כי היו גרועים מחיתו יער, עם כל זה אסרו בעלי התלמוד לעשות להם שום עוול בפועל, וז"ל הרמב"ם:[16]

> אחד הנושא ונותן עם ישראל או עם עובדי אלילים אם מדד או שקל בחסר עובר על לא תעשה וחייב להחזיר, וכן אסור להטעות את העובד אלילים בחשבון אלא ידקדק עמו, שנאמר "וחשב עם קונהו"[17] אף על פי שהוא כבוש תחת ידיך, קל וחמר לעובד אלילים שאינו כבוש תחת ידיך והרי הוא בכלל "כי תועבת ה' אלהיך כל עושה אלה".[18]

13. איוב לא, יג-טו.
14. כך ציטט הרב מוהליבר. הנוסח בכתבי היד הוא "בגויים הערלים". מאחר שאיננו יודעים מה היה הנוסח המצונזר שהיה לפני הרב מוהליבר, לא הערתי על כך גם בשאר הציטוטים שבמאמר זה.
15. רמב"ם הלכות עבדים ט, ח. הרב מוהליבר ציין לרמב"ם זה והוסיף שמקורו מירושלמי פרק החובל (בבא קמא ח, ד).
16. רמב"ם הלכות גנבה ז, ח.
17. ויקרא כה, נ.
18. דברים כה, טז.

וכתב בהגהת מיימוני וז"ל "הגוזל את העכו"ם חייב להחזיר לו, דחמור גזל העכו"ם מגזל ישראל מפני חילול ה'".[19] רק השבת אבדתם או טעותם שטעו מעצמם, שעל פי חוקי הממשלה בזמנם לא היו חייבים להחזיר, דאם לא כן הא כבר פסקו בגיטין "דינא דמלכותא דינא",[20] ורק ממדת חסידות היו מחזירים. על כן אמרו שאין לנו להתחסד עם אנשים רעים וחטאים כאלה, ועם כל זה לקדש את ה' חייבו להחזיר גם להפראים האלה, כמו שכתב הרמב"ם וז"ל "אבידת עובד אלילים מותרת... ואם החזירה לקדש את ה' כדי שיפארו את ישראל וידעו שהם בעלי אמונה הרי זה משובח. ובמקום שיש חילול השם אבידתו אסורה וחייב להחזירה".[21]

אחרית דבר, מכל אשר כתבנו מבואר היטב שיטת התלמוד הישרה, כי אף לאותם העובדי אלילים הפראים אוכלי אדם שהיו בזמנם אסרו לעשות שום דבר עול בפועל, רק אבידתו וטעותו שעל פי דינא דמלכותא אז זכה בה המוציא, לא חייבו לישראל להתחסד עמהם, עם כל זה לקדש את ה' חייבו להשיב גם להם טעותם ואבידתם. אבל המתהלך בצדק ובמישור אף שהוא בן דת אחרת הרי הוא כישראל היותר גדול וקדוש, ואף שלא קבלנו מאתו שום טובה ותועלת כלל. על אחת כמה וכמה מחוייבים אנחנו לכבד ולאהוב את הנוצרים בזמנינו אשר שמו להם צדק לקו והיושר למשקלת, ורובם לבבם רק טוב לישראל, ומטיבים אתנו בכל יכולתם. ואף כי הממשלה הרוממה אשר אנחנו חוסים בצלה, אשר הגדילה חסדה עמנו להרימנו משפל מצבנו ולהשותנו עם יתר בניה, הלא חוב קדוש עלינו לעבדה באמת ובתמים וכל אשר ביכולתנו לא יכבד עלינו להקריב על מזבח אהבת ארץ מולדתנו. התורה חייבה אותנו לבלי להיות כפויי טובה, וזאת נתאמץ להראות לעין כל לעת מצוא.

אמנם המ"ע "голосъ" רק שנאתו לישראל מדברת מתוך גרונו

19. הגהות מיימוניות הלכות גזלה א, ב.
20. בבלי גיטין י ע"ב, ובעוד מקומות.
21. רמב"ם הלכות גזלה ואבדה יא, ג.

ועליו נמליץ הכתובים שהבאנו מראש מאמרנו "מצרף לכסף וכור לזהב ובחן לבות ה'"[22] כי ה' יראה ללבב, לפניו גלויות כל תעלומות שונאינו ומנדינו. אמנם מכותלי מכתבו נכיר גם אנחנו את רוע לבבו, כי "מרע מקשיב על שפת און, שקר מזין על לשון הות".[23]

שמואל בהרב מוהרי"ל מאהליוועד
שהיה אב"ד דק"ק סובלאק וכעת אב"ד דפה ראדאם והגליל.
ג' כסלו תרל"ג.

22. משלי יז, ג.
23. שם, ד.

סימן ו

ענייני חינוך ותרבות

אף שבדבריו על ההשכלה ועל היחסים עם המשכילים הרב מוהליבר הדגיש כל העת את חשיבות האחדות בין החרדים והמשכילים, הוא לא נרתע מלהתעמת ולמתוח ביקורת על פעילות המשכילים, במקרים שבהם חשב שיש הכרח לעשות זאת. עימותים אלו הציבו את הרב מוהליבר לא אחת בעמדה מורכבת.

אחד המקרים המעניינים שבהם ניצב הרב מוהליבר בעמדה מורכבת כזו היה יחסו לאגודת 'בני משה'. את האגודה ייסד אשר צבי גינצברג ('אחד העם') בשנת תר"ן (1889), כאופוזיציה להנהגה של חובבי ציון. מטרות האגודה היו להעתיק את מרכז הכובד של הציונות מהמעשה ההתיישבותי לתחום החינוך ולעבודה במישור הרוחני והערכי.[1]

ישנם קווי דמיון רבים בין תנועה זו ותנועת 'המזרחי' שהקים הרב מוהליבר עצמו בשנים הללו עקב חוסר שביעות רצונו מהנהגת חובבי ציון. עם זאת, שלא כ'מזרחי', אגודת 'בני ציון' היו משכילים חילונים שביקשו להשתחרר מכבלי הדת והרבנים. אף על פי כן, הרב מוהליבר קשר קשרים טובים עם חברי האגודה, והם תמכו זה בזה בהזדמנויות שונות. למשל, כשאגודת 'בני משה' ספגה מתקפות קשות מחוגים חרדים ירושלמים הרב מוהליבר שלח מכתבי תמיכה באגודה, ובהם כתב:

> שלפי ידיעתי אותה לכל פרטיה אין בה שום דבר המתנגד ח"ו לדתנו אף שמץ קל, ומטרת האגודה היא רק לאחד את הלבבות ולאגד את אחינו

1. ראו שטיין־אשכנזי, אגודת 'בני משה'.

> שבגולה לאגודה אחת, לתמיכת ישוב ארץ ישראל, וישוב ארץ ישראל היא חזוק הדת היותר גדול![2]

למרות תמיכה זו, במכתבים הפרטיים לד"ר משה שטיין, ראש אגודת 'בני משה' ביפו, מתח הרב מוהליבר ביקורת נוקבת על מעשים מסוימים שנקשרו לפעילות העמותה.

האיגרות הן משנות ה־90 של המאה ה־18, כ־20 שנים אחרי שנכתבו רוב המאמרים בשער זה.

א. התיאטרון ביפו

בחול המועד פסח תרנ"ד (1894) העלתה חבורת חלוצים חובבת את המחזה 'שולמית' מאת אברהם גולדפדן בבית החרושת של ליאון שטיין ביפו. אירוע זה נחשב אחת מהסנוניות הראשונות של התיאטרון ביישוב העברי המתחדש.

כשבוע לאחר מכן דווח בעיתון הצפירה על האירוע:

> נערך ביפו בחול המועד פסח העבר תיאטרון או במת ישחק, ובטח יקיפוני בשאלות כתנורו של עכנאי: לשמחה מה זו עושה? מה צורך לאחינו בתיאטרון בעת הרעה והמרה הזאת? האמנם השתכללו כל ענייני הישוב בארצנו הקדושה וכבר הגיעו למרום קץ השתלמותם? [...] האמנם מצב אחינו פה איתן ומשוכלל כל כך עד אשר יעזבו את הדברים המועילים והנשגבים העומדים ברום עולמם ועסקו בחיי שעה בתערוכת כלובים ותיאטרונות למשחק ושעשועים? כה תשאלוני חביבי הקוראים וגם תצדקו בשפטכם! אמנם כן, גם בלב רבים מיושבי עירנו העיר רעיון תערוכת תיאטרון שאלות מרות כאלה, ורבים התלוננו על הדבר הזה, בנתנם עוד טעם אחר לתלונתם, כי תיאטרון, אשר משחקיו היו בחורים ובתולות מבני עמנו, ימשוך עליו את חמת עם הארץ המביט בשבע עינים על

2. מכתב הרב מוהליבר אל נחום גרינהאויס, ז' באדר תתכ"ה (1894). מצוטט אצל שטייך־אשכנזי, אגודת 'בני משה', עמ' 56.

כל דרכי אחינו החדשים, הליכותיהם ומנהגי חייהם, ונתן מקום להערבים לאמר, כי מפירים העברים החדשים פה במעלליהם חק המוסר והצניעות ופורצים גדר הדרך ארץ והנימוס, אחרי אשר תערוכת תיאטרון לא תתכן אצל עם הארץ מצד דתו וגם מצד נמוסי הארץ שהוא יושב בה.[3]

הרב מוהליבר קרא את הדיווח בעיתון הצפירה, והגיב במכתב חריף לד"ר מנחם שטיין, ראש אגודת 'בני משה' שהיה גם רופא המושבה מזכרת בתיה (שכזכור, היתה קרובה מאוד לליבו של הרב מוהליבר שיזם את הקמתה). מלבד זאת הוא היה גם אחיו של ליאון שטיין, בעל בית החרושת שבו הועלתה ההצגה. במכתבו מציין הרב מוהליבר לא רק את התנגדותו להופעה ולעיתוייה, אלא גם מציין שהוא מקווה שהדבר לא קשור לפעילות 'בני משה', שכן פעילות זו עלולה לפגוע בתמיכה שמקבלת האגודה ובשיתוף הפעולה איתה.

בעזה"י י' סיון תרנ"ד

אל כבוד החכם השלם, נכבד ונעלה, אוהב עמו וארצו ד"ר שטיין נר"ו [נטריה רחמנא וברכיה] ראש הנהגת 'בני משה'

קראתי באחד מגיליוני הצפירה אודות התיאטר אשר נעשה בעיר יפו בחול המועד פסח וירגז לבי בקרבי. עת צרה היא ליעקב בכל מקומות מושבותיו, ברומניא ובמאראקא[4] וברוב ארצות אירופה אחינו נאנחים ונאנקים, ובארץ ישראל בעיר יפו הזקוקה לתמיכת אחינו שבגולה שמחים על מחזות שוא ומדוחים[5] ובריקוד מרקדים.

בארץ ישראל שנאה מתלקחת בין אחים בני אב אחד ועל כל

3. **הצפירה**, תרנ"ד (22.5.1894), גיליון 104.
4. כנראה הכוונה למחוז מארקה באיטליה הגובל במחוז אמיליה־רומאניה בצפון.
5. ע"פ איכה ב, יד: "ויחזו לך משאות שוא ומדוחים".

שעל וצעד אלפי עינים רעות מביטים לחרחר ריב ולבטל הישוב והנה ששון ושמחה, תוף וחליל ובמת ישחק. הטוב הדבר הזה? האם נוכל לתאר את הרעות הכרוכות בדבר הזה? קנאה מעבר יושבי הארץ הערביים, קנאת הדת והמוסר, שנאה מעבר מזה מאחינו החרדים היושבים בארצנו ושאט נפש מרוב אחינו שבגולה אשר קראו הדברים בהצפירה. והתוצאות? אוי לי אם אומר!

בטוח אנוכי כי יד 'בני משה' לא היו במעל הזה, המה לא לקחו חלק בעריכת המחזה ובמכירת הביולֶטין [עלונים], בטוח אני כי המה משתדלים כי בל ימצא העם החרד על דת ד' בהם מגרעות וביחוד מורי בית הספר אשר עיני האבות והבנים אליהם מביטות משתדלים להפיק רצון מאת כל הקהל הקדוש בית ישראל, בטוח אנוכי כי 'בני משה' שומרים את תקנתם המצוה עליהם: "לשמור דגל האגֻדה מחללו על ידי מעשים מתנגדים לחוקי המוסר או **המשפילים כבוד עושיהם בעיני העם אשר סביבותיו**" (סימן ג' אות ג').

בטוח אני בכל אלה, אך פן ואולי לקחו גם המה חלק מה בעריכת התיאטר ידעו לכל הפחות את המעוות אשר עשו ויזהרו על ימים הבאים בל עשות ככה, ומכל דבר אשר ימתח עליהם קו חשד, ואף בהנהגתם הפרטית עליהם להתנהג באופן שלא תהיה דבתם רעה, ואל יתנו חרב חדה בידי שונאי הישוב בכלל ומתנגדי 'בני משה' בפרט, הלא קיימו וקיבלו עליהם בכל תוקף כי "כל איש פרטי כמהו כאין, וכולנו למגדול ועד קטן צריכים לכוף ראשנו ולהיות עבדים נרצעים להרעיון הקדוש אשר לאורו נתגדל ונתקדש גם אנחנו ועל מזבחו עלינו כולנו להיות עולות כליל תמימות ושלמות מבלי כל פניה צדדית".

יסלחו לי על אשר באתי אנוכי לשחרם מוסר [...][6] לא אנוכי אבקש אותם על זה, כי אם אהוב נפשנו הרעיון הקדוש, אשר יקר להם כמו לי ואשר רבים קמו עליו להבאישו בעיני העם בהראותם באצבע על מעשי נושאי דגלו. אנוכי אמנם לא אאמין בכל דברי

6. בכתב היד ישנה תוספת שאינה ברורה.

השוטנים, אבטח בתקנותיהם הטובות כי ישמרו אותן כמו שהן ולא אפחד מדבת רבים, אך סוף סוף עליהם לדעת כי עיניים רבות מביטות אליהם ועליהם להיזהר בכל מעשיהם ודרכיהם הכוללים והפרטיים, והיו נקיים מה׳ ומישראל, נקיי מעש והצנע לכת.

כן אבקשם לבל יגרמו נזק חס ושלום להתלמוד תורה. שני הבתים האלה, בית הספר ותלמוד תורה,[7] נחוצים לעמנו ואין בית זה נוגע בחברו כמלוא נימא. ישנם אבות אשר לא ישלחו בניהם לבית הספר ולהם דרוש בית תלמוד תורה ולהפך.

כדברים האלה כתבתי גם למנהלי תלמוד תורה כי לא יצררו את בית הספר וכן אבקש גם אותם. יחזק חד אחד ויהיו שניהם לתפארת בישראל. ישכן ד׳ אחדות בין בני עמנו, לא ישנאו ולא ישטנו איש את רעהו וירים קרן עמנו בכבוד. חנוך הבנים דבר נכבד הוא העומד ברום עולמנו ומפי עוללים ויונקים ניסד בעזרת ד׳, **עוז** עמנו, אך מתי ד׳ **עוז לעמו** יתן, בעת שיברך את עמו **בשלום**. גדול כוח השלום מכל הכוחות האחרים והכוח הזה עלינו לשמור מכל משמר.

יהי נועם ד׳ עליהם ומעשי ידיהם יכונן לתפארת עמנו וארצנו, תורתנו וכל קודשינו כעתירת ידידו המקוה להתבשר מאתם כי כל ענין התיאטר ביפו הוא דבר בדוי או לכל הפחות שנעשה שלא ברצונם ושישגיחו על להבא שלא יקרה עוד דברים כאלה.

והנני דורש שלומו באהבה
שמואל בהרב מוהרי״ל מאהליוועד

7. כוונתו כאן לבית הספר ותלמוד התורה ביפו. לפירוט על סוגיה זו ראו במכתבים הבאים בסעיף ב.

ב. בית הספר ביפו

בשנת תרמ"ו (1886) נפתחה ביפו ביוזמתו של הרב נפתלי הרץ הלוי ישיבת 'שערי תורה'. הרב מוהליבר נמנה עם מייסדיה של הישיבה והלימודים בה התנהלו על טהרת הקודש. כמה שנים אחר כך בשנת תרמ"ט (1889) נפתח ביפו בית ספר עברי פרטי ברוח אגודת 'בני משה'. ייחודו של בית ספר זה היה ששפת ההוראה בו בכל המקצועות הייתה עברית. בבית ספר זה למדו נערים ונערות מכל העדות את השפות צרפתית, ערבית ותורכית, והוא היה מעין כור היתוך ודוגמה לבית ספר לאומי מודרני. לאחר שבית הספר נקלע לקשיים שאיימו על קיומו, ביקשו פרנסי יפו מחברת כי"ח ('כל ישראל חברים') לסייע להם בהחזקת המוסד. חברת כי"ח הסכימה לסייע, ובתחילת שנת תרנ"ג (1893) פתחה בית ספר לבנים ומייד לאחר מכן בית ספר לבנות. בתי הספר הפיחו תקוות רבות בקרב תנועת חובבי ציון ובקרב היישוב היהודי בארץ ישראל, ורבים מבני המושבות עברו ללמוד בהם.[8]

כבר בשנת פעילותה הראשונה הכניסה חברת כי"ח שינויים בתוכנית הלימודים, שבאו בין השאר בעקבות החינוך הלאומי החילוני שחלק ממורי בתי הספר דגלו בו. השינויים באו לידי ביטוי בהפחתת שעות הלימוד של לימודי הקודש ובהחלפת שפת הלימוד לצרפתית במקום עברית.

בתי הספר החדשים משכו אליהם ביקורת עזה מחוגים חרדיים. עקב הפחתת שעות הלימוד של לימודי הקודש מתוכנית הלימודים הופצו שמועות בקרב קהילות ישראל באירופה, כי בתי הספר ביפו מחנכים את ילדי ישראל לאפיקורסות.

בעקבות זאת כתב הרב מוהליבר מכתב חריף לד"ר מנחם שטיין, ראש אגודת 'בני משה'. במכתב זה דרש למנות רב חרדי לבית הספר, ולא לאפשר דריסת רגל להשקפות חילוניות במוסד. כמו כן ביקש להימנע מפגיעה בתלמוד התורה המקביל שנפתח ביפו. כשנתיים אחרי מכתבו לד"ר שטיין פנה גם פנה בנושא זה לחברת כי"ח. שני המכתבים הללו מובאים כאן.

8. על בתי הספר ביפו ראו אלבוים־דרור, החינוך העברי, עמ' 122–152; קניאל, המשך ותמורה, עמ' 141–142.

1. איגרת לאגודת 'בני משה'

בעזה"י ערב חג שמחתנו התרנ"ה

כבוד החכם הנכבד אוהב עמו וארצו באמת ובתמים כו' ד"ר שטיין נר"ו ראש הנהגת 'בני משה', ואתו עמו כל חובבי ציון הלוקחים חלק בהנהגה זו.

זה ימים רבים אשר אמרתי לכתוב לכבודו הרם בדבר בית הספר ביפו עיר הקודש, אשר לא טובה השמועה שעם ה' מעבירים עליו.

עוד בראשית החורף הבטיחני מר אייזנשטייד, כי יקחו **רב חרד** למורה דת ולמשגיח על כל הלימודים הקדושים כי יהיה הבית הזה **עברי** במלוא מובן המילה, והנה ימים רבים כבר עברו, אין **רב חרד** ואין **תלמוד** בבית הספר, והדיבות הרעות עליו הולכות ורבות. נפשי היתה מרה עלי על הדבר הזה. "מה זאת?" **אנשים עברים מייסדים בארץ העברים מכסף העברים בית ספר עברי לילדי העברים** והנה אינם מתיעצים ברבני העברים ואינם לומדים את **התלמוד** הקדוש לנו, נשמת אפנו ויסוד אמונתנו?

ללמד את בני עמנו צרפתית ושאר ידיעות יש בעדם בתי ספר בארצות הגולה, ובית ספר בארץ קדשנו מה לנו?

ומה כל הרעש הזה במכ"ע [במכתבי עיתים, בעיתונים] ובמחנה ישראל? חשבתי דרכי איך לתקן את המעות הגדול הזה: כי תמנו **רב חרד** למורה דת ולמשגיח על כל הלימודים הקדושים וכי **מורי לימודי קדש יהיו חרדים לדבר ה' והעם לא יציאו לעז עליהם**. אך פתאום קפצו עלינו כתבי פלסתר החפצים להרוס את כל הישוב כולו ח"ו באשמת בית הספר. לדבריהם, ואהי מוכרח להודיע דעתי כי כפי ששמעתי אנכי, זה שנה, בית הספר טוב ואין בו אף שמץ פסול, אך באמת רבו **כעת** האנשים הדוברים עליו סרה על תוכן לימודי הקודש ועל **מוריו**, ובין האנשים האלה נמצא גם נאמנים אשר יש לסמוך על דבריהם ואם כן אפוא אמצא חובי לנפשי להכניס ראשי ורובי בעניין הנכבד הזה לחנך את בני הדור הבא בארץ קדשנו "על יסודי **הדת** עבודת האדמה והשכלה לאומית", ולא אשקוט ולא אנוח עד מקום

שיכולתי מגעת כי **דתנו תהי היסוד הראשון** של "בית הספר העברי ביפו שער ציון" (ואל תאמרו כי יחסר לכם כסף למטרה זו, אם הבית הזה ימצא חן גם בעיני החרדים תרבינה הנדבות לטובתו אלף מונים). אך כאשר 'בני משה' בעצמם בווילנה ובוורשה כבר הכירו את המעוות והחיסרון ושלחו לכם מחאה ובקשה הנני מבקש אתכם לשית לב לדבריהם הטובים ולתקן כל בדק ולסתום כל פרץ ולא תיתנו מקום לצוררי היישוב להתנפל עליכם והשתדלו כי הבית הזה יהיה לכם ולתפארת לדתנו עמנו וארצנו.

תקוותי חזקה כי דברי היוצאים מן הלב ייכנסו אל לבכם ושלום על ישראל וארצו. למענכם אחכה.

אקווה כי תקבלו הדברים היוצאים מלב עמוק לטובת בית הספר ותלמידיו לעשות על הצד היותר טוב, אחיכם הדורש שלומכם והצלחתכם באמת.

שמואל בהרב מוהרי"ל מאהליוועֶר

2. איגרת לחברת 'כל ישראל חברים'[9]

לכבוד ועד חברת 'כל ישראל חברים', פריז.

מכובדַי,

הדבר שהניע אותי לפנות אליכם במכתב זה הוא השמועה שנפוצה כי חברת 'כל ישראל חברים' מתכוונת להכניס שינויים בתוכנית הלימודים של בית הספר היהודי ביפו – שינויים שיתבטאו בהגבלת לימודי היהדות ובהפחתת הנושאים העבריים.

רבותיי! זה שנים רבות צועדת אומתנו לקראת הקִדמה. כל האוניברסיטאות ובתי האולפנה הגבוהים מלאים נוער יהודי, אך בעת ובעונה אחת מורגשת, לדאבוננו הרב, נסיגה ברוח היהדות. האידאלים הנשגבים שבגללם סבלו אבותינו רדיפות כה רבות, ההיסטוריה המפוארת שלנו, שפתנו העברית – כל זה נשכח מלב הנוער שלנו לאט לאט, ומול שנאת ישראל האופפת אותנו לא נשאר לו, לנוער שלנו, שום דבר שיכול לעודדו ולהפיח בקרבו עוז וכוח הנחוצים לו.

מחוץ לזה קיימת גם רעה חולה שממנה סובל עמנו רבות והיא אי היכולת של יהודים מארצות שונות להבין איש את רעהו, העדר לשון יהודית משותפת היא לשון היהדות. משום כך, כשנוסד בית הספר ביפו היו עיני כל עמנו נשואות אליו באהבה ובערגה.

בתי ספר שבהם נלמדים מדעים אלמנטריים ושפות אירופאיות קיימים במספר רב, ולא אלה הם היסודות היכולים למשוך את עיני עמנו לאותו בית ספר. הרי דווקא יחודו של אותו בית ספר, פרצופו המיוחד, הוא הוא שציין אותו לשבח.

שמחה מלאה כל לב יהודי בהיוודע לו כי בארץ ישראל, ערש עברנו המפואר שאליה מופנות תפילותינו הלוהטות מזה אלפיים שנה – **בארץ ישראל נוסד בית ספר שהשפה השלטת בו היא עברית, בית ספר שבו ילדי ישראל מהמזרח ומהמערב, מאירופה ומאסיה, מדברים בשפה אחת, היא שפת נביאנו.**

9. איגרת זו נכתבה במקור בצרפתית.

קיווינו כי בית ספר זה יגדל דור שיהיה מצויד בידיעות הנחוצות לכל אדם באשר הוא **אדם**, אך בעת ובעונה אחת יהיה זה בית ספר **יהודי** שלם שישמש דוגמה למוסדות אחרים. בגלל זה גילו היהודים התעניינות כה ערה בבית ספר זה והעלו את שמו בעת שמחותיהם המשפחתיות בתורמָם תרומות למענו.

שמחנו בהיוודע לנו שחברת 'כל ישראל חברים' פרשה את כנפיה על בית ספר זה והקציבה סכום ניכר להקמת בית בעבורו.

רבותי! מובטחני שחברת 'כל ישראל חברים' שהציגה לפניה כמטרה נעלה את העלאת רמתם של היהודים והיהדות לא תרצה עכשיו להקטין את תוכנית הלימודים של הנושאים העבריים ועל ידי כך לשנות את פניו של בית ספר זה שחיבבוהו על מיליוני אחיו.

אני מקווה שנפלה כאן רק איזו אי־הבנה ומקווה אני להיוודע מכם כי הידיעה הנ"ל שנפוצה לא הייתה אלא שמועת שווא.

אודה לכם אם תכבדוני בתשובתכם.

מכבדכם
שמואל מוהליבר רב ראשי של העיר ביאליסטוק
28 באפריל, 1897.

סימן ז
יראה ודרך ארץ

סימן זה הוא פרק המופיע בחוברת ליקוטים מתוך כתבי יד של הרב מוהליבר, בשם 'דעותיו והשקפותיו של רבי שמואל מוהילבר ז"ל' שפרסם נכדו הד"ר יוסף מוהילבר במלאות עשרים וחמש שנים לפטירתו.[1]

הפרק 'יראה ודרך ארץ' עוסק בנושאים שנזכרו בסימנים הקודמים – היחס לתנועת ההשכלה, ניתוח מצב העם היהודי בגולה ודרכים בהן ניתן להיטיב אותו.

הקטע הראשון משנת תרל"ו (1876) עוסק בדרך המשטר הראויה, ובו מציג הרב מוהליבר כמה נימוקים להעדפת המשטר הדמוקרטי על המלוכני. בסוף דבריו מגיע הרב מוהליבר למסקנה ש"הסדר וההנהגה הם הכרחיים לעם".

לאחר דיון זה באים מספר קטעים המציגים את המצב הנוכחי של העולם היהודי הנעדר סדר והנהגה. בקטעים אלו הרב מוהליבר מרחיב את הדיבור על המצב המוסרי הירוד של העולם היהודי כפי שהוא רואה אותו, תוך שהוא מדגיש את חוסר ההקפדה על מצוות של בין אדם לחברו.

חלק מרכזי בתוך פרק זה נכתב בשנת תרל"ד (1874), ובו הרב מוהליבר מפרט את מצב עם ישראל בתורה, וכן את מצבו במידות ובדרך ארץ (מתחיל בכותרת 'חילול השם'). הרב מוהליבר מתאר בו תמונת מצב קשה, כשהוא מאשים באחריות למצב זה את "התועים או המתעים" שאינם מבחינים בין "חוקות הגויים הקדמונים לעבודה זרה אשר הוזהרנו על זה שלא לילך בחוקותיהם" לבין "חוקי דרך ארץ הנוהגים בין הגויים

1. על חוברת זו ראו להלן בהקדמה לשער השלישי, עמ' 341.

אשר אנחנו יושבים בתוכם". קטע זה מסיים בנימה פסימית: "אוי לנו כי ברוב אולתנו שגינו ונקוה לאור והנה חושך וכאין עינים נגששה".

דברים אלו ממחישים את תמונת המצב הבעייתית של העולם היהודי, כפי שראה הרב מוהליבר, שהניעה אותו לקרוא לרפורמות ביחס להשכלה כפי שהובא בסימנים הקודמים.

יראה ודרך ארץ

תרל"ו

והיה מספר בני ישראל כחול היום אשר לא ימד ולא יספר והיה במקום אשר יאמר להם לא עמי אתם יאמר להם בני אל חי וגו' וארשתיך לי לעולם וארשתיך לי בצדק ובמשפט ובחסד וברחמים וארשתיך לי באמונה וידעת את ה' (הושע ב, א; כא-כב).

יראה ודרך ארץ שתיהן מוכרחות לאושר האדם, כמו שכתוב "דרך ארץ קדמה לעולם",[2] ואם כן מתאימות הן לא תפרדנה. אבל אם נתרגם המלה "דרך ארץ" בלשון לע"ז כפי שיכנוה היום "צִיוִילִיזַאצְיֶע",[3] הלא רבים יתמהו על דברינו לאמר מה ליראה בת השמים עם הציוויליזאציע בת התופת? אבל צדקתי בכל זאת בדברי, ואם הולכי לאור הציביליזאציה אולי סרו מהדרך הישרה ויעקמו ארחותם, אבל לא בה האשם. כי מה היא הציביליזאציה האמתית אם לא סדר והנהגה ישרה בכל דבר ודבר שאנו עושים כיאות לו בצדק ובמשפט? והנה על סדר והנהגה

2. ראו ויקרא רבה פרשת צו, פרשה ט, ג.
3. ציוויליזציה – "נאורות, רמת ההתפתחות התרבותית... הגבוה בשלושת השלבים של התפתחות האנושות: פראות, ברבריות, ציוויליזאציה" (פינס, מילון לועזי עברי).

ישרה כבר באה האזהרה בתורה, כמו סדר השבטים לדגליהם, ואמרו על זה במדרש רבה שדבר זה למדו ממלאכי מעלה.[4] והורו אותנו בזה כי הנהגת כל דבר בסדר נכון הוא ענין נעלה ונשגב, כי כל הנהגת העליונים היא בסדר ומשטר. הן גם זאת ראינו, כי הסדר וההנהגה אשר הורה לנו ה׳ בתורתו הקדושה באו על צד השלימות היותר טובה, שלא יצמחו מזה חלילה רעה וכליון לְהַכְּלָל, דהנה בריש פרשת במדבר כתיב ״שאו את ראש כל עדת בני ישראל וגו׳ במספר שמות כל זכר וגו׳ כל יוצא צבא בישראל תפקדו אתם לצבאתם״ וגו׳.[5] לא נאמר ״פקדו״ או ״מנו״ וכדומה אלא ״שאו״, ובמדרש אמרו על זה שהוא מלשון נשיאות והרמה, והמלה ״צבא״ פירש הרמב״ן ז״ל[6] שהיא מלשון אסיפה וכנסיה, כלומר הראויים לבא באספת עם.

והנה בשמואל ב׳ כתיב: ״ויסף אף ה׳ לחרות בישראל ויסת את דוד בהם לאמר לך מנה את ישראל וגו׳, ויאמר המלך אל יואב שר החיל וגו׳ ופקדו את העם וידעתי את מספר העם. ויאמר יואב אל המלך וגו׳ ועיני אדני המלך רֹאות ואדני המלך למה חפץ בדבר הזה. ויחזק דבר המלך וגו׳ ויך לב דוד אֹתו אחרי כן וגו׳ ויתן ה׳ דֶבר בישראל״ וגו׳.[7] וכבר נתקשו כל המפרשים מה היה חטא דוד בפקדו את העם, הלא השם יתברך צוה כמה פעמים לפקד אותם בהיותם במדבר. ויש אשר רצו ליישב, כי השם יתברך הזהיר מפורש ״כי תשא את ראש בני ישראל לפקדיהם ונתנו איש כופר נפשו לה׳ ולא יהיה בהם נגף״ וגו׳,[8] אבל דוד פקד אותם בלי כופר, על כן היה הדֶבר בעם. והנה כבר הקשה הרמב״ן ז״ל,[9] דאם כן מדוע לא נטל יואב מאת כל אחד מחצית השקל למען לא ישלוט בהם הנגף, ומה היה לו להתנגד למלך בדבר שבנקל לתקנו. על כן נראה לעניות דעתי לבאר הכתובים

4. ראו במדבר רבה פרשה ב, ג.
5. במדבר א, ב–ג.
6. שם ד״ה ״כל יוצא צבא בישראל״.
7. שמואל ב כד, א–טו.
8. שמות ל, יב.
9. רמב״ן על במדבר א, ג, ד״ה ״כל יוצא צבא״.

על פי עומק פשוטם, ואם כי בכל דברי תורת הקודש יש דברים נעלים הרבה מהשגתנו, עם כל זה גם הפשט הפשוט הוא אמת.

הנהגת המדינה: כנסיה חפשית ושלטון יחיד

בהנהגת המדינה יש ב׳ הנהגות: (א) הנהגת כנסיה חופשית (רעפובליק); (ב) ממשלת מלוכה (מאָנאַרכיע). בכנסיה חׇפשית כל עניני המדינה נחתכים על פי רצון העם או באי כחם. בממשלת מלוכה כל עניני המדינה נחתכים על פי רצון המלך כי הוא מושל יחידי. והנה בכנסיה חׇפשית הפקודה לספור את העם היא רק לטובתם ולכבודם, למען יוודע שמות אזרחי הארץ הראויים לחוות דעתם בכל דברי המדינה, בכדי שיצא לאור בכל דבר מעניני המדינה אם הרוב מסכים לזה או לא. אבל בממשלת מלך, הפקודה לספור את העם היא רק לרצון המלך אשר יאבה לדעת מספר עבדיו אנשי מדינתו לעניני מס ולצבא החיל וכדומה. והנה ידוע כי מלכי קדם לפני אלפים שנה היו עריצים, אשר לפני מרביתם הלך שוד ורצח. אם כן איפוא כאשר עלה על רצון המלך לצוות לפקד את העם, כלם נבהלו ונמֹגו וחיל ורעדה אחזתם, כי חשבו שהמלך שואף לבלעם חיים הם ורכושם יחד, והפחד והבהלה הזאת פעלו מאד גם על רוח העם ובריאותו, ואף כי קרה לפעמים מלך חסד אשר לא חשב להרע לעמו, ותכלית המספר היתה לטובתם לעניני סדר והנהגה נכונה, אבל מהרגל באִי יושר של מלכי תבל לא נתן העם אמון גם בפקודה שכוונתה לטובה ונשאר בפחדו הגדול.

ועל פי זה תתבאר על נכון כוונת הכתובים. כאשר רצה השם יתברך להורות סדר נכון בהנהגה הכללית של הלאום צוה לפקדם, ובאמת כפי מצב ישראל במדבר שהיו אז כנסיה חׇפשית, היה המִפקד לכבודם ולטובתם כנ״ל, וזה מה שכתב ״כי תשא את ראש בני ישראל״ וגו׳, רצונו, שהיא נשיאות ומעלה להם. אמנם להזהר פן יפחדו בראותם דבר חדש כזה ויחשבו חלילה, שברצון משה למשול עליהם כמלך ממשלה בלתי מוגבלה ורוצה למנותם כדי לדעת מספר עבדיו, על כן צוה ה׳ ״ונתנו איש כפר נפשו לה׳״ וגו׳. רצונו שלא תכריחם על זה,

ונהפוך הוא, כי תציע לפניהם, שכל אחד יתעלה על ידי זה לחוות את דעתו באספת העם על כל עניני העם, ועל כן לא יתקבלו במספר כי אם אלה שישלמו בעד זה כפר נפשם, באופן שיראו בעצמם כי דבר זה הוא להגדילם ובשמחה ירוץ כל אחד לשלם הכפר, למען יהיה גם הוא במספר. וזה מה שנאמר "שאו את ראש וגו' כל יוצא צבא" וגו', רצונו כל ראויים לבא באספת העם לחוות דעה כנ"ל. אולם בימי דוד, שכבר נתבטלו מהיות כנסיה חָפשית, וכל עניני המדינה היו בדבר מלך שלטון, רצון מושל יחיד, עיקר המפקד היה רק למען ידע המלך מספר עמו עבדיו, וזה גרם לפחד ועצבון אצל העם, הגם שדוד מלך חסיד היה ולא חשב להרע אלא לעשות סדר נכון בהנהגה, אבל העם לא האמין כנ"ל.

העולה לנו מכל הדברים הנ"ל, כי הסדר וההנהגה הם הכרחיים לעם ונצטוינו על זה בתורה באופן שיתאימו בנו האמונה הטהורה ויראת ה' ברה עם הנהגה ודרך ארץ ומדות היותר טובות, ואז יקוים בנו באמת "ואמרו רק עם חכם ונבון הגוי הגדול הזה".[10] אבל היראה והאמונה החיצונית בלי לב ודעת, בלי מדות טובות, בלי סדר והנהגה, גורמות לחלול התורה וכבוד שמים בעיני האומות, כאשר בעוונות הרבים נתקיים בנו היום. כן להיפך הציביליזאציה החפשית להתגאות ולהתנשא בדברי הבל ורעות רוח לאמר כי איש משכיל הוא יודע להלוך לרוח הדור החדש וכל רוח נכון אין בקרבו, רק לבו בוער באש לתשוקת התבל ולהבלי מחמדיה, היא היא המהרסת כל אשרו בזה ובבא, משחיתה ומהרסת כל קשר מדיני. וזה שאמר הנביא שמתנבא על העת הטובה היעודה, כי ישובו ישראל לשמור את התורה על שלמותה ותקונה ככל הפרטים כנ"ל "והיה במקום אשר יאמר להם וכו' יאמר להם בני אל חי",[11] ומסיים שזה יהיה כשיתלכדו אצלם ב' הדברים והוא "וארשתיך לי בצדק ובמשפט ובחסד וברחמים וארשתיך

10. דברים ד, ו.
11. הושע ב, א.

לי באמונה וידעת את ה׳",[12] היינו כשיתלכדו צדק ומשפט עם אמונה לטוב לנו כל הימים.

עבירות והרגל

תרכ"ח

כמה עבירות חמורות שהורגל בהן העולם אינן נחשבות כלל. "קשה עונשן של מידות יותר מעונשן של עריות",[13] ואף על פי כן כמה נכשלים בזה בעווניגו הרבים, וכמה מיני ערמה ומרמה ואונאה וגנבה וגזלה במסחר, ממש אין לך מסחר שנגמר בהיתר גמור. אוי לנו מאותה בושה, אוי לנו מאותה כלימה! והסיבה לזה היא רק רוב ההרגל בעבירה, שהרי אם היו רוצים חס וחלילה לגלח לאיש יהודי את זקנו, ודאי היה נותן עבור זה כמה כסף כדי שלא לעבור על לא תעשה שבתורה, כן אפילו עבור מצות עשה כמו אתרוג וכדומה, ועל כמה לאוין דאורייתא החמורים למאד עוברים ממש על אגורת כסף אחת.

חילול השם

תרל"ד

העבירה היותר חמורה היא חלול ה׳ הגדול והנורא כמבואר שילהי יומא,[14] וחלול ה׳ היותר גדול המאריך גלותנו והמעכב גאולתנו ופדות נפשנו הוא אשר על ידי רוע מעשינו יחולל כבוד אומתנו בגוים לאמר: ראו מעשה העם הזה, אשר לפי דעתו הוא הנבחר מכל גויי הארצות להיות לעם סגולה עליון על כל, ומעשיו גרועים ואבדה חכמת חכמיו ודעתו שפלה וגם באמונתו ערב אמונות שוא וטפל ועוד הגדיל כי עשה את הטפל לעיקר.

12. הושע ב, כא-כב.
13. בבלי יבמות כא ע"א.
14. בבלי יומא פו ע"א.

מטרת התורה

כל התורה קדושה וטהורה משיבת נפש. כל תרי״ג מצוותיה בכל פרטיהן הכל מרועה אחד נתנו, אבל עם כל זה לא נעלים עין מלפקח שכלנו, כי כל התורה נתנה רק לאשרנו בזה ובבא, וכל המצוות שבין אדם למקום הן כמטרה לזכך ולרומם את שכלנו, שתהיינה לנו דעות נעלות ואמתיות מאירות כשמש בצהריים ולטהר את לבבנו ממדות רעות ומתאוות מגונות ופחותות. אם כן מי שלא טהר את לבבו ולא רחץ את כפיו מדברים שבין אדם לחברו ולא השקיט המית לבבו מתאוות מגונות, גם שכלו לא נזדכך רק נשאר בדעתו המשובשת, אזי כל עבודתו למקום לא נתקבלה וכל פעולתו מאפע.[15]

תעודתנו והאמצעים להשגתה

תעודתנו להאיר את עיני העמים באמונת ה׳ אחד ודרכיו הישרים.

נחקרה נא לדעת מה המה התיכונים, אשר על ידם נשיג את המטרה הנשגבה הזאת הלא גם בהשקפה הראשונה נבין כי זה רק על ידי הנהגתנו הטובה הן בדעות הן במדות והן בתהלוכות העולם כאשר יכירו כל יושבי תבל, כי חכמתנו רבה ודעתנו נשגבה, כן מדותינו נעלות ונכבדות לישא וליתן באמונה עם כל איש, להזהר מכל חמס ותרמית, שלא לשלוח בעוולתה ידינו, כן יודעים אנו להתהלך בנעימות ובנחת כראוי לאדם השלם, כן לחונן ולרחם את כל הנברא בצלם אלקים, אזי יכובד שם ישראל בגויים ויאבו ללמוד את דרכיו וללכת בארחותיו, כאשר הבטיחנו ה׳ יתעלה בדברים ״ולתתך עליון על כל הגוים אשר עשה לתהילה ולשם ולתפארת״[16] וכאשר נתקיים בצור חוצבנו ממנו, אבינו אברהם, אשר בגודל חכמתו וצדקתו כי רבה משך אחריו לאהבו ולכבדו את מלכי ורוזני הארץ.

15. מאפס, חסרת משמעות – ע״פ ישעיהו מא, כד: ״הן אתם מאין ופעלכם מאפע״.
16. דברים כו, יט.

מצבנו בתורה ובהשכלה[17]

עתה נשוב ונתבונן, אם הולכים אנחנו בדרכי אבינו אברהם, או לכל הפחות אם מתאמצים אנחנו ללכת בדרכיו. הלא נשכבה בבשתנו ותכסה כלימה פנינו באין מענה, כי המעט לנו אשר לא נתאמץ לילך בדרכיו הישרים, אבל נהפוך הוא, כי נתאמץ להשכיח זכרם ומלבבנו. חכמות ומדעים מרבית המונינו יתעבום וירחיקום על פי עצת ואזהרת העומדים בראשם, אשר זה דרכם חושך למו ויכו את העם בסנוורים, וגם איזה רבנים מחזיקים בידם בשגגה או בזדון. השפות הנחוצות לחברת האדם ובפרט שפת המדינה גם זה לא התירו רק בדוחק ובקושי גדול ללמדן בשעה שאינה לא יום ולא לילה לידע לצפצף בהן איזה פטפוטי תיבות ואז חכים יתקרי. אבל כל זה לא הספיק להם, עד כי מצאו עוז בנפשם לגדור גדר גם על למוד תורת משה ונביאי ה׳ וכתבי קודש, פן ימשיכום יותר מדאי, רק ידלגו מפרשה לפרשה ומספר לספר. והמעט אשר ילמדו לא ידעו מעולם הפשט הנכון והפשוט, רק על כל קוץ יאספו דרשות ורמזים חֳמרים חֳמרים, אשר אין להם טעם וריח, והלמוד כולו עלה קמשונים דרדר וחוח. הוי ואבוי! דברי נביאנו, אשר בשלהבת יה הטיפו מפיהם אמרי קדוש ישראל ובשטף רוחם והתלהבות נפשם הוריקו גחלי אש להבעיר את לב השומעים למוסר ה׳ בדעות טהורות ומצורפות ומדות נעלות ונשגבות, אשר אין ערוך להן, כי גבהו מרוח בן תמותה, וכן כל חכמי האומות ומליציהן הישרים ישתוממו על המחזות הנשגבים האלה, אנחנו בני ישראל נרחיקם כמו זרה. הה, כאש יקד לבבי מדי זכרי זאת!

17. כותרת זו אינה במקור והיא נוספה על ידי העורך (א.מ).

מצבנו במידות ובדרך ארץ

נשוב נא לראות מה מעשינו בפועל, ובאיזה מצב עומדים אנו במדות.

הנה ידוע, כי משטינינו ומנדינו יתנו את שם ישראל לגדופים בהרבה מכתבי עִתים [עיתונים] לאמר: עם ישראל מדותיו נשחתות מאד, את חוקי הממשלה מעולם לא יאבו לקיימם באמת, משאו ומתנו עם אזרחי הארץ, אשר לא מבני ישראל המה, מלא תרמית, טעות גוי מותר לו, אבדתו לא יאבה להשיב וכדומה. והנה באמת יודעים אנו, כי רק רוח השנאה מדברת מתוך גרונם, וכאשר נביט בעין חודרת נראה, כי גרגיר חול נדמה להם כהר גדול. הן אין כל אומה ולשון בתבל, אשר כל העם יאחז בצדק דרכו. יש צדיקים וטובים ויש רעים וחטאים. וכאשר נערוך ערך הטובים אל הרעים בכל עם ועם נמצא, כי ערך מספר הרעים נגד הטובים הוא הרבה פחות בישראל מאשר בשאר האומות. עוד זאת: גם עושי הרע בישראל לא יכבד כל כך עוונם נגד עושי הרע בשאר העמים. אמת, כי נמצאו אנשים בישראל הרוצים להשמט מעבודת הצבא, אבל בלי עזר לכך מאותם האנשים, אשר להם יד ושם במשרת המדינה, לא היה ביכלתם להוציא חפצם לאור. ועתה במי גדולה האשמה, אם באיש מישראל, אשר בכדי להציל את נפשו הוא משתדל לעשות נגד הצדק, או בעוזרו, אשר עבור בצע כסף יעבור בזדון על פקודת הממשלה ומעוות משפט? כן נמצאו אנשים בישראל, אשר ישלחו בעולתה ידיהם, אבל רב יותר מספרם בין שאר לאומים. רק לעתים רחוקות יקרה בין בני עמנו להשפט על רציחה וגזלה בפועל ואצל שאר לאומים אין זה מקרה רחוק כל כך.

אבל בכל זאת אין זו תשובה מספקת עבורנו, כי הלא אנחנו העם הנבחר מקדם מראש, ואם כן איפוא על כולנו החובה ללכת בדרכי צדק ויושר ולהראות לכל את צדקתנו, אשר לא ימצאו אף שונאינו שמץ דבר לערער עלינו, ואף כי גרים אנחנו במדינות שאנו יושבים בהן, על כן עלינו להזהר מאד משמץ דבר עוולה כי איש אחד יחטא ועל כל העדה יצא הקצף. וכבר הרביתי כמה פעמים לעורר את לב בני עמי על זה, כי חובה עלינו להזהר בכל שמץ דבר עוולה נגד לא

ישראל יתר הרבה מאשר נגד ישראל, כי זה נוגע לחלול השם, אשר הוא החטא הגדול ביותר, וגם כל תקון הצלחת עמנו תלוי בזה.

תהלוכותינו במנהגי דרך ארץ פרועות מאד עד כי היינו לשמצה ולחרפה וכל זה באשמת התועים או המתעים, אשר הכניסו בסוג אחד חוקות הגויים הקדמונים לעבודה זרה אשר הוזהרנו על זה שלא לילך בחוקותיהם, וחוקי דרך ארץ הנוהגים בין הגויים אשר אנחנו יושבים בתוכם. הלא גם רבותינו בעלי התלמוד ז"ל לא בושו לומר "פרסאי בהלכות סעודה בקיאי מינן"[18] ולמדו מאתם הנהגות בדרך ארץ.

אחרית דברי בזה, עלינו ללמוד מקדוש ה' הרמב"ם ז"ל אשר כתב בפירוש המשניות בסנהדרין פ"י על משנת "כל ישראל" וזה לשונו הטהור "וחי השם יתברך כי הכת הזאת מאבדים הדרת התורה ומאפילים זהרה ומשימים את תורת ה' בהפוך המכוון בה לפי שהשי"ת אמר בתורה התמימה אשר ישמעון את כל החוקים האלה ואמרו רק עם חכם ונבון הגוי הגדול הזה, והכת הזאת מספרים משפטי דברי החכמים ז"ל שכששומעים אותם שאר האומות אומרים רק עם סכל ונבל הגוי הקטן הזה" עד כאן.[19] וזה מתאים לדברינו שכוונת התורה היתה, אשר על ידי פרסום התורה וחוקותיה הישרים יתרומם שם ישראל בגוים ותתפרסם חכמתם הרבה, ואם כן איפוא אם נלך לאור התועים או המתעים השמים חשך לאור, הלא נהיה לבוז ולחרפה בלאומים, ואין לנו תקוה לחזור למצבנו הראשון רק כאשר נרחיק מאתנו אור המתעה של אלה האנשים ואז נאיר באור ה'.

והנה כאשר אמרנו עיקר מטרת התורה ומצוותיה הוא להישיר את האדם בדעות שלמות ובמדות ישרות, ואם יהיה פחות במדות אזי כל מצוותיו אין בהן חפץ, כמו שאמר הנביא "למה לי רוב

18. ראו בבלי ברכות מו ע"ב.

19. אלו דבריו של הרמב"ם בהקדמה לפרק חלק, פירוש המשניות סנהדרין י, א. דברים אלו של הרמב"ם נסובים על הכת שיחסה לאגדות חז"ל הוא "מבינים אותם כפשטם ואינם מסבירים אותם כלל, ונעשו אצלם כל הנמנעות מחויבי המציאות. ולא עשו כן אלא מחמת סכלותם בחכמות וריחוקם מן המדעים" (שם מהדורת קאפח, עמ' קלו).

זבחיכם יאמר ה׳, וגו׳ כי תבאו לֵרָאות פני מי בִקש זאת מידכם רמֹס חצֵרָי וגו׳ חֹדש ושבת קרֹא מקרָא לא אוכל און ועצרה וגו׳ ובפרשכם כפיכם אעלים עיני מכם וגו׳ ידיכם דמים מָלֵאו. רחצו הִזַכו הסירו רע מעלליכם וגו׳ דרשו משפט אשרו חמוֹץ" וגו׳.[20] וכן אמר עוד "הכזה יהיה צום אבחרהו יום ענוֹת אדם נפשו הלכֹף כאגמון ראשו וגו׳ הלא זה צום אבחרהו פַּתֵח חרצֻבות רֶשע וגו׳ הלא פרֹס לרעב לחמך וגו׳ אז יבקע כשחר אורֶך וארוכתך מהרה תצמח" וגו׳.[21]

ועתה נחזה נא את מצבנו בדבר גדול זה. במצוות שבין אדם למקום רוב עמנו מדקדקים עד שידם מגעת. לפני חג הפסח רבו כמו רבו השאלות אצל כל רב בעירו על חשש תערובות משהו חמץ ועל געולי כלים וכדומה. אבל מועטים המה בני עליה אשר יתבוננו, שאם ככה אנחנו מהדרים בגעולי כלים מחשש חמץ, כמה יש לנו לעיין בגעול וטהרת הגוף מגזל ודאי, במה נגעול את כפינו מגזלה, גניבה, אונאה וכדומה, במה נגעול את פינו ולבבנו מלשון הרע ורכילות, הלבנת פני חבירו, שנאה וקנאה וכעס וגאוה. מראש השנה ועד יום הכיפורים מדקדקים הרבה במצוות, ואף כי המנהגים הנוספים חמורים עוד יותר מדברי תורה, מי לא ילך בראש השנה לקיים מצוות תשליך, מי לא יאמר אצל הנהר גם הבקשות של המקובל הרב החיד"א ז"ל, מי לא ינער בשולי בגדיו בכל לבבו את חטאיו אשר היו למעמסה וברגע אחד ישליכם למשואות נצח, אבל מי יזכור ברגע זה להשליך ולנער גם מביתו וחנותו המשקלות והאיפות הבלתי צודקים, או האם יתבונן אולי צריך להסיר את בגדו מעליו ולסלק את נִשיוֹ או להשיב את הגזילה אשר גזל? ומה יועילו לו וידוייו וכוונותיו ונעור בגדיו ושאר פעולותיו, אם לא יתקן את אשר עיוות? הכל יקיימו בערב יום הכיפורים מצות כפרות, טבילה בנהר, ל"ט מלקות אבל מה תועיל לו שחיטת העופות הבלתי אשמים לכפר על מעלו, אם לבבו לא נשבר בקרבו? מה יועילו לו כל נחלי קדומים אם הוא טובל ושרץ בידו?

20. ישעיהו א, יא-יז.
21. ישעיהו נח, ה-ח.

מה יועילו לו כל מלקיותיו אף אם ילקה כהנה וכהנה, אם לא יעזוב דרכו הרעה?

אוי לנו, כי ברוב אולתנו שגינו ונקוה לאור והנה חושך וכאין עינים נגששה.

מחלוקת

[התאריך חסר]

עוד זאת רעה חולה ראיתי בין יראי מדינתנו והוא כי ירבו לחלוק על הכתות החדשות, אשר לא יעשו כתורה, לבזותן ולגדפן ולרדפן בכל יכלתם. עיקר טענתם הוא, כי כל ישראל ערבים זה בזה, אבל שכחו כי זהו דוקא כשיש בידם למחות, אבל אם אין בידם למחות פטורים מהערבות.[22] והנה אם כל העדה כולה שומרי תורה ומצות ואיש אחד יפר תורה אפשר שביכלתם למחות בבזיונות וגדופים, אבל כשאנשים רבים יפרדו ויבדלו מהכלל ואף כי מדינות שלמות, היש ביכלתנו למחות בידם? הלא רק נוסיף אש ונגדיל המדורה. על כן עלינו להשקיט מריב ולהשבית מדון ונאמר אף על פי שחטאו ישראל הם,[23] אחינו הם ולא ידח ממנו נדח. אבל להגדיל מדורת המחלוקת ולהבעיר אש המדון, הלא בזה רק נחלל את שם ה׳ ושם ישראל בלאומים. וזאת גם כן קללה גדולה מקללות שבתורת כהנים שאמר הכתוב ״וכשלו איש באחיו כמפני חרב ורדף אין ולא תהיה לכם תקומה לפני אויביכם״,[24] ואמרו על זה חז״ל ״וכשלו איש בעון אחיו מלמד שכל ישראל ערבים זה בזה״.[25] ואמרתי להקשות, דמאחר שבתורת כהנים איירי בחטאי הכלל ומאחר שכולם יחטאו הלא כל אחד נענש על עבירותיו ולא נצרך להכשל בעד הערבות. ואמרתי שזוהי כונת הכתוב שזה גופא

22. ראו בבלי שבועות לט ע״א-ע״ב.
23. על פי בבלי סנהדרין מד ע״א.
24. ויקרא כו, לז.
25. בבלי שבועות לט ע״א.

היא הקללה היותר גדולה שיכשלו איש באחיו כמפני חרב ורודף אין, רצונו, שיברחו אחד מפני חברו כמפני חרב בלי רודף, והטעם שכל איש יגור פן יהיה נלכד בעוונות אחיו, ועל ידי זה יבאו למחלוקת ופרוד הלבבות עד שלא תהיה להם תקומה לפני אויביהם.

והנה כבר נתקיים זאת בזמן הבית בעווניגו הרבים שמלחמת האחים הורקנוס ואריסתובלוס הביאו עלינו את הרומיים,[26] ואחרית הדבר היה שנחרב בית מקדשנו ותפארתנו וגלינו מארצנו, ועדיין מרקד בינינו בעווניגו הרבים להבזות שם ישראל בגויים ולתת את כבודו לשמצה. והא שאמרו בגמרא "מלמד שכל ישראל ערבים זה בזה",[27] רצונם שאם לא כן לא היה מקום למכשול זה כלל, ואף שבאמת בהתחלקות הכלל בטלה הערבות כנ"ל רק שה' קללם שיפלו ברשת השגיאה לחשוב שעדיין הם ערבים ועל ידי זה ירדפו איש את אחיהו.

הסבות לפחיתות המידות

תרל"ד

סבות הדבר שהיו בעוכרנו בפחיתות המידות הן שלש:

א. נתפרסמו ונתפשטו בעמנו סודות התורה והמצוות, עד כי כל אחד מדמה בלבבו, אשר בכל מעשיו ותנועותיו הוא בוקע רקיעים ובורא מלאכים ומנהיג עולמות לאין קץ, וכאלו נטל ההנהגה כבד על הבורא יתעלה ויתרומם שיצטרך חלילה לעזור וסיוע מאנוש רמה ותולעה. אנו שוכחים, כי בעודנו פה על הארץ בחומר העכור, כל מעשנו וחסדנו הם כמאמר הכתוב "כל הבשר חציר

26. הורקנוס ואריסטובלוס היו שני בניה של שלומציון המלכה, משושלת המלוכה של החשמונאים, שהסתכסכו על המלוכה. במהלך הסכסוך הציעו שני האחים לפומפיוס, הנציב הרומי, להתערב בסכסוך ולתווך ביניהם, צעד שאחריתו הכיבוש הרומי וקץ ממלכת החשמונאים העצמאית.

27. בבלי שבועות לט ע"א. הציטוט שם מובא במהלך סוגיית הגמרא מתי ישנה חובה לאדם להוכיח את חברו.

וכל חסדו כציץ השדה" וגו',[28] ואם לא ירעו ולא ישחיתו גם לא ייטיבו מאומה לאבינו שבשמים, כי הוא נעלה מכל ואין צריך לעזר וסיוע. ומה ביכלתנו שפלים ונבזים פה עלי האדמה לפעול גדולות ונצורות בשמי השמים, וכמאמר הכתוב "אם חטאת מה תפעל בו ורבו פשעיך מה תעשה לו, אם צדקת מה תתן לו או מה מידך יקח".[29] (ועיין ירושלמי נדרים דפריך ויפתחו לו בדברים שבינו למקום ומשני דאין דבר שהוא נוגע למקום ומביא הכתוב הנ"ל,[30] ועיין ברא"ש נדרים[31]). אמנם המצות באו לתקן אותנו להישיר אותנו בדרך הישרה בדעות ובמדות, למען נאריך ימים פה בשובה ונחת ואחר כך תשוב הנפש האלקית הטהורה ונקיה למעון אביה, אבל אנחנו בגודל גאוותנו וסכלות לבבנו נפתינו לחזות משאות שוא ומדוחים, כי נלחם במלאכי שחת ונהיה לעזר להנעלה מכל בהנהגת עולמות אין קץ. על כן נשכח מאתנו עיקר מטרת התורה ולא נתאמץ להטיב דרכנו בפועל לנקות עצמנו מעול וחמס ותרמית וכו'. הלא בתנועה אחת ינענע בכל העולמות ויגזור על צבא מרום וחושך ישים לאור ואור לחושך, מר למתוק ומתוק למר. והנה תורתנו הקדושה והטהורה ציירה לפנינו בקצור תועלת התורה והמצוות, שהן לא נתנו לריק חלילה אלא למען נחיה ונאריך ימים, כמו שכתוב "כי לא דבר רֵק הוא מכם, כי הוא חייכם (רוצה לומר חיי הנפש האמתיים) ובדבר הזה תאריכו ימים על האדמה" וגו',[32] רוצה לומר גם האושר וההצלחה בעולם הזה תשיגו על ידי קיום התורה ומצותיה כנ"ל. ואמרו "רב אחא בר

28. ישעיהו מ, ו.
29. איוב לה, ו-ז.
30. ירושלמי נדרים פ"ט, ה"א. הירושלמי שואל מדוע אי אפשר למצוא פתח לאדם להתיר נדר שנדר שלא לקיים מצווה שבין אדם למקום מצד זה שקיומם הוא כבוד המקום והנודר בוודאי לא התכוון לפגוע בכבוד הקב"ה, והוא משיב שהנודר סבור שקיום המצוות הוא עבור המקיים ולא עבור הקב"ה כפי שנאמר "אם צדקת מה תתן לו...".
31. רא"ש לנדרים ט, א (מצטט את הירושלמי הנזכר).
32. דברים לב, מז.

יעקב הוה ממטי ליה... ואמר גירא בעינא דשטנא",[33] רוצה לומר השטן הפנימי זה לשונם "הוא השטן הוא היצר הרע",[34] ואמרו בברכות כי היצר הרע יושב בין מפתחי הלב.[35] אבל מה יועיל לו להאדם שיכוון בעת הנענועים להמית השטן הרובץ בעמקי תהום וזורק עליו חצים למרחוק, בשעה שהשטן אורב לו בחדרי לבבו ומצחק על חלומותיו באמרו: זרוק חציך רחוק רחוק לאבדני ואנכי הנני יושב ספון בחדרי לבבך באין מחריד.

ב. הסבה השניה היא, כי רוב עמנו נזורו אחור מלִמוד תנ"ך, המלאים מוסר וארחות חיים על כל גדותיהם, והכל רצים אחר התלמוד, אף מאן דלא ידע צורתא דשמעתתא. ואם כי באמת מי שיש לו רעיון זך ושכל נקי ידלה מים התלמוד פנינים ודברי חפץ להלהיב את לב האדם בקניית מדות טובות ונעלות, אבל המה מפוזרים בים זה הגדול ורחב ידים וצריך לב רחב ושכל חד לקבצם ולאספם. לא כן בלימוד תורה ונביאים, שכל איש ישר אשר יהגה בם יבין את נועם מוסרם בדעות ובמדות, זולת איש מתעקש לעוות את הישרים ולהוציא המקראות ממתק דבריהם הפשוטים לדרוש בהם תילי תילין.[36]

המוכיח

תרל"ד

אומרים, איך ימצא המוכיח עוז בלבבו להוכיח לרבים והוא בעצמו לא ינוקה מחטאים מחולל מפשעיו. והמערערים עוד מגדילים את הטעם הזה לעולל עלילות על המוכיח אשר לא היו ולא נבראו, בכדי לסתום את פיו מלהטיף אמרי מוסר, כי יאמרו לו טול קורה. אמנם לא דבר

33. בבלי מנחות סב ע"א.
34. ראו בבלי בבא בתרא טז ע"א.
35. בבלי ברכות סא ע"א.
36. הערת ד"ר יוסף מוהליבר: "את ההמשך לא מצאתי בין כתבי הגרש"מ ז"ל".

חדש הוא, כי כבר המציאו את התחבולה הזאת גם בימי הנביאים, כמו שאנו רואים בדברי הנביא "ויאמרו לכו ונחשבה על ירמיה מחשבות כי לא תאבד תורה מכהן ועצה מחכם ודבר מנביא לכו ונכהו בלשון ואל נקשיבה אל כל דבריו. הקשיבה ה' אלי ושמע לקול יריבי" וגו'.[37] נחשבה על ירמיה מחשבות לסתום פיו שלא יטיף לנו עוד דברי תוכחות, כי לא יחסרו לו כל הכחות הנעלים הנדרשים לאיש מוכיח ברבים והוא "כי לא תאבד תורה מכהן ועצה מנביא ודבר מחכם", על כן מה לעשות לו. נשארה לנו רק תחבולה אחת והיא "לכו ונכהו בלשון ואל נקשיבה אל דבריו", רוצה לומר נדבר עליו לשון הרע כי הגדיל לחטוא ולא יהיה עוד ביכלתו להוכיח אותנו בשעה, כי נאמר לו טול קורה. וזה שאומר אחר כך "כי כרו שוחה לנפשי",[38] ואמרו על זה "חד אמר שחשדוהו מאשת איש וחד אמר שחשדוהו מאשה זונה".[39] ועוד אמר הנביא "הקשיבה ה' אלי ושמע לקול יריבי",[40] רוצה לומר קבל בקשת שנינו, כי שנינו לדבר אחד נתכוונו. והם מתכוונים, שלא אוכיח אותם, וגם אני מתחנן לפניך, שלא תשלחני להוכיח את בני עמי, כדברי הנביא "פִּתִּיתַנִי ה' וָאֶפָּת וגו' ואמרתי לא אזכרנו ולא אדבר עוד בשמו והיה בלבי כאש בערת עָצֻר בעצמתי ונלאתי כַּלְכֵל ולא אוכל".[41]

וגם אני אומר, התדמו כי חפץ אנכי להיות איש ריב ומדון ולעורר עלי משטמה ושנאה בשביל תוכחתי ומוסרי? אבל מה אעשה, וה' נתן לי לב רגש לא אוכל התאפק, והיה אם אמרתי כי אסתרנה בלבבי והיה כאש עצור בעצמותי. ואם כי הם מצאו תחבולה להעליל עלילות על הנביא למען אשר ישים מחסום לפיו מלהוכיחם, הנה מוצאים המוכיחים בדברי ה' יתברך אל נביאיו עצה לבטל את התחבולה הזאת והוא "קרא בגרון אל תחשך כשופר הרם קולך והגד לעמי

37. ירמיהו יח, יח-יט.
38. שם כ.
39. עיין בבא קמא טז ע"ב.
40. ירמיהו יח, יט.
41. ירמיהו כ, ז-ט.

פשעם ולבית יעקב חטאתם".[42] יש הפרש בין מצות שופר למצות קריאת מגילה והוא דבמגילה תנן "הכל כשרים לקרות המגילה חוץ מחרש שוטה וקטן",[43] ופסק המגן אברהם[44] דהיינו דוקא לכתחילה אבל בדיעבד יוצאים בקריאת חרש משום דקרא ולא השמיע לאזניו יצא במגילה, וכן מוכח בגמרא מגילה שם ובברכות.[45] אבל בשופר תנן בראש השנה "התוקע לתוך הבור או לתוך הדות... אם קול הברה שמע לא יצא",[46] והיינו משום הברכה לשמוע קול שופר, וזוהי כוונת הכתוב "כשופר הרם קולך והגד לעמי פשעם" וגו'.[47] רצונו, על הטענה טול קורה מבין עיניך תאמר להם, שאין כוונתך להוכיח רק לאחרים, אלא כוונתך שדברי תוכחתך יכנסו גם אל לבך, כמו התוקע בשופר שאינו יוצא כי אם ששמע בעצמו קול שופר. על כן אנכי, אשר באמת לא טוב אני משאר בני עמי והנני מלא עוונות, ודאי אין כוונתי רק לעורר את לב העם אלא כונתי גם לעורר את עצמי בראשונה.

42. ישעיהו נח, א.
43. משנה מגילה ב, ד.
44. או"ח תרפ"ט ס"ק ג.
45. בבלי ברכות טו ע"א.
46. בבלי ראש השנה כז ע"ב.
47. ישעיהו נח, א.

שער שני

ארץ ישראל וציונות

סימן ח
הגאולה

סימן זה הוא הפרק האחרון בחוברת של כתבי הרב מוהליבר שפרסם נכדו, ד"ר יוסף מוהילבר (על חוברת זו ראו עוד להלן בהקדמה לשער השלישי, עמ' 341).פרק זה מפרט על תפישתו הציונית של הרב מוהליבר, וההכרה הדתית העמוקה שעמדה בבסיס פעילותו הציונית.

כפי שמציין ד"ר מוהילבר, שנת החיבור של רוב חלקי מאמר זה היא תרל"ו (1876), ואם כן הדברים כאן נכתבו קצת אחרי סדרת המאמרים הנוגעת ליחסי האמונה וההשכלה שהובאה בשער הראשון של ספר זה. ייתכן שרצף זה מסמל גם התפתחות בחשיבתו של הרב מוהליבר, ובניסיונותיו להיטיב את מצב היהודים — ניסיון שהחל בחשיבה מחודשת על יחסי היהדות וההשכלה, והמשיך בניסיון מעשי להיטיב את מצב היהודים באמצעות הציונות והחזרה לארץ ישראל.

הגאולה

[תרל"ו]

"והיה כי יבאו עליך כל הדברים האלה הברכה והקללה וגו' ושבת עד ה' אלקיך ושמעת בקולו ככל אשר אנכי מצוך היום אתה ובניך בכל לבבך ובכל נפשך, ושב ה' אלקיך את שבותך

ורחמך ושב וקבצך מכל העמים גו׳ והביאך ה׳ אלקיך אל הארץ וגו׳ מל ה׳ אלקיך את לבבך״ וגו׳ (דברים ל, א-ו).

הכתובים הללו קשים להבין כפי פשוטם, דהא לפי המבואר בכתוב לא יקבצם ה׳ רק עד אשר ישובו אליו בכל לבבם ונפשם, ואם כן, מאחר שכבר שבו אליו בכל לבבם, למה צריכים עוד שימול ה׳ את לבבם להשיבם אליו?

גאולה בדרך נס וגאולה בדרך הטבע

לעניות דעתי מרומז פה ענין נפלא בגאולה העתידה, אשר אנחנו מקוים לה. הנה ידוע כי בגאולה העתידה דעת הרבה מהגדולים ורוב ההמון שתהיה על דרך נס ופלא נעלה הרבה מדרכי הטבע. אמנם נמצאים גם כן מגדולי החכמים, אשר דעתם נוטה שהגאולה או לכל הפחות התחלת הגאולה תהיה בדרך טבעי כמבואר בירושלמי פרק קמא דברכות ״מה אילת השחר מאירה קמעא קמעא״ וכו׳;[1] ודעתי הקטנה גם כן נוטה לזה על פי מה שמצינו לחכמינו ז״ל שני מאמרים רצופים בסנהדרין[2] לרבי יהושע בן לוי זה לשונם: ״רבי יהושע בן לוי רמי כתיב ׳בעתה׳ וכתיב ׳אחישנה׳,[3] זכו אחישנה לא זכו בעתה״. עוד שם: ״רבי יהושע בן לוי רמי כתיב ׳וַאֲרוּ עִם עֲנָנֵי שְׁמַיָּא כְּבַר אֱנָשׁ אָתֵה׳[4] וכתיב ׳עני ורוכב על חמור׳,[5] זכו עם ענני שמיא, לא זכו עני ורוכב על חמור״. והנה לפי עניות דעתי שני מאמרי רבי יהושע בן

1. ירושלמי ברכות א, א: ״רבי חייא רבא ורבי שמעון בן חלפתא הוו מהלכין בהדא בקעת ארבל בקריצתה וראו איילת השחר שבקע אורה. אמר רבי חייא רבה לר׳ שמעון בן חלפתא בי רבי כך היא גאולתן של ישראל בתחילה קימעה קימעה כל מה שהיא הולכת היא רבה והולכת״.
2. בבלי סנהדרין צח ע״א.
3. ישעיהו ס, כב: ״אני ה׳ בְּעִתָּהּ אֲחִישֶׁנָּה״.
4. דניאל ז, יג.
5. זכריה ט, ט.

לוי הסמוכים נושאים עליהם חותם אחד והוא שמצינו הרבה כתובים שמוֹרים כי הגאולה תהיה בדרך נס ופלא מאד נעלה, ומצינו גם כן כתובים שמוֹרים כי הגאולה תהיה במדרגה נמוכה ובדרך טבעי. לזה אמר שאם זכו אחישנה, רצונו לומר אף שעל פי דרך הטבע לא יהיו ראויים לגאולה, אבל אנכי אחישנה בדרך נס ופלא ותהיה באופן מאד נעלה. אמנם אם לא זכו תהיה בעתה, רצונו לומר על פי דרך הטבע, דכלל גדול אמרו לנו חכמינו ז"ל: אין לך אדם שאין לו שעה.[6] והנה אם כי באדם פרטי אין הדבר ניכר כל כך, אבל באומה כללית כבר נתאמתו דבריהם כי כל עם אשר הוא קיים ועומד אף על פי שהוא במצב השפלות עם כל זה תגיע עתו להשיג רום מצבו. אֶפֶס תקוה רק לעם שכבר נמחק שמו מן התבל, אבל העם אשר לא נמחק שמו יבא יומו לעלות על במתי ההצלחה, כאשר הורנו הנסיון בלאומי אטליא[7] ויון.[8] השם יתברך הבטיח לנו בתורתו "ואף גם זאת בהיותם בארץ אֹיביהם לא מאסתים ולא געלתים לכלותם",[9] אם כן איפוא תקוותנו לא תשוב ריקם שבאחרית הימים נקח את עמדתנו לעם בפני עצמו בארצנו הקדושה. וזה יהיה בדרך הטבע, כמו שראינו, כי כבר האיר לנו קצה השחר, השגנו זכויות וחרות, ומאתנו אנשים העומדים ברום המעלה בחכמה בכסף ובמשרה, וזהו אם לא זכו תהיה בעתה, רצונו לומר שמעט מעט נתעלה מעלה עד שנשוב לארצנו. אמנם אופן גאולה כזאת יהיה במדרגה נמוכה, לכל הפחות בהתחלתה, כי דרכי הטבע אינם כמדלגים על ההרים אלא בהדרגה. וזה מבאר אחר כך ביתר ביאור,

6. אבות ד, ג.
7. ככל הנראה כוונתו למאבק לאיחוד איטליה, שנמשך כל המאה התשע עשרה. איטליה הייתה בסוף תהליך האיחוד, כאשר ב־1867, לאחר כישלונה של אוסטרו־הונגריה במלחמה עם פרוסיה, שוחררה צפון איטליה, וב־1870, עקב הפסדה של צרפת במלחמה עם פרוסיה, שוחררה רומי.
8. יוון המודרנית קיבלה את עצמאותה במחצית הראשונה של המאה התשע עשרה אחרי מאות שנות כיבוש (בתחילה כיבוש רומי וביזנטי, ולאחר מכן עות'מאני). העצמאות היוונית הוכרזה בשנת 1821, הכרזה שהובילה למלחמת עצמאות שנמשכה עד 1832, כשהוכרה עצמאותה באמנת קונסטנטינופול.
9. ויקרא כו, מד.

שאם זכו להחיש הגאולה אזי תהיה באופן נעלה "וארו עם ענני שמיא", אבל אם לא זכו אזי תהיה בעתה על פי דרכי הטבע במדרגה נמוכה "עני ורוכב על חמור". ואם כן איפוא מכיון שאנו רואים שלא זכינו במעשינו להחיש לנו הגאולה, כי מאחר שהראשונים בגודל צדקתם לא זכו להחיש להם הגאולה שתהיה נסית אנחנו ודאי לא נזכה לזה, וזה לא יכחיש כל איש אשר לו שכל ישר, עלינו לצפות על הגאולה 'בעִתה' והיא תהיה על פי דרך הטבע ובמדרגה נמוכה.

וזה נראה לעניות דעתי כוונתם במה שאמרו סנהדרין "אמר ר' יוחנן ללבי גליתי, לאברי לא גליתי".[10] רצונם בזה: דהנה הלב הוא ההנהגה הכוללת והיא הטבע. רצוני ראשית ויסוד הטבע ודו"ק. האברים הם כנוי לכלי המעשה רצונו לומר לעשות כל דבר בפרט. והנה ידועה דעתם ז"ל בכל הניסים שנבראו בעת מעשה בראשית, רצונו לומר שהיתה ההכנה לפרקים אלה שישתנו בעתים וזמנים כמו שאמרו עשרה דברים נבראו ערב שבת בין השמשות[11] וכבאור רבנו הרמב"ם ז"ל בספרו המורה לצדקה והוא כדי להזהר מלחשוב שנוי בו יתעלה. והנה אם הגאולה העתידה תבוא בדרך נס ופלא אם כן כבר היתה הכנה לפרטי נס הגאולה בששת ימי בראשית. אבל אם תהיה רק בדרך הטבע אם כן לא היתה בזה שום הכנה פרטית ורק על פי ההנהגה הטבעית הכוללת בהכרח תהיה הגאולה כשיגיע הזמן 'בעִתה' כנ"ל. וזה שכתב ר' יוחנן "ללבי גליתי לאברי לא גליתי".

השתדלות: לפני הממשלות

והנה הגם שהגאולה תהיה בדרך הטבע, עם כל זה לא תהיה חלילה בדרך מקרה, כי אין מקרה בתבל, ומי הוא מנהיג הטבע הלא רק ה' לבדו. אבל על כל פנים היא צריכה להיות בדרך טבעי, והיינו שאנחנו מצדנו כאשר כבר נהיה מוכשרים לזה נשתדל לפני כל מלכי תבל

10. בבלי סנהדרין צט ע"א.
11. משנה אבות ה, ו.

ורוזני ארץ שיסכימו להיטיב עם עמנו תחת הצרות והמכאובים, אשר הציקו אבותיהם לאבותינו, והשם יתברך יעזור לנו להשיג את ארצנו ולקבץ את פזורינו, כמו שאמר הנביא "עברו עברו בשערים פנו דרך העם סלו סלו המסילה סקלו מאבן הרימו נס על העמים".[12] רצונו, אתם מוכרחים להתעורר בזה ולעשות השתדלות לפנות דרך העם ולסקל ולהסיר כל מונע ומכשול, אז "הנה ה' השמיע אל קצה הארץ אמרו לבת ציון הנה ישעך בא".[13]

המשתדלים

מובן מאליו כי האנשים, אשר הקדישו כל ימיהם לתורה ולעבודה וחוץ מכותלי בית המדרש אינם יודעים עד מה, אין ביכלתם לעשות השתדלות בדרך הטבע לגאולתנו, אבל החכמים הרוזנים והשועים מעמנו, הראוים לעמוד בהיכל מלך, הגבירים הגדולים, אשר אין קץ לאוצרותם, אם ירצו בכל לבבם לעשות השתדלות בדרך הטבע בדבר הגדול הזה כפי יכלתם לא יבצר מהם הדבר בעזר ה' אלקי ישראל וגואלם.

הגאולה הולכת וקרבה

והנה הנסיון הוכיח לנו במשך המאה האחרונה, כי ימי גאולתנו הולכים וקרבים, כי בעזר ה' הוסר העול, שבת מדהבה, וה' יתברך בחסדו החל להרים קרן ישראל ולנשאם לעיני הגוים, ובדרך כלל ברוב מדינות אירופא הננו עומדים על גרם המעלות ורק עוד מדרגה אחת או שתים וגאולתנו תהיה בלי ספק.[14] הן זה איזה מאות שנים אשר היו ימי

12. ישעיהו סב, י.
13. שם יא.
14. נראה שהרב מוהליבר מתייחס כאן לתהליך האמנציפציה (שוויון זכויות ליהודים), שהתרחש בהדרגה לאורך המאה השמונה־עשרה.

הבינים, שאז עמדו ישראל ברום המעלה ברוחניות, כי אז היו גאוני התורה צדיקים וקדושים מאד נעלים, ובגשמיות היו בתכלית השפלות עד כי היו הפקר לכל ואלפי רבבות קדושים וטהורים נשרפו על קדושת שמו, ומאז נתמעטו הלבבות ובמצבם הרוחני הלכו הלוך ודל, אבל תחת זה במצבנו הגשמי הננו הולכים הלוך וגדול עד כי הגענו למצב ההוה.

והנה ידוע, כי מאז אשר נתערבו בגוים ללמוד שפות ולהבין חכמות למודיות נתמעטה התורה ונחסרה האמונה, אבל דבר זה הלא כמעט הכרח הוא. ה׳ יתברך בחמלתו על עמו אחר רוב תלאותיהם ומצוקותיהם התחיל להרים מצבם על פי דרכי הטבע במה שנתן בלב המלכים והשרים לקרב גם את האומה הישראלית לתת לפניהם חוקים ומשפטים צדיקים. ממילא כאשר ראו בני עמנו כי שערי ההצלחה פתוחים לפניהם החלו גם המה לבוא בשערים האלה, ובלי שפה וידיעה אי אפשר לבא בשערים הללו. מובן מאליו כשהתחילו להתחכם וגם להצליח הזניחו מעט מעט את התורה כאמור "וישמן ישרון ויבעט".[15] והיה אם ישאל האיש אשר לו לב רגש וחרד לאהבת התורה והאמונה לאמר הן כפי הדברים האמונים הלא כל זה סבה מאת ה׳ להביא את ישראל לארצם ולאדמתם, אבל האם עוזבי תורה ותוכחי אמונה המה ינחלו את הארץ? הזוהי תקות ישראל לשוב אל ארצו ולהשליך את תורתו? על זה אשיב, נחכה נא מעט עד אשר נזכה לעלות לציון ועינינו תחזינה בבנין הר קדשנו וממשלת ישראל, אז ישפוך עלינו ה׳ את רוחו ממרום להפוך את לבבנו ולעבדו באמת. וזה אשר רמזו לנו הכתובים הנ״ל "והיה כי יבאו עליך וגו׳ ושבת עד ה׳" וגו׳[16] הוא כל זמן ההוה והעתיד להיות עד אשר נשוב לארצנו. ואם כי הורם קרננו, אבל התורה והיראה הולכת וחסרה כנ״ל, על כן הבטיחנו ה׳ יתברך, כי באשר נזכה לשוב לארצנו אז "ומל ה׳ אלקיך את לבבך ואת לבב זרעך לאהבה את ה׳ אלקיך" וגו׳.[17]

15. דברים לב, טו.
16. דברים ל, א-ב.
17. שם, ו.

העמים ישיבו לישראל את כבודו הראשון[18]

[חסר תאריך]

בעת הגאולה כל לאומי תבל יכירו, כי צמחי הדעת והתבונה שצמחו אצלם ראשיתם היתה מכֶּרֶם ישראל, כי האבות הקדושים היו ראשונים שהתחילו לפזר את ענני הסכלות והחושך ולהפיץ אור נוגה אור האמונה והדעת בין כל יושבי תבל. על כן לימות המשיח יכירו וידעו כל יושבי תבל, כי טובת העולם ואשרו עיקרם ושרשם יצאו מכרם ישראל. לפיכך בצדק נאמר "מלכי תרשיש ואיים מנחה ישיבו",[19] רצונו לומר שיודו על האמת להשיב לישראל את כבודם הראשון. וזה שאמר כי "כל אותן הדורונות שנתן אבינו יעקב לעשו עתידין אומות העולם להחזירן למלך המשיח לעתיד לבוא, מאי טעמא? 'מלכי תרשיש ואיים מנחה ישיבו' – 'יביאו' אין כאן אלא 'ישיבו'".[20] רצונם, כל הגדולות שעשו אבותינו בהפיצם אור האמונה והחכמה עלי תבל ישיבו הכל למלך המשיח, כלומר יודו כי כל זה משלנו.[21]

18. קטע זה אינו חלק מכתב היד של מאמר 'הגאולה' המקורי, והוא כאן ע"י ד"ר יוסף מוהילבר מתוך כתב יד אחר של הרב מוהליבר.
19. תהלים עב, י.
20. בראשית רבה עח, יב.
21. בחוברת שיצאה על ידי ד"ר יוסף מוהילבר נוסף כאן קטע מהנאום של הרב מוהליבר בוועידת קטוביץ' כחתימה לפרק על הגאולה. קטע זה מובא בנפרד בסימן הבא.

סימן ט

הנאום בוועידת קטוביץ'

ועידת קטוביץ', שנערכה בחודש מרחשוון תרמ"ה (1884), נחשבת לאחת האספות החשובות בתולדות הציונות. ועידה זו נועדה לאגד את פעולתם המבוזרת של אגודות חובבי ציון השונות, וכך למסד את תנועת חובבי ציון ופעולתה למען ההתיישבות בארץ ישראל.

הרב מוהליבר, שימש נשיא הכבוד של הוועידה לצידו של י"ל פינסקר ששימש יושב הראש. בישיבת הסיכום של הוועידה נשא הרב מוהליבר נאום נרגש, ובו השתמש בחזון העצמות היבשות של יחזקאל כמשל להתעוררות הלאומית הציונית.

לצערנו נוסחו המלא של הנאום לא הגיע לידנו. ברשותנו רק סיכום הנאום כפי שהוכתב לפרוטוקול הוועידה, ומובא בסימן זה.[1] על הפרוטוקול חתמו כל המשתתפים בועידה, כולל הרב מוהליבר עצמו.

עם זאת מצאנו לנכון להוסיף בהקדמה את דבריו של הרב י"ל מימון, שביקר את כותב הפרוטוקול על שהשמיט מנוסח הנאום שפרסם נושאים חשובים:

> ...באותה שנה שנת תרמ"ה בימים יח-כ[ג] במרחשוון נקראה על פי הצעתו של רבי שמואל מוהליבר רבה של ביליסטוק, האסיפה הראשונה של "חובבי ציון" בעיר קאטוביץ. הרב מוהליבר היה נשיא הכבוד של אותה האסיפה ההיסטורית וגם אחד מראשי המדברים בה. נאומו על "העצמות היבשות" שנדפס בפרוטוקול של האסיפה,

1. מעניין לציין, שרק בנוסח העברי הובא גם סיכום דבריו של הרב מוהליבר, ואילו בנוסח הגרמני רק צוין שדיבר, ללא פירוט של תוכן דבריו.

היה ימים רבים אחר כך נושא מיוחד בפי כל הדרשנים והמטיפים הלאומיים.

ואולם לדאבוננו לא נדפס כל הנאום כמות שהוא בפרוטוקול שחיבר אז המנוח ליב לטויביש שהשתתף באסיפה של קאטוביץ. הוא השמיט לגמרי את הרעיון העיקרי שהביע אז רב שמואל מוהליבר בנאומו זה.

המשתתפים באסיפת היסוד הזו של חיבת ציון היו רובם אנשים חפשים, ודבר זה גרם אחר כך כי היהדות החרדית, רובה ככולה, התרחקה מתנועת חיבת ציון. אבל רבי שמואל מוהליבר הרגיש זאת מראש והדגיש זאת בנאומו באותה אסיפה בדברו על אודות תחיית העצמות היבשות. הוא הזכיר מאמר חכמינו ז"ל במסכת סנהדרין: "ומאן נינהו מתים שהחיה יחזקאל? אלו בני אדם שאין בהם לחלוחית של מצוה... אלו בני אדם שכפרו בתחיית המתים... אלו בני אדם שחיפו את ההיכל כולו שקצים ורמשים..."[2] ובזה רצה רבי שמואל מוהליבר להעיר את אזני החרדים, כי גם יחזקאל כאשר ראה בחזונו את תחייתו של עם ישראל, ידע כי הראשונים לתחיה יהיו אנשים שאין בהם לחלוחית של מצוה, וכדומה.[3]

[אחרי הד"ר פינסקער הואיל לשאת מדברותיו הזקן שבחבורה והראש הרב הגאון רבי שמואל מאהיליווער שליט"א. נושא דבריו היה קאפיטל (פרק) ל"ז ביחזקאל, מחזה תחיית האומה.]

חוזה יה ראה את הבקעה והיא מלאה עצמות, עצמות כנסת

2. בבלי סנהדרין צב ע"ב.
3. הרב י"ל הכהן מימון, 'פרקי זכרונות על הציונות', **הצופה**, ט"ז באייר תשי"ג (1.5.1953), עמ' 4.

ישראל שנפזרו לכל רוח ופאה על פני ארץ רבה ועמק עכור. בין העצמות האלה היו וישנן רבות יבשות מבלי כל לחלוחית של הרגשה ואהבה לכנסת ישראל וצור מחצבתם. העצמות האלה הן המה האברים המדולדלים שכמעט נתקו מן הגוף, האומרים "אבדה תקותנו נגזרנו לנו"[4] שלעם עולם חדל להיות לו אורח ככל לאומי התבל ואין לו תקנה כי אם בטול ישותו וכריתת אחריתו. אך כמעט נשמעו דברי חוזה יה "והנה רעש"[5] ורעם בגלגל האנושיות. צרות רבות ותכופות וסערות חמה חלו על ראשי כל אחינו, רוח קטב האניסעמיטיזמוס [האנטישמיות] קרב אלינו להשחיתנו מבלי להבחין בין עובד אלקים לאשר לא עבדו. חיש קל "קרבו העצמות עצם אל עצם",[6] אך ההתקרבות הזאת לבדה עוד לא היתה דיה להחיות את הנואשים מתקוה, כי "כל רוח" ודעה נשגבה מאחדת וכוללת את כל פנות עמנו לא היה עוד במו,[7] עד אשר נחה הרוח שנית על יחזקאל ויאמר "ונתתי רוחי בכם וחייתם והנחתי אתכם על אדמתכם".[8] הם המה הדברים אשר יש בכחם להפיח רוח חיים בעצמות יבשות לעורר את פנות עמנו לחיים חדשים, להסיר מאתנו חרפת לאומים וכלימת הגוים ולקיים בנו נבואת החוזה: "כי הנני אליכם ופניתי אליכם ונעבדתם ונזרעתם... ונושבו הערים והחרבות תבנינה".[9]

4. יחזקאל לז, יא.
5. שם, ז.
6. שם (ושם כתוב: "עצם אל עצמו").
7. ע"פ הכתוב שם פס' יא: "ורוח אין בהם".
8. שם, יד.
9. שם לו, ט-י.

סימן י

פולמוס גדרה

סימן זה מכיל אסופת מכתבים הנוגעים לפולמוס גדרה. פולמוס גדרה פרץ בקרב חובבי ציון בראשית שנת תרמ"ח (1887).

תנועת חובבי ציון כללה הן חברים שלא שמרו תורה ומצוות ('משכילים') והן כאלו ששמרו תורה ומצוות ('יראים'). לצד שיתוף הפעולה בין שתי הקבוצות התעוררו ביניהן גם חילוקי דעות. הרב מוהליבר עמד בראש מחנה היראים, התפלמס עם המשכילים בחריפות, ולא נמנע מלדרוש שהתנועה תתנהל על פי ההלכה.[1] עם זאת, הרב מוהליבר החשיב מאוד גם את האחדות, וניסה לשמש ראש גשר שיפשר בין היהדות החרדית מצד אחד, לבין המשכילים מצד שני.

בין קבוצות המשכילים התבלטו חברי ביל"ו. קבוצה זו מנתה כמה עשרות חלוצים ציונים־סוציאליסטים שעלו לארץ, והקימו בשנת 1884 את המושבה גדרה. הפולמוס החל בעקבות שמועות ולפיהן המתיישבים הביל"ויים בגדרה אינם מקיימים תורה ומצוות. שמועות אלו גרמו לפרוץ הפולמוס, שהסעיר את תנועת חובבי ציון, והעלה את המתח בין חבריה הדתיים וחבריה החילונים.

השמועות הגיעו גם לנצי"ב (הרב נפתלי יהודה צבי ברלין) שתמך בתנועת 'חיבת ציון', היה חבר בכיר בה ואף מונה לאחד מהגבאים של התנועה בוועידת דרוזניק בשנת תרמ"ז (1887).[2] עקב כך פנה הנצי"ב

1. ראו ויטל, המהפכה הציונית, עמ' 135-137.
2. כך למשל, בח' במרחשוון תרמ"ח (26.10.1887) כתב זיסקנד שחור לנצי"ב: "גדרה: רובם בני ביל"ו מתמידי הגימנזיות ברוסיא מבעלי אפס ותהו האומרים אין אלקים ומלך, פוקרים ומחללי שבת, ונוח לה לארץ אבותינו להיות מעון תנים ובנות יענה מלהיות מערת פריצים כאלה, כי חטא אחד מהם בכחו לאבד

לפינסקר בדרישה שימנה את תלמידו, הרב הרץ, למשגיח רוחני של גדרה שיאכוף בה את שמירת המצוות (מכתב א).

המכתב הבא הוא מכתב מהרב מוהליבר לנצי"ב, והוא עוסק בעיקר בזהות המנהל שימונה לגדרה. הרב מוהליבר התנגד לאפשרות שעלתה למינוי אדם בשם כץ, זאת עקב ריחוקו מתורה ומצוות. בהמשך דבריו הוא מביע את הסתייגותו מאורח החיים של הביל"ויים: "לו היו בני ביל"ו היושבים בגדרה עוזבים את הקאלאניא, וילכו להם לחוץ לארץ, היה טוב מאד... כל בני הקאלאניות... הם יראי אלקים ושומרי תורתו, ורק בני גדרה לבדם הם מושכים עליהם קו של חשד... אבל מה לעשות? והדבר אין בידינו, כי יש להם צד גדול במדינתנו, אשר נחשבו אצלם לבני סגולה" (מכתב ב).

בתגובה על מכתבו של הנצי"ב כתב פינסקר בי"ב במרחשוון שלשה מכתבים. המכתב הראשון לבני גדרה, ובו הזהיר אותם לשמור תורה ומצוות ובזה ימנעו את חרושת השמועות כלפיהם (מכתב ג). המכתב השני היה תשובה לנצי"ב, ובה הוא דחה את השמועות על מתיישבי גדרה ואת טיעונו של הנצי"ב ששמועות אלה מונעות תרומות לחובבי ציון. יחד עם זאת הוא קיבל את עמדתו העקרונית של הנצי"ב וכתב: "אין אני מסופק אפילו רגע אחד כי אחינו המתישבים בארץ הקודש צריכים להיות נאמנים עם ד' ועם תורתנו הקדושה" (מכתב ד).

המכתב השלישי שכתב פינסקר היה לרש"י פין, אחד הרבנים המתונים בחובבי ציון. במכתב זה הוא מפרט את הנימוקים שמנעו אותו מלקבל את הצעתו של הנצי"ב למינויו של הרב הרץ למשגיח רוחני. בנימוקיו הוא מציין את חששו "כי האנשים שהרבנים ישימו בהם עיניהם למנות למשגיחים ולהעניש את העברינים לא ידעו מדה וקצב להשגחתם ולזהירותם, ולא יבדילו כדרכם בין תורה ובין דקדוקים וקנאת דת" וש"ישתמשו הרבנים בכחם יותר מדאי, ואפילו אם למשל יתרצו איזה מגדולי עמנו להתיר את עבודת הקרקע בשנת השמטה

ולהדיח עולם מלא, וכל זמן שלא יתמו החוטאים האלה משמה אין תקוה גם לאחדים אשר אם לא היו מחוברים לטמאים היו מתנהגים בדרך הישרה – ומצוה רבה לראשי חובבי ציון הישרים בלבותם לבער הרעה מקרב הארץ" (כתבים, ה, עמ' 384-387, תעודה 1085).

הבאה עלינו לטובה... לא יניחו לנו הרבנים הנ"ל לסמוך על התירם".[3] לכן הוא מציע למנות למשגיח את הרב יחיאל מיכל פינס, מתוך הכרה שהן הרבנים והחוגים הדתיים של חובבי ציון והן מתיישבי גדרה יסכימו לקבל אותו אחראי עליהם שכן הוא הכיר את המתיישבים ועזר להם עוד בהקמת המושבה.[4]

הנצי"ב לא קיבל את הסבריו והצעותיו של פינסקר (מכתב ה). עם זאת, בשלב זה הרב מוהליבר קיבל את הצעת הפשרה של פינסקר. הוא כתב לרב פינס מכתב על מינויו למשגיח ובו הדגיש כי "העיקר אצלי, שכבוד ידידי יתאמץ שיתקנו מעשיהם בנוגע לשמירת תורתנו הקדושה" (מכתב ו). בד בבד כתב הרב מוהליבר מכתב לנצי"ב ושידל אותו להסכים להצעת הפשרה. במכתב מנסה הרב מוהליבר לשכנע את הנצי"ב שלא לחזור בו מתמיכתו בחובבי ציון, ובנוגע לתושבי גדרה כותב הרב מוהליבר כי "לו יהי שכל הדברים שכתבו עליהם [כלומר, על הביל"ויים בגדרה] הם כנים, עם כל זה חלילה לנו מלילך עמם בקרי, כי בלי ספק כשנאמר להם שיעזבו את מקומם וילכו להם באשר ילכו, לא יתנו לנו אוזן קשבת, ויפנו לנו עורף, ואז חלילה יפרוצו את התורה בגלוי" (מכתב ז). במכתב מאוחר יותר לרב אליאשברג פירט הרב מוהליבר על המניעים מאחורי ההסכמה שלו, וכתב שאף שעקרונית הצדק עם הנצי"ב שהיה עדיף לגרש את הבילויים, מבחינה פוליטית הדבר לא אפשרי ולכן צריך לעשות כל מאמץ לתקן את דרכיהם בדרכי נועם (מכתב י).

מכתב זה שכנע את הנצי"ב, שקיבל את ההצעה למנות את הרב פינס כמשגיח על גדרה, והמינוי יצא אל הפועל (מכתב ח). עם זאת, עדיין נותרו מחלוקות, שנסבו סביב דרישת ה'יראים' והרב מוהליבר לאיים במפורש שמי שלא ינהג כהלכה יגורש מהמושבות, וכמו כן לא נפתרו עניינים כספיים הנוגעים לחלוקת הכספים למושבות. מחלוקות אלו הביאו לחלופת דברים קשים בין הרב מוהליבר לפינסקר (מכתבים ט, יא-יב).

3. כתבים, ה, תעודה 1090.
4. שם; שם, תעודה 1095; שם, תעודה 1097; שם, תעודה 1107. ראו גם שם, תעודה 1100, ובה מציין אחד מחוגי המשכילים שאפשר לקבל את מינויו למרות התנגדותו למינוי משגיח רוחני.

עם זאת, מינויו של הרב פינס הצליח להרגיע את הצדדים הניצים. בכ"ח בשבט תרמ"ח כתב הרב פינס לפינסקר:

> בענין בני גדרה קבלתי מכתבים מכמה מקומות להוכיחם על עזבם דת קודש, והנני להגיד למעלתו כי כמה וכמה שקרים גמורים בדו עליהם ובכמה וכמה דברים הגזימו והפריזו המרגלים על המדה בהגזמן והפרזה יתרה, ובכמה וכמה דברים לשון הבאי אני רואה כאן. האמת הוא כי מזלזלים המה מעט בקדושת השבת ומזלזלים הרבה בתפילה ובנטילת ידים ובכיו"ב. והנה ב"ה כי ישמעו בקולי ויגמלו מעט מעט מדרכי החיים הפרועים אשר גרמו להם כל הלעז הזה.[5]

כשנה וחצי לאחר מכן גם הרב מוהליבר נוכח בכך. מיד לאחר שחזר ממסעו לארץ ישראל (ראו להלן סימן יב) כתב לנצי"ב מכתב ובו תיאור כללי של המסע, ובין השאר הוא כותב: "גדרה הגם כי איננה שוה לפתח תקוה במצבה המוסרי, אבל עם כל זה לא נשמע חלילה שמץ רע עליהם, והם בחזקת כשרים ושומרי מצוה... כללו של דבר מעולם לא דמיתי למצוא את הקאלאניות במצב טוב כזה, וידע הדר"ג כי כל הדברי בלע שמוציאים על הקאלאניות הוא שקר וכזב" (מכתב יג).

בקובץ האיגרות שלפנינו אין תמונה מלאה של כל הפולמוס על כל הסתעפויותיו, אך יש בהן כדי להאיר כמה נקודות המלמדות על מערכת היחסים המשולשת בין הנצי"ב (הרב נפתלי צבי יהודה ברלין, ראש ישיבת וולוז'ין), י"ל פינסקר (שעמד בראש חובבי ציון) והרב מוהליבר — מערכת יחסים שיכולה ללמד גם על מעמדו של הרב מוהליבר בהנהגת חובבי ציון.

5. כתבים, ה, תעודה 1165.

א. מכתב מהנצי״ב לפינסקר

ב״ה, ב׳, שישי לח׳ מרחשון שנת תרחם [24 באוקטובר 1887] וולאז׳ין

כבוד החכם המפואר, איש נלבב לעשות טוב לעמו ולארץ הקדושה, המפורסם כבוד שם תורתו מר לייב פינסקער נ״י, יהיה ה׳ עמו להושיב הארץ הקדושה השוממה, ומשכורתו תהי שלמה מעם ה׳ הזוכר ברית הארץ להקימה.

מכתביו מן ח״י תשרי ומן כ״ט תשרי הגיעוני. וטרם אענה על שאלותיו של מעלת כבודו נרו יאיר וכראוי להשיב מפני הכבוד, הנני מודיע למעלת כבודו את הידוע, כי עבודתי תמה ורבה בישיבה הקדושה אבן הראשה להחזקת התלמוד הקדוש ברוסיה ופולין, ואיני מופנה למצוה אחרת, אשר אפשר להתקיים ביד אחרים. ואחר שכן הוא לא היה ראוי לפני לקבל משא הגבאות במצוה רבה זו של ישוב ארץ הקודש וחלילה להיות מתרפה בעסק גבאות ולהיות נקרא בזה חבר לאיש משחית. אך באשר במדה זו שהמצוה ההיא יקרה בעיני, במדה זו ראיתי וידעתי, כי רפו ידי העוסקים בזה על פי שהיא מרופה בעיני גדולי ושלמי אמוני ישראל במדינת ליטא וזאמוט, לקול השמועה אשר אחינו המתיישבים בארץ הקודש אינם שומרים את השבת ולא מצות הארץ, אשר על זה גלינו מארצנו, ובזה תלוי גשמי הארץ אשר עיני ה׳ בה מראשית השנה ועד אחרית השנה. על כן אמרה נפשי אולי בקראי שמי על הגבאות שנתפרסם על פי קול הקורא יתנו אומן בלבבם כי יתוקן הדבר בעזר ה׳, וכן פירשתי שיחתי בהיותי בווילנא בחברת חבריי הגבאים הגאונים ישמרם צורם ויחיים ובחברת ידידנו החכם ר׳ שמואל יוסף פין נ״י ושאר חבורה קדושה זו, כי אם לא יתוקן זה הדבר אין לי לשלוח אצבע בזה, ומה גם להפריע איזה שעות מעבודת הישיבה הקדושה חיי רוחי, אלקים יכוננה עד עולם.

והנה פרשת קול הקורא, אשר יצא מאתנו הגבאים, עשה פירות ברוך השם, והגיעני ידיעות מהרבה קהלות קדושות כי עשו וגם

שלחו למעלת כבודו נ"י כסף הקערות.[6] אכן כן ידעתי כי עוד בכמה קהלות קדושות היו הרבנים מפריעים אותם, ועוד מאיזה מקומות כתבו אלי דברי רתת ותרעומות. ובכל זאת לעת עתה איני שם לב לדבריהם בהאמיני כי ישימו לב מעלת כבודו הרמה וחבריו היקרים נ"י לדברינו, אשר כמו שקידתם העצומה לישוב הקולוניות בחומר העבודה הנאותה ככה ראוי ומוכרח להעמיד על יושבי קולוניות שת"ו [שתיבננה ותיכונן] איש מושל ביראת אלקים וגדול בתורה, שיהא בכח השגחתו על עובדי האדמה שיעשו כפי התורה והמצוה, ואם לא יטו אוזן ישאו עונש הראוי, כמו באם שלא ישמרו עבודת האדמה המסורה להמשגיח על זה, כי שמירת המצוה בארץ הקדש היא חיי היושבים בה. ואם יסכים מעלת כבודו הרמה וחבריו שיחיו לדברינו, אזי נראה ישר ונוכח להרים את הרב ר' נפתלי הערץ נ"י מביאליסטאק אשר הוא רב כעת ביפו, שיהא מבעלי הועד המטכסים עצה בדבר צרכי הישוב יחד עם הרב החכם רי"מ פינס נ"י, והוא הרב ר' הערץ יקבל עליו משרה זו של ההשגחה, שיסע לפרקים אל הקולוניות שלנו ולראות בעין יפה כיד ה' הטובה עליו, ואם יהי נצרך לקבוע לו שכר על זה יבצר[7] ממנו חס ושלום, ואם יתוקן זה הענין אזי יש תקוה כי יתרבו דורשי טובת הישוב. ויאמין לי מעלת כבודו, כי הודיעו לי מאיזה מקומות אשר כבר מקובץ בידם סך הגון, ואינם שולחים עד אשר יבורר בידם כי צדקה וטוב המה עושים. [...]

בדבר הקמת הר' כץ[8] מילידי קהלת אדעסא וגמר לימודו בכלכלת עבודת האדמה בארץ צרפת, הן לא ידענו את האיש ואת שיחו, אם הוא ישר הולך גם את אלקים גם את אנשים, ולא יהא למפגע למי אשר יבא ויורה בהלכות הארץ על פי התורה. ואחרי אשר יעמדו על דרכיו

6. כוונתו של הנצי"ב לכרוז הקערות שפורסם באותה שנה. ראו לעיל במבוא הערה 90.
7. כך במקור. ואולי צריך להיות: "לא יבצר".
8. הכוונה למינויו של כץ כמנהל גדרה.

אם המה מאושרים, כשר הדבר למנותו על איזה עת עד שילמדו אחינו יושבי הארץ עבודה זו. וימים יודיעו לנו מה משפט הנער אלינו. [...]

אקוה לקבל מכתב מעלת כבודו הרמה נ״י מלא דבר, לשמח את לבב יראי ה׳, אשר אוכל להשיב דבר לאשורו, וה׳ יהא בעזרו ויאיר דברו של מעלת כבודו נ״י ועיני הבוטחים בדעתו הישרה וישמח לבי גם אני, העמוס בעבודה רבה,

נפתלי צביהודא ברלין

ב. מכתב מהרב מוהליבר לנצי״ב

ב״ה עש״ק י׳ מרחשון תרח״ם.

כבוד ידיד ה׳ ועמו וידיד נפשי הרב הגאון הגדול המפורסם בכל הגולה פאר דורינו מורנו הרב רבי נפתלי צבי יהודא ברלין נ״י. האב בית דין וראש מתיבתא דקהילת קודש וואלאזין, רב שלום וברכה.

מכתב קדשו מן יום ג׳ דנא הגיעני, וה׳ יתברך יחזק כחו להגדיל ישיבתו הרמה ולהרביץ תורה ברבים וגם שיהיה ביכולתו להאציל עת על המצוה הגדולה ישוב ארץ הקודש.

בדבר התמנות כך למנהל בגדרה לא הסכמתי לזה,[9] כי יליד

9. הרב מוהליבר כתב על כך גם לפינסקר בכ׳ במרחשוון ושם התבטא בצורה קצת יותר מתונה: ״בדבר למנות אדמיניסטראטער בגדרה, את ה׳ [האדון] כץ, אין דעתי נוטה כלל. כפי המכתב אשר קבלתי מהג׳ [מהגביר] ידידינו ה׳ ויסאצקי במאסקוע הם צריכים למנהל כזה אשר יגדור את משובתם, ולא אדע אם ה׳ כץ יוכשר לזה״ (כתבים ה, עמ׳ 371–372, תעודה 1078). במכתב נוסף לנצי״ב הרב מוהליבר אף הסביר את ההבדל בין הדברים הכתובים פה לבין הפניה לפינסקר (מתוך ספר שמואל, עמ׳ פ–פא):
״ב״ה אור ליום ה׳ כג מרחשון תרח״ם.
כבוד ידידי הרב הגאון המפורסם, זקן ויושב בישיבה פאר הדור, כקש״ת מוה׳

אדעססע ואחר כך נתחנך ונתגדל בבית הספר בפריינקרייך [צרפת] רחוק מאד מיראת ה׳, ואם הוא יהיה לראש על הבילוי״ם בני גדרה מה יהיה מהם? אם הכרח הוא למנות להם מנהל צריך שיהיה איש ירא ה׳ היודע בטיב עבודת האדמה ממדינתנו אשר הרבה יש למצוא. וביחוד יש אחד המוכשר לזה, והוא ראש ומנהל במדינתנו בהקאלאניה של אחינו אצל ראזינאי,[10] אשר מאת הקאלאניא הנ״ל נבחרו בני עקרון אשר תחת יד מחסה הנדיב הידוע, וכולם יראים ושלמים עם ה׳ ותורתו, וכמה פעמים אשר רצינו לשלוח את האיש הנ״ל לארץ הקודש למשגיח אבל הוא לא היה ביכולתו אז ליסע, וכעת רוצה הוא ליסע לשם, ואין טוב ממנו לדעתי.

לו היו בני ביל״ו היושבים בגדרה עוזבים את הקאלאניא, וילכו להם לחוץ לארץ, היה טוב מאד, כי שתי הקאלאניות הנותרות אשר תחת מחסה שלנו, פתח תקוה הגדולה, ואחותה יסוד המעלה הקטנה ממנה כל בני הקאלאניות הנ״ל הם יראי אלקים ושומרי תורתו, ורק

נפתלי צבי יהודא ברלין נ״י, אב בית דין ור״מ דקהילת קודש ואלאזין, רב שלום וברכה.

יקרת מכתבו מן יום ג׳ דנא קיבלתי. [...] לפלא בעיני שהד״ר פינסקער במכתבו אלי חשב דעת כבוד תורתו בין המסכימים על ה׳ כץ למנותו למשגיח על גדרה. היתכן דבר זה? האם יש ספק בדבר שיליד אדעססע ונתחנך בבתי הספר הכלליים בפיינקרייך עוד יהיה שומר תורה? ולו היו בני גדרה יראי ה׳, לא הייתי חושש כל כך, אבל מאחר שנתפרסמו למפירי תורה, ועוד יתחבר להם איש כמוהו למנהל מה יש לנו לקוות, והנה אם כי אין לנו לבאר להד״ר פינסקער, שמטעם זה לא נחפוץ בו, אבל הלא באמת בלאו הכי מה לנו להוציא הוצאות 1800 פראנק לשנה בחינם? ומה שכבוד תורתו רוצה לתקן זה במה שנמנה את הרב הגאון מוה׳ נפתלי הערץ מפה למנהל בעניני התורה בגדרה, לפי דעתי לא יועיל זה מאומה, כי הם אינם ילדים קטנים אשר יחתו מקול מורה, ובפרט כי הרב הנ״ל הוא איש חלוש, אין זה בכחו לגדור פרצת בני גדרה.

והשם יתברך יגדור פרצת עמו, בנפשו הקדושה ונפש ידידו הדורש שלומו. שמואל בהרב מוהרי״ל מאליווער״.

10. ייתכן וכוונתו לרב יחיאל מיכל פינס שהתגורר בעיירה רוז׳ינוי (ראו להלן מכתב 4).

בני גדרה לבדם הם מושכים עליהם קו של חשד, עד כי גם הנדיב הידוע אינו רוצה להשגיח עליהם בחסדיו המרובים, אבל מה לעשות?

והדבר אין בידינו, כי יש להם צד גדול במדינתנו, אשר נחשבו אצלם לבני סגולה.

אמנם לפי דעתי החובה להשתדל לכל הפחות למנות עליהם מנהל ירא ה׳ בקי בעבודת האדמה, על כן אין לנו להסכים על התמנות כץ הנ״ל. מחמת טרדת שבת הנני מוכרח לקצר, וה׳ יתברך יסגיא שלומו ויחזק כוחו וחילו, ועיניו ועינינו יחזו בשוב ה׳ את שבות ציון, ידידו הדורש שלום תורתו באהבה מוקירו ומכבדו למאד.

שמואל בהרב מוהרי״ל מאהליוועה.

ג. מכתב מפינסקר לבני גדרה

אדעססא, י״ב מרחשון תרמ״ה [30 באוקטובר 1887]

אל כבוד חלוצי עבודת אדמת הקדש, ה״ה [הלוא הם] הנכבדים והנעלים בני גדרה נ״י,

רבים משלומי אמוני אחינו מתאוננים עליכם כי אינכם נזהרים בשמירת השבת, במצוות התלויות בארץ ובכלל בענייני הדת. אנכי איני מסופק אפילו רגע אחד שהשמועה הזו אין לה יסוד, וכי שונאי הישוב משתדלים להבאיש ריחכם בעיני אחינו חובבי ציון ובלתי חובבי ציון. אך מפני ששמועות כאלה יכולות להזיק לכם ולהישוב, הנני מבקש מכבודכם חרם לבלי לתת פתחון פה לשונאי הישוב ולמתנגדי חובבי ציון בדבר הזה, ולהתרחק מן הכיעור ומן הדומה לו. עליכם לדעת, כי עיני אוהבי הישוב עליכם, ועליכם להיות למופת לרבים בהנהגתכם הישרה, וחלילה חלילה לכם שיהיה הדבר הזה קל בעיניכם.

ביחוד עליכם להזהר במצוות התלויות בארץ, שמלבד מצות שמטה (שעוד לא הגיע זמנה), אין בהם חסרון כיס נִכָּר, ובשמירת השבת. [...]

בטוח אני כי תשימו לב לבקשותי הנני מוקירכם ומכבדכם הדואג לטובתכם וחפץ באשרכם,

ד"ר ל' פינסקער.

ד. מכתב מפינסקר לנצי"ב

אדעססע יב מרחשון תרמ"ח [30 באוקטובר 1887]

כבוד הרב הגאון הגדול מאור הגולה כבוד שם מורנו הרב רבי נפתלי צבי יהודא ברלין נ"י.

את מכתבו מיום ו' מרחשון קיבלתי.[11] מראש ידענו כי כבוד גאונו טרוד במצוה רבה החזקת תלמוד תורתינו הקדושה היא אבן פנה לכל המצות, ועל זה שמנו עינינו לבחור בכבוד גאונו הרם למען יראו אחינו שלומי אמוני ישראל כי גדולי עמנו באמת ככבוד גאונו, המקדישים כל ימיהם לתורה הקדושה עוסקים גם במצות ישוב הארץ ששקולה ככל המצות. הודות לאל כי מרבים אחינו מכל המפלגות להשתתף במצוה זו, ומי יתן והיה עם כל אחינו לבב אחד לדבר הגדול והקדוש הזה להושיב נשמות ולבנות נהרסות בארץ הקודש, כי לעת עתה כל נדבות הקערות ביחד מכל הערים אינם אפילו כקומץ לפני הארי.

לפי דעתי לא השמועה האומרת על אחינו המתישבים בארץ הקודש שאינם שומרים את תורתנו הקדושה היא הסבה העיקרית למה שרוב אחינו לדאבון לב עומדים מנגד להדבר הקדוש הזה. הן

11. הכוונה ככל הנראה למכתב א.

חובבי ציון תומכים זה כארבע שנים שלש קולוניות, פתח תקוה, אשר יושביה שקבלו תמיכה היו יותר משלשים משפחות (ואשר אך זה כחצי שנה באו תחת מחסה הנדיב נ״י), יסוד המעלה, אשר יושביה עשר משפחות, וגדרה שיושביה מתי מספר. על פתח תקוה ויסוד המעלה שהם הרבים לא נועז מעולם שום איש להגיד שאינם שומרים חלילה את תורתנו הקדושה, ואף על פי כן לא עלה על לב איש מהחרדים ממתנגדינו לשלוח נדבותיהם ביחוד בעד פתח תקוה ויסוד המעלה לידי או ליד הגאון מורנו הרב שמואל מוהליבר מביאליסטאק נ״י, ומעבר השני הננו רואים שגם עוברי תורות ומפירי חק מתנגדים לתמיכת הקולוניות ולישוב הארץ.

אך אם השמועה הנ״ל היא הסבה העיקרית להתנגדות אחינו להיישוב או לא, אין אני מסופק אפילו רגע אחד, כי אחינו המתישבים בארץ הקודש צריכים להיות נאמנים עם ד׳ ועם תורתנו הקדושה, ועוד בראשית הנהגתי הזהרתי את הצעירים של הקולוניא גדרה להתרחק מן הכיעור ומן הדומה לו, ואוכל להעיד לפני כבוד גאונו הרם שמעולם לא הגיד לי איש מן העוברים ושבים מפה לארץ הקודש למאות, כי קולוניסט פלוני עבר על דבר פלוני, ביחוד עתה שנתמנה לסופר לחובבי ציון הרב ר׳ יחיאל מיכל פינס נ״י תלמיד אהוב להגאון מורנו הרב גימפל יפה נ״י מרוזינאי ואהוב וידיד להגאון ר׳ שמואל סלאנט נ״י מירושלם תיבנה ותיכונן, ובעצמו הוא שומר מצוה וחרד על דבר ד׳, ועל כן אין ספק בעיני כי יצלח בידו לנחותם בדרך התורה והמצוה ויפיקו רצון מאת יראי ד׳ וחושבי שמו. ואף על פי כן חלילה לי להשיב אחור את הצעת כבוד גאונו על אודות הרב ר׳ נפתלי הערץ מביאליסטאק שהוא כעת רב ביפו תיבנה ותיכונן ובמכתב לכבוד הגבאים היועצים שאשלח אם ירצה ה׳ בשבוע זה אציע לפניהם את דברי כבוד גאונו נ״י.

ובדבר הצעת כבוד גאונו לטובת אנשי ירושלים תיבנה ותיכונן במהרה, המציעים להושיב אותם במחיר שלש מאות מארק, הנה באמת ראוי היה להושיע אותם, אך אם הם מאותם שיש להם אחוזות אדמה בפתח תקוה אין חובבי ציון יכולים לעשות בעדם מאומה, כי אחת

גזר הנדיב, הסוכך עתה על פתח תקוה, לבלי לקבל אל הקולוניא אנשים שאין להם לפחות שמונת אלפים פראנק, ואם הם אין להם עוד שום קרקע הלא לפי החלטת האסיפה לא נוכל להושיב חדשים עד שכלול הקולוניות הישנות, וכסף חובבי ציון לא יספיק עוד בעד הקולוניות הישנות, ומאין נוכל להושיב חדשים, בשעה שנצטרך להוסיף לכל אחד יותר מחמשת אלפים וחמש מאות מארק על השלש מאות מארק שיש לו.

והנני מוקירו ומכבדו כערכו הרם והנשא מאד,

ד"ר ל. פינסקער.

ה. מכתב מהנצי"ב לפינסקר

ב"ה, ה', ר"ח כסליו תרח"ם לפ"ק [17 בנובמבר 1887]

כבוד החכם ונכבד דורש טוב הארץ הקדושה רב פעלים להושיב נשמותה, כבוד שם ד"ר פינסקער נ"י,

בשבוע העברה כתבתי למעלת כבודו מווילנא, עתה באתי לביתי ומצאתי מכתבו מן י"ט מרחשון. ומוכרח אני לכפול דברי על יושבי קאלאניה גדרה, כי הגיעתני מכתב מאחד מגדולי ירושלים אשר הוא ידוע לידידנו, ה"ר פינס נ"י, אשר אינו קנאי ומדבר טוב על המושבות, ובכל זאת, מפליג בגנות יושבי גדרה, כי חוטא אחד מהם בכחו להדיח את הרבים, אשר בלי התחברות עמם היו הולכים בדרך ישר. [...]

מעתה למי אנו עמלים והמה מאבדים טובה הרבה, כי נודע לי מכמה קהלות קדושות, אשר מונח אצלם צרור כסף, ואינם רוצים לשלוח, עד אשר נטהר את הארץ מבנים משחיתים. וגם הגאון ר"ש מאהליווער נ"י כתב אלי כי קשה לגדור פרצת בני גדרה אפילו אם יהיה הרב ר' הערץ נ"י למושל ביראת אלקים על אנשים כאלה, ומכל

שכן אם יתחבר ה׳ [האדון] כץ עמם. מעתה ישכיל מעלת כבודו נ״י כי כל הצעות שבמכתבו על אודותם המה לזרה לנו. טוב יותר לפזר כמה אלפים פראנק וליתן להם לשוב לחוץ לארץ ולהושיב בגדרה אנשים כשרים מיושבי ירושלים החפצים בעבודת הארץ באמת, ונטיב בזה גם ליושבי ירושלים הנאנקים בחוסר לחם בעיר ה׳ שמה, והיינו ברוכים בפי שומרי תורה בגלילות אלו, ורבה הטובה בזה, כאשר יתפרסם, כי עשינו מעשה רבה הנוגע לעבודת ה׳ אלקי הארץ. [...]

כבר כתבתי במכתבי העבר, כי אף על גב שידענו שאין דעותינו שוות, מכל מקום עלינו להשתוות בענין שאנו מתחברים, ואין אנו יכולים לוותר על דעתנו, באשר תורה תנהלנו, אבל מעלת כבודו וכל אשר עמו בדעה עליכם לוותר על זה, ומה גם כי בזה האופן ירעש כל בנין פרי השתדלותנו גם לפני ה׳ אשר עיניו בה מראשית השנה עד אחרית שנה, ואנו נצרכים ליורה ומלקוש בעתו, ולא ככל מדינות חוץ אשר מניעת הגשמים אין שכיח, ומכל שכן לשתיה אין צורך לגשם כלל, אבל בארץ ישראל אם חס ושלום גשמים נעצרים אין מים לשתות. [...]

כל אלה הדברים על מעלת כבודו שיחיה להתיישב ברוח אחת עמדי, כי ממנה תוצאות חיי הישוב. ואם לא יתוקנו על נכון, יש לחוש כי משנה לשנה יגרע חובבי ציון בגליל ליטא וזאמוט ועוד, וילך תמס עד לכלה חלילה. על כן עלינו להתחזק ולגדור פרצות המצוה. וה׳ עמנו אל יעזבנו ואל יטשנו, ויזכנו להרים קרן החברה לעשות הטוב והישרה, ויתקדש על ידנו שם שמים הגדול והנורא, ויהיה גם מעלת כבודו בטוב אזכרה, כי רבות עשה בחיל ובגבורה, לא אצל ממנו טרחה יתרה, שכרו מן השמים שמורה, לאורך ימים בזה ולחיי עד לדין וחשבון הגדול והנורא.

הנני מברכו ומצפה לקבל תשובה טהורה,

נפתלי צביהודא ברלין.

ו. מכתב מהרב מוהליבר אל הרב פינס

עש"ק, ט' כסליו תרח"ם ציון [25 בנובמבר 1887]

כבוד ידידי הרב החריף ובקי, חכם ושלם וכו', מוהר"י מיכל פינס נ"י, רב שלום וברכה,

הנה אנכי כבר כתבתי להד"ר פינסקער לתת לכבוד ידידי המשרה על גדרה שיהיה הוא המנהל והמשגיח בין על מחסוריה בגשמיות בין מחסורה המוסרית או הרוחניית. והעיקר אצלי, שכבוד ידידי יתאמץ שיתקנו מעשיהם בנוגע לשמירת תורתנו הקדושה, כי לא טובה השמועה למאוד אשר עם ה' מירושלים מעבירים עליהם. ממילא מובן כי יוסיפו לכבודו עבור זה על משכורתו, ובזה אהיה בעזרו בעזרת ה'. אבל מכבודו אבקש שיראה להתאמץ בכל יכולתו שיתנהגו בדרך התורה והמצוה למען שיסתמו פיות המקטרגים והמסטינים על היישוב. ודבר גדול למאוד יעשה ושכרו יהיה כפול בזה ובבא. ועל תשובתו אחכה.

והנני ידידו באמת הדורש שלומו באהבה,

שמואל בהרב מוהרי"ל מאהליוועֶר.

ז. מכתב מהרב מוהליבר אל הנצי"ב

ב"ה א' וישלח תרח"ם [יא כסליו תרמ"ח, 27.11.1887]

כבוד ידיד ה' וידיד נפשי הרב הגאון המפורסם זקן ויושב בישיבה, פאר עמנו הצדיק ונשגב, כבוד שם תורתו מורנו הרב רבי נפתלי צבי יהודה ברלין שליט"א אב בית דין וריש מתיבתא דקהילת קודש וואלאזין, רב שלום וברכה.

מכתב כבוד תורתו מן יום א' העבר הגיעני. והנה בדבר אנשי גדרה, אין לי ידיעה אמתית מהנהגתם. את אשר כתבתי לכבוד תורתו כי הרה"ג א' הערציל לא יתקן אנשים כמוהם, היינו רק על פי השערתי, ועל פי השמועה. אמנם לו יהי שכל הדברים שכתבו עליהם הם כנים, עם כל זה חלילה לנו מלילך עמם בקרי, כי בלי ספק כשנאמר להם שיעזבו את מקומם וילכו להם באשר ילכו, לא יתנו לנו אוזן קשבת, ויפנו לנו עורף, ואז חלילה יפרוצו את התורה בגלוי, על כן גם לפי דעתי טובה עצת הד"ר פינסקער בזה, למנות עליהם לראש ומנהל את הררי"מ פינס, והוא יהיה המשגיח עליהם בחומריות ומוסריות, בתורה ודרך ארץ. ולפי השערתי, הוא ידע איך להתנהג אתם וגם הם יטו אוזן לדבריו כי הרבה טובות עשה עמם בהתחלת בואם, ובמשך הזמן יש תקוה כי יחזירם למוטב, ואם יאמר כבוד תורתו מה לנו ולצרה הזאת, לא נתן להם שום תמיכה, וממילא יהיו מוכרחים לעזוב את מקומם, ובפרט כשינתן לכל אחד סכום נכון שיהיה לו לבנות בית בחו"ל, וידע כבוד תורתו כי לפי דעתי אין הדבר כן. כי רבים אשר אתם, אשר אינם דואגים כל כך על קיום הדת, וכאשר ישמעו מה שאנו רוצים לעשות להם, בלי ספק יחזקו אותם בכל מיני חיזוק שישארו דוקא על מקומם.

והנה השם יתברך אמר לאברהם אבינו "לא אשחית בעבור העשרה"[12] אף על פי שכל המדינה היו רעים וחטאים למאוד, כל שכן

12. בראשית יח, לב.

שאין לנו להשחית חלילה את כלל היישוב אשר כמעט כולם צדיקים היינו אנשי פתח תקוה ויסוד המעלה, שהם כמה מאות נפשות, בשביל עשרה חוטאים שנמצאו בגדרה, ומה גם כי נקוה לה' כי במשך הזמן יתוקנו גם הם, וכמו שכתבו חז"ל "יתמו חטאים כתיב".[13] ואיך עלה על דעת כבוד תורתו להסתפק בדבר שאולי נקבל יותר שכר על הפרישה, ואם נעזוב מאות נפשות לגוע ברעב חלילה ולאבד את כל הונם ועמלם נוכל להסתפק עוד כי נקבל על זה שכר? והגאון הצדיק מו"ה יהושע מקוטנא נ"י אשר הוא גדול מאד בכל מדינות פולין, כמעט אין שני לו בתורה וחסידות, והוא היה בעצמו בארץ הקודש בקיץ תרמ"ו, כתב אלי במכתבו מן ראש חודש כסלו דנא וז"ל "הכלל שאין להשגיח על מוציאי דיבה שהם נוגעים בדבר, כי אני בעצמי הייתי בפתח תקוה וראיתי כי הם אנשים כשרים וטובים, וכן בהיותי בירושלים שמעתי מפי מגידי אמת שדברו טוב על אנשי עקרון" כו' עכ"ל.

הכותב בחבצלת[14] המוציא דיבה על זכרון יעקב, עדן [עדיין] לא נדע אם כנים דבריו. העלה [המכתב] הנ"ל שנשלח לי גם כן מירושלים,

13. בבלי ברכות י ע"א.
14. הכוונה לדיווח תחת הכותרת "זכרון יעקב" שפורסם על ידי 'איש מחיפה', **חבצלת**, תרמ"ח (28.10.1887), גיליון ג, ובו נכתב בין השאר: "על חובבי ציון העשירים בדעות ובעצות החובה מוטלת לטכס עצות לפני הנדיב איך לעצור בעד הרעה... ולגלות אוזן העולים העובדים, כי מלבד חריצותם וזריזותם בגשמי יאזרו חיל להקים הדת על תלה ויעזבו מנהגים הסרוכים עמהם מארצותיהם, כי לא בחילול שבת והוצאת משא תרפא הארץ מתחלואיה אשר חלה ה' בה, ולא במחולות בחורים עם בתולות פעמים בשבוע, תוסר יגון ואנחה מעל פני הארץ, וגם לא בדעות החופשים מההוללים אשר רוח הכפירה טמון בם תוכל הארץ להתיישב.
והנה הגדולים המפורסמים אשר כעת נכנסו בתוך אגודת חובבי ציון ה"ה הרבנים הגאונים מוהר"ר נפתלי צבי ברלין מוואלאזין, מוהר"ר שמואל מאהליוּוער ומוהר"מ מבוריסק [הרב מרדכי אליאשברג], עליהם להיות רוח החיה בהקאלאניות שכבר נוסדו לאמר להם זה הדרך לכו בו [...] לכן כהני ה' ראשי ישראל הרבנים, רשכבה"ג אשים מלתי, אם הכנסתם עצמכם באגודת חובבי ציון, עליהם להיות כעמוד ברזל ומבצר נחושת, מפני המשכילים המזוייפים, ולהעיד ולהזהיר בקול מרעים על המושבות [...] לדעת כי רק בקיום התורה ירפאו שבר הארץ".

לא אדע ממי, הסגרתי אותה בקאנוּוערט [מעטפה] ושלחתיה לפאריס, ואקוה לקבל תשובה וידיעה ברורה מהנהגת בני זכרון יעקב, ואיך שהוא, לא עלינו תפול אשמת זכרון יעקב, כי אינם בני רוסיה ופולין רק בני רומעניא, ולא תחת מחסינו, רק תחת מחסה הנדיב, עם כל זאת אקוה לה׳ כי אם יש קורטוב אמת בהדיבה הנ״ל, נתאמץ על ידי מכתבים לפאריס לתקן הדבר. ואם נצטרך עוד, אכתוב אם ירצה ה׳ להשר הצדיק בארן וילע ראהטשילד מפ״פ אמיין [מפרנקפורט] חותנו של הנדיב, שיחיו לאורך ימים טובים.

הנני דורש שלומו באהבה רבה מוקירו ומכבדו כערכו הרם.

שמואל בהרב מוהרי״ל מאהליוועֶר.

ח. מכתב מפינסקר אל הנצי״ב והגבאים היועצים

אדעססא, ט״ו כסלו תרמ״ח [1 בדצמבר 1887]

כבוד הגאון הגדול, מאור הגולה, כבוד שם מורנו הרב רבי נפתלי צבי יהודא ברלין נ״י.[15]

הנני מתכבד להודיע לכבוד גאונו הרם, כי כמעט כל הגבאים היועצים הסכימו למנות את הרב ר׳ יחיאל מיכל פינס נ״י למשגיח דתי על בני גדרה, ועל יסוד ההסכמה הזו כתבתי לו ביום ח׳ כסליו, כי מטעם הגבאים היועצים נמסר בידו להשגיח על בני גדרה בעניני

15. כחלק מסדרי העבודה של הגבאים ראשי חיבת ציון, עדכן פינסקר באופן סדיר בהתרחשויות ובאיגרות חשובות שהגיעו אליו. אף שהמכתב הזה מיועד לנצי״ב, בראש המכתב כתוב ״מכתב חוזר להגבאים היועצים״. ואכן יש בה פניה לכל הגבאים, ולא רק לנצי״ב.

התורה ושמירת המצוות ולהורותם הדרך שילכו בה למצוא חן בעיני אלקים ואדם. [...][16]

ט. מכתב מהרב מוהליבר לפינסקר

ב"ה, [ביאליסטוק], ב', י"ט כסלו תרח"ם [5 בדצמבר 1887]

כבוד האדון הנכבד, גביר בעמיו, חכם ושלם, הר"ל ד"ר פינסקער נ"י,

מכתבו מן ט"ו דנא[17] הגיעני. היה לי לעונג ההתמנות של ה' פינס על בני גדרה למשגיח בעניני הדת. אמנם עוד לא יצאנו בזה ידי חובתינו, כי עלינו להזהיר את בני גדרה שישמעו לשמור את התורה והמצוה אשר יורה אותם הרב החכם פינס נ"י, ואם חלילה יעברו על חוקי התורה והמצוה בזדון ולא ישמעו בקול מורם ומנהלם, אזי יגֹרשו כלה. על כן מבקש אנכי את כבודו הרב לכתוב לבני גדרה מכתב כזה. מה שכתב כבודו הרם "שעוד לא נתברר לנו עד כמה יש ממש בשמועות לא טובות הבאות על בני גדרה" מוכרח אנכי לדאבון נפשי להעתיק לו איזה דברים ממכתב אשר קבלתי מאיש נאמן בעיני למאוד, וזה לשונו בתוך מכתבו: "כאשר היה ראש חובבי ציון (הוא כבודו הרם) בפה (פאריס) דרש מהבאראן לתמוך בידי אנשי גדרה, ואמר לו כי אין חפצו לתמוך בידי מחללי שבת ומועד וכל דבר קודש משחק להם. וישאלהו הראש חובבי ציון מפני מה ומה איכפת לו בזה? ויענהו הנדיב גם אנכי ליבעראל כמוך ועם כל זה אין חפצי לתמוך

16. בהמשך עדכון זה לגבאים כתב פינסקר גם על האיגרת שקיבל מהנצי"ב (מכתב ה לעיל): "הגאון מולאזין נ"י כותב, כי הגיע לו מכתב מאחד מגדולי ירושלים המפליג בגנות אנשי גדרה... וטוב יותר לפזר כמה אלפים פראנק ולתת להם לשוב לחוץ לארץ, ולהושיב בגדרה אנשים כשרים מיושבי ירושלים החפצים בעבודת הארץ באמת...".

17. מכתב ח.

בידי עוברי עבירה בארץ הקדושה. ועד היום יעופפו נדבות מרוסיא רק בעד גדרה, וינערו חצנם מיסוד המעלה אשר שם אנשים שומרי תורה כהלכה. הלא כלימה תכסה פנינו". עכ"ל המכתב, ואנן מה נעני אבתריי? הן המכתב כמוס הוא אתי ולא גליתי לשום אדם, אבל הלא כבודו הרם יבין, מה מאוד תדאב לבבי לדברים כאלה, ובמסתרים תבכה נפשי. [...][18] הנני מוקירו ומכבדו כערכו הרם

שמואל בהר"ב מוהרי"ל מאהליוועד

י. מכתב מהרב מוהליבר לרב מרדכי אליאשברג

ב"ה א' דחנוכה תרח"ם.

כבוד ידיד נפשי הרב הגאון הגדול המפורסם בתורתו ויראתו אוהב עמו וארצו בכל לבבו ונפשו כבוד שם תורתו מורינו הרב ר' מרדכי נ"י האב בית דין דקהילת קודש בויסק, רב שלום וברכה נצח.

נועם מכתבו הגיעתני ושמחתי מאוד על שלומו הטוב. העלה [הגיליון] מהחבצלת[19] הגיע גם לידי ותכף ומייד שלחתי את העלה לפאריס וקבלתי תשובה, שהוא רק עלילה בדויה. כי אם היה אמת הדבר מדוע לא כתבו מי הוא המפר תורה ומחלל שבת. האם חלילה כולם מחללי שבת הם? עוד זאת הנדיב לא רצה לקבל תחת השגחתו

18. המשך המכתב עוסק בעניינים כספיים, ובחלוקת התמיכה של חובבי ציון בין המושבות השונות. עניין זה המשיך להעסיק את פינסקר ואת הרב מוהליבר גם במכתבים האחרים (באסופה זו לא הובאו החלקים באיגרות שלא רלוונטיים לפולמוס גדרה). חריפות ההתבטאויות מעידה שנושא זה גרם למתח רב בין פינסקר לרב מוהליבר.

19. ראו לעיל, מכתב ז הערה 14. הרב אליאשברג הוא אחד הרבנים שכותב המאמר נקב בשמם כמי שאחראי לקרוא למושבות לשמור על דרכי התורה.

את יושבי גדרה מפני שאמרו עליהם כי הם מפירי תורה ואיך יתן להחוסים ככר בצלו[20] להפר את דת תורת הקודש, כה השיבו לי מפאריס. ובתשובה זאת השמיעני ברמז כי אנחנו צריכים להשתדל ולראות שייטיבו בני גדרה את מעשיהם.

וככר כתבתי שבוע העבר להד"ר פינסקער[21] כאשר הודיעני כי ככר מינה את הרב החכם מהר"ג פינס נ"י למשגיח ומנהל בגדרה וביחוד על הנהגתם ברוחניות – הודעתיו, שעוד לא יצאנו בזה ידי חובותינו, אבל יזהיר את בני גדרה, באם שלא ישמעו חלילה בקול מנהלם וימצא אחד אשר יעבור בזדון על חוקי התורה הקדושה אזי כלה גרש יגרש. אקוה כי גם הדרת גאונו יאבה לבקש את הד"ר פינסקער גם להזהירו שיקיים בקשתי הנ"ל ויכתוב להם ככוד תורתו כי לדאבון נפשי שמעתי עליהם דברים מכוערים מאיש נאמן ואוהב היישוב שהיה אצלם זה זמן לא כביר בערך ג' או ד' שבועות למפרע.

ידידנו הגאון דוואלאזין צודק מאוד שמהראוי היה לשלחם אבל כבוד תורתו צדק יותר ממנו, כי לא נקל הדבר הזה למלאותו בדור פרוץ כבזמנינו, אשר בעונינו הרבים הפרוץ מרובה ורבים אשר איתם מאשר אתנו. וככר השבתי לו[22] כי הוא דבר הבלתי יתכן לעניות דעתי ועלינו לקיים מאמרם ז"ל "מי כתיב יתמו חוטאים יתמו חטאים כתיב",[23] אבל חובה עלינו לעשות כל טצדקי דאפשר למיעבד [כל מאמץ שאפשר לעשות] להחזירם למוטב, וזכות הישיבת ארץ הקודש יעמוד לנו בדבר גזירת הממשלה בתוגרמא.[24] גם לפי דעתי היה מהראוי להתיישב בדבר. אבל לעת עתה לא אדע בנפשי איזה עצה ותחבולה נאותה ושיהיה בידינו למלאות העצה. הן באמת הגזירה נוגעת יותר ליושבי הערים וביחוד יושבי ירושלים עיר הקודש

20. הכוונה כאן היא למתיישבי זכרון יעקב שעליהם נסוב המאמר בחבצלת.
21. לעיל מכתב ט.
22. לעיל מכתב ז.
23. בבלי ברכות י ע"א.
24. הכוונה לאיסור שהוציא הסולטן התורכי על הגעת יהודי רוסיה לארץ ישראל.

ממה שנוגעת להקאלאניות, כי כפי הנראה אין מעצור להבאים מחדש להתיישב בקאלאניא ולאכול מפרי אדמתה.

הן אמת שהיו שלוחים מבאסראביע אצל הנדיב ומקודם השיב פניהם ריקם, אבל אחר כך פעלו עליו אוהבי היישוב בפאריס, שרוצה לידאג עבור כ"ה משפחות, ולא יותר, וכל אחד מהם יתן לו מקודם אלף רובל כסף במזומן, והמותר ישלמו לו מעט מעט אבל עוד לא נגמר הדבר, על כן לא נוכל עוד לפרסם הדבר.

גם אנכי קיבלתי מכתב מגבאי החלוקה בירושלים מכולל הורדנא ובאמת היה מהראוי לטכס עצה בזה איך ובמה לעזור להם, אבל לזה צריך אסיפה מרבנים וגבירים, והוא דבר הכבד מאוד מכמה טעמים.

בדבר החברה החדשה בירושלים עיר הקודש לעבודת האדמה מה נוכל לעשות כעת, אשר בידינו די כסף גם עבור אחרים אשר עובדים כבר את האדמה. כאשר יתן ה' שיהיה בידינו מותר כסף אזי לדעתי אנשי ירושלים הם הראשונים ליהנות מזה, אבל היסכימו על זה רוב המתנדבים מחוץ לארץ זאת לא אוכל לידע.

בדבר בנו ידיד נפשי הרב הגאון נ"י, בלי ספק כל מה שיהיה ביכולתי להיטיב עמו בעירו החדשה ודאי לא אמנע כל יכולת. רק שבנו נ"י יודיעני עם מי לדבר ואל מי לכתוב ואיך ומה.

הנני ידידו כנפשו הדורש שלום תורתו באהבה רבה, מוקירו ומכבדו למאוד.

שמואל בהרב מוהרי"ל מאהליוועך.[25]

25. למכתב זה הוסיף הרב מוהליבר הערה:

עתה באתי על ד"ת באתי, הגם כי טרוד אנכי למאוד, אבל מפני כבודו כי רב הוא, לקחתי לי מעט פנאי.

והנה עם כי דבריו ישרים ונכונים, אבל עכ"ז עדיין קשה, דאם נוכל לפרש דברי ר"ש שאין מצטרפין דכאמר היינו לענין ביטל כשנתערבו בהיתר, א"כ קושיא מעיקרא ליתא, מהא דקאמר ר"ש כ"ש למכות, ובלא"ה גם הלשון תני א"צ לצרף, מבואר דלא כ"ד כת"ר אבל באמת לא אדע שום קושיא כלל כי דברי

יא. מכתב מפינסקר לרב מוהליבר

אדעססא, כ"א כסלו תרמ"ח [7 בדצמבר 1887]

כבוד הרב הגאון הגדול מוהר"ר שמואל מאהילעווער נ"י,

את מכתבו מיום י"ט דנא[26] קבלתי. גם לבני גדרה כתבתי להזהר בשמירת הדת ולהתרחק מן הכיעור ומן הדומה לו,[27] ואם לא הודעתי זאת במכתבַי לכבוד הגבאים, הנה מפני שלא היה בזה שום דבר חדש, כמו מנית ה' פינס על גדרה למשגיח דתי בה.

המכתב שקבל כבוד גאונו מן האיש הנאמן לו מאד אינו מדויק. מעודי לא בקשתי לתמוך בידי אנשי גדרה, כי הוא דבר שאין לו שחר שיבקשו חובבי ציון ברוסיא מאת איש אחד שימלא הוא את מקומם. ואם אפשר לקבל נדבה הגונה מאיש אחד לטובת הקולוניות, אבל

התוס' במעילה שם מגומגמים קצת והמגיה בע"ז ב"ד התוס' לא דק כלל, כי באמת ד' התוס' בע"ז שם צדקו למאוד, רק שנפל שם איזה ט"ס, דהיינו, בדברי התוס' "ותי' ר"ת כו' היינו מתני' דהתם דמסכת ערלה דאמרינן נמי" כו' צריך למחוק השני תיבות "דמסכת ערלה", כמובן לכל מעיין שהתוס' קאי שם אמתני' דמעילה, ואח"כ להלן בדבריהם שכ' "וההיא דמייתי הכא לאו היינו דמתניתין דמסכת ערלה אלא ההיא מתני' דמיירי בתערובת", צריך להגיה "לאו היינו מתני' דמסכת מעילה אלא ההיא מתני' דבמסכת ערלה" כו'. והא דנקטי אח"כ הערלה והכלאים אסורים ומצטרפין זע"ז האי אסורים הוא מיותר, רק הוא שגרא דלישנא גבי משנה דתבלין וכמוש"כ בהדיא הר"ש ז"ל בפירושו למשנה א' פ"ב דערלה הנ"ל "דהתם בע"ז מייתי משנה דהא דכולא לאסור אחריני, אבל כולה מתני' דמעילה לא מיירי כלל לאסור מילי אחריני אלא בצירוף לענין עצמו" עכ"ל. עכ"פ איך שנאמר בכוונת התוס' ז"ל, תירוץ הר"ש ז"ל הוא ברור בלי שום פקפוק דבע"ז מייתי מתני' דערלה הנ"ל שהיא לענין תערובות אבל ההיא דמעילה אין סברא כלל לאמר לענין תערובות, דהמשניות הקודמות ושלאחרי' הם רק לענין צירוף בפני עצמם, וע"כ דגם ההיא דערלה וכלאי הכרם היא לענין צירוף בפני עצמם וע"כ פריך שפיר מדר"ש אדר"ש [...]" (המשך ההערה מובא להלן סימן כג בקטע שכותרתו "בדין הדלקה עושה מצווה בנרות חנוכה").

26. לעיל מכתב ט.

27. לעיל מכתב ג.

לא מן הנדיב אשר עיניו אל הישוב וכבר עלה לו הדבר בהון רב. כן לא הייתי יכול לשאול את פי הנדיב: מה איכפת לו אם בני גדרה מחללים את השבת, כי מה זו שאלה? כבוד גאונו יודע כי בהיותי בדרוזגעניק קבלתי על עצמי באיזה ענינים חומרי המקום שבאתי לשם, וכבוד גאונו לא יחשדני בלי ספק שעשיתי זאת כדי לענוד לראשי עטרת הקוצים שעל ראש חובבי ציון שלא חפצתי אז בה ואיני חפץ בה גם עתה, ובכל לב הנני למסור אותה עם התרעומות והתנואות מן הצד התלויות בה. ואם אנכי איש התלוי בדעת עצמו ויושב באירופא השתדלתי שלא לעורר את אחינו החרדים כנגד חובבי ציון, על אחת כמה וכמה שלא יכולתי לומר להנדיב שאין רע אם הקולוניסטים יחללו את השבתות בארץ הקדש. אמת הוא, כי גם הנדיב שמע שהקולוניסטים בגדרה מחללים את השבת, אבל הכל הולך ממקור אחד, מאנשי ירושלים.

כן ללא אמת יאמר בעל המכתב לכבוד גאונו: "ועד היום יעופפו נדבות מרוסיא רק בעד גדרה, וינערו חצנם מיסוד המעלה". כל שולחי הנדבות לא ישלחו אותן בעד גדרה או קולוניא אחרת, כי אם לפקודתי, כהחלטותינו בדרוזגעניק. [...]

יב. מכתב מהרב מוהליבר לפינסקר

ב"ה, יום ה', ז' טבת תרח"ם [22 בדצמבר 1887]

כבוד האדון הנכבד, גביר בעמיו, חכם ושלם, הר"ל ד"ר פינסקער נ"י,

מכתבו מן ב' דחנוכה קבלתי.[28] תשובתו בדבר בני גדרה אינה מספקת, כי הן אמת כי האחדות הוא דבר היותר גדול בכל עם ועם ובפרט לעם בזוז ושסוי כעמינו, אבל אם לא נתאמץ בכל יכולתנו לראות, שהאנשים אשר עלו שמה יהיו שומרי תורה ומצוות, ידע כבודו

28. נראה שהכוונה למכתב יא.

הרם, כי לא יתאחדו שם עם אחינו אשר הם תושביה מכבר, ואם כן אין אנו מסייעים לעשות אחדות ושלום, אבל אנו מרבים פירוד ומחלוקת. ועל כבודו הרם החובה ליתן חכמה ודעת בלב אוהביו, כי אם חלילה הבאים שם יפרו את התורה והמצוה, אזי יהרסו את היישוב עד היסוד ויגרמו רעות גדולות ועצומות לכלל אחינו, כי היחשוב כבודו הרם, כי ארץ הקדושה היא כארץ אשכנז או צרפת או אף כארץ רוסיא, אשר תוכל לקלוט אל תוכה כשומר תורה כמפר תורה? לא כן הדבר. העם היושב בקרבה עד היום מאחינו האשכנזים הם נשויי פשע יראים ושלמים עם ה׳ ותורתו, מקנאים גדולים, ואם יתברר אצלם על איזה אנשים כי לא שמרו חוקי התורה בפרהסיא, אזי יתעבום וישנאום וישקצום, ואת אשר יהיה ביכולתם לא יניחו מלרדפם ולהדפם. ומה יהיה תוצאות דברים כאלה? על כן עלינו לעשות כל מה שאפשר להשיב את בני גדרה לדרך התורה והמצווה, ואם לא יאבו לשמוע לקול הורים אזי אין אופן אחר כי אם שילכו להם למדינות שבחוץ לארץ ויעשו מה שלבם חפץ [...]

והנני מוכרח להפסיק באמצע כי מרוב שיחי וכו׳[29]

מוקירו ומכבדו כערכו הרם והנעלה,

שמואל בהרב מוהרי״ל מאהליוועה.

יג. מכתב מהרב מוהליבר לנצי״ב

בעזה״י יום א׳ כ״ה תמוז התר״נ

כבוד ידיד נפש כל בית ישראל וידיד נפשי הרב הגאון הגדול פאר ישראל הודו והדרו, העמיד תלמידים לאלפים וכולם ילכו לאורו, כבוד קדושת שם תפארתו מורנו הרב נפתלי צבי יהודה ברלין נ״י האב בית דין וריש מתיבתא דקהילת קודש וואלאזין, רב שלום וברכה.

29. רומז לדברי חנה לעלי: ״כי מרב שיחי וכעסי דברתי עד הנה״ (שמואל א א, טז).

בלי ספק כבר נודע להדרת גאונו כי נסעתי לארץ הקדושה. זה ימים תשע אשר שבתי משם לביתי. בהימים הראשונים לביאתי לביתי, כמעט לא היה לי פנאי לבלע רוקי מריבוי האנשים והטרדות, אמנם כעת נפניתי מעט, הנני כותב את מכתבי אל כבוד תורתו, והוא כמעט המכתב הראשון. בדבר ארץ הקודש עיקר מטרת נסיעתי היתה לראות מצב אחינו הקאלאניסטים הן מצבם החומרי והן מצבם המוסרי, והודות לה׳ כי שניהם מצאתי במצב טוב ונעלה. מצב החומרי: הגם כי עוד חסר להם כמה דברים הכרחיים, וזה יעלה לכמה עשיריות אלפים רובל כסף. אבל ברצות ה׳ כשיהיה בידינו להשלים מחסורם, אזי יהיה ביכולתם לחיות מפרי תבואתם בריוח ולא יצטרכו למתנת בשר ודם, כן בפתח תקוה, וכן בגדרה. ויען כי הנדיב לא יחזיק עוד המשפחות שמונה ועשרים מפתח תקוה תחת צלו, ועלינו לדאוג בעד כל בני פתח תקוה אשר הם כארבעים משפחות, ובני גדרה אשר הם ט״ו משפחות, וצריכים אנחנו על זה סך רב בבת אחת כדי להעמידם על בסיס קיים ונכון שלא יצטרכו עוד לתמיכה, חובה עלינו לחזק את הועד באָדעססא, למען יהיה ביכלתו למלאות מחסורם בפעם אחת. מצב המוסרי של הקאלאניות הנ״ל: אודות פתח תקוה אין מה לדבר, כי הם יראים ועובדי ה׳ ובעלי תורה, וביהוד הקרוב לפתח תקוה יושבים איזה פרושים ההוגים יום ולילה בתורה, ויש להם תלמוד תורה וישיבה רב ושוחט ובודק. גם גדרה הגם כי איננה שוה לפתח תקוה במצבה המוסרי, אבל עם כל זה לא נשמע חלילה שמץ רע עליהם, והם בחזקת כשרים ושומרי מצוה, ותחת זה במצבה החומרי היא טובה למאוד, בעלי עבודה ואמיצי לב לא יחתו מפני כל. לכל אחד מהצעירים הן בפתח תקוה והן בגדרה יש קנה רובה והם רוכבים על סוסים במהירות נפלאה ומורים מהקנה רובה בעת רכבם.

הקאלאניות של הנדיב הם במצב טוב למאוד במצבם החומרי. עקרון אינה רוצה לקבל עוד תמיכה מהנדיב, ובראשון לציון בעוד שנה או לכל היותר שנתים יתפרנסו מכרמיהם בריוח גדול וגם יהיה ביכלתם לסלק להנדיב במשך שנים. גם מצבם המוסרי טוב מאוד. ומי ידבר מעקרון אשר הם אנשים יראי ה׳ ותמימים, כן הקאלאניא

זכרון יעקב היא יפה ונעלית למאוד. היא עיר יפה וגם סביב לה גנים ופרדסים, ומצבה המוסרי גם כן טוב. וכן שארי הקאלאניות, יסוד המעלה מצב המוסרי טוב למאד, אבל מצבה החומרי עוד לא טוב כל כך, אבל הנדיב מביט עליה בעין חמלה למאוד ובקרוב יעלה אותה ברצות ה׳ על מצב היותר טוב. כללו של דבר מעולם לא דמיתי למצוא את הקאלאניות במצב טוב כזה, וידע הדרת גאונו כי כל הדברי בלע שמוציאים על הקאלאניות הוא שקר וכזב. והתקוה לה׳ כי הישוב יתרחב ויתגדל.

והנני הדורש שלומו באהבה, מוקירו ומכבדו למאוד

שמואל בהרב מוהרי״ל מאהליוער.

סימן יא

פולמוס השמיטה והיתר המכירה

הקמת המושבות החדשות בארץ ישראל במסגרת העלייה הראשונה העלתה במלוא עוזה את בעיית השמיטה. היה חשש שמא הפסקת עבודת האדמה לשנה שלמה תגרום לקריסת המושבות, ולירידתו לטמיון של כל המפעל הציוני באותה עת.

העיסוק בעניין זה התעורר לקראת שנת השמיטה תרמ"ט. משנת תרמ"ח התקיים פולמוס נרחב הן בעולם הרבני הן בעולם הציוני. בפולמוס זה היה לרב מוהליבר תפקיד חשוב.[1] הרב מוהליבר היה בקשר עם המשכילים שפנו אליו בבקשה לפתור את הבעיה, ועם הרבנים שאותם ניסה לרתום כדי שיתמכו במכירת הקרקע לנכרי לשנה זו כדי להתיר באופן זה את העבודה החקלאית בשביעית.

לאחר מגעים ונסיונות רבים פרסם הרב מוהליבר יחד עם שני רבנים נוספים – הרב ישראל יהושע מקוטנא והרב שמואל זאנוויל קלפפיש – את היתר המכירה הראשון (סעיף א). לאחר מכן הצטרף אליהם הרב יצחק אלחנן ספקטור שהיה מגדולי הפוסקים באותו הדור (סעיף ב). במכתב פרטי הנלווה למכתבו הפומבי כתב הרב ספקטור לרב מוהליבר על התלבטויותיו בשל ההתנגדות שעורר ההיתר, וכן ביקש ממנו לברר פרטים על המעמד המשפטי של אדמות המושבות ודרכי המיסוי שלהן (סעיף ג).

להיתר היו כמה תנאים. ההיתר הוגדר כתקף רק לשמיטה זו. מלאכות דאורייתא הותרו רק לעניים, ואילו העשירים נדרשו לשכור

1. בעיית השמיטה בכלל, והיתר המכירה בפרט, העסיקו חוקרים והיסטוריונים רבים, ראו למשל מאמרו של הרב איתם הנקין הי"ד, 'עובדות ומיתוסים בפרשת השמיטה', עלוני ממרא 121 (תשס"ח), עמ' 48-69.

פועלים נכרים על מנת לעשות עבודות אלו (תנאי זה נוסף על פי דרישתו של הרב מקוטנא). כמו כן ההיתר הותנה בהסכמת רבני ירושלים. רבני ירושלים האשכנזים, ובראשם המהרי"ל דיסקין והרב שמואל סלנט התנגדו להיתר, אך רבני ירושלים הספרדים, ובראשם החכם באשי הרב יעקב שאול אלישר, תמכו בהיתר. הרב אלישר אף כתב תשובה שבה התיר לחלוטין עשיית מלאכות דאורייתא.

לקראת השמיטה שלאחר מכן (שנת תרנ"ו), הצטרפו עוד רבנים להיתר (כולל המהרי"ל דיסקין ורבנים אשכנזים נוספים מירושלים), והחילו את תוקפו גם על שמיטה זו. עם זאת, הרב יצחק אלחנן ספקטור הבהיר שהוא מתיר לעשות באמצעות יהודי רק מלאכות דרבנן ולא מלאכות דאורייתא (סוגיה שהושארה מעומעמת במתכוון בהיתר שהוא כתב עבור שנת השמיטה תרמ"ט).

פסק זה העלה בעיה קשה במושבות, שכן באותו שלב היו פועלים רבים במושבות שלא הייתה להם קרקע משלהם ולא היו אמידים, והאיסור לעשות מלאכות דאורייתא איים על פרנסתם. הרב מוהליבר עשה מאמצים רבים לשכנע את הרב ספקטור להתיר מלאכות דאורייתא, וכן למצוא רבנים אחרים שיצטרפו אליו להיתר כזה, אולם הדבר לא עלה בידו.[2]

משכך, בתמוז תרנ"ה פרסם הרב מוהליבר היתר מכירה נוסף, רחב יותר מההיתר הראשון, ובו התיר ליהודי לעבוד גם במלאכות דאורייתא בשדה שנמכר לגוי בשמיטה (סעיף ד). היתר זה נסמך בעיקר על דעתם של רבני ירושלים הספרדים. הרב מוהליבר פעל ליישום בפועל של ההיתר. כששמע שבמושבה רחובות לא סומכים על היתרו ולא מעסיקים פועלים יהודים, כתב מכתב חריף לראש הוועד ברחובות, יעקב ברוידא, וביקש ממנו לסמוך על היתרו ולא להימנע מלהעסיק פועלים יהודים בשמיטה. במכתב זה תיאר הרב מוהליבר את הצורך הגדול שגרם לו להתיר את המכירה בשמיטה הקודמת ומפרט את רשימת הרבנים שהצטרפו אליו בהיתר ההוא (סעיף ה). לצד זה ניסה הרב מוהליבר

2. מזכירו, הרב יצחק ניסנבוים, התבטא בנושא זה בחריפות וכתב: "הרבנים מתחבאים בחוריהם וחרדים מקול עלה נדף בירושלים... כמדומה לי שאין כל תקוה כעת מרבנים" (ניסנבוים, אגרות, עמ' 37).

למנוע מחובבי ציון להקים בשמיטה מושבה חדשה בקסטינא, שכן ההיתר תקף למושבות שכבר קיימות ולא להקמת מושבות חדשות.[3]

הרב מוהליבר כתב קונטרס הלכתי ארוך ומפורט, ובו פירט את נימוקיו ההלכתיים המלאים לטובת היתר המכירה. לצערנו, קונטרס זה נשרף בשרפת כתביו בפרעות בביאליסטוק בשנת 1906.[4] לידינו הגיעה רק איגרת קצרה מתוך התכתבות של הרב מוהליבר בנושא, ובה הוא מפרט חלק מהשיקולים ההלכתיים שהובילו אותו לתמוך בהיתר (סעיף ו).

א. היתר המכירה תרמ"ט

בעזה"י

בהיות כי קרובה שנת השמיטה, על פי חשבון הרמב"ם ז"ל וכפי המנהג, שהיא שנת תרמ"ט הבאה עלינו לטובה וזכינו בעזרתו יתברך שנתכוננו כמה קאלאניות של יהודים המתפרנסים מעבודת האדמה, הן משדי תבואות והן ממטעי כרמים, ואם נאסור עליהם לשדד את האדמה ולתקן את הכרמים תֵּשָׁם הארץ ותיפוק מזה חורבן הקאלאניות חלילה, וכמה מאות נפשות ימוגו ברעב חלילה, על כן להצלת נפשות והצלת ישוב הארץ הקדושה, והצלת הגוף והצלת ממון, מצאנו היתר על שנה זו שנת תרמ"ט למכור בקיץ הבא עלינו לטובה את השדות והכרמים וכל השייך לעבודת האדמה לנכרים, על מנת שכשנחזיר להם את האויף-גאב [מקדמה] לאחר השמטה ונתן להם סך... ריוח, מחויבים הם להחזיר לנו השדות וכל השייך לזה. נוסח השטר הנ"ל יכתבו אצל הבית דין שבירושלים ועל פי הסכמתם, אז כאשר ימכרו כנ"ל על פי שטר כזה יהיה מותר לעבוד את האדמה בכל הצורך הן בשדות והן בכרמים. ממילא מובן שאותם הקולוניסטים שהם בעלי

3. ראו על כך בדבריו של מזכירו, הרב ניסנבוים: ניסנבוים, אגרות, עמ' 34, 36.
4. ניסנבוים, הדת והתחיה, עמ' צג.

יכולת ויש ביכולתם לשכור פועלים נכרים לא יעשו בעצמם עבודה האסורה בשביעית, אבל העניים אשר אין ביכולתם לשכור פועלים נכרים יעשו מלאכה בעצמם אבל דוקא על פי הבית דין שבירושלים שיורו אותם על פי שאלתם המלאכות המותרות להם והמלאכות האסורות. כל הנ"ל נעשה רק על שנת תרמ"ט הבאה עלינו לטובה אבל לא על שמיטות הבאות לאחר כן, כי אז יצטרכו להיתר מחדש. ואולי יעזור ה' ברחמיו להושיע את עמו ולהצליח להם שלא יצטרכו להיתר כלל, וישמרו השמיטה כדין תורה. כל דברי ההיתר הנ"ל הננו מסכימים לו על פי דין תורתנו הקדושה כפי המבואר אצלנו בקונטרסים מיוחדים.[5] אמנם כל זה נעשה באופן שיסכים עמנו גם הרב הגאון פאר דורנו כבוד שם תורתו מורנו הרב יצחק אלחנן נ"י אב בית דין קהילת קאוונא. וה' יתברך יחיש וימהר את גאולתנו, ונשמור את כל המצוות התלויות בארץ כהלכתן ודקדוקן.

באנו על החתום אור ליום ו' עש"ק כ"ח שבט תרח"מ ציון, פה ווארשא.

נאום ישראל יהושע חונה בקהילת קוטנא יצ"ו [ישמרה צורה ויכוננה].

נאום שמואל בהרב מוהרי"ל מאהליווער החונה בקהילת קודש ביאלאסטאק.

נאום שמואל זנוויל דיין ומורה צדק דפה קהילת קודש ווארשא.

ב. איגרת ההצטרפות של ר' יצחק אלחנן להיתר המכירה

כאשר נדרשתי זה איזה חדשים לחוות דעת על דבר הקולוניות של היהודים המתפרנסים מעבודות האדמה בהכרמים והשדות בארץ הקודש, כי קרובה שנת השמיטה לבוא בשנת תרמ"ט הבאה עלינו לטובה, ואם לא נבקש עצה והיתר יכול להיות כי תישם הארץ חלילה

5. כאמור לעיל, לצערנו לא הגיע לידנו הקונטרס שהרב מוהליבר מפרט בו את נימוקיו ההלכתיים להיתר (המוזכר אף להלן, סימן ג).

ויהיה חורבן להקולוניות חס ושלום, וזה נוגע להצלת מאות נפשות ומי יודע כו', ואף שהנני עמוס בטרדות וחלישות רב, עם כל זה ראיתי להזדקק להענין הגדול הזה והעליתי להיתר על פי העצה למכור הכרמים והשדות לישמעאלים הגוף והפירות על משך שתי שנים בלבד, ואחר כלות הזמן יוחזרו הכרמים והשדות לבעלם, והמכירה יהיה לישמעאל דוקא ובקיץ הבא עלינו לטובה יכול להיות המכירה, וערכתי על זה קונטרס מיוחד בעזרת השם יתברך אך להלכה למעשה לא יצאתי עד היום, לפי שלא יצאתי להיות יחיד בדבר החדש הזה כדרכי בענינים כאלה. אך כהיום אשר הגיעני מכתבך אשר נזקקו לזה כבוד ידידי נפשי הרבנים הגאונים כבוד שם תורתו מורנו הרב ישראל יהושע נ"י אב בית דין קהילת קוטנא ומורנו הרב שמואל מאהילובער נ"י דקהילת קודש ביאליסטוק ומורנו הרב שמואל זנוויל מורה צדק דקהילת קודש ווארשא ויצאו בהיתר ובעצה על דבר יקרת הענין הזה ושמו פניהם בי, והיה זה לי לנחת ורצון כראותי כי אין אני יחיד בהדבר הגדול הזה, על כן הנני היום לחוות דעתי להלכה ולמעשה על פי עצתי הנ"ל, **שהעבודה בשדות ובכרמים יהיו על ידי אינם יהודים**, אך בדבר העניים אשר אין ביכלתם לשכור פועלים נכרים אם יעשו בעצמם, נתישב בדבר הזה עצה עם כבוד הגאונים הללו שיחיו. וה' יזכה לנו לבוא בשמחה לארצנו ולקיים מצות שמיטה כמצוה עלינו בכל הלכותיה ודקדוקיה. ובפירוש נאמר כי עצת היתר זו רק על שנת תרמ"ט הבאה עלינו לטובה, אבל לא על שמיטות הבאות לאחר כן, כי אז יצטרכו להיתר מחדש ולעיין אם ירצה השם. וה' יהיה בעזר עמנו שלא יצטרכו להיתר כלל וישמרו השמיטה כד"ת. דברי ההיתר הזה הוא על פי דין וד"ת וכפי המבואר אצלי בקונטרס מיוחד בארוכה בזה בעזרת השם.

ולראיה באתי על החתום יום ד' ג' אדר תרמ"ח קאוונא,

נאום יצחק אלחנן החונה פק"ק הנ"ל

נוסח השטר מכירה הנ"ל יכתבו אצל הבית דין בירושלים ועל פי הסכמתם כמו שכתבו כבוד הגאונים הנ"ל.

יצחק אלחנן הנ"ל

ג. מכתב של ר׳ יצחק אלחנן לרב מוהליבר

ב״ה יום ד׳ ג׳ אדר תרמ״ח קאוונא

כבוד ידיד ד׳ וידיד בית ישראל וידיד נפשי ה״ה הרב הגאון הגדול המפורסם מופת הדור סיני ועוקר הרים כבוד קדושת שם תפארתו מורנו הרב שמואל מאהליוועד נ״י אב בית דין דקהילת ביאליסטאק שלום וכל טוב סלה.

אחר דרישת שלומו הטוב באהבה רבה מכתבו היקר הגיעני על ידי ידידי היקר הרב החריף ובקיא כבוד שם תפארתו מורנו הרב יעקב בכרך נ״י והיה לי לנחת, ודעתי ועצתי כתובה בהכתב שנתתי לכבוד הרב הנ״ל ועד עת הזה לא היה לי ידיעה אם יהיו עוד רבנים גאוני דורנו בהסכמת היתר על דבר הקאלאניות ובפרט שהגיעני מכתב מתמן [משם, מארץ ישראל] אשר הם מנגדים לעיקר דבר זה ולא רציתי לצאת יחידי עד היום, אבל היום שהגיעני מכתב כבוד תורתו היקר ראיתי לגמור את הענין בכי טוב וכפי שכתובה בהכתב שלי שמסרתי להנ״ל. ועל דבר העֲניים שאין ידם משגת לשכור פועלים נכרים שהזכירו מעלת כבודם בהכתב דין שלהם ולא ביארו היטב את דעתם בזה. ועוד דכיוון שרואין אנחנו כי יש רבנים גדולים המנגדים לעיקר ההיתר שלנו, על כן ראיתי להמשיך את הענין דעל דבר העניים אם יעשו בעצמם, ועל כן יומשך הדבר הזה כי יש לנו זמן בזה ולהתישב איך נגמור זה הדבר על בוריו וכדבר ברור ומפורש ולא יהיו בזה ספיקות בפירוש הדבר ואקוה כי יוגמר בכ״ט [בכי טוב] בעזרת ה׳.

ועוד וזהו עיקר גדול לדעתי כי כאשר בעת שכתבתי קונטרסי בזה הענין וחקרתי ודרשתי איך הוא נתינת המס והארנונא תמן בארץ הקודש ואמרו לי אשר בעת שאין זורעים אינם משלמין המס ועל כן כתבתי כן בקונטרסי לפי הידיעה הזאת וכעת שבא בצל קורתי הלא הוא ידיד נפשי היקר הרב וכו׳ כבוד שם תורתו מורנו הרב יעקב בכרך נ״י הנ״ל ואמר לי שאינו כן[6] ועל כן בקשתי את מעלת כבוד תורתו

6. שאלת תשלום המיסים חשובה על מנת לקבוע של מי הבעלות על האדמה. אם

שיהיה מטובו לחקור על זה בתמן שיודיעו לו עצם הענין הזה על פי איש נאמן למעלת כבוד תורתו איך הוא שלומי המס שם ויודיעוני על בוריו כי נצרך לי זה על פי כמה טעמים ויהיה מטובו לשלוח לי זה ואז נתישב ביחד בזה הענין וד׳ יהיה בעזרנו שלא נכשל בדבר הלכה. וד׳ ירחם על ישוב ארץ הקודש ועלינו ונזכה לחזות בנועם ד׳ ובהיכלו במהרה בימינו אמן סלה ומחמת חולשתי אקצר ואומר שלום, ממני ידידו דורש שלום תורתו מברכו ברוב חיים ושלום והצלחתו בכלל ובפרט ומחכה לראות בשמחת ארצנו ולזכות למצות שביעית כד״ת וכדין בכל דקדוקיה ודיניה במהרה בימינו אמן סלה.

אוהבו דורש שלום תורתו בלב ונפש חפצה
יצחק אלחנן החונה פה קהילה הנ״ל.

ד. היתר המכירה תרנ״ו

קיבלתי מכתב מאת אחינו האכרים בארץ אבותנו ושמעתי את קולם הקורא לעזרה לרבותינו שבגולה בדבר השמיטה הבאה עלינו לטובה בשנת תרנ״ו להתיר להם העבודה בשביעית, כי אם לא יתירו להם העבודה יגועו ברעב חלילה, הם ובניהם וטפם. עצי הגפנים ימותו וכל העמל והיגיעה שעמלו ויגעו זה רבות בשנים עד עתה, יכלה באפס תקוה, כאשר בארו במכתבם בארוכה כל האסונות הנוראים הכרוכים בעקב השביתה בשביעית בעת הזאת.

והנה בשנת תרמ״ט, שהיתה השמיטה הראשונה להקולוניסטים החדשים, התרנו להם לעבד בשביעית בשנה הנ״ל. בראשונה התועדתי בוורשא עם הגאון הגדול הצדיק מורנו הרב יהושע אב״ד דקוטנה ז״ל, וצרפנו את הרב הגאון מ׳ שמואל זאנוויל נ״י, להיות בית דין

יש לשלם את המס בלי קשר לתוצרת, הדבר מהווה חיזוק להיתר, שכן פירושו של דבר שהאדמות אינן לגמרי של הבעלים אלא של השלטון. הרב מוהליבר השתמש בסברה זו בהיתר תרנ״ו, להלן סעיף ד.

של שלשה, והתרנו את העבודה בשמיטה בשנה הנ״ל על פי שטר מכירה שיעשה בבית דין של ירושלם. אחר כך הסכימו אתנו גם הגאון הגדול מקאוונא שליט״א, הגאון הגדול מורנו הרב חיים אלעזר וואקס ז״ל אב״ד קאליש, הגאון הגדול מורנו הרב מרדכי עליאשבערג ז״ל מבויסק ועוד גאונים אחדים. אמנם ההיתר היה אז רק על השנה ההיא, שנת תרמ״ט, ולא היתר עולמי. כי חשבנו שהקב״ה יצווה את ברכתו והקולוניסטים [מתיישבים] יוכלו לשמר שמיטה כהלכתה, אבל לא חפץ ה׳ וממכתב הקולוניסטים אני רואה, כי לא לבד שמצבם לא הוטב אלא אדרבה פרטים אחדים נוספו הדוחקים אותנו עוד יותר לבקש היתרים, להציל מאות משפחות מרעב והישוב כלו יהרס חלילה. והנה גם אז התירו גאונים אחדים את כל המלאכות על ידי ישראלים וגם אנכי היתה דעתי אז להתיר כל המלאכות, גם אלה שהיו אסורות מדאורייתא על ידי ישראלים, כאשר בארתי כל זה בקונטרסי בארוכה, אך בטלתי אז את דעתי מפני דעת הגאון דקוטנא ז״ל שאמר: דעתי נוטה שיש על כל פנים לעשות זכר לשמיטה, שלא יעבד הישראל בעצמו ולכל הפחות במלאכות דאורייתא. אך גם הוא ז״ל הוסיף על דבריו אלה במכתבו מן י׳ ניסן תרח״ם וכתב: אמנם אני מבטל דעתי לפני רבני ספרד בארץ ישראל.

ולכן עתה כאשר רבו הפועלים הישראלים בארצנו, אשר כל מחיתם הוא משכר עבודתם בשדות אחיהם וכרמיהם, ואם נאסר עליהם העבודה נכרית אכל מפיהם ויגועו ברעב חלילה. גם ישנם מלאכות כאלה שהערביים אינם יכולים לעשותן לפי חוקי האגרונומיה ובהם קיום הגפנים תלוי, כאשר בארו האכרים במכתבם בארוכה, כמו מלאכת הזמירה, ואם נאסרה על ידי ישראלים ימותו העצים ויהרס הישוב חס ושלום.

גם נודע לנו כעת דברים ברורים, אשר אז היינו בהם כמסופקים,[7] היינו שאדמת הקולוניסתים היא אדמת המלך הנקרא ״מירי״[8] והמה

7. ראו במכתבו של ר׳ יצחק אלחנן, לעיל סעיף ג.

8. זהו אחד מחמשת סוגי הקרקעות בחוק הקרקעות העות׳מני. אדמות מירי הן

רק כאריסים בתוכה וכי מס הורקה[9] המה משלמים גם אם לא יזרעו. ולפי דברי האיכרים גם ה"עשור" מעשר מן התבואה יקח מהם החוכר, גם אם יבירו שדותיהם, ויגבה חובו או ממעט הגפנים שיביאו פרי מועט, או ממקום אחר.

לכן עתה הנני לעמד על דעתי המבוארת בקונטרסי להתיר כל המלאכות על ידי ישראלים ולעשות זכר לשביעית כאשר הורה הגאון הגדול חכם באשי מירושלם שליט"א בספרו "שמחה לאי"ש".[10] ובכל זאת תנאי הנני מתנה כי לא יעשו כל מלאכה טרם שישאלו את גאוני ירושלים שיחיו, אשר לפי דעתי גם הם יסכימו להתיר כאשר ישמעו מפי האכרים כי קיומם וקיום הקולוניות תלוי בזה וגם כאשר יתברר להם אשר באמת השדות של מלך הם והאכרים הנם רק כאריסי בתי אבות וצריכים לשלם מס אף בעת שלא יזרעו. אמנם אם לא יאבו גם כעת להתיר אזי יעשו האכרים כהוראת הגאון חכם באשי ובית דינו, אשר כבר הורה להתיר בספרו הנ"ל, ובלי ספק יתירו גם עתה. ונוכל לצרף גם דעתי, גם דעת הגאונים הגדולים נוחי נפש ז"ל הנ"ל, לדעת הגאון חכם באשי שליט"א וככל אשר יורה הוא לאכרים יעשו ולא יטו ימין ושמאל מדבריו. ובלי שאלת בית דין הספרדים לא יעשו כל דבר וכהוראתם יעשו אם להקל ואם להחמיר.

גם זה ראיתי להודיע כי אותם הקולוניסטים העשירים היכלים לשכר פועלים, דעתי נוטה לאסר עליהם העבודה וישכרו פועלים ישראלים את אחיהם העניים (עי' באו"ח סימן תקמ"ב סעיף ב). וה' יצוה את ברכתו באסמיהם ולא יצטרכו לא לידי מתנת בשר ודם ולא לידי הלואתם ויוכלו לשמור את השמיטות הבאות עלינו לטובה כמשפטן וכהלכתן.

אדמות של הסולטן, אך השימוש בהן הוחכר לאחרים, בדרך כלל לשימוש חקלאי תמורת מס.

9. מס 'ורקו' הוא מס רכוש שהטילו הטורקים על בעלי קרקעות.

10. הרב יעקב שאול אלישר, קונטרס 'שנת השבע', בתוך **שו"ת שמחה לאי"ש**, יו"ד סימן כו.

לאות ולראיה על כל דברי אמת הנ"ל, באתי על החתום יום ד' ח"י תמוז התרנ"ה פה ביאליסטאק.

שמואל בהרב מוהרי"ל מאהילעוועך החונה פה קהילה הנ"ל[11]

ה. איגרת של הרב מוהליבר לבני רחובות[12]

אחי ורעי היקרים ונכבדים, הועד הנעלה ב"מנוחה ונחלה" שיחיו ובראשם הרב הגאון הנכבד והנעלה, מגזע היחס והמעלה מורנו הרב יעקב ברודא נ"י, רב שלום וברכה וכל טוב סלה.

הן זה ירחים אחדים אשר קבלתי מכתבים אחדים מרחובות ועוד משאר קאלאניות אשר בסביבות יפו, כי יגועו ברעב, חלילה, אם יצטרכו לשבות בשנת השמיטה. השיבותי להם על ידי הועד איך ומה לעשות. בלי ספק יש גם ביד ידידנו הר' לעוי-עפשטיין העתקת מכתבי. זה ימים אחדים אשר קבלנו עוד הפעם מכתב מלא תלונה על אנשי הקאלאניא "מנוחה ונחלה", כי הם מניחים את הפועלים לגוע

11. בהערה נוסף: "העתקה הזאת היא אות באות מגוף הכתב שהיה למראה עיני בחתימת הרב הגאון המפורסם כו' מוהר"ר שמואל נ"י מאהילעוועך אבד"ק ביאליסטוק ח"י ממש. ולראיה מהימנא באתי אני עה"ח ובחותם תעודה שלי יום ה' ששה ועשרים יום בחודש תמוז שנת אמ"ת וצד"ק אהב"ו [תרנ"ה] לפ"ק פה"ק אדעססא. נאום יוסף ישראל בלא"א מוהר"ר יעקב יהודה היילפערן החופ"ק הנ"ל יע"א [מקום החותם]".
יום למחרת בי"ט בתמוז כתב מזכירו של הרב מוהליבר, הרב יצחק ניסנבוים, ש"תמול שלחתי להועד היתר הגרש"מ שליט"א היתר גמור כדעת החכם באשי בירושלים" (ניסנבוים, אגרות, עמ' 36).

12. המכתב נדפס בלא תאריך מדויק על ידי אליהו זאב לוין-אפשטיין שקיבל עותק של המכתב (כפי שמוזכר בגוף המכתב), אך ככל הנראה הוא נכתב בשנת השמיטה, אחרי י"ב בטבת תרנ"ו. בתאריך זה כתב הרב ניסנבוים באיגרת: "רחובות שובתת, ומה יעשו אכרינו, ביחוד כורמינו, אם היקב לא יקבל ענביהם? ...אמנם אנחנו הכנסנו כעת ראשנו בעובי הקורה והוא [הרב מוהליבר] מצווה על רחובות לעבוד. גם הנוסעים לפריז ידברו שמה עם הנדיב, ואם יהיה דרוש מכתב מרן שליט"א יכתוב" (ניסנבוים, אגרות, עמ' 48).

ברעב בשנת השמיטה ויהיו מוכרחים כולם לנוע לחו״ל ולבקש לחם. כולי האי ואולי? ולא האמנתי זאת בשום אופן. כי אחינו רוב קוני אדמת ״מנוחה ונחלה״ עשו זאת[13] רק לטובת הפועלים הקאלאניסטים שיהיה להם במה להחיות נפשם מאדמת אחיהם עד אשר יעמדו בעצמם על הקרקע בארץ ישראל בעזר הועד הכולל. ולא רציתי בשום אופן לתת אמון לדברי המכתב השני הנ״ל, עד אשר בא ה׳ לוי-עפשטיין והגיד כי כנים כל דברי המכתב הנ״ל.

לא אוכל לצייר לפניכם, אחי היקרים, את גודל צערי ויגוני הגדול מצרת אחינו היקרים, אכרים העובדים ב״מנוחה ונחלה״, אשר אנחנו בעצמנו נגרום להם שיגועו ברעב. ומי זוטר מה דתנן בסנהדרין ״ללמדך שכל המאבד נפש אחת מישראל מעלה עליו הכתוב כאילו איבד עולם מלא״[14] ומה שאמרו כל המאבד וכו׳, אין כוונתם שאיבד אותו בפועל, אלא אפילו שגרם שיאבד על ידיו, כמו שכתוב בסוטה על הכתוב ״ידינו לא שפכו את הדם הזה״[15] ״לא בא לידינו ופטרנוהו בלא מזון״.[16]

ובפרט ידידנו ראש הועד הנ״ל, אשר הוא נודע לכל כי הוא רודף צדקה וחסד, ולב נדבה לו, הוא יסיר לבו וחסדו מאת אחינו הפועלים לעזבם לנפשם למות ברעב מחמת חומרות המחמירים. הכי אינו יודע שגם אנחנו: הגאון הצדיק מורנו הרב ז״ל האב בית דין דקוטנא וחתנו הגאון האב בית דין דקהילת קודש קאליש ז״ל והגאון הצדיק האב בית דין דקהילת קודש בויסק ז״ל ואנכי החתום מטה ועוד הרבה גאונים, אשר מונח בידי קונטרסיהם משנת תרמ״ח וגם משנה שעברה, וביחוד היתר הנדפס ממרא דאתריה דהספרדים בירושלים. גם אנחנו לא היינו מקילים, חלילה, בדבר גדול כזה, לו לא היה בידינו דבר ברור להתיר,

13. לוין-אפשטיין שהביא את המכתב לדפוס העיר פה: ״כלומר, העסיקו פועלים עברים״. הרב מוהליבר הכיר היטב את ׳מנוחה ונחלה׳ ואף רכש נחלה במסגרת האגודה – ראו להלן סימן יג.
14. בבלי סנהדרין לז ע״א.
15. דברים כא, ז.
16. בבלי סוטה מה ע״ב.

ואף אם היה דבר ברור להתיר ולא היה נוגע הדבר לנפשות האכרים האומללים, גם כן לא היינו מתירים. אבל מאחר שההיתר פשוט וברור, והדבר נוגע לנפשות האכרים הפועלים, הצדיקים התמימים, לא אוכל להאמין בשום אופן אשר אחינו היקרים ועד "מנוחה ונחלה" יתנו למוט רגלם חלילה, ויכתבו תיכף בעוד עת להתם, לקיים כפי המכתב ששלחתי להתם מכבר. למען יחיו אחינו העניים ולא ימותו, ובזכות זה ירים ד' קרנכם ויברך אתכם כנפשכם ונפש ידידכם הדורש שלומכם בונה"ר מוקירכם ומכבדכם כרוב ערככם.

שמואל בהרב מוהרי"ל מאהיליוועה.

ו. תשובה בדבר היתר המכירה לעכו"ם בשביעית

[התשובה נשלחה לכבוד הגאון ר' בן ציון האבד"ק בילסק]

אכתוב לכבוד תורתו בקצרה כי לדעתי מאחר שבספר החינוך כתב סתם עכו"ם או גוי, אי אפשר לאמר שכוונתו על גר תושב וכנראה שגם כבוד תורתו חזר בו והבין גם הוא שדוחק לאמר כן, על כן רצה לבאר דבריו על פי דברי הכפתור ופרח ובזה קרובים דבריו אל האמת. והוא כי על מכירת שדה לעכו"ם יש שלשת איסורים: א) שעל ידי המכירה הם קובעים ישיבתם בארץ ישראל כמו שכתב הרמב"ם ז"ל בפ"י מהלכות עבודה זרה [הלכה ג] וזהו שמונה הרמב"ם ז"ל במספר הלאוין שלא ישבו בארצנו. ב) לא תחנם היינו שלא לחון עליהם, וזהו חנינה כשמוכרין לו קרקע וכמו שכתב הכפתור ופרח. ג) לא תמכר הארץ לצמיתות, והיינו לנכרי כמו שכתב הרא"ה ז"ל בספר החינוך, ואם כן איפוא כל זה אינו רק כשמוכר לצמיתות, אבל כשמתנה להחזיר לו במשך שנה או שנתיים והוא עושה זה לטובתו ולא לטובת הנכרי מותר למכור לו, דהא אין כאן ישיבת קבע, ואין כאן לא תחנם, ואין כאן לא תמכר הארץ לצמיתות. ואם כן צודקים דברי הרא"ה ז"ל למאוד, דהא

הוא סובר דלא תחנם לא קאי כלל אמכירת קרקע כמבואר בדבריו בפרשת ואתחנן, ואיסור המכירה יליף מלא ישבו (והא דאמרינן בגמרא לא תתן להם חנינה בקרקע, היינו בדרך אסמכתא בעלמא) וכמו שכתוב בהדיא בפרשת משפטים שאין מוכרין לו קרקע שישכון בארצנו, והיינו ישיבת קבע כמבואר ברמב"ם בפ"י מהלכות עבודה זרה. ואם כן מאחר שמתנה להחזיר לו ממילא שרי, דאין כאן לצמיתות ואין כאן ישיבת קבע, ואפילו לדידן דסוברים דלא תחנם קאי על חניית קרקע מן התורה, ואין זה אסמכתא, שפיר שרי, דהא זהו דוקא כשמתכוון לטובת הנכרי, מה שאין כן כשהוא מוכרח למכור לטובת עצמו מותר למכור כמו שכתב הכפתור ופרח שהביא כבוד תורתו בעצמו, ואם כן עיקר המכירה בעת השמיטה היא לטובתינו ומוכרחים אנו לזה, פשיטא דשרי, בלי שום פקפוק.

סימן יב

מטרת נסיעתי לארצנו הקדושה

בחודש סיוון תר"ן (1890) אורגנה משלחת של חובבי ציון בראשות הרב מוהליבר לארץ ישראל כדי לבדוק את מצב המושבות שם. זה היה ביקורו היחיד של הרב מוהליבר בארץ ישראל, והוא התכונן אליו חודשים רבים.[1]

בעת ביקור המשלחת בארץ ערך הרב מוהליבר ביקור במושבות העלייה הראשונה (כפי שהוא מספר בפירוט בחלקו השני של מאמר זה), וכן ביקור חשוב בירושלים. ביקור זה, שנערך כשנה אחרי המחלוקת עם רבני ירושלים על היתר המכירה,[2] נועד להנמיך את עוצמת הסכסוך בין אנשי היישוב הישן לבין אנשי היישוב החדש והמושבות שייסדה תנועת חובבי ציון. במהלך הביקור בירושלים נשא הרב מוהליבר דרשה בבית הכנסת 'החורבה',[3] נפגש עם הרב שמואל סלנט, רבה של ירושלים, וערך ביקור במוסדות התורה והחסד של העיר.[4]

1. כך למשל כתב באיגרת שנשלחה לאברהם גרינברג בב' בניסן תר"ן, כחודשיים לפני הנסיעה:
"עוד אטריח את רום כבודו להודיעני אם צריכים ליקח מבית בגדים חמים גם כרים וכסתות, כי הד"ר חאזאנאויץ אמר שהלילות קרים מאוד בארץ הקודש. שנרשום ליקח בגדים חמים כנ"ל" (ארכיון ציוני מרכזי, תיק A9/17).
2. ראו לעיל סימן יא.
3. על דרשה זו ראו גניחובסקי, סיפורים ירושלמיים, עמ' 13–17.
4. בעיתונות פורסמו מכתבי המלצה שכתב הרב מוהליבר לתלמוד תורה 'עץ חיים' ולישיבת 'תורת חיים':
"כאשר זכני ה' והביאני לשלום לעיר הקדושה ירושלם תוב"ב הייתי בבית

המאמר המופיע כאן נכתב על ידי הרב מוהליבר בתום הביקור, בשבתו באנייה בדרכו חזרה לרוסיה. החלק הראשון הוא הקדמה תורנית, ובה מציג הרב מוהליבר את היסודות ההלכתיים והמחשבתיים של השקפתו הציונית־דתית (סעיפים ב-י). החלק השני הוא דין וחשבון על המצב בארץ שנגלה לעיניו במהלך הביקור (סעיף יא).[5]

הת"ת וישיבת 'עץ חיים' אשר בחצר רבינו יהודא החסיד (זצ"ל) וראיתי את מספר תלמידיו כי רבו – יוסף ה' עליהם כהנה וכהנה – וממילא מובן כי לפי ערך התלמידים גם ערך ההוצאה מרבה, ע"כ אבקש מאת אחינו יושבי חו"ל אשר בנדבת לבם יתמוכו את בית אולפנא זה למען יוכל להתקיים להגדיל תורה ולהאדיר, וגם אנכי נתתי נדבתי עשרה פראנקס, בעה"ח יום ג' ח' סיון התר"ן פה עה"ק ת"ו. נאום שמואל בהרב מוהרי"ל מאהליבער החוב"ק ביאליסטאק" (הצפירה, תר"ן [1.7.1890], גיליון 137, עמ' 572).

"כאשר זיכני ה' לבוא לעה"ק ירושלים תו"ב ובקרתי את הת"ת ובתי הישיבות אשר בתוכה, בקרתי את הישיבה הנכבדה 'תורת החיים' אשר יסדה ידידי הרה"ג מ' יצחק ווינאגראד נ"י ומצאתי בה מופלגי תורה הוגים בתורה בהתמדה גדולה. והיתה תורת חיים עץ חיים למחזיקים בה. – ולראיה בעה"ח יום א' י"ג סיוון התר"נ פעיה"ק ירושלים תו"ב. נאום **שמואל** בהרב **מוהרי"ל מאהליוער** החוב"ק ביאליסטאק.

הכתב הלז שהובא הוא נעתק אות באות מכתב שעזבתי בהישיבה בעת שהייתי שם, וחתמתי עליו בחתימת ידי ולראיה באתי על החתום יום ב' כ' מר חשון שנת התרנ"ה פה ביאליסטאק. שמואל בהרב מוהרי"ל מאהילווער" (**המליץ**, תרנ"ה [15.1.1895] , גיליון 2, עמ' 3).

5. ככל הנראה הרב מוהליבר שלח רק את החלק השני לראשי חובבי ציון, ואת החלק הראשון הוסיף רק לנמענים מיוחדים, כפי שכותב הרב מוהליבר באות א של המאמר.

מטרת נסיעתי לארצנו הקדושה

בעז"ה

ידידי היקר![6]

א

הנני שולח לך את מאמרי "מטרת נסיעתי לארץ הקודש" אשר רשמתיו בשובי מארץ הקדושה בהיותי באניה על הים התיכון בחדש תמוז שנת תר"נ, ואם כי הוא צריך תקון באיזה מקומות וגם איזו הוספות ושנויים בעיקרן של דברים שנתחדשו מאז עד היום, אבל הוסכם אצלי שלא לשנות בו מאומה ולהניחו כמו שיצא מעטי אז בהיותי יושב באוניה בלב ים המרחפת על פני תהום, וגם רוחי מרחף אז על פני תהום רעיונות נשגבים וקדושים, מקדושת ויקרת הארץ ערש אבותינו, אשר זה תמול חבקתי את עפרה, בכיתי על חורבנה, ועלזתי על אשר זכני ה' לראות בראשית בניינה, עריה ואחוזותיה, מטעי כרמיה, חוצותיה ופרדסיה, אשר קמו ונתייסדו בשנים האחרונות בהקולוניות [המושבות] החדשות, ולבבי מלא מתקוות ישראל לעתיד ורב טוב הצפון לו, כאשר ילך בדרך הישר והטוב, וכבוד עמו יהיה יקר בעיניו מאהבת עצמו...

והנה יען כי מאמרי הנ"ל מדבר על דבר ארצנו הקדושה רק בנוגע אל מצבה החומרי, ואינו מדבר רק מעט מזעיר בנוגע למעלתה במצבה הרוחני, על כן אמרתי לדבר פה בנוגע למעלתה הרוחנית: א) מעלת הישיבה בארץ; ב) מעלת ישוב הארץ.

6. פנייה זו הודפסה כך במקור, והיא נועדה להסביר את התוספת של ההקדמה התורנית לדין וחשבון על המסע (סעיף יא). ייתכן שכוונת הפנייה היא לא"י סלוצקי, שפרסם את המאמר בספר "שיבת ציון". ואולי מדובר ברש"י פין, שהרב מימון מעיד שהרב מוהליבר שלח אליו את המאמר (**ספר שמואל**, עמ' קעא).

ב

והנה במעלת הישיבה בארץ נשתוו בעלי התלמוד עם בעלי המדרש ז"ל, והוא אמרם ז"ל בכתובות: לעולם ידור אדם בארץ ישראל אפילו בעיר שרובה עובדי גילולים ואל ידור בחוץ לארץ אפילו בעיר שרובה ישראל, שכל הדר בארץ ישראל דומה כמי שיש לו אלוה, וכל הדר בחוץ לארץ דומה כמי שאין לו אלוה.[7]

והקשה הגאון האמתי בעל ההפלאה ז"ל,[8] דלשון דבריהם מורה דהדר בארץ ישראל הוא **רק דומה** כמי שיש לו אלוה אבל באמת אין לו, והדר בחוץ לארץ הוא **רק דומה** כמי שאין לו אלוה אבל באמת יש לו אלוה, ואם כן עדיף חוץ לארץ מארץ ישראל?

ותירץ הוא ז"ל שכוונתם כך היא: דבאמת המקבל עליו עול תורה ועול מצות יש לו אלוה, והפורק ממנו עול תורה ומצות אין לו, אמנם מעלת ארץ ישראל גדולה כל כך שכל הדר בה אפילו אין בידו לא תורה ולא מצות כבר דומה כמי שיש לו אלוה, וכל הדר בחוץ לארץ אפילו מקבל עליו עול תורה ומצות ובאמת יש לו אלוה עם כל זה **דומה** כמי שאין לו אלוה.

ואם כן לפי הדברים הנ"ל כוונת ראשית דבריהם[9] "לעולם ידור אדם בארץ ישראל אפילו בעיר שרובה עובדי גילולים", רוצה לומר ועל ידי זה פורק ממנו עול תורה ומצות, "ואל ידור בחוץ לארץ אפילו בעיר שרובה ישראל", רוצה לומר ועל ידי זה ישמור התורה והמצוות בשלימות. וכן אמרו במדרש ילקוט דברים אלו בסגנון אחר. וז"ל הילקוט: "ודכותיה בית ישראל יושבים על אדמתם ויטמאו אותם,

7. בבלי כתובות קי ע"ב.
8. הרב פנחס הורביץ, **ספר ההפלאה**, כתובות קי ע"ב, ד"ה "שם בגמרא שכל הדר".
9. **הערת המחבר:** וכן מבואר להדיא בתוספתא פרק ה דעבודה זרה: "ישרה אדם בארץ ישראל אפילו בעיר שרובה עכו"ם ולא בחוץ לארץ אפילו בעיר שכולה ישראל מלמד **שישיבת ארץ ישראל שקולה כנגד כל מצות שבתורה**", ע"ש.

אמר הקב"ה הלואי יהיו בני עמי בארץ ישראל אף על פי שמטמאין אותה".[10]

ג

על פי הדברים אשר נתבארו מה מאד צדקו דברי מהרי"ט ז"ל שכתב בתשובותיו על דברי התוספות שם בדיבור המתחיל "הוא" שכתבו בשם רבנו חיים "דעכשיו אינו מצוה לדור בארץ ישראל כי יש כמה מצות התלויות בארץ וכמה עונשין דאין אנו יכולין להזהר בהן ולעמוד עליהם" עד כאן לשון התוספות.[11]

וכתב המהרי"ט[12] על זה דזה אינו דברי רבנו חיים כלל, רק איזה תלמיד טועה כתבו, דכפי מה שכתבנו הלא מבואר מדברי הברייתא דאפילו אם היה לו חלילה איזו מצות התלויות בארץ שאין ביכלתו ליזהר בהן, עם כל זה מחויב לעלות לארץ ישראל ולישב בה.

והנה כמעט כל הפוסקים, ולכל הפחות רובם ככולם, הסכימו עם דברי מהרי"ט **שגם בזמננו חיוב העליה לארץ ישראל במקומו עומד.**

ומה מאד נפלאתי על כמה גדולי עמנו המופלגים בתורה וחסידות שהתנגדו לעיקר ישוב ארץ הקודש על ידי קנית שדות וכרמים ולהושיב עליהם איכרי ישראל, באמרם כי האיכרים ובפרט הצעירים לימים, אינם שומרים את התורה. כי לו היו דבריהם כנים, הנה כבר כתבנו שהקב"ה רוצה יותר שישבו בניו בארצו אף על פי שלא ישמרו את התורה כראוי ממה שישבו בחוץ לארץ וישמרוה כראוי. ובפרט כי אפילו השונא היותר גדול להישוב לא יאמר חלילה שבארץ הקודש נעשו גרועים ממה שהיו בחוץ לארץ, ואדרבא כולי עלמא יודו, שאף היותר גרועים שבאו לשם שבו מדרכם והטיבו מעשיהם מבתחלה, ואם כן אפילו אם היה אמת כדברי מוציאי הדִבה

10. ילקוט שמעוני איכה, רמז תתרלח.
11. כתובות קי ע"ב תוס' ד"ה "הוא".
12. שו"ת מהרי"ט חלק ב יו"ד סימן כח.

שהם עדיין חוטאים ולא עזבו דרכם הרעה לגמרי, על כל פנים הלא הטיבו את אשר עשו בתרתי: (א) שהמצוה הגדולה ישיבת ארץ ישראל בידם, ו־(ב) שגם בשמירת התורה והמצות הוטבו הרבה.

אמנם אחרי זכני ה׳ והייתי בארץ הקודש בעצמי ובקרתי בעצמי את רוב הקולוניות, רובם ככולם כמעט, הנני אומר בפה מלא, **כי כל מה שדברו עליהם בפריצות מעשיהם הוא דִבת שוא ושקר**, יש מהם הרבה אשר הם צדיקים באמת, כי זכו לישב בארץ הקודש ולשמור המצות התלויות בארץ וליהנות מיגיע כפיהם ממש, בלי אונאה ותרמית, וגם לעסוק בתורה ומצות בדחילו ורחימו, וליתן צדקה כפי כחם; ויש מהם בינונים בקיום התורה והמצות כמו אצלנו הבינונים, אבל על כל פנים יש להם שלש מעלות אלה: הישיבה בארץ הקודש, העסק בישוב הארץ, ושמירת המצות התלויות בארץ; ואם אולי נמצאים בהם גם גרועים, הוא רק כדרך כל עיר ועיר, אשר הטבע מחייב להיות בהם גם גרועים, אבל אצלם הם מיעוטא דמיעוטא, ולא יזדמן אצלם כמו אצלנו שיחלל שבת או יעשה עבירה אחרת בפרהסיא.

ד

והנה כמה גדלה שמירת המצות התלויות בארץ נוכל להבין ממאמר אחד בפסיקתא דרב כהנא הובא בילקוט, וז״ל: לעולם אל תהי מצות העומר קלה בעיניך שעל ידי מצות העמר זכה אברהם לירש את ארץ כנען, הדא הוא דכתיב "ונתתי לך ולזרעך אחריך את ארץ מגורך",[13] על מנת "ואתה את בריתי תשמור",[14] ואיזו זו מצות העומר.[15]

והנה צריך להבין מדוע דוקא בשביל העומר נתנה הארץ לאברהם וזרעו, הלא בשביל שמירת כל התורה נתנה להם הארץ,

13. בראשית יז, ח.
14. שם, ט.
15. פסיקתא דרב כהנא ח, ד; ויקרא רבה כח, ו; ילקוט שמעוני בראשית רמז פא.

כמו שכתוב "ויתן להם ארצות גוים ועמל לאומים יירשו; בעבור ישמרו חקיו ותורתיו ינצרו".[16]

ואיזה ראיה היא מהכתוב "ונתתי לך" וגו' שנתנה בשביל העומר, האם כל התורה אינה בכלל ברית?

והנראה לעניות דעתי על פי מה דאמרינן בראש השנה "בעו מיניה חבריא מרב כהנא: עומר שהקריבו ישראל בכניסתן לארץ מהיכן הקריבו? אם תאמר דעייל ביד עובד גילולים, 'קצירכם'[17] אמר רחמנא ולא קציר עובד גילולים".[18]

ונתקשו שם התוספות[19] דהא אמרינן בעבודה זרה על הכתוב "ואשריהם תשרפון באש":[20] "מכדי ירושה היא להם מאבותיהם ואין אדם אוסר דבר שאינו שלו",[21] עיין שם מה שתרצו ומה שפלפלו בזה המשנה למלך בספרו פרשת דרכים[22] והשאגת אריה בספרו טורי אבן,[23] אמנם זכורני כי ראיתי בתשובת כנסת יחזקאל סימן קי שכתב לישב קושית התוס' שהגמרא דראש השנה פליגא אגמרא דעבודה זרה וסברא באמת דארץ ישראל אינה מוחזקת מאברהם, אבל באמת אם נימא כמאן דאמר דארץ ישראל מוחזקת לא קשה מהיכן הקריבו העומר, שהקריבוהו משל עובד גילולים.

ה

ועתה יתיישבו דברי הפסיקתא היטב, דהנה בלי ספק זכו ישראל לירש את הארץ בשביל שישמרו כל המצוות ובפרט המצוות התלויות בארץ,

16. תהלים קה, מד-מה.
17. ויקרא כג, י.
18. בבלי ראש השנה יג ע"א.
19. שם ד"ה "ולא קציר נכרי".
20. דברים יב, ג.
21. בבלי עבודה זרה נג ע"ב.
22. הרב יהודה רוזאניס, **פרשת דרכים**, דרך הקודש, דרוש תשיעי, עמ' 41-42.
23. ר' אריה ליב גינצבורג, **טורי אבן**, ראש השנה יג ע"א.

אבל מדקאמר הכתוב "ונתתי לך ולזרעך אחריך את ארץ מְגֻריך את כל ארץ כנען"[24] על כרחנו דכבר נתנה לאברהם, מדקאמר "לך", וגם לשון **נתתי** מורה שכבר נתן להם, כדאמרינן בירושלמי רפ"ב דחלה "תמן עד שלא נכנסו לה למפריעה ירשו, דאמר רב הונא בשם רבי שמואל בר נחמן לזרעך אתן אין כתיב כאן אלא 'לזרעך נתתי'[25] כבר נתתי".[26] ואם כן למה נתנה הארץ לאברהם, הלא הוא לא קיים המצוות התלויות בארץ?

ועל כרחך לאמר דנתנה לו כדי שתיכף כשיכנסו ישראל לארץ יהיה ביכולתם להקריב העומר מתבואת העובד גילולים, וזהו שאמר "לעולם אל תהי מצות העומר קלה בעיניך", רוצה לומר הגם שלכאורה היא מהקלות שבמצות הארץ, בערך מצות תרומות ומעשרות וכו'. וכמו שכתב במגילה "אתא מלי קומצא קמחא דידכו וכו'"[27] (ואף על גב ששם מוכח דקאי אמנחת יחיד אמנם בילקוט אסתר[28] מבואר דקאי על מנחת העומר) ואף על פי כן היא גדולה כל כך עד שבשבילה זכה אברהם בעצמו לירש את הארץ. ועל זה מביא ראיה מהא דקאמר הכתוב "ונתתי לך ולזרעך אחריך" וגו' ואם כן על כרחך הא דקאמר אחר כך: "על מנת ואתה את בריתי תשמור", היינו שיהיה ביכולת ישראל להקריב את העומר תיכף כשיכנסו, דהא למצוה אחרת לא היה שום תועלת מזכיית אברהם בעצמו.

והנה אם מצות העומר גדולה כל כך שבשביל הקרבת העומר פעם אחת זכה אברהם לרשת את הארץ, הלא בטוחים אנחנו כי כשנשמור מצות תרומות, מעשרות, פאה וכו' שנזכה בזכות זה לגאולה שלמה.

24. בראשית יז, ח. במקור "ונתתי לך ולזרעך את הארץ הזאת".
25. בראשית טו, יח.
26. ירושלמי חלה ב, א.
27. בבלי מגילה טז ע"א.
28. ילקוט שמעוני אסתר רמז תתרנח.

ו

האמנם כי עיקר מעלת הישיבה בארץ היא כאשר הישיבה בארץ גורמת ישוב הארץ והיא המעלה השנייה שחשבנו, אבל היא העיקרית, כי הישיבה בארץ לבד זולת העסק בישובה לא תתחשב למצוה גדולה כל כך.

דהנה הרמב"ן ז"ל בספר המצוות שלפי דעתו שכחם הרמב"ם ז"ל לחשבם[29], חשב גם כן מצות **ישיבת הארץ וישובה**, וז"ל: "מצוה ד' שנצטוינו לרשת הארץ אשר נתן האל יתעלה לאבותינו לאברהם ליצחק וליעקב ולא נעזבה כו'[30] או לשממה, והוא אמרו להם 'והורשתם את הארץ וישבתם בה כי לכם נתתי את הארץ לרשת אותה'[31] כו' כו'. ואומר אני, כי המצוה שהחכמים מפליגים בה והוא דירת ארץ ישראל עד שאמרו: כל היוצא ממנה ודר בחו"ל כאלו עובד עבודה זרה, וזולת זה הפלגות גדולות שאמרו בה, הכל ממצות עשה הוא שנצטוינו לרשת הארץ לשבת בה; אם כן היא מצוות עשה לדורות מתחייב כל אחד ממנו ואפילו בזמן גלות כידוע בתלמוד במקומות הרבה. ולשון ספרי: 'מעשה ברבי יהודה בן בתירא ורבי מתיא בן חרש ורבי חנניה בן אחי רבי יהושע ורבי נתן שהיו יוצאים חוץ לארץ והגיעו לפלטיא וזכרו את ארץ ישראל וזקפו את עיניהם וזלגו דמעותיהם וקרעו בגדיהם וקראו המקרא הזה: "וירשתם אתה וישבתם בה, ושמרתם לעשות"[32], ואמרו ישיבת ארץ ישראל שקולה כנגד כל המצות'".[33] עד כאן לשון הרמב"ן ז"ל.

29. השגות הרמב"ן על מניין המצוות של הרמב"ם, מצוות עשה, השגה ד.
30. הרב מוהליבר או המדפיס השמיט מהרמב"ן את המילים "ביד האומות". נראה שהשמטה זו נעשתה בכוונה, שכן להלן יש רמז לדרשה על המילים הללו.
31. במדבר לג, נג.
32. דברים יא, לא-לב.
33. ספרי דברים פ.

ז

והנה מה שכתב הרמב"ן שהיא מצווה לדורות ואפילו בזמן הגלות לרשת את הארץ ולשבת בה, כוונתו מבוארת שהירושה אינה על ידי מלחמה, שאין אנו יכולים ולא רשאים ללחום בזמן הזה, כמבואר בכתובות[34] שהשביענו הקב"ה שלא נמרוד באומות שאנחנו חוסים בצילם (וכמו שהורו אותנו חז"ל בכמה מקומות לאהוב ולכבד לירא ולעבוד באמת ואמונה את המלך והממשלה אשר בצילה מצאנו מחסה) ושלא נעלה בחומה, פירש רש"י ז"ל "ביד חזקה",[35] ועל כרחך המצוות עשה של ירושה שנוהגת גם בזמן הזה אינה כי אם שנשתדל לקנות את הארץ מיד בעליה, וכל כברת ארץ שנקנה הננו מקיימים המצווה של ירושה, וגדולה מצווה זו מכל המצוות שבתורה, כמו שכתב הראב"ע ז"ל והובא ברמב"ן בפרשת וישלח על הכתוב "ויקן את חלקת השדה" וז"ל: "והזכיר זה הכתוב להודיע כי מעלה גדולה יש לארץ ישראל, ומי שיש לו בה חלק, חשוב הוא כחלק לעולם הבא",[36] עכ"ל.

אמנם בקנית קרקע לבד עוד לא קיימנו המצווה בשלימותה, דבמצווה זו יכללו שני דברים: "**והורשתם** את הארץ **וישבתם** בה",[37] והנה הקניה היא הירושה, אבל הישיבה עוד לא נתקיימה, והישיבה לפי דעת הרמב"ן ז"ל היא ב' מיני הישיבות שבארנו: א' – הישיבה בארץ, וב' – ישובה של הארץ. וזה שכתב הרמב"ן ז"ל "שלא נעזבה כו' או לשממה". "שלא נעזבה" כו'[38] היא הירושה, ושלא נעזבנה שממה רק לעבוד אותה היא הישיבה, דהיינו שנשב בארץ וגם לעשותה ארץ חמדה בנטיעות וזרעים.

ואם כן מאחר שהרמב"ן ז"ל חשב הירושה והישיבה למצות עשה אחת, ומצות הירושה דהיינו הקניה של קרקע הארץ היא החלק

34. בבלי כתובות קיא ע"א.
35. שם ד"ה "שלא יעלו בחומה".
36. אבן עזרא על בראשית לג, יט.
37. במדבר לג, נג.
38. הציטוט המלא הוא "שלא נעזבנה ביד האומות", ראו לעיל הערה 30.

היותר נכבד בהמצוה, כמו שהבאנו מהראב"ע והרמב"ן ז"ל, ובחלק המצווה של הישיבה נכללו שני דברים הישיבה בארץ וישוב הארץ, אם כן מובן מאליו שהישיבה בארץ לבד היא רק חלק קטן מהמצוה הגדולה הזאת. ואם חז"ל הפליגו כל כך בחלק קטן הזה, עד שאמרו שהיא שקולה כנגד כל המצוות שבתורה וכמו שהבאנו לעיל באות ב׳ מהגמרא דכתובות והתוספתא ומהספרי שהבאנו לעיל בשם הרמב"ן ז"ל, על אחת כמה וכמה גדולה המצווה בכללה, דהיינו קנית קרקעות בארץ ישראל ולהיישבה בנטיעות כרמים ועבודת שדה ולדור בה.

ח

והנה בגיטין אמרו: "הקונה שדה בסוריא כקונה בפרוארי ירושלים, למאי הילכתא? אמר רב ששת לאמר שכותבין עליו אונו [שטר מכירה] ואפילו בשבת, בשבת סלקא דעתך, כדאמר רבא אומר לכותי ועושה הכי נמי אומר לכותי ועושה, ואף על גב דאמירה לנכרי שבות משום ישוב ארץ ישראל לא גזרו ביה רבנן".[39] וכתב רש"י "משום ישוב ארץ ישראל לגרש כותים ולישב ישראל בה".[40]

הנה למדנו מדברי הגמרא ורש"י הנ"ל דעיקר ישוב ארץ ישראל היא הקניה מיד כותי, והיא גדולה כל כך עד שדוחה שבות דאמירה לנכרי בשבת, ואף על גב דלדעת התוספות[41] בשביל מילה אין דוחים שבות דאמירה לנכרי במלאכה דאורייתא, גדולה מעלת הישוב ממצות מילה, אף על גב שמצות מילה היא גדולה מאד מאד.

גם נטיעת אילנות הוא בכלל ישוב הארץ, כמו דאמרינן בבבא מציעא "היורד לתוך חורבתו של חבירו ובנאה שלא ברשותו ואמר לו עציי ואבניי אני נוטל רב נחמן אמר שומעין לו רב ששת אמר אין שומעין לו כו׳, מאי הוי עלה? אמר ר׳ יעקב אמר ר׳ יוחנן בבית

39. בבלי גיטין ח ע"ב.
40. שם ד"ה "משום יישוב ארץ ישראל".
41. ראו תוספות שם ד"ה "אע"ג".

שומעין לו בשדה אין שומעין לו בשדה מאי טעמא משום ישוב ארץ ישראל",[42] ופירש רש"י "היורד לתוך שדה ונטעה שלא ברשות ואמר נטיעתי אני נוטל",[43] עד כאן. אלמא דבנטיעות איכא ישוב הארץ.

אבל לפי זה מוכח דבנין בתים אין בו משום ישוב הארץ, אבל הוא דבר שלא יתכן לאמר כן, והשכל מנגדו, וכי יש איזה עיר או מדינה או כברת ארץ מיושבת בלי בתים. ומפורש אמרו "ארעא לבתי וארעא לזרעא ישוב עדיף ולית בה משום דינא דבר מצרא",[44] ופירש"י "ישוב דבתי עדיף",[45] אלמא דגם בבתי איכא ישוב. ועל כרחנו הא דקאמר "בשדה מאי טעמא משום ישוב ארץ ישראל", רוצה לומר דבנטיעות איכא ישוב גדול, ואין ביכלתו לאמר נטיעתי אני נוטל, אבל בבתי ליכא ישוב כל כך, על כן לא עשו שם תקנה, וביכלתו לאמר עצי ואבני אני נוטל, אבל פשיטא דגם בבתי איכא ישוב הארץ.

ט

האמנם לכאורה מוכח דבזריעה ודאי ליכא משום ישוב דהא אמר "ארעא לבתי וארעא לזרעי ישוב עדיף", אלמא דבזרעי ליכא ישוב. אבל באמת גם זה הוא נגד השכל, דאיך יתכן לאמר שזריעת השדה לא תהיה בכלל ישוב, והלא הם עיקר פרנסת האדם, ובשבח הארץ נאמר בראשונה חטה ושעורה,[46] ועל כרחך שכוונתם ז"ל היא שבתים הם ישוב יותר גדול מזרעים אבל בלא ספק גם זרעים בכלל ישוב, וכמו שאמרו דבבתים אין בהם משום ישוב, והיינו לגבי נטיעות, כמו כן מה שאמרו בזרעים אין בהם משום ישוב, הוא לגבי בתים, אבל באמת יש גם בהם ישוב.

על כל פנים יכולין אנו להוציא דין חדש מדברי הגמרא הנ"ל,

42. בבלי בבא מציעא קא ע"א.
43. שם ד"ה "בשדה".
44. בבלי בבא מציעא קח ע"ב.
45. שם ד"ה "ישוב דבתי עדיף".
46. דברים ח, ח.

שאם ירד לתוך שדה חברו שלא ברשות ואמר זריעתי אני עוקר שומעין לו, שהרי בבית אם אמר עצי ואבני אני נוטל, אף על גב דישובו גדול מזרעים, עם כל זה שומעין לו, כל שכן בזרעים דשומעין לו.

על פי זה מיושב היטב קושית התוספות בראש השנה שהבאנו באות ד מסוגיה דראש השנה שם אסוגיא דעבודה זרה, דבאמת שתי הסוגיות סברי דארץ ישראל מוחזקת מאברהם, ויש להעכו"ם דין יורדים לתוך שדה חבריהם שלא ברשות, ועל כן באילנות שאם אמר אילני אני עוקר אין שומעין לו, שפיר פריך בעבודה זרה מכדי ארץ ישראל ירושה היא מאבותיהם, ואין אדם אוסר דבר שאינו שלו, אבל בראש השנה גבי קציר שאם אמר תבואתי אני נוטל שומעין לו שפיר פריך קצירך אמר רחמנא ולא קציר עכו"ם.

י

מכל האמור נתברר לנו, שמה שאמר הכתוב "והורשתם את הארץ וישבתם בה",[47] היא מצות עשה אחת השקולה כנגד כל המצות שבתורה, והחלק היותר נכבד הוא **הירושה**, היינו הזכיה בכברת ארץ בארץ הקודש, בזמן שהיו ישראל לעם בפני עצמם על ידי מלחמה, ובזה הזמן על ידי קנין כסף, והוא חשוב כחלק לעולם הבא. וגם הוא דוחה שבות במלאכה דאורייתא, דהיינו על ידי אמירה לנכרי. והחלק השני מהמצוה הנ"ל הוא **הישיבה**, וגם הישיבה מתחלקת לשני חלקים: א) הישיבה בארץ; ב) ישוב הארץ. וחלק ישוב הארץ גם כן יתחלק לשלש מדרגות: א) נטיעת כרמים ופרדסים הוא הישוב היותר גדול; ב) בנין בתים; ו־ג) זריעת תבואה וירקות.

וכן אמרו במדרש רבה "מתחלת בריתו של עולם לא נתעסק הקב"ה אלא במטע תחלה... אף אתם כשתכנסו לארץ לא תתעסקו

47. במדבר לג, נג.

אלא במטע תחלה, הדא הוא דכתיב 'כי תבואו אל הארץ ונטעתם כל עץ מאכל'[48]".[49]

דברי התלמוד והמדרש רבה הנ"ל נתקיימו כעת על פי הנסיון, כי לו היו כל הקולוניסטים נוטעים כרמים בראשית ביאתם לארץ זה כשמנה שנים ויותר, כבר היה ביכלתם לישב במנוחה איש תחת גפנו, והיו מתפרנסים בריוח מהכנסת כרמיהם, כאשר אנו רואים בראשון לציון.

והא דאמר רבא ביבמות "מאה זוזי בעיסקא כל יומא בשרא וחמרא, מאה זוזי בארעא מילחא וחפורא",[50] היינו בשדה זריעה כמבואר שם, ולזאת אמרו שנטיעות הם עִקר הישוב ושעסק הנטיעות קודם לשארי דברים, יען כי מהנטיעות תוצאות לפרנסת האדם בריוח. וכן כתב הרמב"ם ז"ל, וזו לשונו: "דרך בעלי דעה שיקבע לו אדם מלאכה המפרנסת אותו תחלה, ואחר כך יקנה בית דירה ואחר כך ישא אשה שנאמר 'מי האיש אשר נטע כרם ולא חיללו... אשר בנה בית חדש... אשר ארש אשה'[51] כו'",[52] הרי שחשב הרמב"ם ז"ל נטיעת כרם למלאכה המפרנסת אותו, ועל כן צריך להקדימם.

יא

אחי ורעי, בני עמי, החביבים ויקרים לי כנפשי, אשר זכיתם לעלות לארץ הקדושה ולקנות כברת ארץ, וגם כבר נטעתם כרמים ובניתם עליה בתים, אשריכם ואשרי חלקכם, עולמכם תראו בחייכם, הנכם חָפשים מגלגלי המסחר אשר הייתם אסורים לו בהבלי שוא, ומלא תרמית ואונאה, ובכל רגע ורגע הייתם נכונים שיהפך עליכם אופן גלגליו. עתה איתן מושבכם, ואתם נהנים מיגיע כפיכם, אתם עובדים

48. ויקרא יט, כג.
49. ויקרא רבה כה, ג.
50. בבלי יבמות סג ע"א.
51. דברים כ, ה–ז, בשינוי סדר הפסוקים.
52. רמב"ם הלכות דעות, פרק ה הלכה יא.

אדמת הקדש במנוחה והשקט, לא תפחדו עוד משאון המחסר[53] וזעפו, תהפוכותיו לא תדעו, מי יכול להעריך אשרכם וטובכם בזה ובבא! וה׳ יתברך ישים חלקנו עמכם, אמן.

מטרת נסיעתי לארץ הקדושה היתה לידע על בורין את הדברים האלה:

א. אם אפשר לאיש ישראל לחיות מעבודת האדמה בארץ הקֹדש, הוא וביתו, ואם אפשר לו לחיות מזריעת תבואה לבד או מוכרח לטעת כרמים גם כן, או די לו בכרמים לבד, או אולי יותר טוב לזרוע ירקות ולנטוע פרדסים, היינו תאנים, זתים, רמונים, אתרוגים, פאמעראנצען [תפוזים], ואולי גם שושנים יקרים או עצי תות לגדל תולעת המשי?

ב. כמה כסף צריכה משפחה שלמה עד שתכין די חיותה בבית ובשדה?

ג. אם יש לקנות עדיין קרקעות בארץ הקודש אם יתרבו העולים ברשיון ממשלתנו ירום הודה?

ד. איפה היא הקרקע היותר טובה בארץ הקודש, ואיפה הישיבה טובה ביותר, ומחיר הקרקע אם הוא שווה בכל הארץ?

ה. האם ממשלת תוגרמה [טורקיה] מבטת על יהודי רוסיא בעין טובה כשהם מתישבים בארץ הקודש?

ו. הקולוניות [המושבות] אשר הן תחת מחסה חובבי ציון ברוסיא איך מצבן, ובמה אפשר לעזור להן ולהעמידן על בסיס נכון וקיים?

ז. הקולוניות אשר תחת מחסה הנדיב נ״י[54] איך מצבן, ומתי יצאו הקולוניסטים לרשות עצמם?

ח. אם בדעת הנדיב לקבל עוד קולוניסטים, ואם יוסיף לקנות קרקעות בארץ הקודש?

53. כך במקור וכנראה צ״ל: ״המסחר״.

54. הברון אדמונד רוטשילד, המכונה ׳אבי היישוב׳ ו׳הנדיב הידוע׳ (גם להלן, בדברו על ׳הנדיב מצרפת׳ או ׳נדיב אחד׳ כוונתו לברון רוטשילד).

ט. מה יעשו חובבי ציון בכלל ובפרט?
י. איך הוא מצב ירושלים עיר הקודש ברוחניות, ובמה נוכל להועיל לה במצבה הגשמי?

והתשובות על כל השאלות הנ"ל אחר החקירה היטב הן:

א. אם יהיה למשפחה שלמה אדמה טובה ערך 200–250 דונם אדמת זריעה, יהיה ביכולתה לחיות מהאדמה כשיעבוד אדמתו בעצמו. אמנם טוב יותר שיטע גם כן 40–50 דונם כרמים, אשר מזה יהיה לו בסוף ארבע שנים כעשרת אלפים ויותר גפנים, אשר יכניסו לו בשנה החמישית איזו מאות רובל כסף ובשנה הששית וכו' עוד יותר. אמנם אם יזרע ויטע גם כן גן ירק ופרדס כשתהיה האדמה מוכשרת לגן ופרדס, היינו שיהיה סמוך לו באר ומתוכו חפירות נמשכות להגן והפרדס, אז יחיה בריוח בלי ספק ברצות ה'. ובדבר נטיעת תותים ושושנים וכדומה, יתכן להיות כי ישאו הרבה שכר אבל צריכים אנו להמתין איזו שנים עד שנדע מה הורה הנסיון לאנשי הנדיב.
ב. כשיתאספו כעשרים או שלשים משפחות ביחד ויקנו חבל אדמה ויחלקו אותה בגורל ולא יסעו כֻּלם בבת אחת לארץ הקודש, רק יסעו כשנים או שלשה אנשים בריאים ומוכשרים לעבודה גם בקיאים בדבר, והחברה תשלם להם והם יחרשו ויזרעו את האדמה (מובן מאליו שישכרו עולי ימים לסייע להם בעבודתם או שישכירו האדמה העומדת לזריעה למחצה לשליש ולרביע) ויטעו עבור כל אחד 40–50 דונם גפנים גם יחפרו באר או בארות, ויזרעו לכל אחד גן ירק ופרדס, אזי במשך ארבע או חמש שנים יהיה לכל אחד שדה, גן וכרם, אשר יהיה ביכלתו לחיות מזה בריוח ובהוצאות מועטות, וכשיבנה לו בית ורפת ויקנה לו סוסים ושורים ופרות, יכנס הוא וביתו לארץ הקודש ובאופן זה די בערך 3,000–3,500 ולכל היותר 4,000 רובל כסף. אמנם כשיאבו כֻּלם ליכנס תיכף

ולעשות הכל בבת אחת, אזי יצטרך כל אחד בערך 6,000-5,000 רובל כסף.

ג. יש עדיין הרבה קרקעות לקנות ביהודה, בגליל ובעבר הירדן.[55] ועצתי אמונה לגבירי עמנו שיחישו וימהרו לקנות אדמה בארץ הקדושה, ויקנו הרבה כפי יכלתם, כי מלבד הגאולה אשר יתנו לארץ, יעשו מסחר גדול וטוב מאד, אשר עוד לא נראה ריוח כמהו, כי בכל חכמי הגוים ובכל מלכותם יאמרו לארץ הקודש מאין כמוך, וכל אחד מהם רוצה לקנות אדמת הקֹדש, ועל כן עלינו להיות זריזים בדבר, למען לא נצא בפחי נפש וידים ריקניות אחר כך כשנאבה להשיג אדמת קֹדש. ממילא מובן כי שדות יהודה קודמות לשדות גליל, ואם תהיה חבורה גדולה ממאה משפחות ויותר, שלא יהיה מוראם של הבעדואינים [בדווים] עליהם, אזי יותר טוב לקנות אדמה בעבר הירדן מפני שני טעמים: א) מפני שהיא בזול למאד. ו־ב) מפני שהאדמה טובה מאד.

ד. כבר נתבאר בתשובה שלפני זה שהאדמה היותר טובה הוא אדמת עבר הירדן, אבל גם ישיבתה היא היותר מסוכנת, כי הבעדואינים הם פראים ועזי נפש ובלא חבורה גדולה ממאה משפחות ושיהיו גבורים ואבירי לב אשר לא יחתו מפני כל, אי אפשר לדור שם בלא סכנה. אמנם עוד נמצאה אדמה טובה סביב טבריא וים כנרת, סביב צפת ויסוד המעלה, ואם אינה כל כך בזול כמו בעבר הירדן, עם כל זה היא בזול נגד יהודה, וגם על הרוב רוצים בעליהם למוכרם במקח השוה.

ממילא מובן כי הדבר הזה צריך להיות טמיר ונעלם מהסרסורים שידיעתם מזקת מאד, ועל כן מחויב אנכי להאריך מעט בענין זה, והוא כי חובה עלינו שיהיו לנו ביפו אנשים נאמנים נבונים

55. בזמן כתיבת המכתב עבר הירדן המזרחי לא היה יישות מדינית נפרדת מעבר הירדן המערבי. את ההפרדה המדינית בין שני החלקים קבע 'הספר הלבן' הראשון שפרסמו שלטונות המנדט הבריטי, בשנת 1922.

וידועים, ועל ידם תהיה קנית הקרקעות, וכל איש אשר יבוא מחו"ל ליפו לקנות אדמה בארץ הקודש יפנה אל האנשים הנ"ל, וחלילה לו לגלות סודו לאיש זר.

ה. השולטן טוב מאד לישראל, והוא איש מלא חסד, ואם הבאים שם יבנו בתים ויזרעו שדות ויטעו כרמים, וארץ שממה תהפך למטעי כרם וערים חרבות יבנו, והם ישליכו את המסחר אחרי גוום ויאכלו מיגיע כפיהם – בלי ספק כי יתקבלו מהממשלה באהבה ועין יפה.

ו. הקולוניות אשר תחת מחסה חובבי ציון הן "פתח תקוה" ו"גדרה". והנה בשנה העברה קבל הנדיב תחת מחסהו כשמנה ועשרים משפחות מפתח תקוה ולא נשארו על חשבון חובבי ציון כי אם כתשע או עשר משפחות, אבל כפי הנראה מהמכתב שקבלתי מה' שייד[56] בשם הנדיב לא קבלם לחלוטין אבל רק על בחינה ידועה והבחינה לא עלתה יפה, ועל כן אינו רוצה להחזיקם עוד. והנה אם באמת ימשוך הנדיב ידו מן הכ"ח משפחות מפתח תקוה וישארו ערך שבע ושלשים משפחות על חובבי ציון לשכללם ולגומרם. והנה כפי החשבון אשר הראו לנו יושבי גדרה, שהם רק שמנה או תשעה בחורים וחמש או שש משפחות קטנות ואף על פי כן להעמידם ברשות עצמם צריך להוציא עליהם סך מאת אלף פרנק, על פי חשבון זה צריך להוציא על פתח תקוה להעמידם ברשות עצמם כפלים מסך הנ"ל, ולעת עתה לא יתכן שימצא להם אף מאה אלף פרנק, דהיינו שליש מסך שלש מאות אלף פרנק הנ"ל.

ולו היה בידם מאה אלף פרנק מה היו עושים עמהם? ידעתי כי בני דור החדש לא יתמהמהו אף רגע אחד להשיב לתת את המאה

56. הכוונה לאליהו שייד (1841–1922), שהיה הממונה מטעם הברון רוטשילד על כל מפעל ההתיישבות בשנים 1888–1889. כפי שכותב צבי אילן, שייד היה "אדם...[ש]ניצב במשך עבודתו בין הפטיש והסדן. הוא לא רק עמד בין המתיישבים והבארון, אלא גם בין הבארון ופקידי האדמיניסטרציה" (אילן, פרקים מזיכרונותיו, עמ' 208). בשעת כתיבת מאמר זה היה שייד מפקח על מושבות הברון בארץ ישראל. ראו גם אנציקלופדיה לחלוצי הישוב ובוניו, א, עמ' 206–207.

אלף פרנק לבני גדרה, אבל אנכי לא אוכל להסכים על זה, כי במה נתעלו בני גדרה על שאר המושבות, אשר פתח תקוה תשאר תלויה באמצע ועל גדרה יוציאו מאה אלף פרנק בבת אחת, ועל כן לפי דעתי ראוי ונכון הוא או לתקן שניהן כאחת אם באפשר לעשות כן, ואם הוא בלתי אפשר אזי יעזרו לשניהן עזר זמני, עד אשר יהיה ביכולת חובבי ציון לעזור לשניהם כאחד?

והנה ה׳ פרנק[57] מביירוט [ביירות] המשגיח הראשי על כל הקולוניות של הנדיב, כן הדירקטור במקוה ישראל, ה׳ הירש,[58] שניהם הבטיחו לי להשתדל שיחזיק הנדיב גם להבא את הכ״ח משפחות בפתח תקוה. מסופקני הרבה אם יהיה ביכלתם לפעול הדבר הזה, ואם יפעלו לא יפעלו להחזיר הדבר לקדמותו, רק שתהיה התמורה באופן אחר, ואז נהיה מוכרחים גם כן לתומכם, כי לא יהיה סגי בלאו הכי, וגם תמיכה זאת לא תהיה תמידית, על כן הננו מוכרחים לבקש עצות ולהוציאם ממצוקתם.

מאליו מובן שהעצה היותר פשוטה היא שכל אחינו כעשיר כאינו עשיר, כנדיב לב כאשר איננו נדיב יתנו כֻּלם נדבותיהם לטובת הארץ וישובה, ואז יוכלו חובבי ציון לתמוך בידי בני גדרה ובני פתח תקוה כאחד.

מדי דברי לא אוכל להתאפק מלדבר נגדה נא כל עמי: העוד לא תראו אצבע אלֹהים בכל אשר קרה לנו? הן זה קרוב לעשר שנים אשר השקנו ה׳ כוס הרעלה ברוב מדינות אירופא ויקומו עלינו בני בלי שם (אנטיסעמיטים [אנטישמיים]) ברדיפות ועלילות שונות, ויש אשר הרעו לנו הרבה בפועל.

הנה בעת אשר כסה חשך ארץ וערפל לאומים בפתע בא לנו אור המאיר ממערב והאיר ממזרח צדק, וקול קורא ואומר: שובו

57. אמיל פרנק, המשגיח הראשי של מושבות הברון בארץ ישראל.
58. שמואל הירש, 1845–1925, מנהל מקווה ישראל, הממונה על פקידי הברון במושבות ויו״ר ועד הפועל של חובבי ציון שריכז את חלוקת הכספים למושבות. ראו אנציקלופדיה לחלוצי היישוב ובוניו, ב, עמ׳ 746–747.

בנים לגבולכם, השליכו אלילי כספכם ואלילי זהבכם ובואו וחסו בצלי בארץ אבותיכם, אחזו איש איש אתו ומחרשתו ומעדרו בלא לב ולב, כי כל טוב הארץ לפניכם!

והנה במשך שש שנים קמו מעפר ערים וכפרים, בארות ועדרים, השדות מלאים חטים ושעורים, ענבים וגפנים מכסים כל ההרים. ארבע עשרה קולוניות נתייסדו במשך זה ובכם יעבדו יותר משלשת אלפים נפש מאחינו, ותחת אשר דרך הקדש היתה מלאה קמשונים וחוחים ולא היה כמעט ביכולת רגל אנוש לדרוך בה, ואף כי לנסוע בעגלת צב, וכעת נוסעים מיפו לירושלים, לחברון, לפתח תקוה, לראשון לציון, למקוה ישראל, לזכרון יעקב הכל בדרך ישרה בדרך המלך במרכבה רתומה לשלשה סוסים.

וירושלים השוממה והחרבה מקדם חדשה כנשר נעוריה, ומחוץ לחומת ירושלים הישנה נתוספו בה רחובות ישרות ומהודרות ובהן נבנו בתים למאות, ובקרוב עד אלפים יגיעו, וכל אחת מהממשלות אשר באירופא משתדלת לרכוש לה חלק בארץ הקדושה וניר בעיר ירושלים. האם אין זה אות ומופת, כי זכר ה׳ את עמו ואת ארצו ולא מאס בירושלים עיר קדשו, וכל אשר הכינו מידו היתה זאת לנו לטובתנו להעלותנו למרומי הר ציון?

אחי ורעי היקרים וחביבים עלי כנפשי ממש, בינו והשכילו היטב, כי כל אשר חזינו במחזה הדמיון לפני שש שנים ולא האמין שום איש אשר לו שכל בריא וישר, כי במשך קצר כזה יצא דמיון גדול כזה לאור, עתה זכינו לראות בפועל, ועוד על צד היותר נעלה, האם במקרה היתה כל זאת? האם יש מי שימצא עוז בנפשו לאמר כי לא יד ה׳ היתה בכל אלה? האם אפשר להכחיש עוד כי נר המערבי – הנדיב מצרפת – עדות הוא שהשכינה שורה בישראל?

ואתם גבירי ונכבדי עמי! אתם אחי ורעי אהובי נפשי כל המון בית ישראל, מדוע אתם מחשים עד כה ועומדים מרחק מבנין הארץ וישובה? אתם גבירי ומחמדי סעו קדימה, ראו ובחנו בעיניכם את כל הגדולות אשר פעל ועשה כמעט נדיב אחד בעזר ה׳ עליו, ומה יהיו הגדולות והנצורות אשר תעשו כולכם ביחד

בכחכם הגדול כח הכללי? התאמצו אחי היקרים להניח כל אחד אבן בבנין ישראל, אז תראו לפניכם בזמן קצר בנין גדול ונשגב עד לב השמים יגיע בעזר אבינו רוכב שמים בגאותו. ממילא מובן שחובה עלינו להחיש ולקנות קרקע בארץ הקודש כל מה דאפשר, כי במשך עשר השנים או לכל היותר ט"ו שנה, כבר עלה מחיר האדמה עשר פעמים בלי גוזמא, ומי יודע כמה יעלה המחיר בעוד איזו שנים, ואולי לא תהיה עוד קרקע לקנות, כי כל העמים מכל הארצות מתחילים לקנות קרקעות בארץ הקודש, על כן כל מה שיהיה ביכלתנו לקנות עלינו להחיש ולקנות תיכף.

ז. [59]הקולוניות אשר תחת מחסה הנדיב, אם כי עוד הן באמצע מלאכתן, ואם יעזוב הנדיב את הקולוניסטים לא יוכלו עמוד, אבל יען כי הוא דבר ברור שהנדיב לא יעזוב אותם, ועל כן אין ספק

59. סעיף זה דן רבות ביחסים שבין איכרי המושבות לפקידי הברון. להבנתו יש להזכיר גם את "פולמוס השמיטה", שהתרחש בשמיטה תרמ"ט (1888), בשנתיים שקדמו לביקור הרב מוהליבר ולכתיבת מאמר זה. יחסי האיכרים והפקידים היו מעורערים עוד קודם לכן, אבל פולמוס זה תרם רבות לסכסוך ביניהם.
הרב מוהליבר (עם ר' יצחק אלחנן ספקטור ורבנים אחרים) תיקנו לקראת השמיטה את "היתר המכירה", שאִפשר להמשיך לעבוד בחקלאות במושבות על ידי מכירת הקרקעות לגוי (ראו לעיל סימן יא). המושבות בפתח־תקוה ובמזכרת בתיה בחרו בהשפעת רבני ירושלים שלא לסמוך על היתר זה, ולא לעבוד את האדמה כלל. דבר זה גרר תרעומת מצד הברון שמימן את מזכרת בתיה, שכן הוא לא הבין למה האיכרים אינם עובדים על אף הפתרונות ההלכתיים, ובעקבות דיווחים שדיווחו לו פקידיו חשב שהם מתעצלים. הברון כתב לרב מוהליבר (ששכנע את הברון לתמוך במזכרת בתיה, ואף גייס את החלוצים שעלו והקימו אותה), וביקש ממנו להתערב ולשכנע את האיכרים לסמוך על היתר המכירה. הרב מוהליבר שלח איגרת למזכרת בתיה, שלא שכנעה את האיכרים. הרב מוהליבר רצה לנסוע לארץ ישראל כדי למנוע את המשבר, אבל בשל מחלה אסרו עליו הרופאים את הנסיעה, ולפיכך לא נותרה לו דרך לסייע ולשכנע את האיכרים לסמוך על היתר המכירה.
ואף על פי כן, בשל יחסו החם לחלוצים הוא נמנע מלכתוב זאת לברון, והעדיף שלא להחזיר תשובות לפניותיו של הברון אליו בנושא מאחר ולא רצה להגביר את כעסו על האיכרים. בתגובה כעס הברון על הרב מוהליבר שלא הגיב למכתביו. לפירוט נוסף בעניין זה ראו לעיל במבוא פרק ד "פולמוס השמיטה".

בדבר כי בעוד איזה זמן, שנה או שנתיים או שלש שנים, יהיו הקולוניסטים לברכה בקרב הארץ, כי יחיו על אדמתם איש תחת גפנו בהשקט וריוח.

ובדבר התנהגות הפקידים עם הקולוניסטים לא נוכל להרשיע את הפקידים לגמרי, ולא כצעקתה הבאה עליהם כן הוא, כי באמת כל הפקודות יוצאות מהנדיב בעצמו, והוא בעצמו מתבונן בכל פרט ופרט, ובלי ספק שהוא מתכוין לטובת הקולוניסטים ולהצלחתם, כי כמעט ברור הדבר שכל המיליאָנען [מיליונים] שהוציא אף שהיא הלוואה על מנת שישלמו לו מעט מעט, אבל לא יקבל לעצמו, רק שישוב לקנות קרקע ולהושיב עליה קולוניסטים חדשים.

עם כל זה לא נוכל גם כן לזכות את הפקידים לגמרי, כי פקודות הנדיב באות לפי ההודעות שמודיעים לו הפקידים מהנהגת הקולוניסטים, וביד הפקידים היה לשלוח הודעות יותר טובות.

הקולוניסטים בעקרון אינם רוצים עוד להשאר תחת ידי הפקידים, כי אומרים הם שמהיום בכחם לפרנס את עצמם ואינם צריכים עוד לחסדי הנדיב, רק בכדי שיהיה להם במה לשלם את נִשיים להנדיב, רוצים הם, שהנדיב יתן להם על נטיעת גפנים וכדומה עשרים דונם אדמה לכל אחד ועל הוצאות הנטיעות, וכאשר יתנו הכרמים את פרים, יפרעו לו את החוב מעט מעט בכל שנה.

ודברתי מזה עם ה' שייד והגיד לי שגם הוא מסכים לזה, ובקש אותי כי כשאבוא לביתי אם ירצה ה' אכתוב להנדיב את רצונם, וגם הוא יהיה אז בפאריז וימלא אחרי בקשתי, והוא בטוח שהנדיב יתרצה לזה.

אמנם עוד דבר אחר יש בזה שיכול להרע למאד להקולוניסטים, כי על פי פקודת הנדיב מחויבים הקולוניסטים לתת כל תבואתם תחת יד הפקידים, והם אומרים שאינם מאמינים להפקידים ולא יתנו להם בשום אופן, ולא יכולתי לפעול אצלם שיאמינו בחסדי הנדיב, כי הם אומרים שהפקידים יעשו כרצונם, ועל כן הייתי

בביירוט [ביירות] ודברתי עם המשגיח הראשי ה׳ פראנק והבטיחני לפעול אצל הפקידים שיניחו התבואה בידי הקולוניסטים.

בהקולוניא פתח תקוה אין רוצה הנדיב להחזיק את הכ״ח משפחות, כפי הדעפעשע מהבאראן [המכתב מהברון] ומכתבו של ה׳ שייד אלי, עם כל זה הבטיח לי ה׳ פראנק שהוא ישתדל שיחזיקם עוד גם בשנה זו.

האמת אגיד ולא אכחד, כי לו היה באפשר לחברת חובבי ציון להחזיק את הקולוניא פתח תקוה היה זה טוב מאד בכל הפרטים, כי באמת מהנהגת האדמיניסטראציה [הפקידות] עמהם כעת לא יהיה שום תכלית, ורק יעשו אותם לעצלים ובטלנים, כי כל אחד אומר שהוא אינו יודע למי הוא עמל. אבל אם אין זאת באפשרות הועד לעת עתה, צריכים לכתוב תכף ומיד להנדיב, אשר הועד הוא לעת עתה בראשיתו ואין לו מוצא לכסף עד אשר תעבור שנה והנדבות תתאספנה מכל המדינה, על כן בשנה זו יחזיקם הוא בחסדו, אך עם כל זה חובה על הועד להוציא על פתח תקוה את הדברים היותר מוכרחים, בלי שום עכוב.

ח. **אם בדעת הנדיב לקבל עוד קולוניסטים ולקנות עוד קרקעות?** בלי ספק בדעתו לקבל עוד קולוניסטים ולקנות עוד הרבה קרקע, ועל קניית קרקעות כבר נתן פקודות. אמנם מובן מאליו, כי גם הנדיב ברוב עשרו אשר חננו ה׳ וטוב לבבו, עם כל זה איננו כמעיין שאינו פוסק להשפיע כסף וזהב באין שיעור וגבול, ועל כן הכל צריך להיות בחשבון, לפי הזמן והיכולת; אבל נדע ברור, כי כמעט כל רעיוניו נתונים הם להקולוניזיציאן [ההתיישבות] ובכל נפשו יעשה בזה, ויש תקווה גדולה כי בעוד שנתיים ימים תכניס את עצמה בזה כל משפחתו הרמה, ואז ממילא יגדל העניין בכפלי כפלים.

ט. **מה יעשו חובבי ציון בכלל ובפרט?** כבר כתבנו לעיל שירבו לקנות קרקע בזריזות. וזאת צריך לדעת כל חובב ציון אשר ברכו ה׳ בהון ועושר, כי לא נדבתו להועד היא העיקר ואף אם ינדב מאות רובל כסף, לשנה, אבל העיקר הוא שיקנה כברת אדמה

גדולה במחיר כמה עשרות אלפים רובל כסף וימכרנה אחר כך לאחרים, וגם אם ירצה להרוויח לא יפסיד מאומה להעניין.

זה לא כבר קנה ה' חאנקין[60] כברת אדמה גדולה במחיר כמה עשרות אלפים רובל כסף ומכר אותה כעת בריוח שנים עשר אלף פרנק, וכל הקונים מחזיקים לו תודה רבה, כי בכל יום ירבו הקופצים לקנות קרקע, והועד הכללי באָדעסא [אודסה] הוא יעזור להקולוניסטים את אשר יחסר להם וגם יתמוך בידי בעלי מלאכה להושיבם בערים שונות. ואם יתן ה' שיתרבו הנדבות אזי יקנו גם הם קרקע. וכל זה צריך להיות על ידי הועד אשר נבחר כעת ביפו.

על הועד ביפו חובה היא לדעת את מחסור כל קולוניסט בפרט, ואיזה קולוניסט עובד בחריצות ובלי עצלות, כי קולוניסט חרוץ ראוי לתמיכה ביתר שאת למען יראו האחרים ויהיו כמהו. גם מוטלת החובה על הועד ביפו לדעת את כל המקומות שאפשר לקנות קרקעות, וגם כשיבוא אורח מחוץ לארץ ישגיחו עליו שלא יפול בידי הסרסורים שלא ירמו אותו ושלא יגרמו לו הוצאות יתירות.

י. **איך הוא מצב עיר הקודש ירושלים ברוחניות ובמה להועיל לה במצבה הגשמי?** מצבה ברוחניות טוב מאד ורק חסר מעט תקון. מצאנו בה אנשים לאלפים יראים ושלמים מופלגים גדולים בתורה, צנועים ומתונים, ואינם מהקנאים לשם שמים, והם סבלנים צנועים ומעולים, טובי לב עד כי ממזונותיהם המצומצמות מאד יפרסו לעני.

אמנם חסרון גדול יש בירושלים והיא האמונה כי אסור גמור הוא ללמד שפת ערבית וצרפתית לנערי ישראל, אשר באמת הוא הכרח גדול בזמננו לדעת לשון המדינה, ובפרט בארץ ישראל אשר שם אין מבינים כלל לשון המדינה, ורובם ככֻלם הם כאִלם לא

60. יהושע חנקין, 1864–1945, עסקן ציוני, גואל קרקעות ידוע, בעיקר בעמק יזרעאל.

יפתח פיו, וזאת היא סבה גדולה לביטול המסחר וההכרח לצפות ללחם הקלוקל לחם החלוקה.

על כן החובה על גדולי ירושלים אשר דבריהם יהיו נשמעים וגם יש להם דעת בענייני העולם, להשתדל שתתבטל האמונה הזאת שאסור ללמוד השפה המוכרחת לחיות האדם ופרנסתו. ושתי שפות אלה, ערבית וצרפתית, הן הכרחיות בארץ הקודש כי ההמון מדבר ערבית וגדולי הממשלה מדברים צרפתית.

אמנם לעת עתה חלילה לגרום איזה בטול או פחת בכסף החלוקה, ואדרבה עלינו להשתדל שיבוא ויגיע יותר כסף מדי שנה בשנה, כי הכסף המעט הבא כעת לא יספיק רק לדמי דירה.

גם עלינו לראות ולהשגיח היטב שהחלוקה תהיה כראוי, היינו לתת להלומדים והזקנים והחלושים כפי צרכם, ולבעלי מלאכות וכדומה אשר יכולים להתפרנס ממעשה ידיהם לא לישא פנים להם ולא לתת כלל לאלה שאינם צריכים.

כללו של דבר אם נשתדל שבני ציון היקרים ידעו לדבר בשפות המדוברות כראוי וגם נשתדל להרבות בעלי אומנות ומלאכות שונות ולחלקם בערים שונות, אזי נרים מצבם הגשמי ונעמידהו על מצב טוב ונכון.

עוד זאת כאשר ראיתי דרך עברי בעיר ביירוט אשר בסוריא[61] והנה היא עיר גדולה ורבת המסחר, וגם סביב לה שדות וכרמים ופרדסים נחמדים, אם כן אפוא מהראוי לנו לעשות בה ישוב גדול מאחינו ולתמוך בידם שיתחילו לעסוק שם במשא־ומתן ובמלאכות ואומנות שונות וכו׳, אזי נוכל לקוות כי בזמן קצר יהיה שם ישוב נכון וקיים. ואם יבואו איזה עשירי עם לעשות שם עסקים גדולים אין ספק שיצליחו בעזרת ה׳.

61. בזמן כתיבת המאמר לא שורטטו הגבולות המוכרים לנו היום (ביירות נמצאת היום בתחום לבנון). הגבול הראשון בין ארץ ישראל ללבנון שורטט בהסכם סייקס־פיקו שנחתם בין הבריטים לצרפתים בשנת 1920 בעקבות מלחמת העולם הראשונה, שלושים שנים אחרי כתיבת המאמר. בהסכם זה גם הוגדרה בפעם הראשונה לבנון כיחידה מדינית נפרדת מסוריה.

גם נוכל לקנות שם קרקעות לגנות ופרדסים שדות וכרמים, ואז יש תקווה כי נצליח במעשינו.

עיקר הדבר וחתימת מאמרי היא, **שכל אחד האוהב שערי ציון וירושלים באמת לא יסתפק במחשבה בלבד אבל יעשה ויפעול בגופו ובממונו**, אז יצליח ה׳ לנו בכל מפעלינו, והארץ החרבה והשוממה תהפך לגן ה׳ והעיר הבזויה והשפלה תהיה לכבוד ותפארת אמן.

שמואל בהרב מוהרי״ל מאָהליווער.

סימן יג

דברים להקמת המושבה רחובות

בזמן ביקורו של הרב מוהליבר בארץ ישראל הושלמה קניית אדמת הכפר דוראן על ידי חברת 'מנוחה ונחלה', לימים המושבה רחובות.

הרב מוהליבר, שנמנה עם חברי 'מנוחה ונחלה', קנה לעצמו שתי חלקות, והיה לחבר המושבה.

חברי 'מנוחה ונחלה' היו אמידים, ורצו להקים מושבה חקלאית עצמאית, שאינה נסמכת על תרומות. עם חזרת משלחת חובבי ציון לביתם, החלה החברה לארגן את מבנה המושבה ולהכין את עלייתה לקרקע, וכעבור מספר חודשים נערכה אסיפה של כל בעלי האחוזות, כפי שדווח בעיתון 'הצפירה':

> מיום שוב הצירים הנכבדים מהארץ הקדושה לביתם ושטרי המקנה בידם [...] רבתה העבודה אצלם, להביא את כל עניניהם בסדר ובמשטר ישר ונכון, ולהכין את יסוד המושב החדש ולבנותו על תלו. ימים אחדים אחרי בואם קראו עצרה, ויתאספו כל בעלי האחוזות מתושבי עירנו וגם גרי ערים אחרות אשר קנו אחוזת נחלה במושב החדש, למען קיים את התקנות אשר אזנו חקרו ותקנו מיסדי המושב הזה ומנהליו [...] באחד האולמים רחב ידים ומלא אורה, נועדו שלשים חברי המושב [...] שלשה לילות רצופים, להתיעץ על עתידות המושב ולהחליט דבר הנהגתו".[1]

הרב מוהליבר עמד בראש האסיפה של בעלי הנחלות, ונשא את נאום הפתיחה שלה. הנאום נדפס בעיתון הצפירה, ונוסחו מובא כאן.[2]

1. **הצפירה**, תרנ"א (7.11.1890), גליון 235, עמ' 966.
2. הנאום נדפס בעיתון ללא חתימתו של הרב מוהליבר, אך מניסוח הדברים מסתבר שמדובר בציטוט מדויק של דבריו.

זה שמונה שנים כהיום, מעת אשר עלתה במחשבה על לב מעטים מטובי אחינו ליסד ניר בארץ אבותינו ולכונן מושבות על אדמת הקדש למען אחינו החפצים לעבוד את האדמה לאכול מפריה ולשבוע מטובה. כאחד משלמי אמוני ישראל, המעריצים את הרעיון הנשגב הזה והרואים בו חץ תשועה לרבים מבני עמנו החיים מן הרוח, וכדגים הנאחזים במצודה יעמלו בדי ריק לחלץ נפשם מצרה ומעצר רעב ומחסור, שמחתי אז על התנועה הנמרצה בין אחינו, אך כאשר נוכחתי לדעת כי אך קול דברים אנחנו שומעים, וכל תמונת מעשה כל פעולה מוחשית איננו רואים, כאשר ראיתי עין בעין כי אין עוזר לנו וכי המחזיקים במעוז המפעל הזה בין אחינו בני ארצנו מתי מספר המה, ואך אחדים בכל עיר ועיר יכתבו ידם לציון, ולא מאתם תבא תשועת אחינו בארץ הקדושה, נשאתי אז עיני אל ההרים, אל גדולי ישראל, אולי מהם יבנו המושבות, אולי מאתם תבא עזרתם. ואז התיצבתי לפני כבוד 'הנדיב הידוע' להטות לבבו להמפעל הזה ולהוכיח לו לדעת כי שקר נחלו אלה האומרים אשר עמנו הוא אך עם הרוח ולא יוכל לשוב לאדמתו אשר בשכבר הימים אך ממנה היו לחייו תוצאות, ועובד אדמתו שבע לחם, ואם אך נפתח עתה לפני אחינו מקור נאמן לפרנסתם, אם אך נושיבם על אדמה טובה ופוריה, יעבדוה וישמרוה, יעזקוה ויסקלוה, יזרעוה ויטעוה, וגם היא תענה להם את הדגן ואת התירוש וישבו בשלום תחת גפנם ותחת תאנתם.

הרביתי לדבר על לב הנדיב, וה' השוכן בציון נתן בלב הנדיב כי יטה אזן קשבת לדברי, וכי יזיל גשם נדבות על תלמי אדמת הקודש, ומאז ועד עתה פתוחה ידו המלאה והרחבה להריק ברכה על ראש אחינו העובדים אדמת הקדש ולהעשיר את המושבות אשר כוננו ידיו על הרי ישראל.

אחי היקרים!

כשבע שנים עברו מעת אשר דפקתי על פתחי 'הנדיב הידוע' ועוררתיו לצאת לישע עמו, ומה עינינו רואות עתה? בדמעי עיני זרעתי אז זרע לברכה על לב הנדיב הגדול אשר צדקותיו עצמו מספר ואין ערוך לחסדיו הרבים, ובדמעי גיל, בעינים מפיקות שמחה בלא מצרים, בלב מלא תקוה וששון ראיתי בשנה הזאת בדרוך כף רגלי על אדמת הקדש, את אחינו האכרים נושאים ברנה את אלומותיהם במושבות הנדיב וביתר המושבות אשר אחינו באו שמה אל המנוחה ואל הנחלה; בלב מלא שפק ופחד היצליח ה' דרכי, דרכו בפעם הראשונה כפות רגלי על מפתן נדיב עמנו להנטותו לתחית ישראל על אדמתו, ובלב מלא שמחה ורגשי קדש, כבוד ויקר, ראיתי בעיני בימים האלה את אחינו האכרים שלומי אמוני ישראל עובדים עבודתם על הרי ציון, ואשא כפי אל הבוחר בירושלים, ואודה לו על כל תגמולוהי עלינו ועל כל הענין הקדוש לנו, אשר יציץ ויפרח וישגא מאד.

אחי היקרים!

קצרו שפתי מלהביע לכם את כל רגשותי אשר רגשו בקרבי למראה המושבות אשר כלן אומרות כבוד למיסדיהן, לבוניהן ולעובדיהן, אך בדברים אחדים אומר לכם כי מי שלא ראה מושבות ישראל אלה בפריחתן לא ראה מאורות מימיו!

עוד גם זאת אוכל להעיד לפניכם, כי שקר ענו באנשי מושבות אחדות, אשר רוחם לא נכון בקרבם וירחקו מתורת ה' ויסוגו אחור ממצותיו. הנני מעיד בכל הקדוש לנו, כי כל בני המושבות כלם אהובים כלם ברורים וכלם עושים באהבה רצון קונם והולכים בדרך הטוב והישר בעיני אלהים ואדם, וגם אלה אשר אולי בהיותם בארץ מולדתם עוו הישרה שבו אל ה' בכל לבם בשבתם על ארץ הקדושה. לרגל מסעי לבקר את המושבות, שבתתי במושב "זכרון יעקב", הוא המושב האחד אשר עליו יוציאו שונאי הישוב דבה, כי יושביו סרו מדרך הטוב ועושים בפרהסיא דברים אשר גם בחדרי חדרינו אסור, והנה מה רחב ושמח לבבי לראות את כל בני המושב אשר באו ביום

השבת לבית מלוני ויבקשוני כי אטיף להם מוסרי, והמה הקשיבו כלם רב קשב בחרדת קדש לכל הגה אשר יצא מפי, ויאיצו בי לשבת אתם עוד ימים אחדים ולהשמיעם כפעם בפעם תורת חיים תוכחת מוסר, גם נוכחתי לדעת כי אך דבת שוא מעבירים עליהם, ואך משנאה כבושה וצרות עין יטפלו עליהם עונות ופשעים אשר לא נואלו ולא פשעו.

הנה כי כן, אחי היקרים, המושבות הנוסדות חיו תחיינה, על אף שונאינו מנדינו האומרים נרפים אחינו ולכל עבודת הגוף, לעבודה בשדה, לא יצלחו. חיו תחיינה המושבות וישראל עושה בהן חיל!

אך עוד נראה בענין הישוב כאשר הוא בתמונתו הנוכחית אליה וקוץ בה, כי רוב האכרים אשר התנחלו על אחוזתם יחיו על חשבון הנדיב ומעוטם על כסף תמיכת נדיבי עמנו ועל חשבון עצמם, כי רוב האכרים אשר באו עד כה לארץ הקודש היו עניים ודלים ויהיו אנוסים לצפות לעזרת אחרים ולהבנות מנדבות נדיבי עם, לכן עוד גדולות לא נעשו בארץ, כי הנקל להבין אשר לא בצדקה יושע ישראל, לא בכסף נדיבי עם יגאלו אחינו ממצבם ההרוס. אך אם יאבו אחינו להקים להם בנין עדי עד בארץ הצבי, אם יחפצו אחינו לכונן את המושבות על יסודות חזקים ונאמנים אשר כל הרוחות שבעולם לא יזיזון ממקומן, עליהם להושיע לעצמם, זרועם היא תסמכם וימין ה׳ הסוכך באברתו על ציון ומקראיה תושע להם להגדיל את ענין הישוב ולהאדירו לעד ולנצח נצחים; כי על כן, אחי היקרים, בהתאספנו פה כלנו להניח אבן פנה, ליסד ולתקן תקנות טובות להמושב החדש אשר החילונו לבנות בעצמנו ובכספנו, איש איש מאשר ברכו ה׳, יהי נא לנו הנסיון הראשון אשר הננו מנסים הפעם על הרי ישראל לאות ולמופת כי הבוחר בציון יצו לנו את ברכתו ויופיע על פעולתנו והיה ראשיתנו מצער ואחרית פעלנו ישגא מאד.

היו נא, אחים יקרים, למופת לכל אחינו אשר ממנו יראו וכן יעשו גם המה לתת גאולה לארץ הקדש, ובכם יברך ישראל!!

סימן יד
כרוזים ופעילות ציונית

א. קול קורא לעלייה לארץ ישראל והקמת אגודות חובבי ציון

קול קורא זה הוא ככל הנראה הראשון מבין כרוזים רבים שעליהם חתם הרב מוהליבר למען הציונות.

בעקבות 'סופות בנגב'[1] ו'חוקי מאי',[2] החל גל הגירה של יהודים מרוסיה, כשרבים מהם היגרו לארצות הברית של אמריקה. הרב מוהליבר הוטרד מכך שרובה של ההגירה היה לעבר ארצות הברית, וסבר שיש להטות את זרם ההגירה לארץ ישראל.

במסגרת פעילותו נסע בשנת תרמ"ב (1882) לוורשה, שם הקים את האגודה הראשונה של חובבי ציון. בנסיעה זו פגש גם את ראש ישיבת וולוז'ין, הרב יוסף בר הלוי סולובייצ'יק (אביו של ר' חיים מבריסק), והרב אליהו חיים מייזל מלודז'. יחד הם פרסמו את הקריאה הזאת, שככל הנראה נשלחה לממוענים מיוחדים, ולא פורסמה בעיתונות.

1. פרעות שהתרחשו ברוסיה בשנים תרמ"א-תרמ"ב, 1881-1882.
2. חוקים שתיקן מלך רוסיה אלכסנדר השלישי במאי 1882 ואשר נועדו לפגוע ולהצר ליהודים.

מסבב הסבות הביא אותנו לווארשא, ובמשך הענינים לא נמנענו להעלות על לבבנו גורל אחינו המדוכאים והנענים. דרכים רבים חשבנו לטובתם ומצאנו עליהם קמשונים, ואשר מצאנו לנכון הוא אך לקדם פני הרעה אם חס ושלום תצמח שנית, והננו מסגירים בזה את אשר הסכמנו, ומאת כבוד גאונו נחלה, כי ישקול גם הוא את כל האופנים, וימצא כי עצתנו נכונה. והננו מעתירים פני כבוד גאונו לבלי ימנע טובו ויואיל נא להשתדל לאגוד אגודת עשרה אנשים לכל הפחות גם בעירו כי יהיו נמנים לדבר מצוה רבתא דא, והיה אם ככה יעשו בכל עיר ועיר, אם ראשיתם מצער תהי, הנה אחריתם תשגה מאד ותכון הארץ לעולם ועד.

הלא כה עתירת מיחלים לתשועה ומצפים לתשובתו

יוסף דובער הלוי
שמואל בהרב מהרי"ל מאהליוועד
אליהו חיים מייזל חונה בקהילת קודש לאדז'

ההכרה הביאנו להגיד דברים אחדים אשר לפי קוצר דעתנו מצאנו נחוצים לקדם פני הרעה שלא תבוא חס ושלום, לא לנועם היא לכל רואה מישרים לכל חובב עמו ודתו, כי יראה עַם ה', אלה נפוצים, אלה הולכים, ואלה בורחים, מחמת המציקים יפחדו, ולתורת אלקים ידאגו. והיה אם נשאלם: מאין ולאן? הלא קול ישיב אומר: מן הפח אל הפחת חס ושלום, אמריקה פניהם מועדות, מה ימצאו שמה? שם יפגשו עוינים, גם שם ימצאו נותנים שם ישראל לשמצה, גם שם יראו אגרוף מקנאים ביעקב, אך אחת אשר לא יראו שמה: דת ומוסר, תורה ויראה, ותחת זה אך גלים יראה, גלי אבני הדת הנפולים, ועל כן לא יוכר שם איש יהודי לרעה כי לא יכירום כי מבטן יהודה יצאו, הס כי לא להזכיר שם ישראל – יקראו איש אל רעהו – פן נהיה לבוז.

על כן מצאנו עצמינו כמחויבים לבקש מכל אשר תורת ה' יקרה בעיניו לבלי יעלה אמריקא על דעתו, ופת חריבה במדינתנו אם גם

ח"ו בלי שלוה, טוב לנו כי נשמור לעשות את כל הכתוב בתורתנו הקדושה שבכתב ובעל פה.

אך אם ראוי ונכון לבקש מפלט לרצוצים ונענים המוכים ולוקים, **דרך אחת היא – לעלות אל ארצנו הקדושה**, אבל לא בחפזון ולא בבהלה כי אם בדעת ובחשבון. לזאת הנכון מאד אשר בכל עיר יעשו להם אגודות ובכל אגודה יהיו לא פחות מעשרה אנשים אשר כל אחד מהם יתן אלף רובל כסף, ובהסך עשרת אלפים רובל כסף שיהיה להם יקנו קרקע ויבנו בתים ויכינו כלי מחרישה ושורים ופרות וצאן. סוף הדבר יכינו כל המצטרך, אך בתנאי מפורש שהנכנסים להאגודה אל ידמו כי יבואו תיכף אל הנחלה אשר קנו, אך הנחלה הזאת יזרעוה לכל הפחות שנה אחת טרם יבאו לשם, למען אשר בבואם ימצאו מוכן לפניהם את הברכה אשר נתן ה' מפרי הארץ, אשר לתכלית הזה יבחרו להם איש אחד או שני אנשים שיסעו לשם, הם יקנו את כל והם ישתדלו בזריעת וקצירת הקרקעות ולהכין את הכל, וממילא מובן שהאנשים יהיו בעלי כיס אשר בתתם הסך אלף רובל כסף לא יגרע מחמת זה תהלוכות מסחרם בפה. עד אשר יצו ה' את ברכתו להם מן האדמה שיקנו, ואז יעלו לציון ברנה, או ירצו ויושיבו אחרים על אדמתם, או בשכירות כשיקצבו להם מדי שנה, או בנדבה, או ימכרום לאחרים לשלם להם על יד על יד. והיה אם יצו ה' את דברו ויצליח לנו את הדרך הזאת, יהיה זה לבית מנוס אם חס ושלום תקום צרה, וזכות ארצנו הקדושה תעמוד לנו שלא נדע מהיום עוד סבל צרה, וישכון ישראל לבטח, אמן.

ב. מכתב התרמה ליהודי לונדון

את המכתב הזה שלח הרב מוהליבר בשנת תרמ"ד (1883), כמכתב המלצה למתרים שנשלח מטעם חובבי ציון ליהודי לונדון. את המתרים מציג הרב מוהליבר בגוף המכתב כ"האיש הנכבד והיקר הרב החריף ובקי מורנו אברהם עבור[3] הנוכחי נ"י ציר נאמן לשולחיו, אשר הוא יעמוד לפני כס כבודכם עם מכתבינו זה".

אף שאין בידנו פרטים על הנסיבות שקדמו לשליחת מכתב זה, תוכנו חשוב במיוחד שכן הרב מוהליבר קושר בו בין רעיונותיו בנוגע לתנועת ההשכלה ומצב העולם היהודי בתקופתו לבין השקפתו הציונית. לפי האמור במכתב, הדרך לשיפור מצבם של היהודים ולשינוי אורח חייהם כך שיתפרנסו מעבודת אדמה יצרנית היא הציונות. מטרה נוספת שהרב מוהליבר מציין שניתן להשיג על ידי הציונות היא אחדות העם היהודי.

בימים ההמה ובעת ההיא נאם ה' יָבֹאו בני ישראל המה ובני יהודה יחדו הלוך ובכוֹ ילכו ואת ה' אלהיהם יבקשו. ציון ישְאָלו דרך הנה פניהם בֹּאו ונלוו אל ה' ברית עולם לא תשכח (ירמיהו נ, ד–ה).

הימים האחרונים הראו את ישראל לדעת כי התערבותם בגויים ולחקות את מעשיהם למען יהיו לעם אחד, ולא יוודע עוד שם ישראל בגוים, אבל יהיו אזרחים גמורים, היה ללא תועלת, כי בכל מקום יאמר "להם לא עמי אתם".[4] גם תקוותם אשר שמו על העת הנוכחית, עת הזהב, אשר ההשכלה האירה בעצם תקפה על כל עמי אירופה, כי לאורה יתענגו גם

3. ייתכן שהכוונה לרב אברהם עביר הרשקוביץ – ראו להלן עמ' 434 במקורות לסימן יד סעיף א.
4. הושע ב, א.

בני עמינו והיו ככל גויי הארץ, וקנאת הדת לאורה תמס תהלוך – היתה למפח נפש, כי בפתע פתאום בפשוע עמים, נגלה לפניהם המראה הנוראה והמגועלה, מחזה ימי הביניים, בעצם תקפה. וכל אשר יתאמצו אחדים מאיתנו להשיג כבוד ועושר – אם כי דל כבודנו בגויים – אזי יהיו שקצונו כטומאת הנידה, כי אש הקנאה תלהב את לבות פראי בני אדם אשר המה הרבים, לכלות כל חמתם בנו, כאשר הראנו הנסיון עד למדי בשנים האחרונות האלה. על ידי מעשה רצח והתועבות אשר נעשה לעם ישראל במדינות הרבה, ועוד ידם נטויה.

על כן התעוררו רבים מאחינו בית ישראל הדואגים לטובת עמם ובכל צרותם צר להם, לחשוב במה יוכלו להיטיב את מצב עמינו החומרי והרוחני, ואחר ההתבוננות היטב, ראו כי אין אופן אחר להסיר מאתם קנאת העמים ואפס כי עז, רק על ידי שישליכו רבים את עצבי המסחר, ויבחרו בעבודת האדמה, לאכול מיגיע כפיהם. כי כאשר יהיה בנו חלק גדול עובדי אדמה, אז לא יאמרו עוד בגויים כי חיים אנחנו על חשבון אחרים למצוץ את דמם ויגיעתם. אמנם יען כי זה שנות מאות אשר עבודת האדמה היתה לזרא לעמינו, מסיבת שונאיהם ומנדיהם אשר לא נתנו להם כל חלק ונחלה בקרב הארץ, וכולם הורגלו לאחוז את ידיהם במסחר, המאכיל את בעליו לחם בלי עמל ועבודה רבה, וגם לפעמים יעלה את בעליו על במת ההצלחה ומרומים ישכון, כבד הדבר מאוד להמשיך את לב העם לעבודת האדמה, אשר אחרי עמל רב יאכילנו רק לחם חוקו. על כן איפוא להרגילהו לעבודת האדמה נצרך כח רוחני אשר בכחו יתרומם על כל מעדני ותענוגי התבל אשר יביא המסחר בכנפיו, וישחק לכל עמל ותלאה, והוא יישוב הארץ הקדושה אשר לשמה ולזכרה תאות נפש כל איש ישראל. ורבותינו בעלי התלמוד ז"ל הגדילו את ערכה עד כי אמרו בתוספתא[5] כי היא שקולה כנגד כל המצוות, ומלבד המטרה החומרית אשר נשיג על ידה, והוא לעשות חלק רב מעמנו לעובדי אדמה, אשר ישבעו לחם מעמל כפיהם, בניקיון וטהרה, בלי עוול, בלי אונאה, עוד יש מטרה גדולה ונכבדה להרעיון

5. תוספתא עבודה זרה ב.

הנ"ל והוא לקשר את לב כל בני ישראל לרצון ומטרה אחת מים ומצפון ממזרח וממערב יתאחדו אחינו להנקודה המרכזית ליישב את ארצינו הקדושה, ארץ אבותינו הברוכה, מבניה בני ציון היקרים. וכאשר נשיג את שתי המטרות האלה אולי ברבות הימים ישקיף ה׳ ממרום לחמלה עלינו ולהרים קרננו בכבוד כאשר הבטיח לנו.

והנה רבים מאחינו ממדינתנו ומדינת רומעניאן [רומניה] כבר התחילו להוציא את הרעיון הנשגב לאור, ורבים מהם התנדבו לעלות שמה, וישחקו לכל עמל ותלאה, ונתיסדו על ידיהם הקולניות: ראשון לציון, פתח תקוה, זכרון יעקב,[6] ראש פינה. אמנם יען כי כל התחלות קשות, ואף כי בדבר נעלה ונשגב כזה מצבם מורה מאוד, וצעקתם אלינו לעזרה גדלה עד לשמים, והנה בארצנו התעוררו רבים לקול צעקתם, כמעט בכל עיר ועיר נוסדו אגודות לקבץ כסף על יד, ומהרבה מקומות כבר נשלח כסף להושיעם חיי שעה, גם עלה שוועתם בירכתי ים ומעיר הבירה פריז קמו נדיבי עם להושיעם בצרתם וגם להרחיב ולהגדיל את יישוב הארץ בכלל, רק העיר הבירה לאנדאן [לונדון] עוד תעמוד מרחוק, ומגדוליה ושריה נדיבי עמינו אשר בקרבה עוד לא נשמע אף קול דממה דקה, על כן איפוא הנה בחרנו בהאיש הנכבד והיקר הרב החריף ובקי מורנו אברהם עבור הנוכחי נ"י ציר נאמן לשולחיו, אשר הוא יעמוד לפני כס כבודכם עם מכתבינו זה.

אדונים נכבדים! הן מראש מנעתם את עצמכם להשתתף בהמפעל הקדוש הזה, יען כי לא נתתם אומן אשר יאבו אחינו בלב תמים לאחוז בעבודת האדמה. כן נמצאו רבים אשר אמרו כי הארץ הקדושה העזובה והשוממה לא תצלח עוד למלאכת עבודה, אבל הנסיון הורנו כעת, כי רבים מבני עמינו אף אשר לא הורגלו בעבודת האדמה מעודם, לא יכבד עליהם כל עמל ותלאה לחרוש ולשדד את אדמת הקודש, בלחם צר ומים לחץ יסתפקו, ובזיעת אפם יעבדו, רק ליישב את אדמת הקודש וליהנות מפרי תנובתה, וגם הארץ ברוכה היא במעט עמל ושנים לא כבירים תתהפך כגן עדן לפנינו.

6. בנדפס "שומרון", וככל הנראה מדובר בשגיאת דפוס.

עתה איפא שרי ישראל, הלא לא תעמדו מנגד עוד, ובכחכם כי רב תושיעו את בני עמינו, בראשונה לרחם על האנשים מייסדי הקולוניות [המושבות] הראשונות, ולהוציאם ממצוקותיהם לחזק ידים רפות וברכיים כושלות תאמצו, לעזור להם אשר לא יחסר להם את כל הנצרך לעבודת האדמה, ושיהיה להם די סיפוקם עד אשר תתן להם הארץ את יבולה. שנית, לאסוף כסף על קניית קרקעות בארץ הקדושה, ולתמוך בכסף אם הרבה ואם מעט את ידי האנשים אשר יתנדבו מחדש לעלות לארץ הקודש ולייסד שם קולוניות, ואם נתאגד יחדיו, אתם, גדולינו ושרינו ממכון שבתכם, ואנחנו, מפה בגודל חפצנו, נקווה לה׳ כי יגמור בעדנו לטוב, ויוושעו האנשים שנתיישבו כבר, כן יהיה בידינו די סיפוק לתמוך את ידי האנשים אשר יתנדבו בגופם וכספם לייסד מחדש קלאניות בארץ הקודש, ולמלאות מחסורם אשר יחסר להם.

ואומר עם דברי הנביא הנזכרים "בימים ההמה ובעת ההיא נאם ה׳ יבאו בני ישראל המה ובני יהודה יחדו הלוך ובכו ילכו ואת ה׳ אלקיהם יבקשו; ציון ישאלו דרך הנה פניהם"[7] – וזה כבר נתקיים בהאנשים העולים – עתה אדונים נכבדים מלאו את אחרית דבריו "בואו ונלוו אל ה׳ ברית עולם לא תשכח".

ואתם אדונים נכבדים, רוזני עמינו, החרדים אל צרת עם ה׳ והכואבים על שממות הארץ הקדושה, אשר בבערלין ובפ"פ א מיין [בברלין ובפרנקפורט דמיין], ויתר ערי אשכנז בטוח אני בצדקתכם כי תקומו גם אתם לעזרת ה׳ בגבורים לתמוך בידי הרב הנכבד הנוכחי נ"י, וגם אתם תתנו בידו מכתבי מליצה אל אחינו הגדולים אשר בלאנדאן, ואף כי תתאגדו גם אתם בכל חשק לבבכם ליקח חלק בהדבר הגדול והקדוש הזה ותכוננו אגודות בכל עיר ועיר, ויהי נועם ה׳ עלינו ומעשי ידינו כוננה עלינו.

ולראיה באתי על החתום יום ו׳ ערב שבת קודש בין כסה לעשור[8]
שנת תוציאנו משיעבוד לחרות [תרמ"ד] לפ"ק

7. ירמיהו נ, ד–ה.
8. ד׳ בתשרי תרמ"ד (1883).

ג. קול קורא מראש המזרח"י

בעקבות שינויים ותהפוכות בתנועת חובבי ציון, אורגנה בשנת תרנ"ג (1893) אסיפה של חובבי ציון בעיר דרוזניק.[9] באסיפה זו הוחלט בין השאר על הקמת מרכז תעמולה בביאליסטוק שייקרא 'מרכז רוחני', ובקיצור מזרח"י. מרכז זה נועד לרכז פעילות הסברה להפצת הרעיון הציוני, וכן לעסוק בפעילויות ציוניות שונות.[10]

הרב מוהליבר עמד בראש המזרח"י, ופעל באמצעותו עד מותו. לאחר מותו המרכז התפרק, ושנים ספורות לאחר מכן השתמש בשם זה הרב ריינס כשהקים את הסתדרות המזרח"י, מפלגה שנועדה לאחד את כל הציונים הדתיים בהסתדרות הציונית העולמית.[11]

דוגמה לפעילות ההסברה של הרב מוהליבר במסגרת המזרח"י היא הקריאה הבאה שעליה חתם הרב מוהליבר כ'ראש המזרחי'.

בעזה"י ב' שבט תרנ"ו

כבוד אהובי, אחי ורעי, נוצרי תורה שומרי מצותיה, אוהבי ציון להקים חרבותיה, דורשי שלומה לשדד אדמתה ולטעת כרמיה ובראשם עמודי התורה הרבנים הגאונים רועי ישראל.

9. שינויים אלו כללו בין השאר ירידה חדה במספר חברי התנועה, מתחים בין החילונים לדתיים בתנועה, ובעיקר האישור החוקי שניתן על ידי השלטונות הרוסים לפעילות התנועה. אישור זה הגביל את פעילות הוועד האודסאי לעיסוק בענייני כספים בלבד שכן ההכרה שקיבל הייתה חברת תמיכה בלבד.
10. אחת מפעילויות אלו הייתה הקמת גן אתרוגים בארץ ישראל שנקרא לבסוף 'גן שמואל' על שמו של הרב מוהליבר (ראו לעיל במבוא פרק ד "יובל השבעים").
11. א"י סלוצקי הוא שהציע את השם מזרח"י בשתי הפעמים. לקריאה נוספת על המזרח"י ופעולותיו ראו שיוביץ, המזרח"י, עמ' 155-168.

ברכת ה׳ וכבודו יחל עליכם סלה.

הן לפלא בעינינו החזיון, אשר אנו רואים בדבר הגדול והקדוש ישוב ארץ ישראל, אשר היא אחת מהמצות היותר גדולות, אשר אמרו חז״ל עליה כי היא שקולה ככל המצות ויכולים כל ישראל להשתתף בה אחד המרבה ואחד הממעיט, ובכל מדינתנו אשר יש בה כארבעת מילליאן [מיליון] אחינו (ד׳ ירבה אותם) לא אדע אם ימצא אחד מאלף אשר יקח חלק במצוה הגדולה הזאת, והרבה מהיראים והחרדים עומדים מרחוק. לא שקטתי ולא נחתי עד אשר מצאתי שתי סבות המונעות אותם לקחת חלק בה: א) כי מצב ישראל נתדלדל מאד וכל איש טרוד להביא טרף לנפשו ונפשות ביתו ואף אותם נדיבי לב אשר יש בכחם לתת צדקה אומרים, כי עניי עירם קודמים והם נותנים על הצדקות הכלליות שבעירם. ב) כי אנשים נרגנים בדו שקר על הפועלים האומללים לאמר כי עזבו חלילה את תורתנו הקדושה ומצותיה.

והנה להראות לעין כל, כי שתי הסיבות לא תספקנה למנוע את איש מהדבר הקדוש ישוב הארץ, באתי במכתבי זה.

בסתירת הסיבה הראשונה אקדים איזה כתובים: ״מבליגיתי עלי יגון עלי לבי דוי; הנה קול שועת בת עמי מארץ מרחקים... על שבר בת עמי השברתי קדרתי שמה החזִקתני״.[12] רוצה לומר מבליגתי עלי יגון, נתחזקתי על היגון, עלי לבי דוי, בעת שהדבר נוגע רק אלי ולבי רק דוי. אבל כשעלה קול שועת בת עמי אף שהוא מארץ מרחקים, אז על שבר בת עמי השברתי קדרתי שמה החזקתני! מזה אנו למדים כי על צרת הכלל מחויב האדם לדאוג יותר מעל דאגת עצמו. וגם מה שאמרו עניי עירך קודמין לעניי עיר אחרת היינו דוקא פרט נגד פרט, אבל עניי העיר נגד צרת הכלל הוא בטל ומבוטל. עתה, אחי, נחשוב נא דרכינו, הן כמעט כל דברי בני בלי שם נגד ישראל הוא רק כי הם אוכלים ואינם עושים, לא יחרשו, לא יזרעו ולא יקצרו ויאכלו כל טוב הארץ יגיעת אחרים בתרמיתם, ובטענתם זאת ירעישו את כל העולם עלינו עד כי הננו בצרה גדולה. על כן הננו מֻכרחים להרבות

12. ירמיהו ח, יח-כא.

עובדי אדמה בקרבנו. ואם עתה, אשר ישוב הארץ קטן הנהו בערכו עם כל זאת פעלו האכרים בארץ הקודש על רבי הממשלה במדינתנו, אשר העידו, כי לאמר על היהודים שאינם מסוגלים לעבודת האדמה ואינם חפצים בה הוא דבת שוא והמופת לזה הוא **אכרי היהודים בפלשתינא**, ועתה אם יקחו כל ישראל חלק בישוב הארץ, הלא אז יגדל עשרת מונים ועוד יותר הלא יראו כל יושבי תבל וגם צוררינו היותר גדולים יהיו מוכרחים להודות כי דבתם דבת שוא ושנאתם שנאת שקר ורוח והצלה יעמוד ליהודים. מלבד זה הלא ישוב ארץ הקודש בפני עצמו צריך להיות שמחת כל לב יהודי. ובגמרא ברכות כשהגדילו מי שמשמח חתן וכלה אמרו "כאלו בנה אחת מחורבות ירושלים",[13] עתה כשזכינו שנבנו יותר מעשרים עירות וברובן גם בתי כנסיות ותלמודי תורה, בתים לחולים עם רופאים ורפואות והכל בפאר ויפי, כרמים ובהם מליונים גפנים ושאר אילנות יקרים כמו: זיתים, שקדים, תאנים ורמונים וכדומה, גם פרדסים ובהם אתרוגים, לימונים וכל מיני ארגזים, הלא לנו לשוש ולשמוח למאד אם יש לנו איזה חלק בזה, אשר נוכל להתפאר בצדק, כי זה מאות הרבה שנים אשר לא זכינו לדבר גדול ונעלה כזה. וכאשר החל ד' להגדיל חסדו עלינו, כן ניחל לו יתברך, אשר יוסיף להגדיל חסדו עמנו, אבל עלינו להראות מצדנו, כי אין אנחנו כפויי טובה לו יתברך וכל אחד מאתנו יראה בפועל את חפץ לבבו לשכלל את אדמת אבותינו ולקחת חלק בבנינה **לפי ערכו ויכלתו בגופו בנפשו ובמאודו**.

הסבה השניה מחמת מוציאי דבה על האנשים היקרים העוסקים בישוב הארץ, הנה כשאני לעצמי אוכל להבטיח אתכם, אחי ורעי, כי זה שקר גמור ולשון הרע מגונה, אשר אין כמהו, כי באשר ידעתי ברור רובא דרובא מהם הם שומרי מצוה ונוצרי תורה בכל יכלתם והם צדיקים גמורים, כי רובם מצבם אינו בטוב ומקיימים את התורה מעוני, ונהנים מיגיע כפם ובזעת אפיהם יאכלו לחם ומקיימים מצוות עשה של ישוב הארץ מבקר עד ערב. ואם אולי יש מעוטא דמעוטא

13. בבלי ברכות ו ע"ב.

אשר אינם מדקדקים במצות, עם כל זה אוכל להבטיח אתכם, כי אם נמצאו איזה אנשים כאלה לא אוירה דארץ ישראל גרם להם להיות כן. ובכל אופן ישיבתם בארץ הקודש גרמה להם להיטיב דרכם. מלבד זה לא אוכל להבין, הלא בדבר גדול ונעלה כזה עלינו להשתדל לברר את הדבר היטב היטב; ואם באמת יש חלילה מגרעות בהנהגת הישוב הלא מחויבים אנחנו להשתדל לתקן את המגרעות. ואם הכל דיבת שוא, עלינו לפרסם הדבר למען ירבו העושים והמעשים בזה ועל מי מוטל הדבר יותר אם לא על היראים והחרדים ועוד יותר על הרבנים הגאונים יחיו אשר הם רועי ישראל ומגינם. על כן מורי ורבותי אחי ורעי, עצתי אמונה: כאשר אחר חג הפסח הבא עלינו תהיה באדעססא האסיפה הכללית ברשיון הממשלה ירום הודה, אשר היא אחת לשלש שנים, אם כן איפוא יאבו נא הרבנים הגאונים יחיו וגם מהיראים והחרדים יחיו לבוא לאדעססא אל האסיפה ושם אם ירצה ה׳ יתברר הכל והצריך תקון נתאמץ לתקן בעזרת ה׳ יתברך. אבקש מאת כל עיר אשר יקבלו מכתבי זה להודיע לי אם מוכנים לקיים מבוקשי, ובאשר אקבל תשובתם אז בלי נדר אסע גם אנכי אם ירצה ה׳ לשם, אף כי קשה עלי הנסיעה מאד עם כל זה לטובת הדבר הגדול והקדוש הזה לא אמנע את עצמי מלבוא.

והנני אוהבכם מוקירכם ומכבדכם
ראש המזרחי

ד. בדין יישוב ארץ ישראל ואתרוגי ארץ ישראל

סימן זה מכיל מכתב של הרב מוהליבר לרב שמחה ביק שהיה הרב של קהילת מוהליב. עיקר תוכנו של המכתב הלכתי, אך לצד זה הוא נוגע בכמה נושאים הקשורים בלב התפישה הציונית של הרב מוהליבר. בפתח המכתב הרב מוהליבר כותב על חשיבותה של ארץ ישראל, ומדגיש שבעיניו חשיבות זו אינה רק בצד הרוחני שלה, אלא גם בצד החומרי שבה. בהמשך הרב מוהליבר מפריך שמועות על מצב חילול השבת במושבות, ואף מספר על חלקו האישי בהקמת המושבה עקרון (הלא היא מזכרת בתיה). לאחר מכן הרב מוהליבר עוסק בגדר חיוב תרומות ומעשרות באתרוגי ארץ ישראל שיצאו לחוץ לארץ (על חיבתו לאתרוגי ארץ ישראל ראו לעיל במבוא עמ' 12, ובהמשך שם עמ' 69-73), וכן מבקש מהרב ביק להירתם לסייע למושבות ולרעיון הציוני.

ב"ה, כ"ו כסלו תרמ"ו

כבוד ידיד נפשי הרב הגאון המפורסם לתהילה, בן של קדושים מגזע היחס והמעלה, כבוד שם תורתו, מורנו הרב שמחה ביק האב בית דין דקהילת הקודש מאהיליב, רב שלום וברכה,

גלילי ידיו הטהורות קבלתי, ומתוכו ראיתי כי כמוהו כמוני לבו הטהור בוער בשלהבת יה באהבת הארץ הקדושה, ובכל נפשו יחפוץ ביישובה ותיקונה, אמנם חלוקים אנחנו מעט באופן האהבה: כבוד תורתו מתפלל במכתבו, וז"ל: "אלקי יחנני ויברכני לשחר **בית דבירו השמם והחרב**, וללחוך עפרותו, ולרצות אבניו ורגבי חרבותו", ואנכי אתפלל לאלוהי עושי ובוראי אשר יזכני לראות **בית דבירו בנוי ומשוכלל**, ואם חלילה עוד לא אזכה בימי לזה, אזי לכל הפחות יעזרני על כבוד שמו לעלות לארץ הקודש ולפדות אי זה כברת ארץ מידי זרים, ולקחת חלק ביישובה לבנות עליה בתים לזרוע שדות ולטעת כרמים, ובני ציון היקרים ישבעו מטובה ויתענגו על פריה, אז אדע

כי פעלתי מה בימי חיי הבלי לטובת עמנו הנדכא וארצנו הקדושה והאומללה. והנה יען כי כבוד תורתו משתוקק רק לצרכי גבוה וחלק הרוחני אשר בישיבת הארץ הקדושה, על כן נסתייע מדברי הרמב"ם ז"ל על גודל החיוב לישב בארץ הקודש כדי לקיים חשבון וקביעת המועדים, ואי משום הא לא איריא, כי בטוחים אנו בעזרת ה' יתברך אשר לא יחסר המזג משלשה רבנים מובהקים בירושלים, וגם עדה שלמה במספר עשרה (כדברי הרלב"ח) רבנים מובהקים ימצאו בה בכל עת וזמן, ובלאו הכי עדיין לא נתברר לנו כוונת הרמב"ם בדבריו אלה על בורים, ועיין שם בדברי בעל מגילת אסתר, אבל לוא שׂם כבוד תורתו את פני חפצו גם לחלק החומרי בארץ הקודש (אשר לדעתי העניה גם החלק החומרי אשר בארץ הקודש הוא רוחני מאד נעלה סולם מוצב ארצה וראשו מגיע השמימה) הלא יש ראיה ברורה מדברי הרמב"ם ז"ל על גודל מצות ישוב ארץ ישראל, כי בפ"ג מהלכות מילה הלכה ט' פסק דלצורך מילה אסור לומר לעכו"ם לעשות מלאכת דאורייתא, ובפ"ו מהלכות שבת הלכה י"א פסק שהלוקח בית בשבת בארץ ישראל מן העכו"ם מותר לאמר לעכו"ם לכתוב לו שטר בשבת (ואף על גב שכתיבה מלאכה דאורייתא) משום יישוב א"י לא גזרו בדבר זה, וכמבואר בגיטין דף ח' ע"ב ובבא קמא דף פ' ע"ב ובדברי התוספות שם, והרי מזה מוכח דמצות ישוב ארץ ישראל גדולה מהמצוה היותר גדולה שהיא בכרת ונכרתו עליה י"ג בריתות. והנה רש"י ז"ל כתב שם בגיטין על הא דקאמר משום ישוב ארץ ישראל לא גזרו, דהיינו שמגרש משם הנכרי ויושב בה ישראל, וכוונתו נראה לעניות דעתי דהנה מה נקרא יישוב הארץ מצינו חילוקים, דבבבא מציעא דף ק"ח ע"ב אמרו "ארעא לבתי וארעא לזרעא, ארעא לבתי עדיף משום יישוב", מוכח מכאן דשדה לזריעה לא חשיבא יישוב, ובבבא מציעא דף ק"א ע"ב אמרינן דאם ירד לתוך חצר חברו ובנאו שלא ברשות ואמר בניני אני נוטל שומעין לו, אבל אם נטע שלא ברשות ואמר אילני אני עוקר אין שומעין לו מאי טעמא משום ישוב ארץ ישראל, והרי מכאן מוכח דעיקר הישוב הוא נטיעת אילנות, ואפילו בנין בתים לא חשיבי ישוב, אמנם לענין התרת אמירה לנכרי

התירו בין בקונה בית ובין בקונה שדה, ומשמע אפילו לזריעה, משום ישוב ארץ ישראל, על כן כתב רש"י ז"ל דהכא שאני דמאחר שהוא מגרש את הנכרי וישראל מתיישב בה, איכא בכולהו משום יישוב, והוא היישוב של ארץ ישראל אשר אנחנו עסוקין בו.[14]

ומה שכתב כבוד תורתו שקיבל מכתב מירושלים עיר הקודש

14. בתוך המכתב במוסגר הוסיף הרב מוהליבר הערה זו:

"מדי דברי בזה לא אוכל מלט מלכתוב לכבוד תורתו איזה דבר קטן שאמרתי על פי הסוגיות דמציעא הנ"ל, ליישב קושית התוס' בר"ה דף י"ג ע"א על הא דאמר שם קצירך אמר רחמנא ולא קציר נכרי והלא בעבודה זרה דף נ"ג אמרו על הכתוב ואשריהם תשרפו באש מכדי ארץ ישראל ירושה היא מאבותיהם ואין אדם אוסר דבר שאינו שלו? ואמרתי דמאחר דבאילן אין ביכולתו לומר אילני אני עוקר, אם כן שפיר פריך גבי אשריהם דאין אדם אוסר דבר שאינו שלו מאחר דאין ביכלתו לעקרו, מה שאין כן גבי תבואה דביכלתו לקצור את התבואה, דהא אפילו בית ביכלתו ליטול וכל שכן זריעה כו' וכמו שכתב הרא"ש בב"מ דף ק"ח, אם כן שפיר פריך קצירך אמר רחמנא ולא קציר נכרי.

עוד זאת מה שהביא כבוד תורתו בשם הגאון האמיתי ר' בערוש אשכנזי ז"ל לתרץ קושיית התוס' בביצה מצליית פסחים, ספרו של הגאון הנ"ל אין אצלי, ולא אוכל לידע בדיוק מה שכתב, אבל לפום ריהטא נראה שדבריו ישרים, דבשלמא אם הצליה היתה מצוה בפני עצמה, דהיינו שאף אם אין ביכולתם לאכול הפסח אף על פי כן מחוייבים לצלותו, היתה קושייתם קושיא, דמאחר שהצליה היא מצוה בפני עצמה, אף על פי שממילא יכולים על ידי זה לאכול, העיקר הוא צורך גבוה (ואף על גב דגם אם היתה הצליה מצוה בפני עצמה עדיין יש לחלק בינה לבין שרפת תרומה) מה שאין כן שאם אין ביכולתם לאכול אין מצוה כלל לצלות, אם כן הצליה היא רק צורך אכילה דהיינו כדי לאכול הפסח, רק שהתורה לא התירה לאכול באופן אחר רק על ידי צליה ואם כן מדוע לא תדחה יום טוב, וכי מפני שאכילת פסחים מצוה, גרועה מאכילת הרשות, צורכי אוכל נפש דרשות דוחה יום טוב וצרכי אוכל נפש דמצוה לא ידחו, ואפיית מצה בלילה הראשונה של פסח מפני שהיא מצוה לא תדחה יום טוב?

אמנם תירוצו של כבוד תורתו אינו מובן לי, דמאי קאמר דצרכי פסח לא מיקרי צורך גבוה דעיקר הפסח לאכילת אדם קאתי, דמאי נפקא מינא לן בזה, אטו אנן איירינן בשחיטת הפסח, דעל זה הוה שפיר משני, דשחיטת הפסח אינו דומה, לשארי קרבנות, משום דעיקרו לאכילת אדם, אבל אנן הא בצלית הפסח איירינן, ופשיטא דהפסח נצלה רק לאכול רק שאם היה הצליה מצוה בפני עצמה אף אם לא היה ראוי לאכילה, היה עדיין אפשר להקשות דעיקר הצליה הוא צורך גבוה, ואולי כוונת כבוד תורתו דמאחר שהוא חיוב לאכול, אם כן אינו דומה לתרומה שנטמאת, דהתם אין חובה להנות מאתה, על כן העיקר צורך גבוה אבל הכא

שאנשי הקאלאניעס [המושבות] הפכו עורף ומחללים את יום שבת קודש ועושים בו כל מלאכה כבימי החול, מה אומר ומה אדבר על מכתבים כאלה המוציאים דבת שוא ושקר על אחינו היקרים אשר עזבו את ארצם ומשפחתם לעבוד אדמת הקודש, והם סובלים כל עמל ותלאה רק בשביל קדושת וחביבת הארץ, אנשים כאלה יחללו את יום השבת? הן הקאלאניע [המושבה] פתח תקוה ידועה לי היטב, וכל אנשיה הם יראים ושלמים, יש להם גם שני רבנים אחד הוא ממחנינו אשר הוא מורה צדק אצלם, יורה גם ידין, והשני הוא הרב הגאון ר' ליב פרומקין נ"י שהיה אב בית דין בעליקסאט, אצל קאוונא, הוא יסד בית תלמוד תורה יפה אף נעים, וכעשרים נערים ילמדו תחת השגחתו, ולו ראה כבוד תורתו את איגרותיהם, איך בגודל ענים ולחצם ועמלם הרב הם מלאים שמחה על כי זכו להפריש מעשרותיהם, אזי היה יודע מעצמו הדיבת שוא של המכתב מירושלים, ואם כותב המכתב הנ"ל עשה זאת בזדון להבאיש את ריחם לא יאבה ה' סלוח לו. כן הקאלאניע יסוד המעלה מאנשי מעזעריטש בפולין, הם כולם יראים ושלמים. **הקאלאניע עקרון, אשר אנכי יסדתיה על הוצאות השר הנדיב עדמונד דה ראהטשילד מפאריס, כאשר פעלתי אצל השר הזה כשלש שנה ויותר עת היותי בפאריס** – והדברים בזה ארוכים – הם כולם עובדי אדמה מנעוריהם, כשרים ויראי ה' למאד.

ומה שכתב כבוד תורתו שקיבל אתרוג מאתרוגי ארץ הקודש עם הכשר כנהוג, והעידו עליו שניתקן בהפרשת תרומה כדת, ונבהל מראות, והלא פירות ארץ ישראל שיצאו לחוץ לארץ פטורים מתרומות ומעשרות, ומדהא לא ידעי איכא מילי אחרניתא כו', ובעבור זה אמר כבוד תורתו להיות בשב ואל תעשה, ואם כי עריבים עלי מאוד דברי כבוד תורתו, עם כל זה לא אוכל להבין מה נוגע הסיפור הזה להאקאלאניסטים, האם הם שלחו אתרוגים לחו"ל או הם נתנו הכשר עליהם? האתרוגים שלחו בלי ספק סוחרי אתרוגים מתושבי ירושלים

דחובה לאכול, אם כן אף אם היתה הצליה מצוה בפני עצמה גם כן לא היתה העיקר צורך גבוה".

עיר הקודש וההכשר היה בלי ספק מבית דין צדק אשר בירושלים, ולוא טעו הבית דין צדק אשר בירושלים בדין, האם הקאלאניסטים הם עריבים בעד זה? אבל בעיקר הדין אינני רואה שום שגיאה, דבוודאי לא נעלם מעיניו, מה שכתב המשנה למלך בפ"א מהל' תרומות הל' כב, דאם כבר נקבעו לתרומות ומעשרות בהיותם בארץ ישראל, לא נפטרו במה שיצאו לחו"ל, והגם שצריכים דברי המשנה למלך הנ"ל קצת עיון מהא דקאמר בירושלמי פ"ג מערלה וז"ל "מה מקיימין רבנן טעמא דר"א בכל מושבותיכם בחדש שיצא לחוץ" עד כאן, משמע דבלא הריבוי דבכל מושבותיכם הווא אמינא דכשיצא לחו"ל נפקע איסורו, משום דאינו נוהג אלא בארץ; עם כל זה בשביל זה אין לדחות חלילה דברי המשנה למלך ז"ל, ודבריו ברורים ואם כן הא כתורה עשו, דבוודאי כבר נקבעו אצל ישראל בארץ ישראל הפירות בחיוב תרומות ומעשרות, דעיקר האתרוגים הם בכרמים של נכרים והם פטורים מתרומות ומעשרות, רק מחמת שגמר מלאכתן היה ביד ישראל הקונה על כן נתחייבו אצלו בתרומות ומעשרות, כמבואר בש"ע יו"ד סימן שלא סעיף ד', ולפלא בעיני קצת על כבוד תורתו שכותב שהעובדא היה זה כשלשה שנים, ואם כן היה זה בסוכות תרמ"ג והוא היה מוצאי שביעית, והאתרוגים הם גידולי שביעית, ואם כן הלא היא משנה מפורשת בפ"ו דשביעית דאין מוציאין פירות שביעית מארץ ישראל לחו"ל, ועיין בתוס' פסחים נב ע"ב, והגם שיש עדיין הרבה לעיין בזה, אבל על כל פנים מדוע לא עמד כבוד תורתו על זה, אבל מזה מוכח שהאתרוגים נקחו מגינות של נכרים, דאין בהם משום פירות שביעית כמבואר ברמב"ם פ"ד מהלכות שביעית הלכה כ"ט, יעוין שם בכסף משנה.[15]

15. גם כאן העיר הרב מוהליבר במוסגר:
"הגם שדבריו ז"ל צריכים קצת עיון, דלכאורה קושיית הכפתור ופרח על הרמב"ם ז"ל היא חזקה דאם הוא סובר דיש קנין לגוי להפקיעה מידי שביעית בזמן שהיא תחת ידינו אם כן מאי קאמר שלא גזרו על הספיחין אלא כו', דמאחר דאין בהשדה קדושת שביעית איך יגזרו על הספיחים; ואם יש בה קדושת שביעית, אם כן מה יועיל היתר הספיחין להיתר הפירות; גם מה שכתב דההיא עובדא דחלק דף צ"א הביא מעשה לסתור, גם כן אינו מובן דנהי דאין מזה סייעתא לדברי כו"פ, אבל גם סתירה ליכא לדבריו דהא כתב לחלק בין קדושה ראשונה

והנה יען כי עריבים עלי דברי דודים, על כן הארכתי בכל פרט ופרט מדבריו, ואקוה כי כאשר ישים כבוד תורתו אל לבו גודל הענין של יישוב ארץ הקודש ומה גם שתמיכת הקאלניסטין הוא פיקוח נפשות ממש, גם הוא יתאמץ במחנו קדוש ובכל מקום אשר דבריו מגיעים, לחזק ידים רפות, וברכים כושלות יאמץ, וממילא כאשר יתחילו הרבה מגדולי הדור להכניס עצמם בהענין הנשגב הזה, אזי יהיה ביכולתם לחזק שם גם עמודי התורה והיראה, אם אולי יש אי זה מקום הצריך חיזוק, מה שאין כן כעת שרוב גדולי התורה עומדים מרחוק, וכל הענין נמסר בידי סוחרים או גם בידי משכילים מדור החדש, ממילא מובן, שהם אינם משגיחים כל כך על זה. הנה פה במחנינו ת"ל מהנהגת חברת חובבי ציון על טהרת הקודש באמת בכל הפרטים, וכן יהיה בכל עיר ועיר כאשר גדולי התורה ישגיחו על כל מעשי החברה. השם יתברך יורנו הדרך הישרה, ויכוון את מעשי ידינו, וירים קרן עמו וארצו, כנפשות כל בית ישראל ונפש ידידו הדורש שלומו באהבה רבה המוקירו ומכבדו כערכו הרם.

שמואל בהרב מוהרי"ל מאהליווער[16]

לקדושה שניה, והתם איירי בהעכו"ם שישבו בה מימי בית ראשון ועל כן סמכו עליהם בשביעית".

16. בסוף המכתב הוספה הערה זו:
"והנה מדברי הראב"ד שכתב דר"ע אזיל בתר קביעותו למעשר מוכח גם כן כדברי המשנה למלך ז"ל, ולכאורה היה נראה להוכיח כן מדברי הרמב"ם גם כן שהתיו"ט בריש פ"ב דדמאי רמי דהרמב"ם אהדדי, דבפירושו על מתני' דאלו דברים מתעשרים דמאי בכל מקום כתב בין בארץ בין בח"ל אם כן דפירות ארץ ישראל שיצאו לח"ל חייבים תרומות ומעשרות, ובפ"א מהל' תרומות פסק דפטורים אפילו מדבריהם, עיין שם. וכדי שלא נצטרך לאמר שחזר בו, על כרחנו נאמר דבריש פ"ב דדמאי כוונתו שנתמרחו בא"י, ובפ"א מהל' תרומות איירי כשנתמרחו בח"ל כדברי המשנה למלך ז"ל; אמנם אחר העיון אין מדברי הרמב"ם הנ"ל שום ראיה להמשנה למלך, והתוי"ט במחילת כבודו הרב שגה בכוונת דברי הרמב"ם בפירושו למשנה דדמאי הנ"ל שהוא כתב שם וז"ל: "כבר כתבנו שמכזיב ולהלן פטור מדמאי ואמר עתה שאלו הדברים מחויבים בדמאי בכל מקום אחד שיהיה בארץ ישראל או בח"ל", וכוונתו בזה לאמר שכבר הקדים דמכזיב ולהלן הוא המקום שהחזיקו בו עולי מצרים וחייב במעשרות ותרומות אבל אין דמאי נוהג בו והוא ח"ל לענין דמאי וזה קאמר דאם נמצא בחו"ל (היינו לענין דמאי) והוא מכזיב ולהלן מתעשר דמאי, והם ממש דבריו

ה. קול קורא ליהדות ארצות הברית

את הקריאה הזאת, החריגה בחריפותה, שלח הרב מוהליבר ליהודי ארצות הברית. היא פורסמה בשנת תרנ"ח (1898), אך ייתכן שנכתבה עוד בשנת תרנ"ה (1895).

הרב מוהליבר שלח קריאה זו לרב שלמה יצחק שיינפלד, רבה של לואיסוויל (Louisville), קנטקי, וביקש ממנו לפרסמה ברבים. ככל הנראה זו הייתה פנייתו הראשונה של הרב מוהליבר ליהדות ארצות הברית, ומטרתה לעורר אותם להצטרף לרעיון הציוני ולתנועת חובבי ציון.

קול קורא ומבקש

אל כבוד הרבנים הגדולים, החכמים הנכבדים, ראשי עדות ישראל באמעריקא.

זה כחמש עשרה שנה התחוללה תנועה גדולה במחנה ישראל, תנועה שלא היתה בעולמנו מעת הלכנו שבי לפני צר ויד רומי עלינו התגברה, התנועה הזאת תסמן בדברי ימינו וממנה תחל תקופה חדשה להמנות, תקופת "תחית עם ישראל בארץ אבותיו". ההיה כזאת בינינו, האם שמענו כדבר הזה כי יתעוררו אנשים רבים בכל רחבי תבל לעלות לציון ארץ משאת נפשנו ולעבוד אדמתה בזעת אפים, לבנות חרבותיה ולקומם הריסותה? לא למות על אדמת קודש הלכו האנשים האלה גם לא לחיות בארץ זבת חלב ודבש עזבו החלוצים את מקומותיהם ועתידותיהם בארץ מגורתם, כי אם **להחיות** החישו,

בפי"ג מהל' מעשר ה"ו ד' ה' ע"ש, וגם הרע"ב כתב מפורש אפילו מכזיב ולהלן כו', והוא כדברנו, ולפלא בעיני על התוי"ט ז"ל איך לא הרגיש בזה".

להחיות את הארץ הנשמה, את האם הזקנה ולהפיח רוח חיים בלב בני עמם הקרוע והמורתח! אמנם בתקופה רבת הערך דרכה רגלנו ואשרי האיש המבין דרכה ומחיש צעדיה!

אך נדבר דברים ברורים: זה כחמש עשרה שנה החל הרעיון הקדוש ישוב ארץ ישראל להתפשט בין העם וכבר קנה לבות רבים בכל המדינות. עשרים קולוניות נבנו בארצנו הקדושה ואחינו בצרפת, רוסיא, אנגליא ואשכנז ועוד, תומכים בידי האכרים העובדים על הרי יהודה. בין התומכים האלה נמצא מכל המפלגות ומכל הכתות והרעיון הנשגב הזה עומד למעלה מהן ומושך אחריו לבות כולם, ובאמת כל איש ישראל המתבונן בו בשים לב מכל צדדיו וצדי צדדיו ימצא בו מה שתבקש נפשו והוא כמן הזה שכל אחד טועם בו טעמו האהוב לו. את האחד תמשוך המצוה הגדולה ש"שקולה כנגד כל המצוות" והשני רואה בו עקבתא דמשיחא, השלישי חפץ לייסד בקרב ישראל מפלגת אכרים עובדי אדמה ואחרי הרעיון והתבוננות רבה אינו מוצא מקום מוכשר לזה יותר מארץ אבותינו. הרביעי לב רגש בקרבו ואומר: ארצנו שממה ועלינו לבנותה, עמנו מפוזר ודורש מרכז ואיפוא מרכזו אם לא ארץ קדשנו? החמישי... הששי... וכן הלאה ונמצא **כל ישראל** מכוונים את לבם למקום אחד.

רק שמה בארץ החדשה, באמעריקא קול ציון נחבא, ומקול ההמולה של הדולרים והסענטים לא נשמע קול אמנו הזקנה הקוראה לבניה.

ובשם הרעיון הקדוש ישוב ארץ ישראל הנני פונה אל כבודם בבקשתי לשום לבם אל מעשי חובבי ציון בכל אתר ואתר להעיר את לב בני עדתם לקחת חלק בדבר הגדול הזה, אשר כבוד ישראל תלוי בו. יכוננו בעירם חברה לישוב ארץ ישראל, חבריה ישלחו סכום ידוע מדי שנה בשנה ותפיץ את הרעיון בין כל המפלגות, תבאו בדברים עם יתר החברות בארצה ובחוצה לארץ ותלך בדרכה להרחיב את הישוב בארץ קדשנו. עוד רבות רבות יש לדבר בענין הגדול הזה, אך כבר נכתבו עליו המון ספרים בשפות שונות ובהשקפות שונות ותקותי חזקה כי אם כבודם רק יתעוררו להחל עבודתם במפעל הנשגב הזה

יבינו ויכירו את הדבר לאשורו וכל אשר יוסיפו לעבוד יוסיפו לאהוב את עבודתם ולחבבה גם על אחרים, ובני ציון הנדחים בארץ החדשה יזכרו את אמם מרחוק ונפשם ולבם נתונים יהיו לעמם ולארצם.

תקותי תשעשעני כי כבודם ישמחוני בידיעות טובות מפעלותיהם הפוריות ויאמנו דברי חז״ל ״דברים היוצאים מן הלב נכנסים אל הלב״, וה׳ יתברך יחדש עליהם שנה טובה ומבורכת ועינינו תחזינה בשוב ה׳ את שיבת ציון. והנני מברך את אחינו המפוזרים בכל קצות הארץ בכל טוב סלה.

שמואל בהרב מוהרי״ל מאהליווער
חונה פה קהילת קודש ביאליסטאָק ברוסיא

ו. איגרת לחובבי ציון בווילנה

בעזה״י כ״ח כסלו תרנ״ז

כבוד ידידי הנכבדים והנעלים אוהבי עמם וארצם ועוסקים בישובם ״חובבי ציון״ בעיר ווילנא, יעזרה אלוקים.

שמעתי כי נתאספתם לחבב את רעיוננו הקדוש ״ישוב ארץ ישראל״ על בני עירכם, ובהזכירכם לפניהם את זכרונות ימים עברו, ימי חנוכה, תעבירו לפניהם את כל הנעשה בארצנו הקדושה בהוה ותקותם לעתיד, והנני מברך אתכם מעמק לבבי כי יופיע ד׳ על עצתכם ותצליחו במעשיכם לטובת עמנו וארצנו.

ומדי הזכירי את שם רעיוננו עצור במלים לא אוכל מלהביע את שמחתי הגדולה למראה הצעדים הגדולים שהישוב הקדוש עושה

לעינינו. הנני שמח לא רק על ההוה, אשר לא פללנוהו מראש בגשתנו לפני חמש עשרה שנה אל עבודתנו הכללית, אך ביותר שאת על העתיד הגדול שאותותיו הנני רואה בישוב הרך העולה לעינינו. הנני רואה, חובבים נכבדים, את כל הנעשה בארץ קדשנו ובארצות הגולה וקול הנביא ודברי רבי אבא ואמרי הרמב"ן יצלצלו באזני וממלאים את לבי תקוה עצומה, כי קרוב היום שכל מין האנושי מצפה לו מאז ועד עתה! קרוב היום שהבטחות נביאנו תקוימנה וגם השלום יתנוסס על הררי ציון ותחת כנפיו יחסיון כל בני איש. והישוב הקדוש הוא נותן אותותיו על הדבר הגדול הזה.

מה נאמנו אמרי הרמב"ן ז"ל האומר: "וכן מה שאמר בכאן 'ושממו עליה אויביכם'[17] היא בשורה טובה מבשרת בכל הגלויות שאין ארצנו מקבלת את אויבנו וגם זו ראיה גדולה והבטחה לנו כי לא תמצא בכל הישוב ארץ אשר היא טובה ורחבה ואשר היא היתה נושבת מעולם והיא חרבה כמוה. כי מאז יצאנו ממנה לא קבלה אומה ולשון וכולם משתדלים להושיבה ואין לאל ידם".[18] עד כאן לשונו בפרשת בחוקותי.

על פי דבריו אלה מבוארים היטב דברי הנביא: "ואתם הרי ישראל ענפכם תתנו ופריכם תשאו לעמי ישראל כי קרבו לבוא"[19] רוצה לומר בני ישראל קרבו לבוא אל ארצם וישאו הריה את פרים ועל זה אמר רבי אבא "אין לך קץ מגולה יותר מזה, שנאמר 'ואתם הרי ישראל'" וגומר,[20] וכפרש"י, "כשתתן ארץ ישראל פריה בעין יפה אין קץ מגולה יותר".[21] ומי ראה את ארץ ישראל נותנת פרותיה לעם ישראל? לא אבותינו ואבות אבותינו זה כאלפים שנה כי אם אנחנו ובנינו. וכל מה שתוסיף ארצנו לתת פרותיה כן יקרב הקץ המגולה הזה. ולכן לדעתי, כל איש ישראל המאמין באחרית עמנו מחויב בכל

17. ויקרא כו, לב.
18. רמב"ן ויקרא כו, טז, ד"ה "וטעם אף אני אעשה זאת לכם".
19. יחזקאל לו, ח.
20. בבלי סנהדרין צח ע"א.
21. רש"י שם ד"ה "מגולה מזה".

מה שביכלתו, באונו ובהונו להשתתף ב"ישוב ארץ ישראל" ולהשתדל כי תרבינה המושבות בארץ קדשנו וירבו העובדים על הרי ישראל וההרים ישאו פרותיהם ויטפו ההרים עסיס. וכאשר תקוים בנו נבואת הנביא בראשיתה: "והיה השרון לנוה צאן וגו' ובנו בתים וישבו ונטעו כרמים ואכלו פרים"[22] תקוים גם אחריתה: "זאב וטלה ירעו כאחד ואריה כבקר יאכל תבן... לא ירעו ולא ישחיתו בכל הר קדשי".[23]

ואתם ברוכי ד' העוסקים במצוה הגדולה הזאת יאמץ רוחכם ותחזקנה ידיכם גם לימים הבאים לפעול ולעשות לטובת עמנו וארצנו בהוה ובעתיד! והבוחר בציון יברככם בכל טוב סלה ונזכה לראות בשיבת בנים לגבולם ו"נרות חנוכה" יאירו מעל הר המוריה וכבוד ד' עלינו יזרח!

אחיכם אוהבכם בלב ונפש דורש שלומכם ומוקירכם למאד

שמואל בהרב מוהרי"ל מאהליוער

22. ישעיהו סה, י-כא.
23. שם כה.

סימן טו

דברי ברכה לבאי הקונגרס הציוני הראשון בבזל

בעת כינוס הקונגרס הציוני הראשון בבזל שאורגן על ידי הרצל, כבר היה הרב מוהליבר חולה וחלש, ולא היה יכול להשתתף בו. עם זאת הוא תמך בקונגרס ושלח איגרת לקונגרס שהוקראה שם בידי נכדו.[1]

הרב מוהליבר פתח את דבריו בברכה ובתפילה להצלחת הקונגרס, ולאחר מכן עבר להתייחס לעניינים שעל סדר יומו של הקונגרס (בעיקר על סמך נוסח ההזמנה הרשמי לקונגרס).

בסוף המכתב הרב מוהליבר מתפלמס עם עמדות חרדיות הטוענות כי הפעילות למען ארץ ישראל מנוגדת לאמונה בביאת המשיח. עמדות אלו הושמעו על ידי 'רבני המחאה' (כפי שכינה אותם הרצל) שהתנגדו לקיום הקונגרס במינכן, וגרמו להעברתו לעיר בזל.

1. וכך כתב הרב מוהליבר במכתב מספר חודשים לפני קיום הקונגרס: "בדבר האסיפה בבאזעל דעתי איננה כדעת חובבי ציון בברלין [שהתנגדו לכינוס הקונגרס] והאות על זה כי הנני שולח אל האסיפה את נכדי האגרונום יוסף מאהליוואר נ"י. וביד נכדי זה אשלח אם ירצה ה' מכתב שבו אבאר את דעתי על אדות כל הדברים שיעלו על שלחן האסיפה, כאשר יודיעו בהפרוגרמה. ואקוה כי דעתי תתאים לדעת כבודו ולדעת כל חובבי ציון ברוסיא" (ארכיון ציוני מרכזי, תיק A/147/33).

כבוד אחי ואדוני הנעלים, רמי המעלה, ראשי עם סגולה, בני ציון היקרים יחיו לנצח!

כוחי החלש לא נתנני בשום אופן לבוא בעצמי לקול קריאתכם והנני שולח במקומי את נכדי הנכבד נ"י לאות כי לבבי אתכם. ומעומק לבבי ונפשי אתפלל לה' אלקי השמים: אנא ה' היה עם פיפיות שלוחי עמך בית ישראל, הורם מה שיאמרו, הבינם מה שידברו ולא יכשלו בלשונם חלילה להוציא דברים נגד תורתנו הקדושה או נגד הממשלה ירום הודה. תמכם וסעדם למען יוכלו להוציא את מחשבתם הטובה לאורה. תנה אותם לחן ולחסד בעיני המלכים, הרוזנים והשרים, אשר יעמדו לפניהם לבקש רחמים על עמך ועל ארצך. תנה נא בלב כל ישראל רוח חדשה ואהבה גדולה לעמם ולארצם האמללים אמן!

עתה אקח לי רשות להעיר הערות אחדות על אודות הדברים העומדים על הפרק ועל שולחן הנאספים הנכבדים:

א. בדבר מטרות האסיפה אין לי אלא להעתיק את דברי ראש הועד המפקח על האסיפה והמזכיר בהודעתם: "הקונגרס שואף למטרות קרובות ואפשריות. כל הידיעות האחרות על אודותיו קלוטות מן האויר. כל מעשי הקונגרס יהיו בפרסום גמור. בויכוחיו ובהחלטותיו לא תהיה שום התנגדות לחוקי איזו ארץ ולחובותינו האזרחיים. ביחוד אנו ערבים בזה שכל מעשי האסיפה יהיו באופן מקובל ומרוצה לחובבי ציון ברוסיא ולממשלתם הרוממה".[2] והנני בטוח, כי הדברים הנאמנים האלה יישמרו בכל תוקף, אף אם יימצאו איזה אנשים שיביעו דעותיהם בפה או בכתב דעות מתנגדות לדברים הנאמרים למעלה, לא תכרענה הדעות האלה את הכף ולא תמצאנה אוזניים קשובות. בזאת הנני בטוח ועלי רק להוסיף, כי המטרה הראשית של האסיפה צריכה להיות השתדלות רבה ועצומה בכל כוחותינו לפני ממשלת תוגרמה [טורקיה], כי תרשה לבני עמנו

2. הרב מוהליבר מצטט כאן את נוסח ההזמנה הרשמית לקונגרס הציוני הראשון.

לקנות אדמה ולבנות בתים בלי כל מכשולים ומעצורים. להשיג הרשיון הזה עלינו להשתדל ולהתאמץ בכל יכלתנו, כי בו תלוי כל קיום דבר ההתישבות.

ב. בסוד האסיפה הלא ייבחר 'מרכז' חוץ למדינתנו, שהוא ינהל את כל עבודתנו הקדושה, ועלינו להשתדל כי אנשי המרכז יהיו מסורים למטרתנו בכל לבם ונפשם ולא יסיחו את דעתם ממנה.

ג. בסוד האסיפה נחוץ לתקן אשר "בני ציון" שלבם נאמן למטרתנו יהיו ביניהם באהבה ובאחוה גמורה אף כי המה חלוקים בדעותיהם בדברים שבין אדם למקום, ואף שיימצאו אנשים אשר יחזיקו את חבריהם לפורצי גדר. אך עליהם להתבונן לו היתה שרפה גדולה בביתם והיה הכל בסכנה, הונו גם נפשו, ויבוא אחד, שהוא פורץ גדר בעיניו, להציל אותו ואת כל אשר לו, האם לא היה מקבלו באהבה ושמחה? הלא כן, אחי, הננו כולנו היום! אש גדולה יצאה בקרבנו, שלהבת נוראה וכולנו עומדים בסכנה, שונאינו רבו ופרצו ומספרם כבר למיליונים רבים הגיע, ואלמלא מוראה של מלכות כבר חיים בלעונו. ועתה כאשר נמצאו לנו אחים בעת צרה כזאת, המושיטים לנו את ידם לעזרה לעשות כל מה שביכלתם להציל את עמנו ולחלצהו מן המצר, האם יהין לב אחד מאתנו לדחותם? יתבוננו כולם היטב וברית אחים לא תופר.

ד. גם צריכים כל "בני ציון" לדעת ידיעה גמורה ולהאמין אמונה שלמה, כי "ישוב הארץ", היינו: לקנות אדמה ולבנות בתים, לנטוע פרדסים ולזרוע שדות, היא אחת המצוות היותר גדולות שבתורתנו, וישנם מקדמונינו האומרים כי היא שקולה כנגד כל התורה. והטעם הפשוט של גודל המצוה הזאת באשר היא יסוד קיום לאומתנו. האיש המאמין ויודע זאת הוא חובב ציון אמיתי בכל לבבו ונפשו ובלעדי הדעת והאמונה הזאת הנותן ידו אלינו הוא רק כנותן נדבה לצאת ידי כל הדעות.

ה. יסוד חיבת ציון הוא לנצור את התורה כפי שהיא מורשה לנו דור דור בלי כל גרעון ותוספת. אינני מכוון בזה להוכיח לאנשים

פרטיים יחידים בהנהגתם, כי כבר אמרו חז"ל: "תמה אני אם יש בדור הזה מי יודע להוכיח",[3] כי אם הנני אומר זאת בדרך כלל, כי תורתנו שהיא מקור חיינו צריכה להיות יסוד תחיתנו בארץ אבותינו.

ו. עלינו רק לבנות ולנטוע ולא להרוס ולסתור, ולכן חלילה לנו לפגוע בקופת "החלוקה" בירושלים. חיי רבבות אנשים תלויים בקופה זו וכל זמן שאין להם מקור אחר לפרנסתם חלילה לנו לקפח את מחיתם.

ז. על דבר הפצת רעיוננו בקרב בני עמנו עלינו לשים לב לשלוח מטיפים טובים בכל ארצות להודיעם את רעיוננו ולחבבו עליהם. תועלת המטיפים רבה היא כאשר ראינו במדינתנו. כמו כן להדפיס **בעד העם** חוברות המדברות לרוחנו בשפת עבר, בז'רגון ובכל השפות שעמנו מדבר בהן. גם **נחוץ מאד** להדפיס חוברת קטנה בשפות רוסיה, אשכנז, צרפת, אנגליה, איטליה ועוד שבה יבואר היטב רעיוננו ומטרתנו ותיכתב בשפה צחה מושכת את הלב, בדברים חמים ובהגיון ישר, ולחלקה בין גדולי כל אומה ואומה בכלל ובין גדולי אומתנו בכל ארצות פזוריהם בפרט. חסרון חוברת כזאת מורגש מאד וביד האסיפה למלאות את החסרון הגדול הזה.

ח. על דבר **אוצר לאומי** עלינו להשתדל בכל מאמצי כוחנו לפני מנהלי יק"א[4] בפריז, כי יקדישו חלק גדול מהכסף המונח ברשותם לישוב ארצנו הקדושה, וכן עלינו להשתדל בזה לפני שאר עשירי ישראל. גם טוב לתקן כי חלק מהכסף הנאסף בכלל לישוב הארץ ייאצל למשמרת לאוצר הלאומי.

ט. לדעתי טוב כי האסיפה תשלח מכתב תודה להנדיב הברון אדמונד

3. בבלי ערכין טז ע"ב.
4. ביידיש: "יידישע קאלאניזאציע אסאציאסיע" (החברה היהודית להתיישבות). החברה הוקמה על ידי הברון הירש בשנת 1891 על מנת לסייע לפליטים יהודים מרוסיה. בשנת 1899 ביקש הברון רוטשילד את עזרת החברה בסיוע להתיישבות בארץ ישראל, ובעקבות כך החברה נכנסה לתמוך במושבות ולנהל אותן במקום פקידי הברון.

די רוטשילד להביע לו רגשי תודתנו על פעולותיו הכבירות לישוב ארצנו. הלא הוא הראשון בבני עמנו מיום חרבה ארצנו שהתעורר לרעיוננו הגדול וכבר הוציא על זה עשרות מיליונים פרנקים ועוד ידו נטויה לעשות הרבה להחיות שממות ארצנו, וראוי הוא האיש המורם מעם הזה, כי האסיפה הראשונה לחובבי ציון מכל הארצות תביע לו רגשותיה, רגשות כבוד ויקר.

בסוף דברי עלי להרים קולי אל אחי בני עמי לאמור: הנה זה כאלפיים שנה הננו מקוים לביאת משיח צדקנו שיגאלנו מגלותנו המרה ויקבץ נדחינו מארבע כנפות הארץ לארצנו, ושם נשב בטח שלו, איש תחת גפנו ותחת תאנתו. האמונה הזאת חזקה בלבנו והיא נחמתנו האחת בימי עניינו ומרודינו הרבים. ואף כי במאה האחרונה קמו אנשים בקרבנו וכיחשו באמונה זו וימחקו את תקוותנו מעל לוח לבם ויסירוה גם מסדרי תפילתם, אבל החרדים שבקרבנו וכל העם כולו מחזיקים בתקוותנו זאת ואליה יתפללו ערב ובוקר וצהריים ובה מוצאים מרגוע לנפשם העיפה.

והנה בימים האחרונים קמו גם אחדים מהרבנים האורתודוכסים במערב אירופה, ואחד מהם גילה את דעתו, כי כל היעודים והנחמות שנביאנו חזו לנו אינם אלא בדרך משל ומליצה, ובאמת כאשר יבוא משיח אז לא יבוא לישראל להשיבו אל ארץ אבותיו ולשים קץ לגלותו הארוכה וצרותיו המרובות, כי אם יבוא לכל העולם לתקנו במלכות שדי, וישראל ילך בגלותו לאור גויים כמו בימינו. אחדים מהם הביעו דעתם בקיצור, כי הלאומיות היא נגד אמונתנו בביאת משיח צדקנו.

והנני מחוייב בזה להגיד דעתי קבל עם, כי לא כן הדבר! אמונתנו ותקותנו היא מאז וגם עתה, כי יבוא משיח ויקבץ נדחי ישראל לארץ אבותיו, ותחת שהיינו נודדים בארצות זרים, נעים ממקום למקום, נשב אז בארצנו ונהיה לעם במלוא מובן המלה הזאת; ותחת שהיינו לחרפה ולשנינה בעיני העמים נהיה לכבוד ולתפארת ליושבי תבל. זאת היא אמונתנו ותקוותנו הנובעות מדברי נביאינו וחכמינו ז"ל ובהן מחזיק עמנו!

אמנם עינינו איננה רעה כלל בטוב כל שוכני ארץ וגם אנו מאמינים לא פחות מהם ביעודים הכלליים שבדברי נביאינו וגם אנו מתפללים בראש השנה ויום הכיפורים: "ובכן תן פחדך ד' אלוקינו על כל מעשיך ואימתך על כל מה שבראת וייראוך כל המעשים וישתחוו לפניך כל הברואים ויעשו כולם אגודה אחת לעשות רצונך בלבב שלם"; אבל אחרי התפילה הכללית הזאת, הננו מתפללים גם כן "ובכן תן כבוד ד' לעמך, תהילה ליראיך ותקווה טובה לדורשיך ופתחון פה למייחלים לך, שמחה לארצך וששון לעירך וצמיחת קרן לדוד עבדך". ואמנם **כבוד** עמנו, תהילתו ותקוותו הטובה תלויים רק בארצנו ושמחתה בעירנו וששׂונה; ורק אז "עולתה תקפץ פיה והרשעה כולה כעשן תכלה וממשלת זדון תעבור מן הארץ"![5]

ד' יתברך ויתעלה שומר ישראל וגואלה יקים את דברי נביאו: "כה אמר ה' הנני מושיע את עמי מארץ מזרח ומארץ מבוא השמש. והבאתי אותם ושכנו בתוך ירושלים והיו לי לעם ואני אהיה להם לאלקים באמת ובצדקה".[6]

בימיכם ובימינו תוושע יהודה וישראל ישכון לבטח ובא לציון גואל.

אחיכם מוקירכם
שמואל בהרב מוהרי"ל מאהליוועד

5. הציטוט כאן שונה במקצת מהנוסח המופיע בסידור התפילה: "כי תעביר ממשלת זדון מן הארץ".
6. זכריה ח, ז-ח.

סימן טז

'צוואת' הרב מוהליבר

הרב מוהליבר הכתיב את המכתב הזה ביום שלישי י"ז בסיוון תרנ"ח (1898) "בשעה השמינית בערב". זו תשובה למכתב ששלח הרצל לרב מוהליבר, ובו הוא ביקש ממנו לכתוב המלצה ל'קאלאניאל בנק', הלוא הוא הבנק של התנועה הציונית אותו ביקש הרצל להקים. הרב מוהליבר כתב את ההמלצה, והרחיב בה גם על עניינים הנוגעים לתנועה הציונית, לקשר שלה לתורה ולחשיבות האחדות בתוכה.

יום למחרת, ביום רביעי י"ח בסיוון "בשעה השמינית בבוקר" אחז השבץ ברב מוהליבר, וניטלה ממנו היכולת לדבר. הרב מוהליבר נפטר כעבור יום, ביום חמישי י"ט סיוון תרנ"ח.

המכתב פורסם כשבוע וחצי לאחר מכן, ובסיומו הוספה ההערה הזאת: "זה הוא המכתב האחרון הכתוב בפקודת אדמו"ר הגרש"מ זצ"ל, ויוכל להחשב **לצוואתו**".[1]

הנני מבקש את כל אחינו החובבים את ציון באמת ועוסקים בישובה באמונה, להתאחד יחד ולעבוד לטובת המפעל הזה (הקאלאניאל־באנק) בכל כחם ויכלתם, אך ורק ברשיון הממשלה ירום הודה. באנק יהודי

1. הציטוטים כולם מהפרסום ב**המליץ**, תרנ"ח (21.6.1898), גיליון 125.

כזה בהמצאו בידיים בטוחות ואמונות לעמנו ולארצנו יוכל להאיר אור חדש על ציון ועל ישובה. וחובה על כל אחד מאתנו להשתדל בקיומו, אך כאשר דבר הבנק הזה הוא המעשה הראשון שהננו עובדים ביחד את אחינו הציונים הנכבדים הנני מוצא לנכון להזכיר את שני התנאים הראשיים, אשר עלינו לשמור:

א. הישוב בארץ ישראל ברשיון הממשלה צריך להיות אחד מראשי עבודתנו ועלינו החובה להרחיבו ולהגדילו עד מקום שידנו מגעת; ולכן מחויב הבאנק הזה להקדיש סכום הגון, חלק נכבד מכספו להרחבת הקאלאניזציה [ההתיישבות] ברשיון הממשלה, ועם כל העסקים שיעסוק הבאנק הנוגעים לטובת עמנו, עבודת הקאלאניזציה תעמוד בשורה הראשונה.

ב. היסוד לחיבת ציון היא תורתנו הקדושה, כאשר כתבתי במכתבי הראשון אל האסיפה בבאזל,[2] ובלעדי תורתנו מקור חיינו כל עבודתנו מֵאָפַע.[3] ולכן חלילה לראשי הציונים לתת מקום בעבודתם הלאומית ללעז עליהם כי הציונות מחללת תורתנו כאשר מלעיזים בימים האחרונים. אמנם כל הבא לעבוד עבודת עמנו וארצנו איננו שואלים אותו על הנהגתו היהודית הפרטית, אחים הננו כולנו לצרה ואחים נהיה לתחיה, אבל יסוד עבודתנו הלאומית צריך להיות תורתנו הקדושה, לכן הבאנק היהודי הזה ישמור את יסוד תחייתנו מכל משמר.

אם שני הדברים האלה, התורה והקאלאניזציא, תשמור הציונות בכל מעשיה בכלל, ובמפעלנו הראשון – זה הבאנק – בפרט, אז תקוותי חזקה, שבהשיגנו רשיון הממשלה ליסוד המוסד הזה ירבו אחינו לחתום על המניות וימלא כל הסכום הדרוש, והמוסד הגדול הזה יוסד על בסיס נכון וחזק והבוחר בציון יופיע על עצתנו, ויברך כל מעשי ידינו ויהי המוסד הזה לתפארת לעמנו ולברכה בארצנו.

2. לעיל סימן טו.
3. מאפס, חסרת משמעות – ע"פ ישעיהו מא, כד: "הן אתם מאין ופעלכם מאפע".

אחים יקרים ונכבדים![4] מלבד העבודה הזאת יש לנו עוד מה לעשות, יש לנו מושבות בארץ הקודש אשר רבים מאכריהם וכורמיהם עודם זקוקים לתמיכה, יש לנו על הרי יהודה פועלים למאות המחכים ליום שנעמיד גם אותם על הקרקע, ולזה יש לנו ועד נכבד באודיסה מאושר מטעם הממשלה ירום הודה, הדואג להאכרים והפועלים האלה ומשתדל לעזרם ולתמכם. עלינו מוטלת חובה גדולה וקדושה לתת ידיים להועד הזה לשכלל את האיכרים הדרושים עוד שכלול ולהעמיד את הפועלים על הקרקע. עלינו לדעת, כי אחורי הפועלים האלה עומדים עוד אלפי אנשים מיושבי ארץ הקודש המחכים בכיליון עינים ודאבון נפש ליום שיוכלו לעבוד אדמת הקודש גם בשדות אחרים, הוא היום שהפועלים הישנים העובדים בשדות אחרים זה שנים רבות יתנחלו על נחלתם המה. עלינו לדעת, כי ביום אחד לא תתישב ארץ ובפרט ארץ שזה מאות שנים עזובה ושוממה ועוד על ידי עם שזה כאלפים שנה מנותק מעבודת האדמה. ישוב גדול לא יוכל להתכונן טרם נעשו נסיונות רבים לסלול הדרך הנכונה,[5] לכן גם המעשים הקטנים לוא יהי כי קטנים המה, של הועד הנכבד באודיסה, גדולים המה מאוד לעבודתנו הלאומית, ועל כל איש ואיש שתחית עמנו בארצנו קרובה ללבו החובה להרבות חברים לחברת התמיכה, להגדיל הכנסתה למען תוכל להשגיא פעלה.

הישוב בארץ הקודש הראה לנו ולכל העולם כי עוד רוח חיים בקרבנו, חיה גם שפתנו וחיים בקרבנו כל הכשרונות הטובים שחוננו מאת אלוקינו. המושבות בכרמיהם ופרדסיהם מראים, כי עוד נוכל לחיות מפרי אדמתנו הטובה וכי אחינו מסוגלים לעבודת האדמה וירושת אבותינו לא אבדה מאתנו, בתי הספר שבכל המושבות, ובית הספר ביפו בראש, הראו כי רוח תורתנו הקדושה תכה שרשיה בלב בנינו, כי יחיו על פיה ושפתנו חיה בפיהם ועברים יהיו בכל לבם

4. שלוש המילים הללו לא נדפסו בעיתונים אך הן מופיעות בכתב היד שבארכיון הציוני המרכזי.
5. כך הנוסח בכתב היד שבארכיון הציוני המרכזי. בעיתונים נדפס "הישנה".

ונפשם נאמנים לדתם, ארצם ועמם בכל חושיהם וכשרונותיהם; והחובה עלינו להרחיב את הישוב הנהדר הזה ולהחזיק בידי כל המפעלים הדורשים חיזוק, כי יוכלו להגדיל פעלם.

ובעבדנו לטובת הישוב וכל צרכיו בארץ הקודש עלינו לעבוד גם פה לרומם את רוח עמנו, להבינו בינה מה היא תקותנו ומשאת נפשנו. עלינו לחבב עליו את ציון וישובה ולהטות לבו ועינו אליה. ידע עמנו את גדלו בעבר, וגדלו לא ביד חזקה וחרב שלופה, כי אם בתורתנו הקדושה, ברוחו הכביר ובחייו הטהורים על אדמתו, ידע עמנו את מצבו בהווה, שלבד מצבו החומרי ההולך ורע יום יום, עוד תורתו, מקור חייו, משתכחת ובנים רבים מתרחקים ממנו רחוק, רחוק. ידע עמנו את תקותו לעתיד מה היא. ידע כל אלה, ועלינו להודיעו, ללמדו, ויתן ידו ולבו לציון.

כן, אחים נכבדים. עבודה רבה לפנינו ועלינו לעבוד ולעבוד בלי לאות ובלי הרף, עלינו לעבוד שכם אחד בלי פרוד, באהבה גמורה ובאחדות שלמה.[6] וב"שבת נחמו" הבאה עלינו לטובה בבואכם להתפלל יחד, לעלות לתורה כדרככם מדי שנה בשנה, לחבב על עמנו את רעיוננו ולנחם אותו בצרותיו עליכם להבינו, כי ה"נחמה" האמתית היא זו שהאדם מוצא בנפשו פנימה. נחמת עמנו היא "ציון": ולכן צריך העם להרגיש בקרבו את "חבת ציון" ולא סביבותיו. ואז לא ישאל: "מה עשו", כי אם "מה עשינו". ואז בהאמינו בכחותינו לא יתיאש אם לא יראה מעשים גדולים נעשים בהרף עין. ידע כי עבודתנו היא לשנים רבות, אבל עבודה לאומית היא שכל מעשה ומעשה, אף אם קטן הוא, הוא צעד אחד לפנים! נעבוד, חובבים יקרים, נעבוד והבוחר בציון יהי בעזרנו!

ברגשי כבוד וברכת "ציון"

מזרחי.[7]

6. בפרסום השני ב'המגיד' מסתיימת הצוואה כאן.
7. ככל הנראה את החתימה הזאת הוסיפו המביאים לדפוס בעיתון 'המגיד', והיא מלמדת על תפקידו של הרב מוהליבר כראש המזרח"י. ראו לעיל סימן יד אות ג.

שער שלישי

מחשבה והגות

שער זה לקוח רובו מתוך חוברת בשם 'דעותיו והשקפותיו של רבי שמואל מוהילבר ז"ל'. הקטעים בחוברת נלקטו מתוך כתבי יד של הרב מוהליבר ופורסמו על ידי נכדו הד"ר יוסף מוהילבר במלאות עשרים וחמש שנים לפטירתו של סבו.[1]

אסופה זו פותחת שער לדמותו של הרב מוהליבר כהוגה דעות ובעל מחשבה מעמיקה. כפי שהעיד הרב ניסנבוים, הרב מוהליבר "היה בקי ועמקן גדול בספרות החקירה הדתית העברית וחכם בחכמת החשבון והתכונה, עסק הרבה גם ב'קבלה', ובייחוד התעמק בספרי תולדות העמים. כל ידיעותיו הרחבות והעמוקות האלה השאירו עקבותיהן בספרים שחבר בשפה עברית יפה".[2]

כפי שכתב ד"ר מוהילבר בהקדמה לחוברת, הוא בחר להביא בדרך כלל קטעים מתוך מאמרים שלמים יותר שמבליטים את הרעיון היסודי הנמצא בהם. לקטעים אלו הוא הוסיף כותרות משנה ובמקרים שהיה אפשר לברר הוא גם ציין בצידם את שנת הכתיבה שלהם.[3]

1. שער זה מכיל את כל מה שנדפס בחוברת זו מלבד שני פרקים שהובאו בשערים הקודמים: 'יראה ודרך ארץ' (לעיל סימן ז), ו'הגאולה' (לעיל סימן ח). כמו כן נוספו בסימן כג שני קטעים שאינם מופיעים בחוברת המקורית (בדין הדלקה עושה מצווה בנרות חנוכה; דרשה לחג השבועות), וכן צורף כאן הספד שנשא הרב מוהליבר על ר' חיים מצאנז (להלן סימן כד).
2. ניסנבוים, הדת והתחיה, עמ' צג.
3. חלוקת הפרקים וכותרות המשנה מופיעות כאן כצורתן בחוברת הנ"ל, מלבד סימן כג שמורכב מקטעים שהופיעו בחוברת המקורית בסוף סימנים כ ו־כב.

סימן יז
הבריאה והאדם

מידת החסד ומידת הגבורה
תרמ"ו

דרש בר קפרא גדולים מעשה צדיקים יותר ממעשה שמים וארץ דאילו במעשה שמים וארץ כתיב "אף ידי יסדה ארץ וימיני טפחה שמים"[1] ואילו במעשה ידיהם של צדיקים כתיב "מכון לשבתך פעלת ה' מקדש אדני כוננו ידיך"[2] (בבלי כתובות ה ע"א).

הארץ נבראה על פי חוקי הטבע שהטביע הבורא יתברך בכל חלקי הדומם, הצומח והחי, והחוקים לא ישתנו כל ימות עולם, כל הנמצא בארץ הכל שומר את תפקידו על פי החוקים האלה. השמים (לא השמים הגשמיים הנקראים רקיע אלא השמים במובן הרוחני) זהו מה שלמעלה מן הטבע, הבא ברצון לדעת לעת הצורך והכושר לשנות את הטבע שהוטבע בהנהגת התחתונים, ואם כן איפוא נבראו השמים בימין רוצה לומר במידת החסד, כי הפעולה הבאה לשנות את הטבע, את החוק והדין היא מדת החסד. אמנם הארץ נבראה בשמאל, רוצה לומר במדת הגבורה, דהיינו הפעולה שנגבלה על ידי החוק והדין בלי שנוי ויציאה מחוקי הטבע. והנה האדם נתערבו בו כח החסד גם כח הגבורה, כי גופו

1. ישעיהו מח, יג.
2. שמות טו, יז.

נברא במדת הגבורה, רוצה לומר כוחות גופו הגשמיים חוק וטבע קיים להם בלי שנוי, כמו כלי העיכול, ההזנה, הנשימה והצמיחה. כל אלה הכחות אינם על פי רצון ובחירה אלא ממלאים את תפקידם על פי חוק קיים. אבל נפשו, לה יש רצון ובחירה, דעת ותבונה, והוא בבחינת חסד, וזה שכתב שבאדם נשתתפו כחות העליונים והתחתונים, ואם כן גם במעשי האדם מעורבים שני הכחות האלה, כח הימין והשמאל ביחד, הכחות הגופניים שהם ממדת שמאל והכחות הרוחניים שהם ממדת ימין, ועל כן גדולים מעשי צדיקים יותר ממעשה שמים וארץ, כי בהם כבר נכלל מעשה שניהם יחד.

תכלית הבריאה והאדם

תרל"ו

הדומם והוא הארץ, מובן, שהיא נבראה לתכלית העמדת היצורים אשר עליה. הצומח הוא לתכלית פרנסת החי והמדבר. כן החי הוא למזון להמדבר ולהשתמש בו לתועלתו. אבל מה היא תכלית המדבר בעצמו? האם נאמר שתכליתו גלויה לכל והיא החיים? אבל מה הם החיים בעצמם? אם נשיב, כי אכל ושתה וכדומה הם החיים, הן נשאל על זה, הלא האכילה ושתיה וכדומה היא רק הכנה לחיים. או אולי נבער כל כך עד שנאמר, כי תכלית חיינו הוא לגדל את בנינו, ואם כן איפוא כל הדורות שעברו כבר כלו שנותיהם בלי תכלית רק למעננו, וגם אנחנו נבלה ימינו רק למען בנינו ודור יִוָּלֵד אחרינו, ומה תהיה תכליתם? וכמו שאמר קהלת "ראיתי את כל החיים המהלכים תחת השמש עם הילד השני אשר יעמד תחתיו. אין קץ לכל העם לכל אשר היה לפניהם גם האחרונים לא ישמחו בו כי גם זה הבל ורעיון רוח".[3] ההכרח לאמר, כי החיים הם חיי הנפש ותכלית האדם היא צמיחת הנפש וקיומה לנצח, ובין כל הדעות של הפילוסופים והמקובלים בחקירת הנפש נראה היותר מתקבל על הלב, כי הנפש תצמח בצמיחת הגוף

3. קהלת ד, טו-טז.

וגדולו על ידי הכח האלקי, אשר הוכן בקרבה מעת יצירתה. וכאשר ישתלם הגוף על שלמותו בלי שיושחת במדות ובתאוות נשחתות, אזי כשתגיע עתו תיפרד מאתו נפש שלמה זכה ובהירה לחיות חיי נצח. ואין לשאול מדוע זה יהיה גידול הנפש על ידי הגוף העכור ומדוע זה לא יגדלו הנפשות בלי גוף, כאשר לא נוכל לשאול מדוע זה לא יצמח הפרי מהארץ עצמו ולא על ידי האילן. וכמו שלמעלה מידיעתנו הסכימה חכמתו הנעלה להצמיח הפרי על ידי האילן כן הסכימה להצמיח הנפש על ידי הגוף. עתה נבין ליישב הקושיא המפורסמת, מדוע לא הזכירה התורה מגמול העתיד ואושר הנפשי מאומה. כי מאחר שכתבה כמה פעמים "כי היא חייך" גו'[4] "אשר יעשה אותם האדם וחי בהם" וגו'[5] כבר בארה לנו האושר הנפשי, כי אין חיים לגוף רק על צד ההשאלה, כאשר כתבו חכמי הטבע בנסיון שעשו עם יונה שחתכו מאתה חלקי המח היא חיתה אחר כך איזה שבועות אבל בלי רגש ורצון רק חיי צומח, היינו חיים מוכרחים על פי חוקי הטבע כצומח. גם האדם כשיהיה חיי הגוף בלי אושר נפשי אינם חיי מדבר אלא רק חיי החי. וזה שאמר ה' לאדם הראשון "כי ביום אכלך ממנו מות תמות",[6] רצונו, כי מאחר שתאוות הגוף יתגברו על כחות הנפש לבטלם, אם כן מות תמות, והחיים לא יהיו רק על צד ההשאלה כנ"ל, וזה אמרו חז"ל "רשעים בחייהם קרואים מתים".[7] והנה כל התורה בכללה ובפרטה היא עקרית בכל תרי"ג מצוותיה, אבל תכליתן היא רק לשבר תאוות הגוף ולא להחלישו ולהחלותו, כי כל מה שהגוף יותר בריא גם הנפש יכולה להיות יותר שלמה, וכמו שכתוב "אין השכינה שורה אלא על חכם גבור ועשיר",[8] אבל באופן שיהיה נזהר מכל תאוה נמבזה, מכל שוד ועול, שיהיה בעל מדות נעלות.

4. משלי ד, יג; ראו גם דברים ל, כ.
5. ויקרא יח, ה.
6. בראשית ב, יז.
7. ראו בבלי ברכות יח ע"ב.
8. שבת צב ע"א.

האדם נברא בצלם

[התאריך חסר]

מעלת האדם גדולה מאד, כמו שאמרו חז״ל בפרק ג דאבות ״חביב אדם שנברא בצלם״ כו׳.[9] נראה לעניות דעתי שחז״ל באו בזה לעקור את דעת המתפלספים מחכמי הטבע, אשר שמו את האדם בחיר היצורים במטרה לחצי לעגם ועקמימיות דעתם, כאשר הרעיש תבל ומלואה חכם הטבע דארוין האנגלי לאמר כי האדם לא נולד בתחלת היותו בדמותו ובצלמו כמו שהוא עתה, אלא רבוא אלפי שנה פעלה הטבע להפוך כחומר חותם מצמח לחי שפל המדרגה כמו תולעת וכדומה, ואחר כך החליף תמונתו ונתהוה לבעל חיים יותר חשוב ועוד יותר חשוב עד שנתהוה לקוף, ואחר כך החליף הקוף עשרת מינים עד שנולד ממנו אדם פראי, ומאדם פראי זה נולד ברבות הזמן אדם בעל דעת ותבונה בצלם ודמות שאנחנו כעת. והנה לא הוא הראשון בדעה הכוזבת הזאת, ועוד מחכמי יון נמצאו מסכימים על זה, אשר לכן אמרו חז״ל בראש השנה ״כל מעשה בראשית לקומתן נבראו, לדעתן נבראו, לצביונן נבראו״,[10] רוצה לומר שמתחלת ברייתן היו על זה האופן שיגדלו בקומתם וישיגו את דעתם וצביונם כמו שהם לפנינו, שלא כדעת חכמי יון שהטבע החליפה אותם עשרת מונים עד שעמדו על צלמם ודמותם שהם כעת. אמנם גם לפי דעת חז״ל נוכל לומר שרק בבריאה אשר לפנינו יצאו כל היצורים בדמותם וצלמם הנכון, אבל כבר עברו תקופות בעולם התוהו שהיו על אופן ומתכונת אחרת, רק שאותם העולמות נחרבו ויצא אחר כך העולם הקיים כמו שהוא לפנינו, כמו שאמרו ברבה בראשית ״מכאן שהקדוש ברוך הוא היה בונה עולמות ומחריבן״.[11] אבל לפי אמונתנו היתה הויתו הראשונה של האדם בחיר היצורים רק בזה העולם, ובראשית הויתו יצא בדמותו

9. משנה אבות ג, יד.
10. בבלי ראש השנה יא ע״א.
11. בראשית רבה ט, ב.

וצלמו כמו שהוא כעת, וזוהי כונתם ז״ל ״חביב אדם שנברא בצלם״, רצונם בריאתו הראשונה היתה בצלם ודמות הנכונים לו.

האדם והשתלמותו

תרכ״ח

תכלית בריאת האדם היתה שיעלה לשלמות גדולה, יותר ממלאכי מעלה, כי באדם נתרכבו שני כחות, כח הנפשי השכלי וכח החמרי המתאוה, אמנם בתחלת בריאת האדם היו שני כחות אלה הנטועים נפרדים אחד מהשני. הכח השכלי היה דבק רק במושכלות אלקיים ובצורות העליונות הקדושות, אבל דבקות זו לא היתה על דרך התאוה והתשוקה והבחירה, דהיינו שבוחר בתאותו להגות במושכלות, אלא רק על דרך ההכרח והטבע, שכן הטביע בו יתברך, כמו כל הכחות הנמשכים אחרי פעולתם בטבע קיים, וכמו שכתוב אלו אומרים ברוך ואלו אומרים קדוש ואין ביכלתם לבחור להם ההיפך, שזה יאמר קדוש וזה ברוך, וכמו שכתוב ״אין מלאך אחד עושה ב׳ שליחויות״.[12] וכן היו שני הכחות האלה כל אחד לחוד וכל אחד ואחד על צד ההכרח והטבע, ותכלית כונת הבריאה היתה שלאט לאט יתגבר הכח השכלי הנפשי על הכח החמרי המתאוה עד כי בשעור החיים הגשמיים אשר קצב הבורא יתברך לאדם יתהפך הכח החמרי המתאוה ויזדכך להכלל בכח השכלי הנפשי, ואז יגיע האדם לשלמות יותר מהצורות העליונות, מפאת שיהיה בכח שכלו להתאות, להוסיף להתחזק וללכת מחיל אל חיל להשיג כבוד ה׳, כמו שכתבו רז״ל שלהי ברכות ״צדיקים אין להם מנוחה... שנאמר ׳ילכו מחיל אל חיל...׳[13]״.[14] וזוהי בחינת האדם שנקרא ״מהלך״ מה שאין־כן המלאכים שהם בחינת ״עומדים״ דהיינו שעומדים על מדרגתם הראשונה.

12. בראשית רבה נ, ב.
13. תהילים פד, ח.
14. בבלי ברכות סד ע״א.

האדם ואשרו
[התאריך חסר]

> הוא היה אומר, יפה שעה אחת בתשובה ומעשים טובים בעולם הזה, מכל חיי העולם הבא. ויפה שעה אחת של קורת רוח בעולם הבא, מכל חיי העולם הזה (משנה אבות ד, יז).

לכאורה המאמר סותר את עצמו ועיין במפרשים, והנה כבר נתפרסמה הקושיא, מדוע עמס ה׳ יתברך על האדם עבודה רבה וגדולה לקיים כל התורה בדקדוקיה ופרטיה ואז יקבל חלקו בעולם הבא, הלא אל טוב הוא ומדוע לא חנן את האדם באושר האמתי בבא בלי עמל ויגיעה מקודם, וידוע התירוץ שנאמר על זה כדי שלא יאכלו נהמא דכיסופא [לחם חינם, שהוא בושה למקבלו]. וזה אינו מספיק לעניות דעתי, כי איזהו כיסופא לקבל טוב הבורא מקור כל הדברים? על כן, נראה לעניות דעתי לתרץ את הקושיא באופן זה:

האושר והתכלית הם רק קבוץ ממוצעים הרבה. רצוני, הן ידוע שתכלית ואושר האדם בעולם הזה הוא להאריך ימיו על האדמה. לתכלית אריכות החיים יש ממוצעים הרבה והוא לאכול ולשתות בעת רעבונו המזון היותר ראוי לגופו, לשאוף אויר טוב וצח, לשמח נפשו בעונג ושעשועים וכדומה. אלה הם הממוצעים להשגת התכלית והוא החיים. והנה לכאורה הלא התכלית היא העיקר, והממוצעים המה רק כדי להשיג התכלית על ידם, ולו היה ביכלתנו להשיג התכלית בלי ממוצעים היה יותר טוב לפנינו. עתה נצייר לפנינו את התכלית בלי ממוצעים והיא החיים בלי אכילה ושתיה, בלי שאיפת אויר זך, בלי עונג ושעשועים, כללו של דבר בלי שום ממוצע המביא לתענוג הגוף או להתפעלות הנפש, הישא מי חיים ארוכים כאלה? האם לא יהיו למעמסה על האדם? האם לא יקוץ בהם? ומדוע? יען כי החיים הם רק קבוץ ממוצעים, ובלי ממוצעים גם החיים לא יחשבו למאומה. כן הם חיי הגוף בעולם הזה וכן הם חיי הנפש בעולם הבא. אם כי החיי הנפש בעולם הבא הם התכלית ולמוד התורה והחכמה ומעשי הטוב

הם רק הממוצעים לחיי הנפש, אבל גם חיי נפש בבא הם רק קבוץ ממוצעים הרבה והוא פעולות המצוות ולימוד התורה, וחיי הנפש בלי עונג והתפעלות מהתורה והמצות, אשר הם מזון הנפש, לא יחשבו למאומה. ולפי זה מה נכבד המאמר הנ"ל "יפה שעה אחת בתשובה ומעשים טובים יותר מכל חיי העולם הבא". אמנם להרגיש את עונג התורה והמצוות בעולם השפל הזה כבד מאד, כי החומר הוא המסך המבדיל בין המצוות והנפש להרגיש על ידם הנועם והעונג הראוי, עם כל זה מי שגבה על חמרו והגביר את נפשו על יצרו כבר זכה להרגיש נועם אין קץ בעשיית הטוב ומקבל עונג ממעשה הטוב הרבה יותר ממה שמקבל האדם עונג מתענוגות החומר. וזהו מאמרם ז"ל בפרק שנו חכמים הנוסף לאבות "גדולה תורה שהיא נותנת חיים לעושיה בעולם הזה ובעולם הבא".[15] וזהי גם כן כוונתם ז"ל במה שכתבו "צדיקים אין להם מנוחה לא בעולם הזה ולא בעולם הבא",[16] רצונם ז"ל כי זהו עיקר החיים כנ"ל. והנה הגם שהצדיקים זכו לעונג המצות גם בעולם הזה כמאמרם ז"ל "שכר מצוה מצוה",[17] עם כל זה אין זה בערך ודמיון כלל להעונג המגיע מהמצוה בעולם הבא, וזה מה שסיימו באבות שם "ויפה שעה אחת של קורת רוח בעולם הבא מכל חיי העולם הזה".

15. משנה אבות ו, ז.
16. בבלי ברכות סד ע"א.
17. משנה אבות ד, ב.

סימן יח
הנפש

הישארות הנפש
תרכ"ח

בענין השארת הנפש אפשר להביא ראיות על פי מושכלות ראשונים, כי ידוע שבדברים הנעלים ממושג החומרי אי אפשר להביא מופת חותך כמו בחכמת ההנדסה וכדומה, אבל כבר הסכימו, כי מושכל ראשון אין להכחישו, וסוף סוף גם המופתים החותכים יסודם והתחלתם הוא מושכל ראשון באין מופת.

מופת א:

ר' יוחנן כי הוה מסיים ספרא דאיוב אמר הכי סוף אדם למות וסוף בהמה לשחיטה והכל למיתה הם עומדים אשרי מי שגדל בתורה ועמלו בתורה ועושה נחת רוח ליוצרו וגדל בשם טוב ונפטר בשם טוב מן העולם ועליו אמר שלמה "טוב שם משמן טוב ויום המות מיום הולדו"[1] (בבלי ברכות יז ע"א).

יש לנו שלושה סוגים בעלי כליון היינו מדבר, חי, צומח. כי הדומם כמעט שאינו בגדר הכליון בערך לזמן המרובה של קיומו, כמו דכתיב

1. קהלת ז, א.

"והארץ לעולם עומדת".[2] והנה מושכל ראשון שהאדם הוא יותר נעלה מסוג החי והצומח וגם זה מושכל ראשון שכל מי שערכו יותר גדול ונעלה מחברו לא תהיה לו תכלית פחותה ושפלה מאשר לחברו הקטן ממנו בערכו. עיקר תכלית הצומח הוא רק לאחר הכליון כמו שכתוב "עצים הנאתן לאחר ביעורן".[3] כן גם סוג החי אף על פי שיש להם תכלית גם בשעת הוייתם, אבל עיקר תכליתם הוא לאחר הכליון. ואם כן איפוא האדם הנעלה בערכו מהם, היתכן לומר, שכל תכליתו הוא רק בשעת הויתו פה בעולם השפל וכשמת אין לו עוד זכר וכלה ונאבד, ואם כן תכליתו פחותה ובזויה מזו של החי והצומח? ועל כן מוכרחים אנו לקיים מציאת נפש לאחר מותו, ועיקר תכליתו עונג הנפש, וזה מה שאמרו רז"ל: "ר' יוחנן כד הוה מסיים ספרא דאיוב" – רוצה לומר שמשם למד להתבונן בטבעיות וללמוד מזה דרך בדרכי ה' – "הוה אמר הכי: סוף אדם למות", רוצה לומר שעיקר תכליתו הוא אחר המיתה והוא עונג הנפש, דהא אנו רואים ש'סוף בהמה לשחיטה', רוצה לומר עיקר תכליתה שאוכלים את בשרה אף על גב שיש לה תכלית גם בחייה, ו"הכל", רוצה לומר החי והצומח, "למיתה הם עומדים" כלומר עיקר הוייתם הוא רק בשביל הכליון, ואם כן האדם הנעלה מהם פשיטא שיש לו תכלית אחר מותו, ואם כן איפוא "אשרי מי שגדל בתורה" וכו'.

מופת ב

ונראה לעניות דעתי מופת אחר על השארת הנפש. אנו מבחינים: א) התכלית. ב) ההכנה לתכלית. והנה להבין מי השיג התכלית ומי עומד עדיין בהכנת התכלית אנו יכולים על פי שני דברים אלה: א) מי שהשיג כבר את התכלית לא ייעף ולא ייגע בפעולתו, דמאחר שזוהי תכליתו אם כן איך יתיגע בזה, הלא יהיה זה חסרון גדול בחוק בריאת ה' שהנברא הממלא תכליתו יתיגע בפעולתו, וזהו מהמושכלות אשר

2. קהלת א, ד.
3. ראו בבלי בבא קמא קא ע"ב.

אינן צריכות למופת, ועל זה נאמר בצבא מרום "ששים ושמחים לעשות רצון קונם",[4] רוצה לומר לא די שאינם מתיגעים בפעולתם, אדרבא הם מתענגים בזה. אמנם מי שהוא עדיין בדרך ההכנה לתכלית על זה יתכן שהוא יתיגע בפעולתו, דהיינו שמתיגע להשיג תכליתו ואז ינוח. ב) מי שהשיג כבר תכליתו אינו בגדר התמורה וההעתקה, דהא התכלית לא תומר ולא תוחלף, ואם כן ממילא אין בו טבע התקוה, דעל מה ולמה יקוה? שכרו איתו ופעולתו לפניו, כי פעולתו היא שכרו והיא תכליתו. אבל העומד בהכנת התכלית אצלו מצויה התקוה, כי הוא מקוה לגמר ההכנה ואז ישיג תכליתו. וזה שכתב "גמירי דלמעלה אין בו לא ישיבה ולא עיפוי".[5] אין בו ישיבה רוצה לומר תמורה והעתקה ועל כן אין לו תקוה כנ"ל, וגם אין בו עיפוי כי מלאכי מרום כבר השיגו תכליתם מתחילת הוייתם, ועל כן הם מתענגים ושמחים בפעולתם כנ"ל. ומזה לנו מופת על השארת הנפש, דאם נאמר שאחרי מות האדם הוא כלה ונאבד והעולם הזה הוא תכליתו, אם כן לא היה לו להתיגע בפעולתו וגם לא לקוות, כי על מה ולמה יקוה, והוא כבר השיג תכליתו. האם יקוה לכליון? וזה שאמר הכתוב "הלא צבא לאנוש עלי ארץ"[6] (הפירוש של צבא הוא על שתי פנים: א) מלשון מצב, רוצה לומר שיש לו זמן מוגבל וקצוב פה עלי אדמה; ב) מלשון צבאות והיא לשון שררות וממשלה), רוצה לומר הוא המושל בכל ברואי הארץ כמו שכתוב "כל שתה תחת רגליו"[7] ואם כן היה לו לשמוח בחייו, ואף על פי כן "כימי שכיר ימיו, כעבד ישאף צל",[8] רוצה לומר שמתיגע בפעולתו ורוצה לנוח כאלו היה עבד נשכר לקבל פרס, שעבודתו היא הכנה לתכלית היינו תשלום השכר, "וכשכיר יקוה פעלו",[9] רוצה לומר שבכל יום ורגע

4. מתוך ברכת הלבנה; ראו בבלי סנהדרין מב ע"א.
5. בבלי חגיגה טו ע"א. לפנינו "גמירי דלמעלה לא הוי לא ישיבה ולא תחרות ולא עורף ולא עיפוי".
6. איוב ז, א.
7. תהילים ח, ז.
8. איוב ז, א–ב.
9. שם, ב.

יקוה לרגע ויום הבא. מכאן מופת שהעולם הזה הוא רק הכנה לתכלית והוא האושר הנצחי בעולם הנפשות.

כל ישראל יש להם חלק לעולם הבא

תרל״ו

לפי דעת הפילוסופים עיקר השארת הנפש ואשרה הוא ציור המושכלות שנתעצמו בקרבה אחרי הפשיטה מאתם את המוחש הגשמי, ועל כן לא יזכו לפי דבריהם לאושר הנפש רק החכמים והפילוסופים ושאר העם יכלו ויאבדו חלילה במות גופם, ועיין במלחמות השם להרלב״ג ז״ל מאמר א׳ פי״ג. עוד זאת: כל ציורי המושכלות יתכנו רק אם יִתָּפְסו בדבר מה, כמו למושכל שכל קו נוכל לחלקו לשני חלקים אשר ערך הקטן יהיה על הגדול כערך הגדול אל שניהם יחד, או שערך המעושר מכל עגול לערך המשושה כערך המשושה אל שניהם יחד – למושכל זה אין מקום בלי ציור הקו והעגול, וכך צריכים כל המושכלות להתפס בדבר מה. והנה לפי קבלתנו ואמונתנו שהעולם מחודש הרי לא יתכן לקנין מושכלות כאלה שיהיו נצחיים ודו״ק. על כן לאשרנו הנצחי חנן ה׳ אותנו בתורה הקדושה, אשר על ידה נתפסה ונקבעה ונחקקה אצלנו השגת ה׳ אחד, וכולנו כחכמים כאשר אינם חכמים מאמינים באמונה שלמה באמיתת מציאותו יתעלה, על כן כולנו נזכה לאושר הנצחי הבלתי כלה לדור דורים כמאמרם ז״ל במשנה דריש חלק ״כל ישראל יש להם חלק לעולם הבא״.[10] וזה אמרו חז״ל: ״יש כנפים לארץ שנאמר ׳מכנף הארץ זמירות שמענו׳,[11] יש כנפים לשמש שנאמר ׳שמש צדקה ומרפא בכנפיה׳,[12] וכנפים לחיות כו׳ וכנפים לכרובים כו׳ בא וראה כמה גדול כחן של צדיקים כו׳ שאינם חסים לא בצל כנפי ארץ ולא בצל כנפי שמש כו׳ אלא בצל כנפי מי שאמר והיה העולם שנאמר

10. משנה סנהדרין י, א.
11. ישעיהו כד, טז.
12. מלאכי ג, כ.

׳מה יקר חסדך אלוהים ובני אדם בצל כנפיך יחסיון׳[13]״.[14] רצונם, לכל הדברים הנבראים יש ענפים לחסות בצלם, והוא כשנהפוך את ההשגה החושית להשגה שכלית כנ״ל, ועל ידי זה תשיג הנפש אשר המושכלות יתעצמו בה, אבל לא לעולם חסנם כנ״ל, אבל כמה גדול כחם של צדיקים שחסים בצל כנפי ה׳.

הנשמה והגוף

תרל״ו

ידוע שיש שני מיני עצבים, עצבים חיצוניים שפועלים על כלי הראיה, השמיעה וכו׳, הדבור, ההליכה וכדומה, ועצבים פנימיים שעל ידם נעשית פעולת העיכול, סבוב הדם ועוד. והנה לכאורה העצבים הפנימיים אין לשכל האנושי שום חלק בהם, שהרי פעולתם נעשית בלי רצונו והסכמתו. אבל באמת אין הדבר כן, שהרי אנו רואים כשיש דאגה ועצב לאדם יפסיד תאות האכילה ויתקלקל גם העכול, וכשהאדם מתבייש יאדמו או ילבינו פניו, ועל כן אנו מוכרחים לקיים שגם לפעולות הפנימיות יש לשכל חלק והוא המנהיג גם בזה ואם כי נעלמת גם מאתנו פעולת שכלנו בזה. ולדעתי כבר בארו לנו הדבר חכמי התלמוד ז״ל בקצרה בברכות ״מה הקב״ה זן את כל העולם כן הנשמה זנה את כל הגוף, מה הקב״ה מלא כל העולם כן הנשמה מלאה כל הגוף״,[15] רצונם בין בכחות החיצוניים בין בכחות הפנימיים כנ״ל.

13. תהילים לו, ח.
14. מדרש רות רבה ה, ד.
15. בבלי ברכות י ע״א.

סימן יט

ההכרה

חמשת החושים

[התאריך חסר]

האדם מכיר את העולם וכל אשר בו רק על ידי חמשה חושיו ולו היו לנו חושים אחרים היינו מכירים ותופסים את העולם על אופן אחר ממה שאנו מכירים אותו כעת, וזוהי מליצתם ז"ל ש"העולם הזה נברא בה"א".[1]

השגה חושית והשגה שכלית

[תרל"ו]

רוב הפילוסופים הסכימו אשר כל דבר שאנו רואים ומשיגים אותו בחוש, ההשגה החושית הפרטית היא רק כצל עובר, אין לה קיום רק בשעת הראיה, אבל ההשגה השכלית המינית היא הקיימת. רצוני, כשהשכל מפשיט את תארי וטבעי המוחש מהמוחש בעצמו ועושה מהם ציורים שכליים הם נחקקים ונתעצמים בנפשנו לנצח. ההשגה החושית הפרטית והזמנית נהפכת על ידי כך להשגה שכלית כללית ונצחית. על הרעיון הזה רמזו בתורה הקדושה: "ויבא אל האדם לראות מה יקרא לו וכל אשר יקרא לו האדם נפש חיה הוא שמו. ויקרא האדם

1. בבלי מנחות כט ע"ב.

שמות לכל הבהמה ולעוף השמים ולכל חית השדה".[2] רצונו להורות שיתרון האדם הוא בנפש המשכלת אשר בקרבו, כי כל החיים זולתו אין להם רק השגה חושית פרטית, אבל האדם מהפך את ההשגה החושית הפרטית להשגה שכלית כללית או מינית, ועל כן הוא יודע להבחין ולהבדיל בין הפרטים של החיות והבהמות והעופות ולכללם תחת המין הכללי, כל אחד למינהו.

השכל והדמיון

[התאריך חסר]

האדם הוא בן המלך מלכו של עולם שנתן לו שני מלאכים ללוותו, מלאך טוב ומלאך רע כאמרם בשבת,[3] או יצר הטוב ויצר הרע כאמרם בברכות,[4] או פשוט השכל והדמיון כאשר כינם המורה בי"ב לשני.[5] והנה השכל נתלוה לו לרב ומורה והדמיון להכין כל צרכי גופו. אמנם האדם אינו רוצה לשמוע בקול רבו השכל או היצר הטוב ונוטה פעמים אחרי הסתת עבדו הדמיון, אבל עדיין זה אינו מסוכן כל כך, כי יש תקוה לאחריתו שרבו היצר הטוב יחזירהו למוטב, אבל האיש אשר נחלש שכלו והדמיון גנב את לבוש השכל ויתחפש תחתיו והאדם קבל את היצר הרע לרב ומורה, אזי אין תקוה לאחריתו, כי כל התועבות אשר הוא עושה הכל בהסכם רבו הוא עושה.

2. בראשית ב, יט-כ.
3. בבלי שבת קיט ע"ב.
4. בבלי ברכות סא ע"א.
5. מורה נבוכים ב, יב.

השכל, ההזיה והכפירה

[התאריך חסר]

השופט האמתי שבאדם הורו לנו הפילוסופים הוא השכל הפשוט, כי עליו יש לסמוך כמו על מופתי החשבון וההנדסה וכדומה, אבל מה שיוציא לנו השכל החד בהיקשיו ובהגיוניו כבר יתכן שתפול בו השגיאה והטעות. כן להפך, לעזוב את השכל לגמרי ולהאמין בכל הספורים של ההמון וטף ונשים, הלא על זה נאמר "פתי יאמין לכל דבר",[6] כי אין קץ לדברי רוח.

והנה טבע האדם, אשר כל ימיו ימי צרה והוא שפל ומדוכא, לעזוב את השכל לגמרי ולהאמין בכל דבר פלא ולא יחקור מי הוא המעיד על זה, כי טבע שפלותו גורם לכך, כי מאחר שהוא רואה שבדרך הטבע אין תקוה שיצא משפלותו, על כן נמשך יותר רצונו להעזר בדרך נעלה מהטבע, ורצונו זה מביאו להאמין בכל ספורים בדים. ואם תאמר מה יזיק כשהוא מאמין עוד יותר ממה שצריך ומחויב להאמין, על זה כבר אמרו ז"ל "כל המוסיף גורע"[7] אף במצות התורה, ומה גם באמונה שהיא עיקר ויסוד כל התורה. להיפך האדם כשהוא מצליח ועומד ברום המעלה, דרכו לעזוב את האמונה ולילך אחרי מופתי הפילוסופיה, אשר הוציאו מחידוד שכלם ועשאום ליסודות רמים ונשגבים ובאמת הם מאפע[8] ופעלם מתוהו, עד שכופר ביסודי התורה, והנה בדרך המליצה כאשר נדמה את השכל לעיסה כמו שמצאנו בדברי חז"ל על התורה "הרי פת לאכול"[9] כו', אז חד השכל

6. משלי יד, יד.
7. בבלי סנהדרין כט ע"א.
8. מאפס, חסרי משמעות – ע"פ ישעיהו מא, כד: "הן אתם מאין ופעלכם מאפע".
9. ספרי דברים פרשת עקב, פסקה מ: "ר' שמעון בן יוחאי אומר: ככר ומקל ירדו כרוכים מן השמים. אמר להם הקב"ה לישראל: אם תעשו את התורה הרי ככר לאכול, ואם לא הרי מקל ללקות בו. והיכן פירושו של דבר? הרי הוא אומר 'אם תאבו ושמעתם טוב הארץ תאכלו, ואם תמאנו ומריתם חרב תאכלו, כי ה' דבר' (ישעיה א, יט)".

נדמהו לשאור שבעיסה, וזה נראה כוונתם ז"ל בברכות "גלוי וידוע שרצוננו לעשות רצונך ומי מעכב שאור שבעיסה ושעבוד מלכויות",[10] רוצה לומר חדוד השכל הנמשל לשאור שבעיסה שהוא מביא לכפירה לגמרי ונמשך אחרי ספורים ומעשיות בדים, וזה רק גם כן כמו שכתבנו, כי באין שכל אין תורה, והראיה ששוטה פטור מן המצוות לפי שאינו בן דעת. ועל זה אמר המלך החכם במשלי "שתים שאלתי מאתך וגו' שוא ודבר כזב הרחק ממני רֵאש ועֹשֶר אל תתן לי, הטריפני לחם חקי; פן אשבע וכחשתי ואמרתי מי ה' ופן אורש וגנבתי ותפשתי שם אלקי".[11] רוצה לומר שירחיק מאתו רעיון שוא להמשך אחרי מופתי פילוסופיה והיקשיהם הדקים בעניני אלוקות, כי זה יכול להביא את האדם לכפירה חלילה, והסבה לזה היא השפעת העושר, וכך גם ירחיק מאתו את העניות והשפלות שהן יכולות לגרום שיאמין בכל ספורים בדים או שיעשה את עצמו כאלו הוא מאמין בהם כדי לגנוב על ידי כך את דעת הבריות בתפשו את שם אלקים על פיו כדי לכסות על דברי כזב לתועלת עצמו.

הפילוסופיה והמדעים החיוביים

[התאריך חסר]

הראב"ע ז"ל כתב "ואלה בוני המגדל לא היו טפשים שיחשבו לעלות אל השמיים" כו'.[12] אתבונן בדברי הרב ז"ל ואתפלא, מדוע הרחיק מבני אדם סכלות מעט לבנות מגדל עד לשמים, והמחוכמים שבבני אדם המה פילוסופי דור דור הפליגו בסכלות רבה לבנות מגדל ההשכלה עד ה' יתעלה ועל אֵל אֵלים ידברו ובהיקשי ההגיון תולדות הגוף העכור וחושיו יגבילו את מעשי ה' יתעלה דעתו ורצונו, לאמר דבר זה הוא הכרחי להאמין ביכלתו ודבר זה אפשרי ודבר זה נמנע, ועליהם נאמר

10. ברכות יז ע"א.
11. משלי ל, ז-ט.
12. אבן עזרא, בראשית יא, ג.

הכתוב "היקבע אדם אלוהים?"[13] אמנם תורת הקודש הורה לנו, כי גם מעז יצא מתוק. ידוע שטבע האנושיות על הרוב הוא לחשוק ולרדוף במופלא מאתו ולהתעצל ולהניח מה שבידו ובכחו לעשות ואף כי הוא מוכרח לצרכו. ומה נפלאה צחות מליצתם על זה בגיטין "מאי טעמא כי חזיתיה לההוא קיסמא דהוה קסים אחיכת? אמר ליה דהוה יתיב אבי גזא דמלכא, ליקסום מאי דאיכא תותיה".[14] רצונם, האדמה מתחתיו גנוז בה אוצר יקר אם יעסוק בה בחכמה לנקותה וליפותה לעבדה ולהשקותה, כי אז תהיה כעדן ה׳ ותצמיח לו כל טוב, והוא עוזב אותה ועוסק בהבלי שוא וקוסמי כזב. אנשי דור ההפלגה לא ידעו עוד את הכרח הבנין לצרך האדם שישמש לו מחסה ומסתור מזרם ומטר מחום וקור, וגם לא התבוננו שלא יתכן שיהיו כלם מקובצים על כברת ארץ יחד, כי כברת ארץ קטנה לא תספיק להם כל צרכיהם, אלא התקבצו במקום אחד והתחילו לחשוק ולרדוף במופלא מהם והוא לעשות מגדל אשר ראשו עד לשמים יגיע. והנה אם כי נואלו מאד בחשק כזה, עם כל זה מעז יצא מתוק, כי המחשבה ההבלית הזאת הביאה להם שידעו כלם איך וממה לבנות בנינים אשר זהו ההכרח השני אחרי עבודת האדמה לצורך חיי האדם. כן הוא גם כן בבניני הפילוסופים במופתיהם והיקשיהם, אם כי דרשו במופלא מהם ולעולם לא ישיגו מעשי ה׳ רצונו ודעתו, אבל על ידי יגיעם ועמלם נתחדד השכל ונתרבה החכמה בארץ. והחכמים האחרונים השפילו עין שכלם במה שתחתם, הוא הארץ, אשר אנחנו יושבים עליה וכל עיונם שמו רק בצרכי האדם, תעלתו, טובו והצלחתו, כמו רוב הלמודים והחכמות אשר בזמננו, אשר גדלו למעלה ראש בחכמת הטבע, רפואה, הנדסה, אלגעברא, מכניקה, אופטיק ועוד ועוד, וכלם הם לאשרנו ולהצלחתנו, וחכמינו הקדושים רמזו לנו כל זה מקצרה במאמרם "עתידים כל בעלי אמניות שיעמדו על הקרקע שנאמר ׳וירדו מאניותיהם כל תופשי משוט מלחים כל חובלי הים אל

13. מלאכי ג, ח.

14. בבלי גיטין סח ע"ב.

הארץ יעמדו׳[15]״.[16] רצונם החכמות שעסקו בהן הראשונים, אשר היו דומים להולכים בים הגדול (הוא ים הבריאה מכל העולמות), יעזבו אותן ויעמדו על החכמה המצליחה אותנו כלומר החכמות ההכרחיות לחיי האדם פה עלי האדמה. אמנם בדברים הגבוהים משכל האנושי ימסרו עצמם בידי האמונה הטהורה שקבלנוה מה׳ יתעלה.

15. יחזקאל כז, כט.
16. בבלי יבמות סג ע״א.

סימן כ

המחשבה והמעשה

המדרש והמעשה

תרכ"ח

אמרו במדרש על הכתוב "ושמרתם ועשיתם"[1] "תני ר' חייא זה הלמד על מנת לעשות, הלמד שלא לעשות נוח לו שלא נברא".[2] ההשכלות מתחלקות לשני סוגים: א) חכמת התכונה וכדומה וצריך לזה עיון רב בחכמות עמוקות כמו הנדסיא, חכמת המשולשים שטחיים וכדוריים ועוד גם כלים מכלים שונים כמו כלי ההבטה על פי חכמת האפטיקה. ב) חכמת הרפואה, מכניקה, כימיה. גם לזה צריך ידיעות רבות במושכלות טבעיים גם כלים מכלים שונים. והנה ההפרש שבין שני מיני החכמות אלו הוא, כי בחכמת התכונה עשיית הכלים ויתר הדברים הם רק מבוא אל התכלית והיא ההשגה וההשכלה בגרמי שמים, ואין תכלית זולתה, שהרי התוכן בכל כליו והשכלותיו הרבות לא יזיז ולא יחליף אף כוכב אחד, אבל ברפואה וכדומה הוא ההיפך, כי ההשכלה היא רק מבוא אל התכלית והיא מעשה הרפואה וכדומה. והנה דעת הפילוסופים מחכמי יון שהפעולות הטובות אשר יעשה האדם אינן התכלית בעצם אלא

1. דברים ד, ו; שם ז, ב; המדרש לפנינו מופיע על ויקרא כו, ג: "...ואת מצותי תשמרו ועשיתם אתם".
2. ויקרא רבה לה ז: "תני רבי חיא הלמד לעשות לא הלמד שלא לעשות, הלמד שלא לעשות נוח לו שלא נברא".

מבוא אל התכלית והיא השכלת הנפש בהענינים האלקיים. כי בהיות האדם הולך אחרי שרירות לבו, ימנעהו חמרו מלהשיג המושכלות, אך כאשר ירגיל את עצמו בפעולות טובות, יתבטל החומר, ותשאר נפשו נקיה, כמו בהיותה בלי חומר, להשיג השגות אלקיות. אבל יסוד ושורש תורת הקודש הוא להיפך, כי גם המעשה הוא עצם התכלית, ועל ידי זה הנפש תתעלה בעילוי רב יותר מהיותה בלי גוף. וזה שאמר ר׳ חייא, הלמד שלא על מנת לעשות, והוא כדעת פילוסופי יון שהעיקר הוא הלמוד וההשכלה ומאחר שהשיג התכלית אך למותר לו לעסוק במבואי התכלית, אם כן לפי זה אין שום תועלת במצב האנושי אלא רק לנקות הנפש שתהיה נקיה כמו שהיתה טרם בואה אל הגוף, ועל כן כל הבריאה לשוא, ונוח לו שלא נברא. אבל לפי תורתנו הקדושה הוא להיפך כנ״ל, וזה שאמר ״מי יעלה בהר ה׳״,[3] רוצה לומר שיהיה לו עילוי יותר מאשר טרם היותו, ״נקי כפים ובר לבב״,[4] רוצה לומר במעשה ובמחשבה, וזהו ״אשר לא נשא לשוא נפשי״,[5] רוצה לומר לא לחנם נשא חמרו את הנפש דהא נתעלה על ידי זה.

המצוה והכוונה
תרל״ג

ההשגה החושית הפרטית היא רק כצל עובר ואין לה קיום רק בשעת מעשה, וההשגה השכלית הכללית היא הקיימת. הפילוסופים הוסיפו עוד להעמיק ברעיון זה ואמרו, כי המוחש הפרטי הוא זמני, מפני שכל גשם מתחלף בכל רגע, חלק אחר נחסר וחלק אחר יצמח תחתיו עד כי כל היקום שאנו רואים כעת כבר יתחלף כליל במשך זמן ידוע, והאדם שאנו רואים אותו היום כבר נתחלפו כל חלקיו ממה שהיה בשנה העברה, ועם כל זה אין אנו רואים ומרגישים בו שום שנוי מפני

3. תהילים כד, ג.
4. שם, ד.
5. שם.

שהרוחני אשר בקרבו, היינו תארו ותמונתו, שומר את תבניתו כל משך היותו בחיים, ואם כן רק הרוחני הוא הנצחי, רצוני כל משך חיותו, אבל לא המוחש הגשמי המתחלף מדי יום ורגע.

והנה על דעת הפילוסופים האמורה לעיל בנוי לדעתי הדין "אומן קונה בשבח כלי",[6] דהנה היכא שהאומן עושה הכלי מעצם שלו וכדומה פשוטה הסברא שקונה בשבחה, אמנם היכא שעצם הדבר הוא של בעל הבית דאמרי עלה שם דמאחר "דצמר וסמנין דבעל הבית צבע אגר ידיה הוא דשקיל"[7] ואינו קונה בשבח הכלי, ואף על פי כן כתב הגט פשוט ז"ל בסימן קכ דהיינו דווקא בנותן צמר ליורה שלא חדש כלום, אבל היכי שהאומן חדש דבר גדול אף היכא שאין עצם הדבר שלו עם כל זה קונה בשבח הכלי, וכן מוכח שם מדברי רש"י ז"ל. ונראה לעניות דעתי שסברת הדבר ההוא על פי הדעה הפילוסופית הנ"ל שהמוחש הגשמי אינו עומד בעינו אף רגע אחד, רק התמונה הרוחנית שלו שומרת את תפקידה, ועל כן נשאר למראה עינינו הדבר בעצמו בלי שום שנוי, אם כן עצם המוחש כבר נחלש על אחר – במשך איזה זמן – ורק התמונה נשארה בעינה, והתמונה חִדש האומן על כן הוא קונה בשבח הכלי ודו"ק. אמנם עוד הגדילו חז"ל לעשות מזה יסוד גם בענין מוסרי, על הכתוב "מי הקדימני ואשלם תחת כל השמים לי הוא, לא[8] אחריש בדיו ודבר גבורות וחין ערכו"[9] הם דרשו "מי מל לפני עד שלא נתתי לו בן, מי עשה מעקה ומזוזה עד שלא נתתי לו בית" כו',[10] הם ערכו לפנינו לדמות עשיית המצוה לתקון כלי והאדם העושה המצוה הוא האומן, על כן העירו למוסר אזננו, אשר אם נעשה אותה רק במצות אנשים מלומדה פעולתה מאפע,[11] מאחר שהמצוה היא בלי תאר בלי תמונה,

6. בבלי בבא קמא צח ע"ב.
7. שם צט ע"א.
8. הציטוט כאן על פי הכתיב של הפסוק, והקרי כאן הוא "לו".
9. איוב מא, ג-ד.
10. ראו ויקרא רבה כז, ב.
11. מאפס, חסרי משמעות – ע"פ ישעיהו מא, כד: "הן אתם מאין ופעלכם מאפע".

ועצם הדבר שבו אנו מקיימים המצוה אינו קנין שלנו אלא של השם יתברך, אם כן איזה זכות וקנין יש לנו בשבח הכלי? אבל אם בעשיית המצוה מתבונן האדם ברמזיה ומתלהב באהבת ה׳ וקרבתו, והוא מנפח רוח חיים במעשה המצוה הוא קונה בשבח הכלי, וזה סמכו על הכתוב ״מי הקדימנו ואשלם תחת כל השמים לי הוא״.[12] כשנפשוט תיאור ההלכה נבין כמה יקרים הדברים הנ״ל, כי אם יעשה האדם המצוה בלי התבוננות ורגש נפשי, מה יפעל בעשיית המצוה, אבל כשעושה המצוה בכוונה ובהתבוננות כל אחד לפי שכלו וחכמתו בהשגת טעמי המצוות וכוונתן, אז יהפך המוחש הגשמי להפשיט גשמיותו ויתעצם בשכלו הציור הרוחני הכללי, והוא הציור השכלי כנ״ל, אז יתוסף בנפשו אושר ושלמות וקנין נצחי.

ההרגל והטבע
תרל״ב

ידועה המחלוקת בין חוקרי הטבע והפילוסופים הראשונים בדבר הרגל אם היא נעשה לטבע ראשון או שהוא רק כטבע שני, וכבר ידוע גם כן מה שמסופר על הרמב״ם ז״ל בהתוכחו בענין זה עם מתנגדיו לפני המלך. והנה אם נאמר שהרגל הוא כטבע ראשון, אם כן יועיל ההרגל לשנות אף הגופים שאינם חיים ומשכילים מטבע שהוטבע בהם להטבע אשר נרגילם. אבל אם הוא רק כטבע שני אז אין ביכולתו לשנות את טבע הגוף שהוטבע בו בתחילת ברייתו. והנה לפי חכמי התכונה החדשה, ידוע, כי השמש עומדת באמצע (אם לא בצמצום באמצע) וסביב לה יהלכון הארץ וכל כוכבי השמים מהלך עֶלִיפְּזִי [אליפטי]. סיבת הילוכם סביב השמש היא יען כי השמש בכחה הגדול על פי גודל וכובד חומרה מושכת אליה כל הגופים הקטנים ממנה. אמנם הארץ והירח וכל כוכבי השמש עת בראם ה׳ מאין זרז את כל אחד שילך לצד נגד השמש, וזה ידוע, כי בכל דבר נברא הטבע שהוטבע בו מראשיתו

12. איוב מא, ג.

קיים לעד. על כן כל הכוכבים המהלכים, מאחר שבראשית הוסדם הוטבע בהם לילך דרך קו ישר עד אין קץ, לא יפסק לנצח מטבע זה. אבל יען כי השמש בכחה הגדול מושכת אליה כל הכוכבים על כן הם הולכים הקו האמצעי בין שני הכחות המנגדים הנ"ל. והנה כשמתחילים לילך על קו אמצעי זה כבר צריכים ללכת בקו זה דרך ישרה עד אין קץ. אבל השמש מושכת אליה ועל כן הדרך עושה מחדש קו אמצעי. לפיכך הדרך הולכת ומתעקמת כעין עגול עד שהיא סובבת השמש וחוזרת חלילה. זה גלוי ומבואר בספרי התכונה ונקרא בשם ג' חוקי התנועה של קעפלער.[13] עוד זאת: הגם שהשמש עומדת על מקומה, היינו רק ביחוס לכוכבים המסובבים אותם. אבל עם כל זה השמש בעצמה וגם כל הכוכבים הקיימים מסובבים סבוב גדול למאד סביב גופים עליונים הגדולים מכולם מאין חקר, והם בכחם מושכים את השמש וכל המין הכוכבים הקיימים עד שהם מסובבים סביבם גם כן מהלך עליפזי על פי ג' חוקי התנועה הנ"ל. על כל פנים נוכל להוכיח מזה שההרגל לא ישנה הטבע הראשון. כי אם נאמר שההרגל משנה הטבע הראשון, אם כן מאחר שהשמש והירח כבר הורגלו בסבובם העגול העליפזי, כבר היה נעשה זה אצלם לטבע קיים, ועל כן כשהשמש מושכת אליה את הירח או הגוף הגדול למאד מושך בכחו את השמש אליו, היה להם שוב לאחוז את הקו האמצעי בין שני הכחות המנגדים והיה להם לסבב עגול אחר בקרוב יותר אל הגוף המושך, ואחר כך, כשיעשה זה לטבע, יתקרבו אליו עוד יותר להגוף המושך, עד שבסוף יפגשו ויתחברו עם הגוף המושך, ויהיו לאפס ואין. אם כן מוכח מזה שההרגל לא ישנה את הטבע. אמנם בנוגע לאדם יש להרגל ולמעשים השפעה עליו כמו שכתוב "מצוה גוררת מצוה",[14] אבל בכל זאת גם פה ההרגל הוא רק

13. יוהנס קפלר (Kepler, 1571-1630), אסטרונום חשוב. ידוע בעיקר בזכות שלושת החוקים שניסח המתארים את תנועת כוכבי הלכת סביב השמש.

14. משנה אבות ד, ב.

כטבע שני, והנפש צריכה תמיד להתאמץ כדי לשלוט על הטבע, ועל זה אמרו חז״ל ״אל תאמין בעצמך עד יום מותך״.[15]

החינוך

[התאריך חסר]

עיקר אושר האדם נמשך מדרך החנוך מילדותו, כי גם כשנולד האדם במזג טוב וגם בשכל חד ונעלה, כשיתחנך אצל אנשים פורעי מוסר ריקים ופוחזים, אזי גם שכלו יטמטם גם לבבו יתאכזר ויגדל באין חכמה באין צדק. וכן להיפך, אף כשיולד רע המזג ושכלו גס ועכור, כשיתחנך על ברכי חכמים וצדיקים וישקוד על ספרי תורה וחכמה, שכלו יעלה מעלה ולבבו ייטיב לדרוש צדק ומשפט, וזה אמרו ז״ל במדרש קהלת[16] ״שלשה שמות נקרא לאדם הזה, אחד שקראו לו אביו ואמו״ – רצונו מזג לבבו אשר מורשה היא לו מאבותיו; ״אחד שקראו לו אחרים״ – רצונו החנוך שנתחנך בו; ״ואחד שקרוי לו בספר תולדות בריתו״ – רצונו השכל שחנן אותו ה׳ בעת לידתו, כי השכל רק מתת ה׳ הוא. ועל דרך זה יתפרש מאמרם ז״ל בברכות[17] ״אלמלא ג׳ מקראות הללו נתמוטטו רגליהם של שונאי ישראל, חדא דכתיב ׳ואשר הרעותי׳״[18] – רצונו הכח השכלי, שזה מה׳ לבדו; ״וחדא דכתיב ׳כחומר ביד היוצר כן אתה בידי׳״[19] – רצונו החנוך שיכול על ידי מלאכתו לתקן את החמר הגרוע לכלי יפה; וכן להפך – ״וחדא דכתיב ׳והסירותי את לב האבן מבשרכם ונתתי לכם לב בשר׳״[20] – רצונו מזג הלב אשר קבל מהוריו.

15. בבלי ברכות כט ע״א.
16. קהלת רבה ז, ג.
17. בבלי ברכות לב ע״א.
18. מיכה ד, ו.
19. ירמיהו יח, ו, ושם: ״כן אתם בידי״.
20. יחזקאל לו, כו.

ענין הקרבנות[21]
תרל"ט

ידועים דברי הרמב"ם בספרו המורה בטעם הקורבנות שעיקרן הוא למשוך את ישראל ולהסיר את לבבם מעבודה זרה,[22] ואם כי דבריו ז"ל לכאורה זרים לומר שאין שום צורך עצמי בקרבנות רק להזיר את ישראל מלהקריב לעכו"ם, אבל גם הנביא השפיל מעלת הקרבנות באמרו "כה אמר ה' צבאות אלקי ישראל עולותיכם ספו על זבחיכם ואכלו בשר; כי לא דברתי את אבותיכם ולא ציותים ביום הוציאי אותם מארץ מצרים על דברי עולה וזבח".[23] אמנם גם דברי הנביא צריכים ביאור, דהלא כל ספר ויקרא מלא מציוויי הקרבנות לכל פרטיהן ודקדוקיהן. והרמב"ן ז"ל בפרשת בראשית אצל קרבן הבל התמרמר מאוד על דעת המורה בטעם הקרבנות, וז"ל: "הבינו האנשים האלה סוד גדול מהקרבנות והמנחות וכן נח... וזה יחסום פי המבהילים בטעם הקורבנות",[24] והנה אם מקרבן נח אין ראיה, כי בדור המבול כבר עבדו עבודה זרה ואפשר שגם נח הקריב את קרבנותיו כדי להזיר את בניו מעבודה זרה שכל אנשי דורו היו דבוקים בה, אבל קרבן הבל משמש הוכחה שיש טעם אחר בקרבנות. ולפי עניות דעתי כבר קדם להרמב"ן התנא רבינו הקדוש בראיה זאת, דזה לשון המדרש על הכתוב "וערבה לה' מנחת יהודה וירושלים כימי עולם וכשנים קדמוניות":[25] "רבי אומר 'כימי עולם' – זה נח, 'וכשנים קדמוניות' – זה הבל שלא היתה עבודה זרה בימיו".[26] אמנם עם כל זה אין לדחות דברי רבנו הרמב"ם ז"ל כלאחר יד, דהא דבריו מפורשים ברבה פרשת אחרי בשם ר' פנחס: "אמר הקדוש ברוך הוא יהיו מקריבים לפני בכל עת קרבנותיהן באהל

21. על נושא זה ראו דברים דומים להלן סימן כד.
22. ראו מורה נבוכים ג, לב.
23. ירמיהו ז, כא.
24. רמב"ן על בראשית ד, ג.
25. מלאכי ג, ד.
26. ויקרא רבה ז, ד.

מועד והן נפרשים מעבודה זרה והם נצולים".[27] כמו שכבר נסתייעו בזה מפרשי המורה.

ונראה לעניות דעתי כי טבע האדם, ובפרט אם הוא אדם טוב וישר, כשאחד יעשה עמו טובות גדולות וחסדים נאמנים לא יסתפק בזה שהוא מחזיק טובה להמטיב בלבו בלבד, אלא ישתוקק להוציא רגשותיו החוצה ולחוות לו תודתו בפיו. אבל ההודאה בפה בלבד גם כן לא תספיק לו ולא ידע שקט בנפשו עד אשר ימצא איזה מעשה בפועל אשר יוכל להראות את הכרת טובתו לאיש חסדו, ואף על פי שאיש חסדו הוא רם ונשא בערכו ואינו חסר שום דבר, אשר יכול בזה להועיל לו ולשרתו, עם כל זה הוא יתאמץ להראות לו את החזקת טובתו על ידי איזה מעשה בפועל. כן האדם השלם, כאשר יתבונן בגודל חסדי ה' לאין קץ וערך, לא יעצרו המון רגשותיו בקרב לבבו ומרוב התפעלותו מוכרח הנהו להוציאם החוצה ולהביעם בפיו, אבל גם זה לא יספיק לתשוקתו העזה להראות את הכרתו בטובות הבורא יתעלה עד אשר יכירם על ידי מעשה בפועל והוא הקרבן. וזה היה ענין קרבן הבל ונח. אבל כל זה הוא כשהאדם מתעורר מעצמו להקריב קרבן לפני ה', אבל לא שייך לצוות שיקריבו לפניו יתברך קרבנות בשביל הכרת טובה, דהאם לקרבנותינו הוא צריך. על כן כתב המורה ז"ל וכדברי ר' פנחס הנ"ל שמה שנצטוו ישראל על הקרבנות היה רק להזירם מלהקריב לאלילים. ועל כן טרם שחטאו בעגל לא נצטוו על הקרבנות, ומה שהקריבו היה רק מעצמם מגודל הכרת טובתם מאתו יתברך. וזה שאמר הנביא, כי לא דברתי את אבותיכם ולא צויתים ביום הוציאי אותם מארץ מצרים על דברי עולה וזבח, רוצה לומר קודם שחטאו בעגל, ורק אחר שנפלו בחטא העגל והראו שעדיין הם להוטים אחרי עבודה זרה, אז נצטוו על הקרבנות להזירם מהקרבה לעבודה זרה. וזוהי כוונת המדרש על הכתוב זאת תורת העולה "שנאה שנתנו

27. ויקרא רבה כב, ח.

ישראל ביניהם לבין אביהם שבשמים היא עוררה להן דיני דינים",[28] רוצה לומר כל הדינים של הקרבנות.[29]

תפילה

תרל"ט

העקרים[30] חקר מה תועיל התפילה מאחר שאין שנוי רצון אצלו יתעלה ותירץ שרצונו לא ישתנה, אבל השנוי הוא מצדנו. וכמו שהאדם אם יעצום את עיניו לא יחזה אור השמש ובחשך ילך אף על פי שהשמש לא הפסיקה מלהאיר, רק הוא עוצם את עיניו, כן היא השפעת טובו יתעלה. אמנם לפי זה לא תועיל לאדם רק תפלת עצמו מפני שהוא משתנה אז להתקרב אל ה' ולפתוח את עיני שכלו, אבל תפלת אחרים לא תועיל מאומה. על כן כתבו בעלי הקבלה תרוץ אחר, שבאמת אצלו יתעלה אין שנוי אמנם במדותיו כבר יש שנוי, גבורה, רחמים וכו', ולפי מעשי האדם יכול לשנות ממדת הדין למדת הרחמים כן על פי תפלתו. ואולי לזה רמזו חז"ל בסוכה "למה תפילתן של צדיקים דומה לעתר מה עתר מהפך את התבואה כך תפילתן של צדיקים"[31] כנ"ל. אמנם אצל הרבה מגדולי הראשונים לא נתקבל דבר זה לומר, כי אנוש רמה ותולעה יהיה ביכלתו לשנות הכחות האלקיים מדותיו יתברך, ולליישב מה שמצינו בתורה שהועילה לישראל תפילת משה, יש מהם שכתבו, כי אין שנוי ברצונו יתברך כי כבר קדמה אצלו ידיעת כל העתידות, ואם תאמר אם כן גם בלי תפילת משה היו ישראל נצולים, זה אינו, כי

28. ויקרא רבה ז, א.
29. בחוברת המקורית של ד"ר מוהילבר הופיע כאן קטע תחת הכותרת "מיתת בני אהרן". קטע זה נלקח מתוך ההספד על הרב חיים מצאנז ומופיע בהקשרו המקורי להלן סימן כד (ראו להלן עמ' 425 הערה 50).
30. ר' יוסף אלבו, **ספר העיקרים**, מאמר ד פרק יח.
31. בבלי סוכה יד ע"א: "א"ר אלעזר למה נמשלה תפלתן של צדיקים כעתר לומר לך מה עתר זה מהפך את התבואה בגורן ממקום למקום אף תפלתן של צדיקים מהפכת דעתו של הקב"ה ממדת אכזריות למדת רחמנות"; וראה גם יבמות סד ע"א.

גם זה קדם בידיעתו שמשה יצילם בתפילתו, ואם תאמר אם כן הכל בהכרח גזירה, קושיא זאת אינה נוגעת לעניננו כי אם לידיעה ובחירה ואין כאן מקומה. ואפשר לפי זה לבאר הכתובים ירמיה יד:[32] "המאס מאסת את יהודה" גו', רוצה לומר הלא אין אצלך שנוי, אבל עונותינו מנעו אותנו לחזות באור ה' כנ"ל, וזה שכתב "ידענו ה' רשענו" וגו', וזה אמר אחר כך ביתר באור: לא יתכן לומר כי אתה תשתנה מרצון לכעס בשביל שלא נתנו כבוד לשמך, "אל תנאץ למען שמך", כי לא יתכן לומר שהשנוי הוא במדותיך, כי לא תשפילן כל כך שימסרו בידי בני אדם. וזה שכתב "אל תנבל כסא כבודך", והוסיף עוד לסתור דעה זאת לאמר "ואם השמים יתנו רביבים", רצונו כי אין עוד מלבדך, והבן. ואמר לבסוף כמתרץ הקושיא החמורה הנ"ל "הלא אתה הוא ה' גו' כי אתה עשית כל אלה", רצונו מטרם מראש כבר הוכן וסודר הכל כנ"ל.

התפילה והלשון

[התאריך חסר]

"כל השואל צרכיו בלשון ארמי אין מלאכי השרת נזקקין לו, שאין מלאכי השרת מכירין בלשון ארמי",[33] ומסקינן דאצל חולה יכולין להתפלל אפילו בלשון ארמי "ושאני חולה דשכינה עמו". והתוספות הקשו וז"ל: "ותימא דאפילו מחשבה שבלב כל אדם הם יודעים ולשון ארמי אין יודעים".[34] והרא"ש תירץ ד"באמת יודעים הם לשון ארמי רק שמגונה בעיניהם להזקק בלשון זו".[35] והמעיו"ט[36] ז"ל הקשה דהלא

32. ירמיהו יד, יט-כב: "הֲמָאֹס מאסת את יהודה אם בציון געלה נפשך מדוע הכיתנו ואין לנו מרפא קוה לשלום ואין טוב ולעת מרפא והנה בעתה; ידענו ה' רשענו עון אבותינו כי חטאנו לך; אל תנאץ למען שמך אל תנבל כסא כבודך זכר אל תפר בריתך אתנו; היש בהבלי הגוים מגשמים ואם השמים יתנו רבבים הלא אתה הוא ה' אלהינו ונקוה לך כי אתה עשית את כל אלה".
33. בבלי שבת יב ע"ב.
34. שם, ד"ה "אין מלאכי השרת".
35. פסקי הרא"ש, ברכות פרק ב סימן ב.
36. מעדני יום טוב על הרא"ש שם, ד"ה "אלא לשון זה".

הלשון ארמי היא קרובה ללשון הקודש, ומדוע תהיה מגונה בעיניהם משאר לשונות (דהא בשאר לשונות כתב שם הרא"ש שנזקקים להן), ותירץ דמפני זה שהיא לשון קרובה ללשון הקודש רק שנשתבשה על כן היא מגונה בעיניהם מחמת שבושה. ומכאן מוסר השכל להמתחסדים שלשון זארגאן[37] כקדש נחשבת בעיניהם, ומה לשון ארמי שהיא קרובה ללשון הקודש עם כל זה מחמת שהיא משובשת היא מגונה ואין מלאכי השרת נזקקין לה, אף כי לשון זארגאן שהיא משובשת מלשון אשכנז.[38]

אמנם צריך להבין כוונת הגמרא הנ"ל שאין מלאכי השרת נזקקין בלשון ארמי, ומה שייך פה מלאכי השרת? ומה שכתב רש"י ז"ל בסוטה[39] דיחיד צריך שיסייעוהו המלאכים הוא תמוה לפי פשוטו, והנראה שהמלאכים הנזכרים כאן הוא על דרך שאמרו "שני מלאכי שרת מלוין לו לאדם בערב שבת מבית הכנסת לביתו" כו',[40] כמו שכתב המורה[41] שהכוחות הנפשיים יכנו בשם מלאכים. והנה כשמתפללין בצבור אמנם אין יכולים כל כך לכוון ברוממות ה' יתברך ולהדבק אליו יתעלה בתפילה, אבל הצבור ובית התפילה משפיעים. אולם כשהאדם מתפלל בביתו ביחידות אזי מחויב להתאמץ שתהיה תפילתו זכה ונקיה בדבקות הלב וכלות הנפש, ולזה צריך לרומם הכוחות הנפשיים היותר נעלים שלו והם אשר יכנו בשם מלאכים. והנה ידוע כי האיש אשר ידבר צחות במליצה נעלה ונשגבה אזי יתרוממו כוחות נפשו להלהב ולצאת ממאסר הגבול אשר הוגבל להם בגשם העכור לרחף במרומי מרחב פלאי יה, וזאת היא תכלית כוונת התפילה, אבל זה יתכן רק כשמדברים בלשון צחה ונשגבה נקיה וזכה, אבל המתפלל בלשון ארמית לא יתפעלו הכוחות נפשיים מזה, וזה שכתב "שאין מלאכי השרת מכירין בלשון ארמי" ותהיה תפילתו מאותן שנאמר

37. יידיש.

38. גרמנית.

39. בבלי סוטה לג ע"א, ד"ה "יחיד".

40. בבלי שבת קיט ע"ב.

41. הרמיזה היא לדברי הרמב"ם במורה נבוכים על הנבואה. ראו מורה נבוכים ח"ב פ"ו: "כי כל הכוחות כולם מלאכים", ועיינו גם ח"ג פמ"ב.

אליהן "בפיו ובשפתיו כבדוני",[42] אמנם אצל חולה שבלאו הכי נרגש ונשבר הלב, וקרוב ה' לנשברי לב, על כן אפילו בלשון ארמית תפלה מתקבלת.

42. ישעיהו כט, יג.

סימן כא

הייעודים שבתורה

[חסר תאריך]

אמרו בתורת כהנים "אם בחוקותי תלכו מלמד שהקב"ה מתאוה שיהיו ישראלים עמלים בתורה" כו'[1] ע"ש. ובעבודה זרה דרשו גם כן באופן זה רק בסגנון אחר קצת "אם בחוקותי תלכו, אין אם אלא לשון בקשה" כו'.[2] במגילה אמרו על המתניתין דאין מפסיקין בקללות "הני מילי בקללות שבתורת כהנים [בספר ויקרא], אבל בקללות שבמשנה תורה [בספר דברים] פוסק, מאי טעמא הללו בלשון רבים אמורות ומשה מפי הגבורה אמרן, והללו בלשון יחיד אמורות ומשה מפי עצמו אמרן".[3]

הייעודים ליחיד

והנה כאשר נתבונן בייעודי הברכות והקללות נמצא שייעודי משנה תורה שנאמרו ליחיד לפעמים קרובות לא נתקיימו כלל, ואנו רואים צדיק ורע לו רשע וטוב לו.

אמת שעל שאלה זו כבר באה תשובה בדברי הנביא "עָקֹב הלב מכל ואָנֻשׁ הוא מי ידענו, אני ה' חֹקֵר לב בֹּחֵן כליות ולתת לאיש

1. ספרא בחוקותי, פרשה א.
2. בבלי עבודה זרה ה ע"א.
3. בבלי מגילה לא ע"ב.

כדרכיו כפרי מעלליו".[4] רצונו, איך יכול האדם להקשות קושיות על הנהגת ה' לאמר מפני מה צדיק ורע לו רשע וטוב לו, והלא שניהם גם יחד נעלמו מאתו. הן האדם לא יראה בחדרי לב רעהו, ומי שנראה לעיני אחרים לצדיק, יתכן, כי רק מסוה הצדק שם על פניו ושבע תועבות בלבו, ומי שנראה לרשע, יתכן, כי לבו טוב והוא מסתיר צדקתו. עוד זאת: גם הטוב והרע לא נוכל לדעת, כי יתכן להיות, שאנו רואים איש מצליח תמיד ולו עושר ונכסים כבוד ותפארת, עם כל זה מכאובי לבבו, אשר יש לו מסבות נעלמות, יציקונו עד מות עד כי ישלח יד בנפשו, וכן להפך, איש עני ואביון השמח בחלקו והוא טוב לב תמיד. וזה אמר הנביא "אֱנֻשׁ הוא מי ידענו", רצונו, אם כי אנחנו מקנאים בהצלחתו, עם כל זה יתכן כי אנוש לבבו ממכאובים ודאגות שונים. על כן רק "אני ה' חקר לב ובחן כליות ולתת לאיש כדרכיו כפרי מעלליו", רצונו אני יודע תעלומות לבבו ואני יודע איך לשלם לו בטוב או ברע.

ואם כי בתירוץ הזה מיושבות כמה תמיהות, עם כל זה עדיין אינו ישוב כללי, כאשר אמר הנביא בעצמו "צדיק אתה ה' כי אריב אליך אך משפטים אדבר אותך מדוע דרך רשעים צָלֵחָה שָׁלוּ כל בֹּגדי בָגֶד".[5] רצונו, הן אמנם שהקושיא מפני מה יש צדיק ורע לו בפני עצמה אינה קושיא, כי מי גבר יאמר זכיתי את לבי טהרתי את מעשי, אבל בצרוף הדבר, שאנו רואים רשע וטוב לו, אם כן מדוע יגרע הצדיק ממנו, אף שבודאי נמצאים גם בו חטאים, על כל פנים הוא טוב מהרשע. וזה אמר "צדיק אתה ה' כי אריב אליך", רצונו, כשאשאל הלא צדיק אנכי ומדוע מצאוני צרות רבות ורעות בזה אתך הצדק, כי אדם אין צדיק בארץ וגו', "אך משפטים אדבר אותך מדוע דרך רשעים צלחה", רצונו, הלא הם בודאי גרועים ממני ומדוע זה תצלח דרכם ודרכי נסתרה.

רעיון זה אנו מוצאים גם כן באיוב: "הטוב לך כי תעשק כי

4. ירמיהו יז, ט-י.

5. ירמיהו יב, א.

תמאס יגיע כפיך ועל עצת רשעים הופעת. העיני בשר לך אם כראות אנוש תראה. הכימי אנוש ימיך אם שנותיך כימי גבר. כי תבקש לַעֲוֹני ולחטאתי תדרוש. על דעתך כי לא ארשע ואין מידך מציל. ידיך עצבוני ועשוני יחד סביב ותבלעני".[6]

רצונו, שמתפלא על דרכיו יתברך משתי פנים: א) הטוב לך כי תעשק כי תמאס יגיע כפיך? ב) לו אשקיט המית רוחי לומר כי הצדק אתך נגדי להוכיחני על עונותי, אשוב להתפלא, מדוע זה על עצת רשעים הופעת? והוא כטענת הנביא ירמיה כנ"ל. ואחר כך הוא הולך ומרחיב טענתו, כי הן האדם יתכן שימאס וירוצץ את מפעלו משתי סיבות: א) כי רק עיני בשר לו. מקודם דמה בנפשו, כי המפעל יהיה טוב ושלם, אבל שגה ברואה, כי יצא רע ומקולקל על כן שב גם הוא וימאסהו. ב) בעת בחרותו וכחו כח עלומים היה ביכלתו להשגיח על מפעלו ולתקנו, אבל בזקנותו כשכחו עזבוהו והוא חלש אין אונים, אין ביכלתו עוד להתבונן בהטבת מפעלו ועל כן ימאסו וישליכהו. אבל אתה ה', הן שתי הסבות לא יתכן אצלך: העיני בשר לך אם כראות אנוש תראה לשגות במעשה ידיך? או הכימי אנוש ימיך אם שנותיך כימי גבר, אשר תשיגהו החולשה באחרית ימיו? אחר כך הולך ומבאר התמיהה השניה: כי תבקש רק לעוני ולחטאתי תדרוש ומהרשעים תעלים עיניך, האם הסבה לזה שעל דעתך כי לא ארשע, על כן אם לא תענישני כעת, אזי לא תשיגני עוד נקמתך כי אשוב בתשובה, ולפיכך אתה ממהר לעשות בי נקמתך. לא כן הרשעים, אשר לא ישובו מדרכם, להם אתה מאריך אפך למען תרדפם באף כשישובו לחטא כמאמרם ז"ל בסוטה[7] על הכתוב "בסאסאה בשלחה תריבנה",[8] ואם כן איפוא "אין מידך מציל", רצונו, שאין שום הצלה מנקמתך חלילה. אבל גם זה לא יתכן על הבורא יתברך, אשר הוא טוב לברואיו, שיאבה לנקום במעשה ידיו ולהקדים הפורעניות לתשובתם למען לא

6. איוב י, ג-ח.
7. בבלי סוטה ט ע"א.
8. ישעיהו כז, ח.

ינקו, אם לא שנאמר, כי "ידיך עצבוני ויעשוני יחד סביב תבלעני", רצונו, שמטרם מראש בראת אותי למשחק לך אשר תבלעני אחר כך, וזה גם כן בלתי יתכן לומר כן, ואם כן נשאר בתמיהתי. אבל היבא אנוש לחקר אלוקי כאשר ענוהו רעיו.

הייעודים לכלל האומה. החלוקה בין הטוב הכללי לטוב הפרטי

אולם היעודים שבתורה שבכתב שהם בלשון רבים לכלל האומר ראינו שהם נתקיימו כמעט כולם, אבל גם בזה תפול קושיא גדולה כי על הרוב באותן המדינות ששם אחינו שומרים תורת ה' ועושים מצותיו המה מוכים ולוקים שפלים וגעולים, ובמדינות ששם אחינו כמעט השליכו תורת ה' אחרי גֵוָם ומאנו ללכת בדרכי אבותיהם וישן מפני חדש הוציאו המה בגרם המעלה והצלחתם עלתה כפורחת, ומדוע זה יהיה ככה?

על כן נראה לי לבאר פה דבר אחד עיקרי, אשר כמעט רוב בני עמנו העלימו עין מזה, והוא כי מעשה הטוב הכללי ומעשה הטוב הפרטי לא ישתוו זה לזה, וחטאי הפרט יבדלו מחטאי הכלל באיכותם ומהותם. למשל, האיש אשר יזיר עצמו מכל תענוגי העולם ודבר אין לו עם יושבי חלד, לא יאבה לדעת מעניני העולם ולא ידע אף צורתא דמטבע, מתבודד בחדרו בטהרה ופרישות ועושה טוב כל היום בתורה ובמצוות שבינו לבין קונו – הלא בגדר הפרט, היינו הוא בפני עצמו, צדיק גמור הנהו, אבל בגדר הכלל איזה תועלת וטובה ממשית תצמח מאיש כזה לאחיו ולעמו? זעקת דל לא ידע, לעשות טוב לעמו אין ביכלתו, וכל הדברים שבינו לחברו דבר אין לו עמהם. אם כן איפוא לענין טובת הכלל צדקתו שבינו למקום אינה מעלה ואינה מורידה, ולו היו כל האנשים כמוהו הלא אז לא היתה שום אגודה כללית בישראל. ונהפוך הוא, האיש שעזב את תורת ה' ומצותיו בינו למקום לא ישמור, אבל לו לב טוב לרחם על דלים ואומללים, לעזור לאחיו, להציל לקוחים למות והוא יפעול טובות וגדולות לעמו ויגן על כבודו,

הן זה האיש בפני עצמו, רצוני לענין התורה והמצוות שבינו לקונו, הלא הוא כרשע גמור, אבל לענין הכלל יכול להחשב לצדיק, ולו ילכו הרבה בדרכיו לטובת האדם והעם אזי הארץ ההיא תהיה ארץ ברוכה והעם היושב בקרבה מאושר ומוצלח.

על כן נראה לומר, שיעודי התורה בעונש הכלל על עברם את התורה והמצוות, העונש הוא רק על עבירות הנוגעות לכלל והן שנאת חנם, מחלוקת, התרחקות מעניני האומה, טפשות הלב להיות נבדל מחברה אנושית וכדומה. ובפירוש אמרו רבותינו ז"ל על הכתוב "חבור עצבים אפרים הנח לו",[9] אפילו אם הם עובדי עבודה זרה מאחר שהם בהתחברות השם יתברך מוחל להם.[10] זהו דוקא לענין קיום הכלל והצלחתו, אבל עם כל זה הקדוש ברוך הוא נפרע מכל אחד ואחד בפרט לשלם לו כפי מעשיו בזה או בבא. ואם כי נמצא עונש בקללות שבתורה שבכתב על עבירות איזה מצוות שנראות כמצות פרטיות אבל המתבונן בהן יראה, שהעבירות שנזכרו בפרשה זאת כולן הן על מצוות כלליות, רצוני, שאושר הכלל ותקון האומה והארץ בכלל תלוים בהן.

אם כן איפוא סרה הקושיא אשר עמדנו עליה, דהן אמת, שבמדינות שהזכרנו אחינו מלאים תורה ומצוות, אבל זה רק בדבר הנוגע לאיש איש בפני עצמו. אבל במה שנוגע לטובת הכלל הם עומדים מרחוק ואין מהם חולה על זה ויעברו על זאת בזדון או בשגגה. הקנאה והשנאה גדולות למאד, הם מפורדים לכתות שונות מחמת חלוקת דעתם באופן עשיית איזה פרטי מצות, וכת אחת תרדוף וגם תלשין על רעותה. חכמתם נסרחה, לדבר בשפת המדינה לא ידעו עד כי אין ביכלתם גם להצדיק את עצמם נגד עלילות ושקרים, אשר יפיחו עליהם צורריהם. אין להם שום סדר והנהגה כללית, לא ידאגו לפרנסת בניהם עת כי יבאו לימים וכל אחד סומך על הנס. כללו של דבר, כל הדרכים הטובים לטובת הכלל הנמצאים בתורה הקדושה

9. הושע ד, יז.

10. ראו בראשית רבה לח, ו.

להתבונן עליהם, השליכו אחרי גֵוָם וילכו להם בדרכי חשך ועקלתון, ואם כן הלא בצדק נתקיימו עליהם כל היעודים מעונש אשר באו בתורה שבכתב. ולהפך בני עמנו אשר במדינות הנאורות, עם כי עברו תורה חלפו חק ויקבלו על זה העונש כל אחד ואחד על מעשיו אשר לא טובים, אבל עם כל זה במצות הנוגעות לכלל החזיקו בהן למאד. הם מקדשים שם ישראל על ידי חכמתם והנהגתם, מגינים על עמם ומשתדלים להסיר כל תלונה ופורעניות מעל ישראל ולהגדיל כבודו בעמים. כן נתחברו באגודה לעדור בלא לב ולב לתועלת והרמת כלל ישראל בלא שנאת חינם ביניהם. על כן איפוא בצדק נתקיימו עליהם היעודים הטובים שבתורה שבכתב והרעות לא נגעו בם.

מדוע בתורה רק ייעודים גשמיים

והנה רבים נתקשו מדוע נמצאו בתורה רק יעודים גשמיים הן בשכר והן בעונש, ויעודים רוחניים לא נזכרו כלל. אבל הנראה דבאמת היא פחיתות לעבוד את ה׳ בשביל תועלת שכר או לפרוש מן החטא מיראת העונש, כמו שאמרו חז״ל באבות ״אל תהיו כעבדים המשמשים את הרב על מנת לקבל פרס״.[11] על כן לא בא בתורה שום יעוד רוחני. אולם היעוד הגשמי בא רק להורות לנו בחינה נכונה אשר על ידה נדע, אם אנו הולכים בדרך התורה, כי האדם יכול לתעות בדרך תהו ולחשוב כי הוא צדיק וחסיד בכל מעשיו ודרכיו, כאשר בעוונינו הרבים אנו רואים כן בדורנו דור תהפוכות באיזה מקומות שחושבים את עצמם לעמודי עולם מוסדי דור ודור, אף כי רוב המדות הטובות שמנו חכמים לא מצאנו בם. אדרבא איש את רעהו יונו וכדומה. על כן נתן לנו הכתוב בחינה והיא ״אם בחוקותי תלכו״ וגו׳.[12] אם כן כל זמן אשר אנו למטה ולא למעלה, שפלים, דלים ונבזים, הלא נדע כי רחוקים אנחנו מדרך

11. אבות א, ג.
12. ויקרא כו, ג.

התורה והטוב, כאשר האריך בזה בתשובת "בשמים ראש" המיוחסת לרבנו הרא"ש ז"ל סימן רנ"א, עיין שם בדבריו המחוכמים ומסולאים.[13]

ואם כי יתפלא הקורא, איך יתכן שרק ההצלחה תהיה בחינה של דרך הטוב, הלא ידוע מאמרם ז"ל בברכות[14] כי יש צדיק ורע לו רשע וטוב לו, כמו שבארנו לעיל. ועוד זאת, כפי שכתבנו הצלחת הכלל תלויה רק במעשים הנוגעים בין אדם לחברו, אם כן איפוא כשכלל האומה הישראלית יתקנו דרכיהם במעשים אלה כבר יצליחו ויעלו מעלה אף אם יפירו כל המצוות שבינם למקום, היתכן דרך זה? ותורתנו מה תהא עליה? על זה אשיב.

הצלחתנו בתור אומה

כי באמת הצלחת כלל הלאום הישראלי בתור אומה לא תתכן בלעדי התורה וקיום מצוות ה', כי באופן אחר במה נפלינו מכל הגוים. אמת, כי נוכל להיות מוצלחים, אבל זה לא תהיה הצלחת ישראל, כי כאשר נסור מדרך התורה נתבולל בין שאר לאומי תבל ושם ישראל ישתכח מהעולם. היש אבדון כללי יותר מזה? וזה מה שאמרו בתורת כהנים

13. שו"ת 'בשמים ראש' יצא לאור על ידי ר' שאול ברלין בשנת תקנ"ג (1793) אשר ייחסו לרא"ש ולראשונים נוספים. עם זאת קמו על הספר עוררין וטענו שהתשובות אינן תשובות מקוריות של הראשונים, ושמדובר בזיוף. בסימן שאליו מפנה הרב מוהליבר נאמר בין השאר: "עיקר גדול לפי הזמן... הוא לדעת כי אנחנו רעים וחטאים לפניו יתעלה. כי ע"כ הוא מניח אותנו בגלות המר הזה... וכאשר נשוב לעשות הטוב בעיניו אף הוא יעיר רחמיו עלינו. ואין לך עיקר גדול אל התורה מזה... ובא על הדבר הזה אזהרה מיוחדת בתורה: וידעת עם לבבך כי כאשר ייסר איש את בנו ה' אלוקיך מייסרך. לדעת כי הצרות הרבות אשר יגיענו עונש על העבירה הוא למען נחדל מלעשות הרע ונשוב על הטוב ובדבר אלות הברית הראשון נאמר עונש עצום אם לא נשגיח על זה, לתלות הצרות העצומות המגיעות לעדת ישראל בכללם אל החטא והפשע אשר הם חוטאים ופושעים. ואמר אם תלכו עמי קרי שלא תשיתו זאת על לבכם, והלכתי אף אני עמכם בחמת קרי...".

14. בבלי ברכות ז ע"א.

"'אם בחוקותי תלכו',[15] מלמד שהקב"ה מתאוה שיהיו ישראל עמלים בתורה",[16] וזה מה שאמרו בעבודה זרה "אין אם אלא לשון בקשה",[17] רצונם, שאף על פי שתנאי זה אינו מעכב להצלחת הכלל, אבל השם יתברך מבקש מאתנו ביחוד על תנאי זה, כי באופן אחר ההצלחה יכולה להפך לכליון האומה חלילה.

ועל דבר הקושיא הראשונה צדיק ורע לו רשע וטוב לו אשיב ואומר, כי ראינו אשר הנהגת הטבע הכללית שומרת חוקותיה ותפקידה כאשר שם הבורא לחוק ולא יעבור, ואם כי יקרו שנויים הם רק בדרך פרטי מטעמים בלתי ידועים לנו. כן גם במקרה האנושי יש שבנוגע לאדם פרטי יקרו שנויים, אשר יקבל עונש או שכר לדעתנו לא לפי מעשיו מטעמים לא ידועים לנו. כל זה הוא רק באדם פרטי, אבל כלל הלאום ישמור את חוקי ה' אשר קצב לו, וכמו שכתב הרשב"א ז"ל בתשובותיו דהא דאמרינן אין מזל לישראל היינו בהנהגת הכלל, והא דאמרינן בני חיי ומזוני לאו בזכותא תליה מילתא אלא במזלא היינו באנשים פרטיים,[18] והוא ממש כדברינו. על כן בטח נדע כשנלך בדרך הטוב האמתי כרצון התורה נעלה מעלה מעלה וכן להפך. וזה מה שאמרו[19] ברכות וקללות שבתורת כהנים בלשון רבים אמורות ומשה מפי הגבורה משום שלעולם לא ישונה מזה כידוע מאמרם "מעולם לא יצא דבר לטובה מפי הקב"ה וחזר בו".[20] אבל ברכות וקללות שבמשנה תורה בלשון יחיד אמורות, והוא רק על הרוב, אבל לפעמים ישתנה הדבר דהיינו צדיק ורע לו רשע וטוב לו, ועל כן לא נאמרו מפי הגבורה רק משה מפי עצמו אמרן.

15. ויקרא כו, ג
16. ספרא בחוקותי, פרשה א, א.
17. בבלי עבודה זרה ה ע"א.
18. ראו **שו"ת הרשב"א** (מהד' מכון ירושלים) א, תט; ה, מח.
19. ראו בבלי מגילה לא ע"ב: "אמר אביי לא שנו אלא בקללות שבתורת כהנים אבל קללות שבמשנה תורה פוסק מאי טעמא הללו בלשון רבים אמורות ומשה מפי הגבורה אמרן והללו בלשון יחיד אמורות ומשה מפי עצמו אמרן".
20. על פי בבלי שבת נה ע"א.

סימן כב

עם ישראל

בחירת ישראל

תרנ"א

לפי הכתוב והמקובל אצלנו בחר ה' בנו מכל עם ולשון להיטיב עמנו בטובות ואושר אין קץ. ולכאורה יש לתמוה הן על הבחירה והן על ההצלחה.

על הבחירה – מפני מה בחר בנו ה' מכל עם ולשון? אמנם הכתוב בעצמו אמר "לא בצדקתך וביושר לבבך אתה בא לרשת את ארצם כי ברשעת הגוים האלה וגו' ולמען הקים את הדבר אשר נשבע ה' לאבותיך" וגו'.[1] זוהי תשובה מדוע הביאנו לארץ הקודש, אבל אין זה מספיק לתרץ מפני מה בחר בנו מכל העמים, כי לא כל העמים היו רשעים כז' אומות. אמנם כפי הנראה תירץ זאת הכתוב בדברים "כי עם קדוש אתה לה' אלקיך בך בחר ה' אלקיך להיות לו לעם סגולה מכל העמים וגו' לא מרבכם מכל העמים חשק ה' בכם ויבחר בכם כי אתם המעט מכל העמים, כי מאהבת ה' אתכם ומשמרו את השבועה" וגו'.[2] אבל הכתובים בעצמם נראים כסותרים זה את זה, דבכאן אמר שלזאת בחר ה' בם מפני שהם עם קדוש, והשם יתברך אוהב אותנו, ובדברים אמר "לא בצדקתך ובישר לבבך רק ברשעת הגוים האלה"

1. דברים ט, ה.
2. דברים ז, ו-ח.

כו׳.[3] ובאמת כפי מה שראינו הנהגת ישראל במדבר היתה כמו שהעיד הכתוב "למן היום אשר יצאת מארץ מצרים עד באכם עד המקום הזה ממרים הייתם עם ה׳".[4] ואף כשנכנסו לארץ ישראל רבים מהם עבדו אלקי נכר הארץ עד אשר הגלם ה׳ מארצם וגם אחר כך כששבו בימי עזרא, אם כי רובם ככולם לא עבדו עוד עבודה זרה ושמרו את התורה, אבל נתחלקו לכתות שונות ועשו לעצמם רעה יותר ממה שעשה להם השונא היותר גדול עד שנחרב הבית וגלינו ונתפזרנו בכל קצות הארץ, ועדיין לא שבנו מחטאינו, ובדברים שבין אדם לחברו הננו עומדים היום במדרגה נמוכה וביחוד בנוגע לחטא שנאת חנם, אשר מחטא זה נצמחו כל הרעות הבאות עלינו כמאמרם ז"ל ביומא[5] ששנאת חנם שקול כנגד ג׳ עבירות חמורות – עבודה זרה גילוי עריות ושפיכות דמים, ואם כן אין לנו כל כך להתפאר בצדקתנו ויושר לבבנו.

על ההצלחה – הנה זה קרוב לאלפים שנה שאנחנו בגולה מפוזרים בכל קצות הארץ דוויים וסחופים. והנה בזמן הגלות המרה פשיטא שאין ההצלחה משחקת לנו ובכל אשר נפנה הננו לאחור ולא לפנים לזנב ולא לראש, אבל גם בהיותנו על ארצנו כמעט לא ראינו בטובה מלבד בימי דוד ושלמה, ואיה הוא האושר אשר הבטיחנו השם יתברך להיות עליון לכל גויי הארצות ויהי להפך?

האומות ותעודותיהן

חכמינו ז"ל אמרו על הכתוב "בסאסאה בשלחה תריבנה":[6] "למה לי לכדרב חנינא בר פפא דאמר רב חנינא בר פפא אין הקב"ה נפרע מן האומה עד שעת שלוחיה שנאמר בסאסאה בשלחה" וגו׳.[7] והנה ידוע אשר הן בצומח והן בחי וכל שכן במדבֵּר יש מינים אשר לא נבראו

3. דברים ט, ה.
4. דברים ט, ז.
5. בבלי יומא ט ע"ב.
6. ישעיהו כז, ח.
7. סוטה ט ע"א.

בשביל עצמם אלא רק לאיזה מטרה כללית, וכאשר נתמלאה סאתם, היינו שכבר מלאו מטרתם, אזי עברו ובטלו מן העולם, ועל כן יש כמה מינים בצומח וחי ומדבר שאינם במציאות עוד. כמעט כל האומות הקודמות שהרעישו את העולם בשעתן כבר אין זכר למו, כי נתבוללו באומות החיות וקיימות ולא נודע כי באו אל קרבנה. אחת היא האומה הישראלית, אשר נשארה חיה וקיימת ושוט שוטף לא הגיע אליה ועם רוב תלאותיה והצרות שעברו עליה היא באמונתה ובתורתה חזקה כראי מוצק. אות היא כי נבראה בשביל עצמה ולפיכך תעמוד בקיומה כימי השמים על הארץ. וזוהי כוונתם ז"ל בסוטה, אין הקב"ה נפרע מן האומה עד שעת שלוחה, רוצה לומר כי היא לא נבראה לתכלית עצמה רק לאיזה מטרה ותועלת לבריאה הכללית, ועל כן אין מדקדקין איתה על מעשיה ומניחין אותה לילך בדרכה הרעה עד שתמלא סאתה ולא תהיה מאתה שום תועלת ואז ישלחו אותה כליל מן העולם. ואם תאמר מדוע אין מדקדקים איתה ליסרה על חטאתיה בכדי שתיטיב דרכה ותשאר גם היא בקיומה, זה אינו, כי היוצר יחד לִבם ראה ויודע, שהיא לא תסבול אם ישלחו עליה יסורין ולא תחזיק מעמד, אלא תתבולל בין שאר העמים אשר יושבים בשלום והשקט. לא כן עם ישראל, אשר הוא קשה כברזל בקשה ערפו, כמו שהורה לנו הנסיון כי אחרי כל הצרות והתלאות שנעשו לו, שרפוהו, חנקוהו, טבעוהו בים, השליכוהו לפני חיות טורפות, כללו של דבר לא היה מין יסורים רעים שלא עשו לו, והוא איתן במצבו ותורתו, אף כי גם הוא עם מרי, כי גם זה הוא בכלל קשה עורף לבעוט ברבותיו ולהמרות את מנהליו כמאמר הכתוב "מריך וקשה ערפך".[8] ואם יש שישליך תורתו אחרי גֵוֹו מרוב טובה, אבל תיכף כשרוצים לכופו להעבירו על דתו, אזי איתן מצבו וכל הרוחות שבעולם לא יזיזוהו, וכל מה שיענו אותו יתחזק יותר באמונתו ותורתו. עם כזה נבחר מאת ה' לאור עולם, לעמוד נצח כימי השמים על הארץ. אמנם יען כי כל עם ועם יש בו חסרונות ופחיתות גדולים, והעם הנבחר לעד צריך ומוכרח להיות נקי מכל חסרון ושלם בתכלית השלמות, על כן

8. ראו דברים לא, כז: "כי אנכי ידעתי את מריך ואת ערפך הקשה".

מיסרהו הקב"ה בכל עת ורגע כדי לנקותו ולצרפו ולהעלותו על גרם המעלות, וכאשר נתבונן בהנהגת ה' אתנו בכל שנות הגלות המרה והארוכה נכיר היטיב שהיא רק לטובתנו ולאשרנו. כך ראינו כאשר אחינו בספרד היו לפני שנות מאות בגרם המעלות ומזה נמשכו אחרי תאוות השררה והמותרות ועוד פחיתות וכדומה, יסרם ה' ושלח עליהם את האינקויזיציע [אינקוויזיציה] הנוראה והגרוש הגדול[9] עד כי נכנעו לבבם למאד ודבקו בה' ובתורתו ומסרו נפשם ומאדם על קדושת השם. במשך הימים נשפלו יותר מדי, עד כי מאסו בכל עניני העולם וגם החכמות היו תועבת נפשם, ואז נתן ה' בלב המלכים והאומות להרים קרן ישראל ולתת להם זכיות המדינה,[10] ואחינו התחילו ללמוד בבתי ספר כל החכמות וחכמו על אחת שבע ביחס לשאר האומות, אבל התחילו לפרוק מעליהם עול תורה ואמונה, וישמן ישורון ויבעט, ואז באו האנטסימיטים [האנטישמים] וישב ישראל אל ה' אלקיו כאשר אנו רואים כעת כי שבו לב בנים אל אבות.

קצרו של דבר, אם נדע ונבין במה חטאנו ובמה העוינו ונתאמץ לתקן את המעוות, אזי נשמח ונחבב את היסורין שבאו עלינו, כי הם רק לטובתנו והצלחתנו, כאשר אנו רואים כעת, אשר על ידי הגזירות החדשות שבו לעמם בחורי ישראל, אשר כבר השליכו הדת והאמונה אחרי גֵוָם. ועד יותר מזה, כי רוב עמנו מבינים כעת את יקרת ערך ארצנו הקדושה ומשתוקקים להקים חרבותיה ולנטוע ולזרוע את שדותיה, וזאת היא התשובה היותר גדולה לעמנו ותקרב גאולתנו בלי ספק.

חביבין יסורין

וזוהי כוונת הגמרא בשבת "ומי כתב מגלת תענית חנניה בן חזקיה

9. גירוש ספרד התרחש בשנת 1492.
10. הרב מוהליבר רומז כאן לתהליך האמנציפציה, ולאחר מכן לתנועת ההשכלה היהודית.

וחבריו שהיו מחבבין את הצרות, אמר רשב״ג אף אנו מחבבין את הצרות כו׳ אלא שאין בשר המת מרגיש באיזמיל״,[11] רוצה לומר שהבינו על מה באה עליהם הצרה ואחר כך כשעזר להם ה׳ ידעו לתקן את המעוות ועל כן היו מחבבין את הצרות כי על ידי הצרות באה להם התשועה היותר גדולה. וזה שכתב אחר כך אף אנו מחבבין את הצרות אלא שאין בשר המת מרגיש באיזמל, רצונם שאין אנו מבינים על מה באה הצרה ועל כן אין לנו שמחה מזה. וזה שאמר הכתוב בדברים פרשת וזאת הברכה ״ברזל ונחשת מנעלך וכימיך דבאך״,[12] הוא נותן טעם על שנבחרנו מכל הגוים לעמוד לפניו לנצח, יען כי המנעל שלנו, רוצה לומר מה שנגמר בדעתנו, הוא חזק כמו ברזל ונחשת, וכל הרוחות לא יזיזו אותנו, ואף שכימיך דבאך, רוצה לומר שעשו לנו צרות ומכאובים מדי יום יום עם כל זה נשארנו ונישאר בתורתנו ואמונתנו.

שאלת בעל העקדה ז״ל

[תרל״ד]

הרב הגדול לכל תכלית חוקר בעל העקידה ז״ל העמיק שאלה, בהיות כי ה׳ הרימנו להיות לו לעם סגולה וזה נמשך רק שנות מאות ואחר כך ירדנו עשר מעלות אחורנית עד היום הזה, וזה לא ימלט מעל אחת משתי פנים, או שה׳ יתברך ידע כי אחר שנות מאות נסור מדרך הטוב ונרד אחורנית, או שלא ידע. אם נאמר שידע כל זאת ועם כל זה בחר בנו לשעה, אם כן ההכרח לומר שאין פעולתו שלמה חלילה, כי השתדלות על דבר אשר לא נשאר בקיומו כפי רצון הפועל היא מפעולת הריק, או שנאמר בו השתדלותו היתה להעמיד אותנו במצב הטוב לנצח, אמנם יען כי הבחירה נתונה לאדם על כן לא ידע במה נבחור, אם כן איפוא נוכרח לומר כי ה׳ יתעלה לא ידע מקודם אחרית הדבר וחלילה לומר כן. עיין שם שהאריך בזה.

11. בבלי שבת יג ע״ב.
12. דברים לג, כה.

דעת המתפלסף

והנה ראיתי אחד מהמתפלספים רוצה בספרו שחבר בלשון אשכנז לשרש מלבבנו כל תקוה לעתיד וזה קוטב דעתו המשובשת: בהיות כפי אשר ראינו בהנהגת הטבע האלקית היא אינה חוששת לאבוד אישים פרטים רק דואגת לאושר ותקון הכללי. מלכות מצרים היתה הראשונה אשר התעדתה להרמת חכמת ונועם הבנין וגם בנוגע לידיעות ראשיות בדרכי הטבע ותהלוכות מאורי הרקיע, והנה ממלכתם נמשכה כל זמן שהיו בה צורך ותועלת. ברבות הזמן כאשר אבד עליה כלח וסר טעמה, נכרתה וגם תמה ומלכותה וממשלתה נתנו לרעותה הטובה ממנה, אשר התחילה לנטוע ולגדל סעיפים חדשים בכרם החכמה או המלאכה או הגבורה. וגם על המלוכה אשר לקחה את מקומה כאשר פג טעמה וריחה נמר בא הכליון ותחתיה נבחרה רעותה הטובה ממנה. ובכה התחלפו הממשלות מאשור לבבל, ומבבל למדי, ממדי ליון ומיון לרומא שעלתה למרום פסגת ההצלחה ותהי גברת ושולטת בתבל כולה. אמנם כאשר כלתה גם היא מלאכת תעודתה לתקון התבל עבר גם עליה כוס הכליון. כללו של דבר, אין כליון לטבע כלה, אבל יש כליון לאישיה הפרטים, כי כליון ורקבון האחד הוא צמיחה וגידול לממלא מקומו, וכן יהיה לדור דור עד אשר יתוקן העולם ויגיע לשלמות האפשרות למין האנושי. אזי יקחו כל העמים עמדתם לאורך ימים "לא ישא גוי אל גוי חרב" וגו'[13] "וגר זאב עם כבש" וגו'.[14] על כן איפוא לא נפלינו גם אנחנו מכל הגוים. תעודת עמנו היתה לפרסם בכל התבל מציאת האלקים והשגחתו ולהשבית גלולי העבודה זרה וכבר כלינו מלאכתנו ועל כן נשבתנו מהיות עוד לגוי. עד כאן קוטב דעתו.

אמנם כאשר נתבונן ונחקור לעומק הדבר נבין, כי המחבר הנ"ל העלה חרס בידו. אמת שהממשלות החליפו עמדתן. אבל הראשונות כבר נשבתו זכרן, ספו וגם תמו מרביתן ושאריתן התבוללו בין הלאומים

13. ישעיהו ב, ד.
14. שם יא, ו.

החדשים עד כי לא נודע כי באו אל קרבם, על כן הננו רואים כי כבר כילו תעודתן. אבל אנחנו עם ישראל אשר זה אלפים שנה שאנחנו חיים וקיימים במצב הלאומי המוסרי בכל פרטיו ולא נטלה מאתנו רק ממשלתנו המדינית, הלא זה אות נכון וברור כי עדיין לא כלינו תעודתנו בארץ ועוד תקוה לאחריתנו, וזה הורה אותנו הנביא "כי אני ה׳ לא שניתי ואתם בני יעקב לא כליתם",[15] רצונו, הראיה החזקה כי אני ה׳ לא שניתי חלילה להחליפכם באומה אחרת היא שאתם בני יעקב לא כליתם כשאר האומות, ולפיכך צמיחתנו מחדש עתידה לבוא בלי ספק. וזוהי כוונת הכתובים בישעיה "שמעו זאת בית יעקב הנקראים בשם ישראל וממי יהודה יצאו הנשבעים בשם ה׳ ובאלקי ישראל יזכירו לא באמת ולא בצדקה וגו׳. הראשונות מאז הגדתי ומפי יצאו ואשמיעם וגו׳. כי ידעתי בגוד תבגוד ופשע מבטן קֹרָא לך. למען שמי אאריך אפי ותהלתי אחטם לך לבלתי הכריתך. הנה צרפתיך ולא בכסף בחרתיך בכור עֹני. למעני למעני אעשה כי איך יחל וכבודי לאחר לא אתן".[16] אנו מוצאים בכתובים האלה תשובה על קושית הרב בעל העקידה הנ״ל וגם סתירת דעתו המשובשת של המתפלסף שהזכרנו. וזה שאמר הן אתם בגולה על מריכם נגדי, כי אתם נקראים רק בשם ישראל אבל רחוקים ממעשיהם, אתם נשבעים בשם ה׳ אבל לא באמת ולא בצדקה. עם כל זה בל תטעו לחשוב חלילה כי זאת מהעדר ידיעתי את העתידות כי "הלא הראשונות מאז הגדתי", והוא בדברים ל״א,[17] וידעתי כי "בגד תבגוד ופשע מבטן קרא לך". אם כן אולי תחשבו סרה שפעולתי אינה שלמה והיא פעולה לריק חלילה, לא כן הדבר. אמת כי בלתי אפשר למין האנושי לבלי לחטוא, אבל עם כל זה פעולתו תשאר לנצח, כי "למען שמי אאריך אפי" ולמען "תהלתי אחטם לך לבלתי הכריתך". אולם "צרפתיך ולא בכסף בחרתיך בכור עוני", למען אשר על ידי צרוף לגלות תצא נקי מכל סיגיך, "למעני

15. מלאכי ג, ו.

16. ישעיהו מח, א-יא.

17. ראו שם מפסוק טז ואילך.

למעני אעשה" (רוצה לומר לצרפך). כי איך יחל (רוצה לומר אם אשליכך יאמרו כי פעולתי לריק), אבל "כבודי לאחר לא אתן", רוצה לומר לא אחליפך באומה אחרת. ועל זה סובב והולך תכן הכתובים במשנה תורה "הנך שוכב עם אבתיך וקם העם הזה וזנה אחרי אלקי נכר הארץ וגו' ומצאוהו רעות רבות וצרות ואמר ביום ההוא על כי אין אלקי בקרבי מצאוני הרעות האלה",[18] רוצה לומר שמרוב צרותיו יתייאש מכל טובה ויאמר כי ה' עזבו לגמרי וכבר החליפו באומה אחרת כדעת המתפלסף הנ"ל. אבל באמת אינו כן, רק "ואנכי הסתר אסתיר פני ביום ההוא על כל הרעה אשר עשה",[19] רוצה לומר לצרפו ולנקותו, אבל לעת קץ אחדש ימיו למלא תעודתו ביתר שאת. "ועתה כתבו לכם את השירה הזאת וגו' למען תהיה לי השירה הזאת לעד",[20] רוצה לומר אשר שם מבוארות נפילתו וגם קימתו מחדש לעת קץ.

מצא חן במדבר עם שרידי חרב
[תרנ"א]

"כה אמר ה' מצא חן במדבר עם שרידי חרב הלוך להרגיעו ישראל".[21] נראה לעניות דעתי לבאר פסוק זה על פי מה שכתב "ונח מצא חן בעיני ה'".[22] והכוונה, על פי מה דאיתא ברבה פרשת נח "אברהם שהיה כחו יפה 'התהלך לפני והיה תמים',[23] אבל נח שהיה כחו רע 'את האלקים התהלך נח'[24]".[25] כוונתם, דהנה יש איש צדיק, אשר הוא

18. שם, טז-יז.
19. שם, יח.
20. שם, יט.
21. ירמיהו לא, ב.
22. בראשית ו, ח.
23. שם יז, א.
24. שם ו, ט.
25. בראשית רבה פרשה ל, י.

באמת עולה על כל בני דורו בהתגברו על יצרו באופן היותר נעלה, אבל יתכן שיהיה אחר צדיק כל ימיו ובאמת אין לו שום יתרון בחזקת לבבו ובמדותיו על רעהו אשר נתפרסם לרשע גמור מצד רוע מעשיו. נבאר את הדבר.

איש אחד היה רעב מאד ללחם וילך לאופה אחד לבקש מאתו בהקפה ככר לחם להחיות את נפשו, וקשי יומו גרם לו שנזדמן לו אופה רע ובליעל אשר לעג לַהֲוָתו ולבו האכזרי לא התעורר לחמלה על מר נפש. ויהי כאשר ראה כי כל תחנוניו לא יועילו לקח מגודל צרתו בעצמו ככר לחם ויאבה לברוח עם הלחם, אבל האופה רדף אחריו ויתפשהו בבגדו וַיַּזְעֵק את השוטרים שיבאו לעזור לו לקחת את לחמו ולהושיב את הגנב במאסר. ויהי כשראה האומלל כי עוד מעט ויתָּפֵש בידי השוטרים ויאזור שארית כחו וידחוף אחור את האופה אשר החזיק בו, והאופה נפל מכח הדחיפה על סלע וירוצץ גלגלתו וימת. ויתפסו השוטרים את האיש העני ויצא משפטו למות כדין רוצח שודד וחומס. לאיש הזה היה רֵע שהיה דומה לו במדותיו ותהלוכותיו. גם הוא היה עני ונפשו התמוגגה ברעב. וילך גם הוא לאופה לבקש מאתו ככר לחם. אבל הצלחתו עמדה לו, כי נזדמן לו אופה נדיב וטוב לב ונכמרו רחמיו על האומלל ויתן לו לחם וגם דאג למצבו להיטיב לו ויקחהו לביתו לעבודה וישלם לו בעין יפה, עד כי אחרי עבור איזו שנים היה ביכלתו לעשות לו מסחר בפני עצמו ולחיות חיי אושר והשקט באמונה וביושר. והנה בין שני האנשים שהזכרנו לא היה שום הבדל עצמי בנפשותיהם, מדותיהם ותהלוכותיהם, אלא ההבדל היה רק במקרה. לו נזדמן להשני האופה שנזדמן לראשון, אזי יתכן שהיה נופל גם כן במעשה רצח וחמס, אולי הצלחתו שמרה אותו מלהכשל ולפול בפח. אבל האיש אשר סבל הרבה חרפה ורעב עוני ותלאה ולא פשט את ידו לבקש תחנונים וחסד, לא התאונן על קשי יומו וכדומה – הוא הוא הצדיק האמיתי.

וזה היה הענין באברהם אבינו. הקדוש ברוך הוא נסהו בעשרה נסיונות גדולים ובכולם יצא צרוף וטהור בזהב אופיר. עליו נאמר

"התהלך לפני",[26] כוונתם שלא היה צריך לשמירה, כי בסכנה היותר גדולה יצא שלם ובריא בגודל צדקתו. אבל נח לו קרו נסיונות אלה לא היה עומד בצדקתו, רק ה' נצרהו מכל הסבות ולא נתנו לידי המקרה ולפיכך נשאר בצדקתו, על כן נאמר עליו "את האלקים התהלך נח".[27] אולם כאשר נתפלא מדוע זה זכה נח לבדו שה' לא יעזבנו בידי המקרה וישמרהו מכל מכשול, ולו עשה ה' כן לשאר בני דורו הלא גם המה לא היו חוטאים, כי היפלא מה' דבר, על זה אין תשובה באמת רק מה שאומר הכתוב "ונח מצא חן בעיני ה'".[28] מציאת החן היא בלי טעם מובן לנו, רק כי כך רצה השם יתברך בחכמתו העליונה. וכן אמר הנביא על עם ישראל בכלל, כי גם המה היו עובדי עבודה זרה במצרים כמאמרם על הכתוב "לקחת לו גוי מקרב גוי",[29] רק השם יתברך חננם בתורה הקדושה לשמרם מכל פגע. ואף כי לא רצו לקבלה הכריחם לזה כמאמרם בשבת "שכפה עליהם הר כגיגית ואמר" כו',[30] ולו כפה הר כגיגית על שאר העמים גם המה היו מוכרחים לקבלה כמו שכתוב בעבודה זרה "כלום כפית עלינו הר כגיגית"[31] ואם נשאל מדוע עשה כן להכריח את ישראל על טובתם ואשרם הנצחי אשר לא עשה כן לכל גוי, באמת אין תשובה על זה רק מה שאמר הכתוב "מצא חן במדבר עם שרידי חרב",[32] וזאת היתה ברכת יוסף לבנימין אחיו, "אלקים יחנך בני",[33] רצונו, שתשא חן בעיניו לשמרך מכל

26. בראשית יז, א.
27. שם ו, ט.
28. שם ו, ז.
29. דברים ד, לד. ראו ויקרא רבה פרשה כג, ב: "הדא הוא דכתיב 'או הנסה אלהים לבוא לקחת לו גוי מקרב גוי' וגו'. אלו ואלו ערלים, אלו מגדלי בלורית ואלו מגדלי בלורית, אלו לובשי כלאים ואלו לובשי כלאים, אם כן לא היתה נותנת מדת הדין לישראל שיגאלו ממצרים לעולם".
30. בבלי שבת פח ע"א.
31. בבלי עבודה זרה ב ע"ב.
32. ירמיהו לא, ב.
33. בראשית מג, כט.

מקרי הזמן הרעים למען תשאר בצדקתך ותום לבבך, וזאת היתה גם כן ברכת הכהנים "יאר ה' פניו אליך ויחנך".[34]

התחלת עמנו חוץ מגדר הטבע

[תרל"ט]

בכל אומה ולשון יש עת הלידה, עת הנערות, עת הבחרות, עד עת העליה לתכליתה, אחר כך חוזרת לרדת אחור והיא עת הזקנה, עת השיבה עד אשר תמות ותגיע ואחרת תקח עמדתה. אבל התחלת עם ישראל כבר היתה ביציאה חוץ מגדר הטבע, היינו בעת לידתו והתחלת צמיחתו כבר עלתה גדולתו מעלה מעלה והיא בימי אברהם אבינו, שהיה אב המון גוים[35] ולחם את ארבעה המלכים וינצחם[36] ואמרו עליו נשיא אלקים אתה בתוכנו.[37] וזאת היתה טענת העם על פי הנביא יחזקאל "אחד היה אברהם ויירש את הארץ ואנחנו רַבִּים לנו נתנה הארץ למורשה",[38] רצונם שאין לנו לדאוג מכליון חרוץ כדרך כל אומה מאחר שבעת ילדות האומה והיא בימים אברהם שהיה רק אחד בכל זאת כבר ירש את הארץ, אם כן לאומה כזאת אין לירא מפני הכליון, ואנחנו רבים ונתנה לנו הארץ למורשה. וכן מנחם החוזה ישעיה את העם שבל ידאגו מכליון האומה "הביטו אל אברהם אביכם וגו' כי אחד קראתיו ואברכהו וארבהו. כי נחם ה' ציון" וגו',[39] רצונו הן בהיות אברהם רק אחד, והיא עת לידת האומה, כבר קראתיו, כלומר יחדתיו בכבודו וגדולתו, ואברכהו, וארבהו, ואם כן אומה כזו אין לה לדאוג מכליון, "כי נחם ה' ציון" וגו'. וזה מה שכתבו חז"ל על הכתוב

34. במדבר ו, כה.
35. ראו בראשית יז, ד–ה.
36. ראו בראשית פרק יד.
37. בראשית כג, ו.
38. יחזקאל לג, כד.
39. ישעיהו נא, ב–ג.

"ואתה הקרב אליך את אהרון אחיך":[40] "הדא הוא דכתיב 'ממנו פִּנה ממנו יתד ממנו קשת מלחמה',[41] בוא וראה אומות העולם כשמבקשים להעמיד עליהם מלך הם מביאים מכל מקום ומעמידים עליהם כו', אבל ישראל אינו כן, אלא מהם גדוליהם מהם מלכיהם מהם כהניהם מהם נביאיהם".[42] כן, בפתע פתאום יצאה אומה שלמה, אשר ממנה כהנים, ממנה מלכים, ממנה נביאים וכו', אשר לא כן היה בכל אומה, כי בתחילת צמיחתם הוכרחו לחפש להם מלכים ושרים מהאומות שכבר גדלו והצליחו. כל זה אות ומופת, שגדול האומה הישראלית לא היה בדרכי הטבע ואם כן איפוא לא לה לירא מכליון חרוץ חלילה ועליה לבטוח כי תשוב לעלות מעלה.

40. שמות כח, א.
41. זכריה י, ד.
42. שמות רבה פרשה לז, א.

סימן כג
דרשות למועדי השנה

שבת

[התאריך חסר]

אמרו בשבת "אלמלא שמרו ישראל שתי שבתות מיד היו נגאלים",[1] והוא תמוה דלמה דוקא שתי שבתות, ואי משום הקרא דישעיה דכתיב "שבתותי"[2] נמצא קרא בירמיה דכתיב "ביום השבת".[3] ונקדים מה שאמרו בסנהדרין "עכו"ם ששבת חייב מיתה",[4] וקשה, מה גדול חטאו כל כך שיתחייב מיתה בשביל זה.

והנה בדברות הראשונות בפרשת יתרו כתיב "זכור את יום השבת לקדשו גו' כי ששת ימים גו' וינח ביום השביעי על כן ברך ה' את יום השבת ויקדשהו",[5] וקשה דהוא ליה למימר על כן תנוח ביום השבת. אמנם בדברות האחרונות כתב באמת טעם אחר על המנוחה בשבת, דכתיב בפרשת ואתחנן "וזכרת כי עבד היית בארץ מצרים וכו' על כן צוך ה' אלקיך לעשות את יום השבת".[6] על כן נראה לבאר דהנה באמת לגבי השם יתברך לא שייך מנוחה כלל, כמו דכתיב "לא ייעף ולא

1. בבלי שבת קיח ע"ב.
2. ישעיהו נו, ד.
3. ירמיהו יז, כא.
4. בבלי סנהדרין נח ע"ב.
5. שמות כ, ח-יא.
6. דברים ה, טו.

ייגע"[7] וגו', ויותר מזה אמרו רז"ל בחגיגה[8] אפילו על המלאכים דאין להם עיפוי, הגם שהרמב"ם ז"ל בפירוש המשניות פרק י' דסנהדרין[9] למד פירוש עיפוי שהוא חיבור, אבל הרש"א למד זה כפשוטו שלא ייגעו.[10] והנה במי שאינו מתיגע לא שייך מנוחה, וכמו שתקנו אנשי כנסת הגדולה "המחדש בטובו בכל יום תמיד מעשי בראשית". ועל פי דרך הגיון הפילוסופיה יתבאר הדבר במופת: ברור שה' יתעלה הוא שלם בתכלית השלמות ועל כרחנו ששלימותו תמידית. והנה אם נאמר שהמנוחה היא שלמות אז על כורחנו בעת שפעל וברא העולם יצא משלימותו, וזה כבר נתבאר ההיפך. לפיכך על כרחנו שהפעולה היא שלמות ואם כן על כרחנו שהוא פועל תמידי. אבל לאמר שהמנוחה והפעולה שתיהן שלימות זהו דבר בלתי יתכן להעלותו על הדעת דאי אפשר לשני הפכים בנושא אחד. ואם כן על כרחנו שמה דכתיב מנוחה אצל ה' יתעלה היא רק לפי ראות עינינו, שאין אנו רואים הפעולה, אבל הוא יתברך באמת פועל ומחדש בתמידות. לפיכך אם נאמר שאנחנו שובתים ביום השבת משום שהוא יתעלה שבת בו הוא ככפירה בשלימות דבאמת הוא יתעלה לא ייעף ולא ייגע. על כן כתיב בדברות הראשונות "וינח ביום השביעי על כן ברך ה' את יום השבת ויקדשהו",[11] רצונו מאחר שאז נפסקה מלאכת הבריאה וקדשו. אבל עם כל זה אין זה טעם לשמירת השבת. על כן מפרש בדברות האחרונות שמאחר שהיינו עבדים במצרים וה' הוציאנו לחירות ולמנוחה ויום השבת כבר נתקדש מששת ימי בראשית, על כן צוה השם יתברך לשבות ולנוח בו לזכרון יציאת מצרים. לפיכך אמרו בסנהדרין דעכו"ם ששבת חייב מיתה, דמאחר דלא נכלל בנס של יציאת מצרים, אם כן הא ששובת הוא מפאת שהקדוש ברוך הוא שבת בו וסובר כפשוטו שמאחר שכבר ברא עולמו נח ושבת ממלאכתו, ואם כן הוא ככופר

7. ישעיהו מ, כח.
8. בבלי חגיגה טו ע"א.
9. משנה א.
10. חידושי אגדות למהרש"א על חגיגה טו ע"א.
11. שמות כא, יא.

בשלימותו התמידית ועל כן חייב מיתה. והנה אלמלי היו ישראל משימים נגד עיניהם שני הדברים שעליהם רומז השבת, היינו: א) חדוש העולם, כלומר ענין האלקות; ב) יציאת מצרים, והיו מתכוננים לשמור את כל המוטל עלינו לעשות בעבודת ה׳ ואהבת אחים והעם, אשר כל זה נמשך משני הדברים הנ״ל שהם שני טעמי השבת, מיד היו נגאלים, וזה שכתב בשבת ״אלמלא שמרו ישראל שתי שבתות כהלכתן מיד היו נגאלים״.[12]

ראש השנה

[תרל״ז]

ויאמר נחמיה הוא התרשתא ועזרא הכהן הספר והלוים המבינים את העם לכל העם היום קדש הוא לה׳ אלהיכם אל תתאבלו ואל תבכו כי בוכים כל העם כשמעם את דברי התורה (נחמיה ח, ט).

מכאן הביאו ראיה שאסור לבכות בראש השנה. אמנם ידוע שהרבה כתבו שמצוה לבכות בראש השנה. ונראה לעניות דעתי ליישב את דבריהם באופן זה: באמת יום ראש השנה הוא יום שמחה וגיל, כמו שאנו רואים בכל אומה ולשון, שהם שמחים מאוד בראש השנה שלהם, ומדוע לא ישמחו? הלא אז הוא הגמר לכל החשבונות בשנה שעברה והכל מתחיל על חשבון חדש ואיך לא ישמחו ביום כזה. והנה הגם שבדרך השאלה נוכל לקרא ראש השנה על כל פרט ופרט וכמו דתנן בראש השנה[13] ״באחד באלול ראש השנה למעשר בהמה״, ״באחד בשבט ראש השנה לאילן״. ואף כי אחד בתשרי אשר הוא ראש השנה לדין ולשמיטה ולנטיעות כו׳, אבל שם ראש השנה האמתי הוא ראש השנה למלכים והוא היום שמתחילין מאתו חשבון השנים לשטרות, וזה היום הוקבע אצלנו באחד בניסן, כי אז יצא טבענו בעולם כאמור

12. בבלי שבת קיח ע״ב.
13. משנה ראש השנה א, א.

"החדש הזה לכם ראש חדשים",[14] ואמרו עלה "ראשון הוא לכם לחדשי השנה", ועל כן הוקבע היום ההוא ראשון לחשבון מלכי ישראל והיה גם ראשון לחשבון השנים כמבואר בראש השנה,[15] אם כן באותו ראש השנה היתה שמחתנו שלמה ואמתית, כי ישבנו על ארצנו ומלכינו בראשנו. אבל כאשר הלכנו בגולה הוכרחנו לשנות את יום ראש השנה לחשבון מלכי האומות, ואצלם נקבעה ראשית השנה באחד בתשרי כמבואר בעבודה זרה "למלכי ישראל מניסן מנינן ואנן השתא מתשרי מנינן כו' שמע מינא למלכי עכו"ם מנינן שמע מינא",[16] ופירש"י ז"ל "כל תשרי מחדשים שתא אלמא מנינא דידן למלכי עכו"ם".[17]

אם כן יום זה הלא הוא זכרון מעלתנו וחרבן ארצנו. ולנו לבכות מרה ביום זה, אם כי הוא באמת יום קדוש יום תרופה, אבל איך לא נבכה בזכרנו את מחמדינו, אשר היו לנו מימי קדם, ושם היום בלבד כבר מעורר אותנו לבכי, כי שם ראש השנה שנקבע לו מזכיר את גלותנו. על כן כתוב "כי בוכים כל העם כשמעם את דברי התורה", רצונו, שבתורה נקבע ראש השנה באחד בניסן ועתה נהפך לאחד בתשרי כי עבדים אנחנו. אמנם נחמיה ועזרא נחמו אותם, כי אם לא רצו לשנות את יום הראשון לשנה לאחד בניסן מפני דרכי שלום, אבל עם כל זה הלא כבר שבו מגלותם והתחזקו בארצם ובנו בית מקדשם, על כן אמרו להם "אל תעצבו וגו' שלחו מנות" וגו'[18] רוצה לומר כמנהגכם מקדם בראש השנה של אחד בניסן. אם כן איפוא מה נענה אנן, איך לא נבכה מרה ביום זה, אשר שמו מעורר לבכי ואבל על כי גלה כבודנו ונחרבה ארצנו ושמם בית מקדשנו.

14. שמות יב, ב.
15. בבלי ראש השנה ח ע"א, בתירוץ הראשון.
16. בבלי עבודה זרה י ע"א. "למלכי עובדי כוכבים מתשרי מנינן, למלכי ישראל מניסן מנינן, ואנן השתא מתשרי מנינן; ואי סלקא דעתך ליציאת מצרים מנינן מניסן בעינן למימני אלא לאו שמע מינא למלכי יונים מנינן שמע מינא".
17. רש"י שם, ד"ה "ואנן השתא מתשרי מנינן".
18. נחמיה ח, י (ושם הסדר הפוך).

החטא וענשו
תרכ"ח

איכא ב׳ מיני חטאים: א) חוטא הגוף או הנפש לבד. ב) חוטאים שניהם ביחד. היינו, מי שמתכוון לעשות דבר עבירה ולא עשה, חוטא בנפשו; ולהיפך, מי שעושה דבר עבירה רק בשוגג, חוטא בגוף; וכשחוטא במזיד, אזי חוטא בגוף ובנפש.

בנוגע לעונשין מתעוררת השאלה, אם הם בדרך מלוכה, כמו שהמלך מזהיר לעשות כך וכך וכשאין עושים רצונו הוא מעניש. הדבר בעצם איננו מזיק, אבל העונש בא על אשר מרדו ברצון המלך והפרו דבריו, כמו שכתוב "חוקה חקקתי, גזירה גזרתי"[19] כו׳. או שהם בדרך רפואה, היינו כמו שהרופא מזהיר את החולה לבלי לאכול אכילה זו, ואם אכל, האכילה בעצם מזקת, כן החטא בעצם מזיק, כמו שכתוב "תיסרך רעתך ומשובותיך תוכיחוך" גו׳,[20] וכמו שכתוב "אין הערוד ממית אלא החטא ממית",[21] וכמבואר גם כן בכמה מאמרים ממדרשי חז"ל, וכבר חקרו בזה הרבה מגדולי המפרשים. ולדעתי כבר נחלקו בזה אבות העולם "א"ר סימון כתיב רבות עשית אתה ה׳ אלקי נפלאותיך ומחשבותיך אלינו, לשעבר רבות עשית מכאן והילך נפלאותיך ומחשבותיך אלינו... א"ר אחא למלך שהיתה לו טבעת כיון שעמד בנו מסרה לו".[22] ידוע כי מסירת הטבעת מורה על זה שנותן לו היכולת והגדולה כמו שכתוב "ויסר את טבעתו" וגו׳[23] כך השם יתברך מסר התורה לישראל לחייב ולזַכות כו׳, וזה שעונשי התורה הם בבחינת מלוכה. אמנם רבנן אמרו שהם בבחינת רפואה, וכמו הרופא שהיו לו נרתיק של רפואות ומסרם לבנו, כך מסר השם יתברך תורתו לעמו.

19. במדבר רבה יט, א.
20. ירמיהו ב, יט.
21. בבלי ברכות לג ע"א.
22. ירושלמי ראש השנה א, ג.
23. בראשית מא, מא; אסתר ג, ט.

והנה בכל אופן באלה הב׳ בחינות יש קולא וחומרא. אם עונשי התורה הם בבחינת מלוכה, אזי כשמתכוון לעשות עבירה, היינו שנתכוון לאכול בשר חזיר, כמו דאמרינן בנזיר,[24] אף על גב שבאמת היה בשר טלה, עם כל זה מגיע לו עונש, דמאחר שאין האכילה בעצם מזקת רק העונש בא על המרד בצוויי המלך אם כן הוא הא מרד נגדו דהלא היה בדעתו שעושה דבר אסור, אבל להיפך, אם עשה עבירה בשוגג, היינו שחשב שזהו בשר טלה ואכלו, אבל באמת היה בשר חזיר, אין מגיע לו עונש, דהא אין האכילה בעצם מזקת והעונש בא רק על שמרד נגד צוויי המלך, והוא לא מרד נגדו דהא לא ידע שזה בשר חזיר. וברפואה הוא להיפך, דאם עשה עבירה בשוגג אין זה התנצלות כלל מאחר שהעבירה בעצם מזקת, כמו מי שיאכל סם המות בשוגג הלא בודאי ימות, אבל אם נתכוון לאכול בשר חזיר ועלה בידו בשר טלה לא יענש כלל, דהא מכל מקום לא אכל דבר אסור ומה יזיק לו, כמו מי שחשב שאכל סם המות ובאמת אכל אכילה אחרת שלא תזיק לו.

ובזה נראה לי לבאר כוונת הילקוט: ״שאלו לחכמה חוטא מהו עונשו אמרה ׳חטאים תרדף רעה׳,[25] שאלו לנבואה חוטא מה עונשו אמרה ׳הנפש החוטאת היא תמות׳,[26] שאלו לתורה חוטא מהו עונשו אמרה יביא קורבן ויתכפר, שאלו להקב״ה חוטא מהו עונשו אמר יעשה תשובה ויתכפר״ וגו׳.[27] רוצה לומר לפי החכמה העונש על החטא הוא מצד שעצם החטא מזיק והוא הבחינה א׳ שכתבנו, ולזאת השיבה ״חטאים תרדוף רעה״, כלומר העבירה בעצמה תרדפהו ותזיק לו, ולפי ערך גודל העבירה יהיה ערך ענשו. אבל הנבואה שבאה בסוד ה׳ אצלה העיקר הוא הנפש, כוונה והשיבה ״הנפש החוטאת היא תמות״, וזוהי הבחינה ב׳ שכתבנו, דהיינו על מרדו נגד השם יתברך.

24. בבלי נזיר כג ע״א.
25. משלי יג, כא.
26. יחזקאל יח, ד.
27. ילקוט שמעוני יחזקאל רמז שנח.

אולם התורה מחפשת רפוי ותקון להחטא והשיבה העונש הוא תקון להעבירה בבחינה א׳ והתקון בתור רפואה הוא שיביא קרבן ויתכפר. והקדוש ברוך הוא השיב על תקון העבירה בבחינה ב׳, דהיינו על מרדו נגדו יתברך ולזה השיב יעשה תשובה ויתכפר.

תשובה

תרל"ט

אנו מבחינים בטבע כח חי (לעבינדיגע קראפט)[28] וכח עצור (געשפאנטע קראפט).[29] אם נשים על כף המאזנים משקל ככר אחד וככר השני נעלה מעלה מעלה ונשליכו לכף השניה שבמאזנים, אזי יכריע את כף המאזנים כאלו היה משקלו הרבה יותר מככר. טעם הדבר הוא, כי כל מה שמעשה האדם בכחו הוא כח חי, כשמגביה האדם את הככר הוא מוציא על זה כח. לנו נדמה שנאבד הכח לגמרי, אבל באמת אינו כן, כי אין כליון בעולם והוא רק עולם התמורה, והכח החי שמוציא האדם בפעולתו נתהפך בדבר הנפעל לכח עצור, אם כן כשהאדם מגביה איזה דבר כבד למעלה מתהפך הכח החי שמוציא האדם בהגבהתו לכח עצור בדבר הכבד שהגביה. אחר כן כשמשליכים אותו הדבר למטה נתהפך שוב הכח העצור בקרבו לכח חי, ועל ידי הכח הזה הוא מכריע בכף המאזנים את הככר השני. עוד נתאר פה דמיון אחר[30] והוא, אם נקח ככר אחד אבן הפחם נקי ובלי תערובת ונשימו במכונה מיוחדת ונשרפהו, אזי האד היוצא מאתו אם נשתמש בו במכונה כראוי, ביכלתו להגביה הרבה ככרין משא הגבה למעלה. מאין בבא להככר הזה כח גדול להגביה הרבה ככרין? טעם הדבר, כי באבן הפחם נקבצו שני יסודות, יסוד

28. אנרגיה קינטית.

29. אנרגיה פוטנציאלית.

30. הרב מוהליבר מתאר את מנוע הקיטור שהומצא בשנת 1774, כמאה שנים לפני כתיבת מאמר זה.

הפחמי (קאָהלען שטאָף)[31] ויסוד המימי (וואָסער שטאָף).[32] כל אחד מהיסודות יש לו כח חי, אשר כל אחד שואף בכחו לצאת מהרכבתו ולהחבר עם היסוד החמוצי (זויער שטאָף)[33] אשר באויר. אמנם היסוד השני אינו מניח לו להפרד מאתו. אם כן איפוא נתהפך אצלם הכח החי לכח עצור, ויען כי הכח החי נעצר בקרבו זמן רב, על כן כבר נתקבץ לכח גדול העצור בקרבו, ולפיכך כששורפים אותו, שאז ביכולת היסודות להפרד זה מזה ולהתחבר עם היסוד החמוצי שבאויר יש לנו שתי הרכבות חדשות. יסוד הפחמי כשמתחבר אל יסוד החמוצי נעשה ליסוד פחמי חמוצי (קאָהלען זויער שטאָף),[34] ויסוד המימי כשמתחבר אל יסוד החמוצי נעשה לאדים ועננים.

על כן הכח העצור כשמתהפך לכח חי יהיה גדול מאד ויפעול גדולות כאמור, כן האדם כשיוציא מדי יום יום כל משכרתו, אף כי משכרתו תהיה רבה, כח חי הוא ולא יפעול גדולות, אבל כשיקמץ מהכנסתו רק חלק קטן ליום וכה יעשה שנה אחר שנה, יהפך הכח החי לכח עצור, וכאשר יגיע היום, אשר בו יאבה להוציא הכח העצור ממסגרו, להפכו לכח חי ולפזר כל אשר לו, יוכל לפעול גדולות בכספו. ומה נעמו דברי חז"ל על פי זה באמרם "במקום שבעלי תשובה עומדים צדיקים גמורים אינם יכולים לעמוד".[35] רצונם, באדם יש ב' כחות, כח הטוב וכח הרע. בצדיקים הכח הטוב הוא כח חי, כי משתמשים בו בכל יום להטיב ועל כן נקראים חיים, מה שאין כן הרשעים שאינם יודעים להטיב נקראים מתים, כלומר כח הטוב שלהם כבר מת. אבל בעלי תשובה לא מת אצלם הכח הטוב רק נתהפך מכח חי לכח עצור, שכח הרע לא נתנו לצאת לפועל. ועל כן כשנמשך כך איזה זמן נאסף אצלם כח גדול, ולפיכך כשמגיע הרגע שמתעוררים בתשובה והכח האצור בקרבם מתהפך לכח חי,

31. פחמן.
32. מימן.
33. חמצן.
34. פחמן דו חמצני (CO_2).
35. ראו בבלי ברכות לד ע"ב.

אזי יוכלו לפעול גדולות בכח הגדול שנעצר אצלם, עד כי במקום שבעלי תשובה עומדים אין צדיקים גמורים יכולים לעמוד ומה עמקו דבריהם ז"ל "גדולה תשובה שמגעת עד כסא הכבוד"[36] רצונם, הכח העצור כשמתהפך לכח חי ביכלתו להגביה את האדם מעלה מעלה.

אושפיזין

[התאריך חסר]

אמירת האושפיזין היא לזכור את אבותינו הקדושים, את צדקתם ונדבת לבבם, איך היה ביתם פתוח לרוחה כו'. ואם גם אנחנו נאחז במעשיהם, וכל איש יבקש לו אורח עני על שולחנו ויכבדו במבחר אכילתו כאלו היה אחד מהאושפיזין, אזי באמת נחזה האושפיזין עין בעין כי רוחם הקדושה נחה גם עלינו. אבל לקפוץ ידנו מאחינו האביון ולומר האושפיזין בכוונה הוא רק מעשה שוטים ופתיים אשר לא יועיל מאומה כמבואר בזוהר פרשת אמור, "ההוא דזמין אושפיזין אילון כו' ולא יהיב להון חלקיהון קולהו קיימי מיניה ואמרו אל תלחם לחם רע עין כו' נא ליה לההוא ב"נ כו' אברהם קאים מפתורא דיליה קרי סורו נא מעל אהלי" כו' כו' ועיי"ש.[37] על כן העיקר היא הצדקה עם העניים ולא אמירת האושפיזין, אשר היא רק לעורר את האדם לצדקה וחסד.

36. בבלי יומא פו ע"א.

37. זוהר אמור קד, א: "וההוא דיתיב בצלא דא דמהימנותא וזמין אושפיזין אלין עלאין אושפיזי מהימנותא ולא יהיב לון חולקהון כלהו קיימי מניה ואמרי 'אל תלחם את לחם רע עין' וגו', אשתכח דההוא פתורא דתקין דיליה הוא ולאו דקודשא בריך הוא עליה כתיב 'וזריתי פרש על פניכם וגו' פרש חגיכם' ולא חגי, ווי ליה לההוא בר נש בשעתא דאלין אושפיזי מהימנותא קיימי מפתוריה... אברהם קאים מפתורא וקרי 'סורו נא מעל אהלי האנשים הרשעים האלה' וכלהו סלקין אבתריה".

תרגום: "וההוא שיושב בצל הזה של האמונה ומזמין את האורחים הללו העליונים אורחי האמונה ולא נותן להם חלקם [כלומר, אינו נותן חלק מסעודתו לעניים שבאו לסוכתו] כולם קמים מעליו ואומרים 'אל תלחם...' נמצא שאותו השולחן שהתקין שלו הוא ולא של הקב"ה, עליו כתוב 'וזריתי פרש... חגיכם' ולא חגי,

בדין הדלקה עושה מצווה בנרות חנוכה

[מתוך הערה בשולי איגרת לרב מרדכי אליאשברג, א' חנוכה תרמ"ח][38]

ולפי שהיום הוא ראשון לימי חנוכה אכתוב לכבוד תורתו איזה הערה בענינו של יום, דהנה הרא"ש ז"ל כתב בפ"ב דשבת וז"ל, "וכיון דהדלקה עושה מצוה צריך שיהיה שמן בנר כדי שיעור קודם הדלקה אבל אם בירך והדליק ואחר כך הוסיף שמן עד כדי שיעור לא יצא" עכ"ל. וכן פסק בש"ע או"ח סי' תרע"ה. וקשה הא בנרות המנורה ודאי הדלקה עושה מצוה כמבואר בשבת ד' כב ע"ב ואף על פי כן אמרינן במנחות דף פט ע"א: "ושיערו חכמים חצי לוג מאורתא עד צפרא איכא דאמרי מלמעלה למטה שיערו ואיכא דאמרי ממטה למעלה שיערו". ופירש רש"י על ממטה למעלה שבתחילה נתנו רביעית ועמדו שם וראו שאין סיפוק ושוב הוסיפו עד חצי לוג. אלמא אף על גב דלא היה כשיעור בשעת הדלקה עם כל זה יצא. והוא לכאורה קושיא עצומה ואפשר לאמר דהטעם דבחנוכה לא יוצא אם הוסיף אחר כך משום דפסקינן כבתה אין זקוק לה, אם כן חזינן דבשעת הדלקה כבר נגמרה המצוה כולה, ע"כ אם לא היה בשעת הדלקה כשיעור שהוסיף אחר כך לא יצא, מה שאין כן במקרה דאמרינן שם במנחות דף פח ע"ב, נר שכבתה נדשן השמן נדשנה הפתילה כיצד עושה מטיבה ונותן בה שמן ומדליקה הרי דאם כבתה זקוק לה ואם כן לא נגמרה המצוה בשעת הדלקה רק שאז התחילה המצוה על כן אפילו כשהוסיף אחר כך גם כן יצא. והא שכתב הרא"ש וכיון שהדלקה עושה מצוה צריך שיהא שמן כשיעור קודם הדלקה אין כוונתו דבשביל זה מוכרח להיות שיעור שלם, זה אינו דהא זה נמשך מדינא דכבתה אין זקוק לה כו'. רק שרצונו לומר דאם הנחה היה עושה מצוה היה ביכלתו להוסיף קודם הנחה, אבל מאחר שהדלקה עושה מצוה מוכרח להיות כשיעור

אוי לו לאותו אדם בשעה שאותם אושפיזי האמונה קמים משולחנו... אברהם קם מהשולחן וקורא 'סורו נא...' וכולם יוצאים אחריו".

38. ראו לעיל סימן י מכתב י, עמ' 258 סוף הערה 25.

בשעת ההדלקה, אבל הטעם שצריך להיות כשיעור הוא מפאת דכבתה אין זקוק לה כנ"ל.

דרשה לחג השבועות

[תאריך לא ידוע]

וכל העם רואים את הקולות וגו', ויעמד העם מרחק ומשה נגש אל הערפל אשר שם האלהים (שמות כא, יד-יז).

וחז"ל אמרו על זה "רואים את הנשמע".[39] עוד אמרו חז"ל שהקדוש ברוך הוא אמר כל הדברות בדבור אחד מה שאי אפשר לבשר ודם לאמר כן, כו' חזר ופירשן דיבור דיבור בפני עצמו.[40] ובסוף מכות אמרינן "אנכי ולא יהיה לך מפי הגבורה שמענום",[41] ופירש רש"י "דכתיב אחת דבר אלקים שתים זו שמענו",[42] מוכח מכאן דהשני דברות הראשונות אף על פי שנאמרו כאחת עם כל זה הבינו אותם ישראל, אמנם שאר הדברות לא הבינו, ועוד שמענו מכאן ששאר הדברות חזר משה ופירש להם אבל לא הקדוש ברוך הוא בעצמו. ומוכח מכאן שמשה הבין את כולם אף על פי שנאמרו כאחת.

כמה צריכים אנו להתפעל ברגש קודש מזכרון היום אשר בו היה המעמד הנבחר לפני הר סיני, אשר על ידו נבחרנו מכל לאומי תבל להיות דבקים בו יתברך. הן לא נכחד ממני, כי יש בנו מתחכמים אשר יאמרו ומה הוא כל הרעש הזה? על מה ולמה נתפעל כל כך, על כי היום הזה גרם לנו להיות שפלים ונבזים בגולה, הן גם בעת אשר עמדנו על רום ההצלחה, לא עמדנו במעלה גבוהה ורמה, בעושר

39. רש"י שם, על פי מכילתא דרבי ישמעאל, יתרו, מסכתא בחדש, פרשה ט.
40. מכילתא דרבי ישמעאל, יתרו, מסכתא בחדש, פרשה ד.
41. בבלי מכות כד ע"א.
42. רש"י שם. הציטוט מתהלים סב, יב.

וכבוד וגדולה, כשאר לאומי תבל, כמו מדי פרס יון ורומא, ואף כי כעת אשר היינו בשפל המצב, ולשמחה מה זו עושה?

על זה אשיב אמרי אמת. הן כאשר נחזה איש מצליח למאוד, אמנם בחצי ימיו מת ומאומה לא השאיר אחריו מכל עמלו, הלא לא יעורר בנו רק לקחת מוסר כי הבל העושר ושוא התפארת. ולו נחזה עוד צעירים לימים אשר עלו על גרם ההצלחה, הלא בצדק נאמר עודם צעירים לימים ורק ראשיתם נחזה, ומי יודע אחריתם. אבל אם נחזה איש זקן ושבע ימים כבר חי יותר ממאה שנים, עוד זאת כבר זכה אשר ספריו שהוציא לאור קנו להם שם עולם והם לאור עצום וכל חכמי עולם שאבו מספריו ויעשום ליסוד מוסד, הלא אף אם הזקן כבר הוא חלש ורפה כח גם חייו בדוחק, הלא בצדק נקנא בו, וברגש קודש יכבדו כל איש ישר ואוהב אמת והוא צריך באמת לשמוח בחלקו. ולו יצוייר עוד, שהאיש הזקן אחר עברו שנת המאה עוד יחליף כח ויחדש כנשר נעוריו, והנהו מקוה עוד להתנשא מעלה גם בעושר וכבוד וגדולה, הלא לאיש כזה אין עוד משלו בכל אפסי ארץ, כי בו נקבצו שתי הנקודות, הדרת כבוד זקנה וחכמה רבה, גם כח עלומים והתקוה לחיות חיי עלומים בעושר וכבוד.

אם כן איפוא, אחי! הלא כל לאומי תבל מרעישי ארץ בגאונם וגדולתם כבר פסו ותמו, אין להם שם וזכרון עוד. הממלכות והלאומים אשר בימינו הלא הם צעירים לימים נגדינו, ורק ראשיתם אנו רואים, אבל מי יודע אחריתם. אבל אנחנו עם ישראל אשר הדרת הזקנה וקדושתה חופפת עלינו, מעת נבחרנו לגוי קדוש ועם סגולה כלו לאומים נכרתו ממלכות, ואנחנו הננו חיים וקיימים. גם תורתינו הקדושה קנתה לה שם עולם, וכל לאומי תבל ובעלי אמונות שונות, שאבו רק ממקורה, וכל יסודי דתם רק עליה בנו. ועוד זאת! לא נחלשנו חלילה גם לא תם כחינו ובכל יום הננו עולים מעלה מעלה, ותקותינו חזקה אשר נחדש כנשר נעורינו לעלות על גרם המעלות וכל לאומי תבל יכירו להאציל לנו את הכבוד והיקר הראוי לנו. האם לא לנו להתפעל מרגש נעלה ונפלא כזה? וזה שאמר הנביא בקצרה, "אנכי אנכי הוא מנחמכם מי את ותיראי מאנוש ימות ומבן אדם חציר

ינתן",[43] והבן.

אמנם השמחה האמיתית אשר לנו לשמוח ביום זה הוא מהאושר הנצחי אשר השגנו על ידי נתינת התורה. דהנה רוב הפילוסופים הסכימו אשר כל דבר שאנו רואים ומשיגים אותו בחוש ההשגה החושיית הפרטית הלא היא רק כצל עובר, אין לה קיום רק בשעת הראיה, אבל ההשגה העיונית השכלית היא הקיימת. רצוני, כשהשכל מפשיט את תארי וטבעי המוחש מהמוחש בעצמו ומציירם בשכלו, זאת נחקק בשכלו ונתעצם בו עד שישאר לנצח. כדומה, כשאנו רואים איזה בנין יפה הרגשת החוש הוא רק מעצם המוחש בשעת ראייתו, אבל כשיעבור המוחש מעיניו אינו רואה עוד מאומה. אבל כשיצייר את כל פרטי הבנין ותוארו וציוריו בשכלו אזי יתהפך אצלו ההשגה חושיית הזמנית ופרטית להשגה שכליית נצחיית וכללית, ואף כשאינו רואה עוד את הבנין בחוש כבר הפשיט את רוחניותו מהמוחש הגשמי ונחקק אצלו בזכרונו ושכלו ונעשה כללי, לבנות כמתכונתו עוד בנינים וכדומה.

עוד הוסיפו בכח חקירתם להעמיק ברעיון זה ולומר כי גם המוחש בעצמו הפרטי הוא זמני. רצונם, כי כל גשם [דבר גשמי] מתחלף בכל רגע חלק אחד נחסר וחלק אחר יצמח תחתיו, עד כי כל היקום אשר אנו רואים כעת, כבר יתחלפו כליל במשך זמן ידוע. והאדם שאנו רואים אותו היום כבר נתחלפו כל חלקיו ממה שהיה בשנה העברה, ועם כל זה אין אנו רואים ומרגישים בו שום שינוי, והוא כי הרוחניי אשר בקרבו, היינו תארו ותמונתו, הוא שומר את תבניתו כל משך היותו בחיים. ואם כן רק הרוחני הוא הנצחי, רצוני, כל משך חייתו, אבל לא המוחש הגשמי המתחלף מידי יום ורגע.

וכל דברי הפילוסופים הנ"ל כבר נרמזו בתורתנו הקדושה, "ויצר... ויבא אל האדם לראות מה יקרא לו וכל אשר יקרא לו האדם נפש חיה הוא שמו. ויקרא האדם שמות לכל הבהמה ולעוף השמים

43. ישעיהו נא, יב.

ולכל חית השדה".[44] רצוני, להורות יתרון האדם הוא בנפש המשכלת אשר בקרבו, כי כל החיים זולתו אין להם רק השגה חושיית פרטית. אבל האדם מהפך את ההשגה החושיית הפרטית להשגה שכלית כללית או מינית, ועל פי ציור השכלי אשר בקרבו ידע להבחין ולהבדיל בין פרטי החיות והעופות והבהמות, ולכולם[45] תחת המין הכללי כל אחד למינהו, וכדומה. כל הפרטים מהחיה אשר ממין הארי נקב אותם בשם הארי, ממין הנמר בשם נמר, וכל אשר יקרא לו הוא שמו, רצוני כי בירר היטב את כולם ולחלקם למינים שונים, ולא שגה אף באחד מהם.

ענין הנבואה היא גם כן בב' הבחינות הנ"ל. היינו ראשיתה היא השגה חושיית, או יותר ברור כשנאמר השגה חושית דמיונית, היינו שהוא על ידי כח דמיוני הנפלא אשר הוכן לו עת יצירתו, רואה את מראה הנבואה בחוש הגשמי. אמנם לא זה הוא עיקר הנבואה, אבל העיקר היא הבחינה השניה להפשיט את הרוחניות הנבואה ממוחש גשמיותה, עד אשר יהפוך המראה וציור[46] שכלי על פי כל פרטי תואר ותמונת המראה, עד אשר יהיה נחקק בשכלו ויתעצם בקרבו ציור הנבואה לאמיתתה. והנה מובן מאליו כי לא כל האנשים שוים במדריגתם בזה. כדומה, אם אדם גדול יראה את המלך ידע היטב איך ובמה לתאר את המלך בהבדל אשר יש לו משאר העם, אמנם איש כפרי אשר אין ביכולתו להתבונן ולהעמיק כל כך בעצם מעלות המלך יתארו לפנינו במלבושיו היקרים, ארמונו, וכסאו וכדומה, אף כי אין זה תוארים מיוחדים למלך. ובדרך כלל, האדם הגדול יתארו לפנינו בקיצור נמרץ, כי לא יתפעל רק מעצם מעלת המלך ויתרונו על שאר העם, והכפרי יתארו לפנינו ברוב דברים מכל מה שראה וידע יען כי איננו יודע להבחין בין הדברים המיוחדים למעלתו ובין שאר דברים המרבים כבודו. וזה אמרו חז"ל בקצרה, "כל מה שראה יחזקאל ראה

44. בראשית ב, יט-כ.
45. אולי צ"ל: ולסווגם.
46. אולי צ"ל: לציור.

ישעיה. למה יחזקאל דומה לבן כפר שראה את המלך ולמה ישעיה דומה לבן כרך שראה את המלך",[47] רמזו לנו במלות קצרות, שיען כי השגת ישעיהו והבחנתו היתה יותר חזקה, על כן צייר לפנינו במראה שראה בקצרה את השגתו בכבוד ה' ונכלל בזה כל האריכות שהאריך יחזקאל כנ"ל.

והנה לפי דעת הפילוסופים עיקר השארת הנפש ואושרו, הוא ציור המושכלות שנתעצמו בקרבו אחר הפשיטו מאתם את המוחש הגשמיי. אמנם לפי דבריהם לא יזכו לאושר הנפש רק החכמים והפילוסופים, ושאר העם יכלו ויאבדו במות גופם חלילה, ועיין במלחמות השם לרלב"ג ז"ל מאמר א' פרק יג'. עוד זאת, יען כי כל ציורי המושכלות לא יתכנו רק אחר שיתָפסו בדבר מה, כמו שכל קו נוכל לחלקו על שני חלקים אשר ערך הקטן יהיה אל הגדול כערך הגדול אל שניהם ביחד, או שערך המעושר מכל עיגול לערך המשושה, כערך המשושה אל שניהם ביחד, וכדומה, אין מקום למושכל בלי ציור הקו והעגולה, וכל הצריך לתפיסת דבר מה, לפי קבלתינו ואמונתינו שהעולם מחודש, אם כן לא יתכן לקנין מושכלות כאלה שיהיו נצחים ודוק.[48] על כן לאושרינו הנצחי חנן ה' אותנו בתורתנו הקדושה אשר על ידה נקבע ונחקק אצלינו השגת ה' אחד, וכולנו כחכמים כאשר אינם חכמים הננו מאמינים באמונה שלמה באמיתת מציאותו יתעלה, על כן כולנו נזכה לאושר הנצחי הבלתי כלה לדור דורים, כמאמרם ז"ל במשנה דריש חלק "כל ישראל יש להם חלק

47. בבלי חגיגה יג ע"ב.

48. מעניין להשוות את הדוגמאות למשלים מהדיאלוגים של אפלטון, שככל הנראה אליו מתייחס הרב מוהליבר כעמדת 'רוב הפילוסופים'. ראה למשל את עמדותיו של אפלטון בנושא הישארות הנפש בדיאלוג 'פיידון', משל הקו המחולק (שמזכיר את דוגמת הקו שמביא הרב מוהליבר), פוליטאה ו, 509ד–511ה, וכן את השיעור בגיאומטריה שמעביר אפלטון לנער בדיאלוג **מנון** (שמזכיר את הדוגמה מהעיגול והמשושה), 80ד–86ג. עם זאת, לאפלטון היו עמדות שונות מהמתואר כאן כ'דעת הפילוסופים'. למשל, אפלטון לא היה סבור שחייבים להכיר את האידאות דרך החומר.

לעולם הבא".[49] וזה אמרו חז"ל "יש כנפים לארץ שנאמר 'מכנף הארץ זמירות שמענו',[50] יש כנפים לשמש שנאמר 'שמש צדקה ומרפא לכל בכנפיה'[51] וכנפים לחיות כו' [בא וראה כמה גדול כחן של צדיקים וכמה גדול כחה של צדקה וכמה גדול כחן של גומלי חסדים] שאינן חסים לא בצד כנפי ארץ ולא בצל כנפי שמש כו' אלא בצל כנפי מי שאמר והיה העולם שנאמר 'מה יקר חסדך אלקים ובני אדם בצל כנפיך יחסיון'[52]".[53] רצונם, בכל הדברים הנבראים יש כנפים להחסות בצילם, והוא, כשנהפוך את ההשגה החושית להשגה שיכליית כנ"ל, ועל ידי זה ישיגו הנפשות אושר המושכלות אשר יתעצמו בו כנ"ל, אבל לא לעולם חסנם כנ"ל, אבל כמה גדול כוחן של צדיקים שחסים בצל כנפי ה' כנ"ל. והנה בכל מראה חושית כשהמוחש קרוב לו ונוכל להשיגו בתמונתו ותארו כמו שהוא בכל פרטיו, נוכל להפוך ההשגה חושיית לציור שיכלי כללי כנ"ל, אבל אם הוא רחוק מאוד מאתנו ולא נוכל לראות רק את החומר המוחשיי אבל לא תמונתו ותארו ופרטיו, לא נשאר אצלינו כי אם ההשגה החושיית שראינו דבר מה אבל לא נוכל להפכו על השגה שיכלית כללית, כי לא ידענו מה הוא לעשות מאתו ציור שכלי כללי.

ועתה נתבאר לנו הדברים שנאמרו ונכתבו במעמד המעולה במתן תורה. והוא, "ויעמוד העם מרחוק ומשה נגש" וגו', על כן כשנגלה לפניהם המראה הגדולה להשיג את עשרת הדברים כתיב "וכל העם רואים את הקולות". רצוני, באמת ראו המראה אבל מרחוק מאוד, ולא השיגו רק ההשגה הכללית, והוא מציאות ה' וכי אין בלתו, אבל פרטי המראה תארה ותמונתה והוא, עשרת הדברים לכל פרטיהם לא ראו כלל במראה, על כן לא היה ביכולתם לעשות מזה ציור שיכלי כנ"ל. אם כן איפוא לא נחקק אצלם רק השגת מציאות ה' וכי אין

49. בבלי סנהדרין צ ע"א.
50. ישעיה כד, טז.
51. מלאכי ג, כ.
52. תהלים לו, ח
53. רות רבה, פרשה ה סימן ד.

בלתו, אבל משה רבינו במעלתו הגדולה היה קרוב אל המראה והשיגה בתוארה ותמונתה האמיתית לכל פרטי עשרת הדברים, והוא למדם אחר כך לישראל.

ועל דעת הפילוסופים הנ"ל נראה לדעתי בנוי הדין אומן קונה בשבח כלי.[54] דהנה היכא שהאומן עושה הכלי מעצים שלו וכדומה פשוט הסברא שקונה בשבחה, אמנם היכא שעצם הדבר הוא של בעל הבית דאמרינן עלה שם דמאחר "דצמר וסמנין של בעל הבית צבא אגר ידיה הוא דשקיל"[55] ואינו קונה בשבח הכלי, ואף על פי כן כתבו הגט פשוט ז"ל בסימן ק"כ,[56] דהיינו דוקא בנותן צמר ליורה שלא חידש כלום, אבל היכא שהאומן חידש דבר גדול אף היכא שאין עצם הדבר שלו עם כל זאת קונה בשבח הכלי, וכן מוכח שם מדברי רש"י ז"ל. ונראה לעניות דעתי שסברת הדבר הוא על פי הדעה הנ"ל, שהמוחש הגשמי אינו עומד בעינו אף רגע אחת, רק התמונה הרוחנית אשר לו שומר את תפקידו, ועל כן נשאר למראה עינינו הדבר בעצמו בלי שום שינוי, אם כן עצם המוחש כבר נחלף על אחר – בהמשך איזה זמן – ורק התמונה נשארה בעינה, והתמונה חידש האומן, על כן הוא קונה בשבח הכלי ודו"ק.

אמנם עוד הגדילו חז"ל בחריפות עיונם, לעשות מזה יסוד גם בעיון מוסרי, והוא על הכתוב "מי הקדימני ואשלֵם תחת כל השמים לי הוא, לא אחריש בַּדָּיו וּדְבַר גבורות וְחִין עֶרְכּוֹ",[57] ודרשו על זה "מי מל לפני עד שלא נתתי לו בן, מי עשה מעקה ומזוזה עד שלא נתתי לו בית...".[58] ובאמת עלינו להתפלאות על חכמת מליצת מוסרם ברעיונות דקים וחריפים למאוד, הם ערכו לפנינו לדמות עשיית המצוה לתיקון כלי והאדם העושה המצוה הוא האומן. על כן העירו למוסר אוזנינו,

54. בבלי, בבא קמא צח ע"ב.

55. שם צט ע"א.

56. **גט פשוט**, לרבי משה אבן חביב, אה"ע סי' קכ ס"ק ט.

57. איוב מא, ג-ד. המילה "לא" היא הכתיב, והקרי שלה הוא "לו".

58. תנחומא (בובר) אמור, סימן י.

אשר אם נעשה אותה רק כמצות אנשים מלומדה פעולתה מאפע,[59] מאחר שהמצוה היא בלי תואר בלי תמונה, ועצם הדבר שבו אנו מקיימים המצוה אינו קנין שלנו אבל הוא של השם יתברך, אם כן איזה זכות וקנין יש לנו בשבח הכלי? אבל אם בעשיית המצוה הוא מתבונן ברמזיה ומתלהב באהבת ה׳ וקרבתו, והוא מנפח רוח חיים במעשה המצוה ויתארהו בפאר והדר, הוא קונה בשבח הכלי. וזה סמכו על הכתוב "מי הקדימני ואשלם תחת כל השמים לי הוא" ואם כן איפוא מעשה האדם מה הוא? רק אז יהיה שכרו מרובה ולא אשתוק מלהנחילו הטוב הצפון, "לא אחריש בדיו ודבר גבורות וחין ערכו" כנ"ל. כשנפשוט תואר ההלכה, הלא נבין כמה יקרים ונשגבים הדברים הנ"ל. כי אם יעשה האדם המצות בלי התבוננות והרגש נפשי, אם כן מה יפעול בעשיית המצוה? אבל כשעושה המצוה בכוונה והתבוננות כל אחד כפי שכלו וחכמתו בהשגת טעמי המצות וכוונתם, אז מהפך המוחש הגשמי להפשיט גשמיותו, ויתעצם בשכלו הציור הרוחני הכללי, והוא הציור השכלי כנ"ל, אז יתוסף בנפשו אושר ושלימות וקנין נצחי. והשם יתברך יאיר עיננו בטעמי מצוותיו, ויקרב לבבינו לעבודתו ואהבתו, למען נתענג בזה ובבא, אמן.

ראש חודשים

[תרל"ט]

ברבה פרשת בא: "החדש הזה לכם ראש חדשים, הדא הוא דכתיב קול דודי הנה זה בא מדלג על ההרים אלו האבות וגו׳ הנה זה עומד אחר כתלנו משגיח מן החלונות מציץ מן החרכים ענה דודי ואמר לי קומי לך רעיתי וגו׳ הנה הסתיו עבר גו׳ הנצנים נראו בארץ" כו׳.[60] כונת המדרש להורותנו השגחתו הנפלאה להיטיב לעמו, כי בחר לפניהם העת היותר טובה לשעת הגאולה: א) ביחס האבות; ב) ביחס הטבע.

59. מאפס, חסרי משמעות – ע"פ ישעיהו מא, כד: "הן אתם מאין ופעלכם מאפע".
60. שמות רבה פרשה טו, ד.

ביחס האבות היה להם חדש ניסן היותר נכבד, כי בו נולדו האבות כמבואר בראש השנה,[61] ועל כן נחקקה יקרת ומעלת החדש הזה בלבות כל ישראל. ב׳ ביחס הטבע, כי הוא עת האביב, אשר הסתיו חלף עבר וכל הדר הטבע מתחיל לחיות ולהנער מעפרותו. וזה שאמר ראו חיבתכם לפני המקום כי החדש הזה לכם ראש חדשים, וזה שאמר ״הדא הוא דכתיב קול דודי הנה זה בא מדלג על ההרים אלו האבות״, רוצה לומר למהר הגאולה בחדש שנולדו, ״הנה הסתיו עבר״ וגו׳, כלומר כל הטבע מתעורר לתחיה.

61. בבלי ראש השנה יא ע״א, כדעת ר׳ יהושע.

סימן כד

הספד על האדמו"ר מצאנז[1]

[י' אייר תרל"ו[2]]

אמרינן ביומא "ואנחו בה סימנא: רביא בר קיסי מכפר כשעיר המשתלח".[3] והכי נמי על פי פשוטו, על פי מה דתנן בריש שבועות, "כשם שדם השעיר בפנים מכפר על ישראל כך דם הפר מכפר על הכהנים, וכשם שוידויו של שעיר המשתלח מכפר על ישראל כך וידויו של פר מכפר על הכהנים".[4] ופירש רש"י שם[5] דשעיר הנעשה בפנים מכפר בלא וידוי, אבל שעיר המשתלח אינו מכפר רק על ידי וידוי, על כן קאמר רביא בר קיסי מכפר במיתתו כשעיר המשתלח, והיינו על ידי וידוי שיתוודו העם על עוונותם.

וזהו עיקר ההספד לעורר את העם בווידוי ותשובה כדי שתכפר עליהם מיתת הצדיק. והנה האי יומא קא גרים לעורר בכי ואבל על חורבן שילה וארון ה' כי נלקח ומיתת עלי ובניו ושלשים אלף מישראל, כמבואר במגילת תענית והובא בשולחן ערוך אורח חיים

1. הרב חיים הלברשטאם, מייסד חסידות צאנז, נפטר בכ"ה בניסן תרל"ו (1867). הספד זה ניתן באספת אבל שקיים הרב מוהליבר בעיירה ראדום, שבה שימש באותו זמן כרב העיירה, שבועיים אחרי פטירתו של האדמו"ר.
2. התיארוך מבוסס על רמזים מתוך כתב היד.
3. בבלי יומא מב ע"א. תחילת הקטע: "וההוא יומא נח נפשיה דרביא בר קיסי ואנחו בה סימנא [ובאותו היום נפטר רביא בר קיסי ונתנו חכמים סימן במאורע זה]..."
4. בבלי שבועות ב ע"ב.
5. ד"ה רבי שמעון אומר.

סימן תק"פ.[6] ומקודם נבאר קצת הכתובים בשמואל א׳ ד׳ בהאי עניינא. "ויען המבשר ויאמר נס ישראל לפני פלשתים וגם מגפה גדולה היתה בעם וגם שני בניך מתו חפני ופנחס וארון האלהים נלקחה. ויהי כהזכירו את ארון האלהים ויפול וגו׳ וימת" וגו׳.[7] ובמדרש אמרו שזה המבשר היה שאול.[8] וקשה איזה בשורה טובה הביא בכאן שרץ בעצמו לבשר לעלי. ובשמואל ב׳ מצינו שלא הניח יואב לאחימעץ שיבשר לדוד אשר מת בנו שמרד בו, ואמר לו "לא איש בשורה אתה היום"[9]. עוד קשה מדוע נתפעל עלי מלקיחת הארון יותר ממגפת העם ומיתת בניו, דהא בקידושין אמרינן "מזמור לאסף [...] קינה לאסף מיבעי ליה"[10], עיין שם ברש"י ותוספות[11] שהמזמור היה על ששפך חמתו על עצים ועל אבנים ולא כילה את ישראל, ואם כן כליון ישראל גרוע יותר מחורבן בית המקדש ואף כי מלקיחת הארון.

והנראה לעניות דעתי על פי מה שנאמר בנבואה הראשונה של שמואל, "הנה אנכי עֹשֶׂה דבר בישראל אשר כל שֹׁמְעוֹ תְּצִלֶּינָה שתי אזניו, ביום ההוא אקים אל עלי את כל אשר דברתי אל ביתו החל וכלה וגו׳ ולכן נשבעתי לבית עלי אם יתכפר עון בית עלי בזבח ובמנחה עד עולם".[12] אחר כך כתיב: "וידע כל ישראל מדן ועד באר שבע כי נאמן שמואל לנביא לה'".[13] ומוכח שם שכבר טרם שנתקיימה נבואתו כבר ידעו כי הוא נביא אמיתי. וקשה הא הרמב"ם ז"ל כתב וז"ל: "דברי הפורעניות שהנביא אומר כו׳ אם לא עמדו דבריו אין בזה הכחשה לנבואתו ואין אומרים הנה דיבר ולא בא שהקדוש ברוך

6. סימן ב: "בעשרה באייר מת עלי הכהן ושני בניו, ונשבה ארון ה'". הרב חיים מצאנז נפטר בכ"ה בניסן תרל"ו, ונראה לאור משפט זה שהספד זה ניתן בי׳ באייר.
7. שמואל א׳ ד, יז-יח.
8. מדרש שמואל יא, א.
9. שמואל ב׳ יח, יט-כ.
10. הציטוט מופיע ברש"י קידושין לא ע"ב, ד"ה איסתייעא מילתא.
11. שם ד"ה איסתייעא מילתא.
12. שמואל א׳ ג, יא-יד.
13. שמואל א׳ ג, כ.

הוא ארך אפים ורב חסד וניחם על הרעה ואפשר שעשו תשובה ונסלח להם וכו'. אבל אם הבטיח על טובה ואמר שיהיה כך וכך ולא באה הטובה בידוע שהוא נביא שקר שכל דבר טובה שיגזור האל אפילו על תנאי אינו חוזר.[14] הא למדת שבדברי הטובה בלבד יבחן הנביא". עד כאן דברי הרמב"ם.[15] ואם כן קשה איך היתה נבואה הראשונה של שמואל בדבר רעה שאין מזה שום ראיה שהוא נביא אמת או לא. והיותר קשה איך האמינו לו ישראל טרם שנתקיימה, הא אפשר שבדה זאת מלבבו ולא היה לו ליפחד שמא יתבדה מאחר שאפילו לא יתקיימו דבריו לא יתחזק לנביא שקר, וכמו שביאר שם הרמב"ם דברי הנביא ירמיהו לחנניה בן עזור.[16]

על כן נראה לפי עניות דעתי על פי מה דאמרינן בראש השנה:[17] "מניין לגזר דין שיש עמו שבועה שאינו נקרע שנאמר 'לכן נשבעתי לבית עלי אם יתכפר עון בית עלי בזבח ובמנחה'[18]". ונראה שגם הם עמדו על קושייתינו ומזה הוכיחו שגזר דין שיש עמו שבועה אינו

14. **הערת המחבר:** וצריך עיון גדול על דברי הרמב"ם הנ"ל מדברי הנביא ירמיה: "ורגע אדבר על גוי ועל ממלכה לבנות ולנטוע; ועשה הרע בעיני לבלתי שמוע בקולי וניחמתי על הטובה אשר אמרתי להיטיב אותו" (ירמיה יח, ט-י). ואף על גב דאמרינן בשבת דף נה ע"א "מעולם לא יצתה מידה טובה מפי הקב"ה וחזר בה לרעה חוץ מדבר זה כו'", אפשר לאמר דלא קרה כן משום דלבטל הטובה בעינן חטאים היותר גדולים. אבל עם כל זה אין בזה להכחיש נבואת הנביא מאחר שיכול להיות כן. ואפשר לאמר שהרמב"ם סובר שדברי ירמיהו הנ"ל קאי על חטא העדר התוכחה שעל זה חוזר אפילו מטובה וצריך עיון.
15. הלכות יסודי התורה פרק י הלכה ד.
16. בהמשך ההלכה שם: "הוא שירמיהו אומר בתשובתו לחנניה בן עזור כשהיה ירמיה מתנבא לרעה וחנניה לטובה, אמר לו לחנניה אם לא יעמדו דברי אין בזה ראיה שאני נביא שקר אבל אם לא יעמדו דבריך יודע שאתה נביא שקר, שנאמר 'אך שמע נא את הדבר הזה' וכו' (ירמיה כח, ז)".
17. בבלי ראש השנה יח ע"א. הגמרא שם דנה אם ניתן להתפלל אחר גזר דין, ומגיעה למסקנה שיש שני סוגים של גזרי דין: גזר דין שיש עימו שבועה הוא גזר דין שלא יכול להשתנות, ואילו גזר דין שאין עימו שבועה יכול להשתנות. לאחר מכן היא מביאה את ההוכחה המצוטטת בפנים לכך שגזר דין שיש עימו שבועה אינו יכול להשתנות גם במקרה שעושים תשובה.
18. שמואל א' ג, יד.

נקרע. ועל כן שפיר קיבלו אותו לנביא אמת בנבואה זו, דאם לא כן היה מפחד להתנבא כן שמא יתאחז לבדאי. והנה שאול לא ידע מזה, על כן חשב שאם בני עלי עשו תשובה נמחל להם חטאם ונתבטלה הגזירה על בית עלי, וראיה שכבר נמחל להם חטאם הוא במה שיתגבר להציל הלוחות מיד גלְיָת כמבואר במדרש.[19] על כן רץ לבשר לעלי לאמר שאחר שישראל נסו מפני פלישתים והנשארים מתו במלחמה, אף על פי כן לא נלקח הארון עד שמתו גם בניו, כי מסרו נפשם על קדושת שמו שלא להניח הארון ביד הפלישתים להתעלל בו, ואם כן מאחר שמסרו נפשם על קדושת שמו וודאי נמחל חטאם ונתבטלה הגזירה. אבל עלי ידע שגזר דין שיש עמו שבועה לא יתבטל על כן בהזכירו את ארון האלקים, שזה הוסיף שמואל הנביא על נבואת איש האלוקים שניבא גם כן רעה על בית עלי, וראה שנבואת שמואל אמיתית היתה והגזרה על ביתו נשארה לעולם, על כן מגודל פחדו נפל ומת.

אחי! אז כשנלקח ארון הקודש, אף שהלוחות ניצלו, מת עלי מגודל פחדו ויגונו, כמה לנו לבכות מרה על כי נלקח מאתנו ארון הקודש עם הלוחות. כי זה הגאון הצדיק הנפטר היה לוחות העדות חקוקות בתוכו, כי היה גאון גדול בקי בתורה שבכתב ושבעל פה וגם גופו קדוש וטהור במסירת נפש ממש על התורה ועל העבודה. והיה גופו כארון הקודש ללוחות העדות אשר בקרב לבבו. מי מביא לנו תמורתו? יש בעזרת ה' רבנים גדולים בתורה ולוחות העדות חקוקים על לבבם – אבל בלא ארון הקודש. אולי יש גם צדיקים עובדים את ה' והם כארון הקודש – אבל בלא לוחות העדות. אבל אצל הגאון המנוח נתחברו הארון והלוחות.

כאשר נתבונן במצב דורינו ראשיהם ומנהיגיהם נראה בעין חודרת כי עוד לא הטבנו הרבה ממצב הגרוע אשר היו ישראל בזמן הנביאים, ואם כי עבודה זרה ורציחה בפועל אין אצלנו חלילה, אבל

19. מדרש שמואל א, יא. מדברי המדרש עולה שאמנם ארון הברית נפל בשבי הפלישתים, אך הלוחות ניצלו על ידי שאול.

נשארו בכח ונתחלפו בתמונות אחרות. עתה נציבה נא נוכח עינינו מעמדם אז על פי דברי הנביאים. כה אמר הנביא צפניה: "הוי מֹרְאָה ונגאלה העיר היוֹנָה. לא שמעה בקול גו'. שָׂרֶיהָ בְקִרְבָּהּ אריות שואגים שֹׁפְטֶיהָ זאבי עֶרֶב לא גָרְמוּ לַבֹּקֶר. נביאיה פוחזים אנשי בוֹגדוֹת כהניה חִלְלוּ קדש חמסו תורה".[20] והנביא יחזקאל אמר נבואה זאת בסגנון אחר קצת ובארוכה "קֶשֶׁר נביאיה בתוכה כארי שואג טֹרֵף גו' חֹסֶן וִיקָר יקחו אלמנות הִרבּוּ בתוכה. כהניה חמסו תורתי ויחללו קָדָשַׁי גו'. שריה בקרבה כזאבים טרפי טרף לשפֹּךְ דם לאבד נפשות למען בְּצֹעַ בָּצַע. ונביאה טָחוּ להם תפל גו'. עם הארץ עשקו עשק גו'. ואבקש מהם איש גודר גדר ועומד בפרץ לְפָנַי בעד הארץ לבלתי שחתה ולא מצאתי".[21]

והנראה לבאר דברי הנביאים הנ"ל על פי מה דאמרינן ביבמות "מנין שהפקר בית דין הפקר"[22] וכו' וכתב עלה הרמב"ם ז"ל בפסקיו בכ"ד הלכ' סנהדרין הלכה ו: "וכן יש לו לדיין להפקיר ממון שיש לו בעלים"[23] ורוצה לומר אבל כשאין לו בעלים כמו הרוגי בית דין נכסיהן ליורשים כמבואר בסנהדרין דף מח ע"ב. אמנם במלך ישראל הוא להיפך דהרוגי מלכות נכסיהן למלך כמבואר בסנהדרין שם וברמב"ם פרק ד מהלכות מלכים הלכה ט. אמנם אין ביכולתו להפקיר נכסים שיש להם בעלים כמבואר שם ברמב"ם פרק ג הלכה ח: "אבל לא יפקיר נכסים ואם הפקיר הרי זה גזל". והנה בבבא קמא דף טז ב "ארי ברשות הרבים דרס ואכל פטור" [רוצה לומר דרס ואכל מחיים] משום דאורחיה הוא והויא תולדה דשן ורגל ופטור ברשות הרבים. "טרף ואכל [רוצה לומר לאחר מיתתה] חייב" דלאו אורחיה הוא והוי תולדה דקרן וחייב ברשות הרבים. וכתבו שם התוס'[24] דזאב אורחיה לטרוף ולאכול. וזה הוכיחם הנביא יחזקאל על רוע מעשיהם ואמר

20. צפניה ג, א-ד.
21. יחזקאל כב, כה-ל.
22. יבמות פט ע"ב.
23. הלכות סנהדרין פרק כד הלכה ו.
24. שם ד"ה 'והתניא וכן חיה'.

"קשר נביאיה בתוכה" [רוצה לומר שופטיה וכמו שתירגם עלה "סיעת ספראה", וזה מוכרח דהא נביאי השקר הוכיח אחר כך "ונביאיה טחו להם" גו'] "כארי שואג", רוצה לומר שדורסים ואוכלים כארי משום דלאחר מיתת הבעלים הנכסים ליורשים, על כן הם מפקירים הנכסים בחיי הבעלים מתורת הפקר בית דין, וזוכים בהם מתורת הפקר, ואחר כך מעלילים על הבעלים להורגם. וזה שכתב "חסן ויקר יקחו" ואחרי כן "אלמנותיה הרבו בתוכה", אחר כך אמר "שריה בקרבה" רצונו שרי המלוכה הבאים בכחה אין בכחם להפקיר ממון הבעלים, על כן הם כזאבים טרפי טרף, רצונו לאחר מיתה. "לשפך דם לאבד נפשות למען בצע בצע", רוצה לומר לירש ממונם על פי דין הרוגי מלכות נכסיהם למלך.

והנה עם גודל עונותם ושאיפתם לרצח עם כל זה שמרו חוקי התורה למראית העין, אבל הנביא צפניה אמר "הוי מוראה ונגאלה העיר היונה", רצונו שכבר פרצו גדרי התורה בפרהסיא, "שריה בקרבה אריות שואגים" רצונו שמפקירים ממון הבעלים בחייהם נגד דיני התורה כו'. "שפטיה זאבי ערב לא גרמו לבקר", רצונו שלוקחים הממון מהרוגי בית דין ואין נותנים ליורשים היפך דיני התורה.

והנה הנביא יחזקאל התאונן כי "אין איש גדר גדר ועומד בפרץ" נקונן גם אנחנו איה הגאון הצדיק ר' חיים ז"ל גדר גדר ועמד בפרץ נגד כל שואפי רצח ועושי עולה ונגד מחריבי התורה ורודפי תענוגים במסירת נפשו, כידוע שרצו פריצי עמנו להאביד את נפשו הקדושה. הן אמת שהגאון המנוח ז"ל כבר הגיע לימי זקנה ושיבה אבל בעבור זה גופיה שברנו עוד [...[25]]. דהנה בפרשת שמיני כתיב "בקרבתם לפני ה' וימותו",[26] ואמרו עלה במדרש שמתו על הקריבה[27]

25. סוף המשפט חסר בכתב היד.

26. ויקרא טז, א. פסוק זה מופיע בפרשת אחרי מות אך מתייחס למיתת נדב ואביהוא שנזכרת בפרשת שמיני וזו הייתה גם פרשת השבוע בשבוע שבו נפטר הרב חיים מצאנז.

27. ויקרא רבה כ, ח.

ואמרו עוד שמתו על שהיו מחוסרי בגדים ומה היו חסרים המעיל.[28] וכבר תמה על זה הרא"ש[29] והלא כהנים הדיוטים אין עבודתם אלא בארבעה בגדים, ואיך ילבשו המעיל. ובמדרש[30] אמרינן על הכתוב "אל יבוא בכל עת אל הקודש... בזאת יבוא אהרן" גו'[31] שאהרון היה מתירא שמא נדחה ממחיצתו ואמר השם יתברך שביכולתו לבוא בכל עת רק בזאת יבוא בשלשים וששה זגין ושלשים וששה רמונים והוא המעיל, [ובזבחים אמרינן "ומביא שבעים ושנים זגין שבהם שבעים ושנים עינבלין ותולה שלשים וששה מצד זה ושלשים וששה מצד זה, רבי דוסא אומר משום רבי יהודה שלשים וששה היו, שמנה עשרה מצד זה ושמנה עשרה מצד זה, אמר רבי עיניני בר ששון כמחלוקת כאן כך מחלוקת במראות נגעים",[32] עד כאן. ורוצה לומר לפי ששניהם באים לכפר על עון לשון הרע כמבואר שם] והוא תמוה, דמי הכריחו להוציא הכתוב כפשוטו דקאי על ביאתו לקודש הקודשים פעם אחת בשנה ביום הכיפורים.

אמנם באמת לוטה בזה רעיון עמוק, דהנה במדרש שם[33] איתא ר"ע כד הוה סליק לישאל בשלמה דר"ח הוי מבעבע ע"ש ונשמע קולו בבואו אל הקודש. והנה הגם שהשם יתברך אין צריך שיודיעוהו מקודם שיבוא הכהן להיכלו, אבל המעיל היה כוונתו בהשמעת קולו לעורר את עצמו להודיעו שהוא נכנס להיכל מלך מלכי המלכים, על כן לא נכנס פתאום רק יטהר את לבבו ויתקן מעשיו טרם כניסתו. והנה הגם כי אהרן כבר היה זקן בנבואה ומסר נפשו על ישראל קדוש וטהור, עם כל זה לא הורשה לו ליכנס להיכל המלך בלעדי הכנה. ואף כי צעירים לימים אשר עדן לא שמשו כל צרכם בעבודת ה' כמה היה ראוי להם להכין את עצמם טרם כניסתם להיכל המלך. אבל נדב

28. ויקרא רבה כ, ט.
29. שו"ת הרא"ש כלל יג סימן כא.
30. ויקרא רבה כא, ז.
31. ויקרא טז, ב–ג.
32. זבחים פח ע"ב.
33. ויקרא רבה כא, ח.

ואביהו לא כן חשבו, וכמבואר במדרש שם[34] שהיו אומרים מתי ימותו שני זקנים הללו ואני ואתה ננהיג את הדור שלא חשבו מיעוט שנתם והעדר הכנתם למניעה מהתקרב אל ה׳, וזה שכתב המדרש שמתו על הקריבה. וזה מבאר אחר כך שהיו מחוסרי בגדים, ומה היו חסרים המעיל, רוצה לומר ההכנה להתקרבות אל ה׳.

עתה כמה לנו לקונן על העדר הגאון הצדיק זקן בקדושה ועבודה. הוא כבר הגיע באמת להיות מהמקורבים אליו יתברך. ועליו יש להמליץ הכתוב ״חיים שאל ממך נתתה לו״.[35] והגם שמסרו לנו חכמים כלל גדול עד שלא שקעה שמשו של זה זרחה שמשו של אחר,[36] אבל הגאון המנוח זצ״ל כבר הגיע לימי זקנה בעבודתו ותורתו ומסירת נפשו והיה ראוי להנהיג הדור ולהתקרב אליו יתברך. ואשר נשארו המה צעירים לימים ועוד נחסר להם הכנה רבה, ובין כך ובין כך הדור יתום.

בעצם מיתת בני אהרן על פי הפשט הפשוט אמרתי על פי מה שכתב רבינו הרמב״ם ז״ל בספרו המורה לצדקה בטעם הקורבנות[37] שהוא להמשיכם מעבודה זרה המגונה וכמו שאמרו במדרש בפרשתינו, ״אמר הקב״ה יהיו מקריבים לפני בכל עת קרבנותיהן באוהל מועד והם נפרשים מעבודה זרה והם ניצולים״.[38] אמנם באמת קשה לומר טעם זה על הקרבנות, דאם כן כל תקותינו אך לדבר שאין בו תועלת כבר, דכבר נתבטל יצרא דעבודה זרה, ועוד דהא כבר הקריבו קרבנות הבל וקין שלא היה עדיין עבודה זרה וכמו שהקשה הרמב״ן ז״ל קושיא זו על הרמב״ם בפרשת בראשית.[39] ולדעתי כלל המדרש ראיה זאת בקצרה בפירושו על הכתוב ״וערבה לה׳ מנחת יהודה וירושלים כימי

34. ויקרא רבה כ, י.
35. תהלים כא, ה.
36. ראו בראשית רבה נח, ב.
37. מורה נבוכים חלק ג׳ פרק לב ופרק מו.
38. ויקרא רבה כב, ח. מדרש זה מופיע בפרשת אחרי מות שנקראה בבתי הכנסת בשבת בי״ב באייר תרל״ו.
39. רמב״ן על בראשית ד, ג, וכן על ויקרא א, ט.

עולם וכשנים קדמוניות"[40]. ואמרו עלה "כימי הבל שלא היתה עבודה זרה בימיו".[41] וכבר נתקשה הרמב"ם ז"ל בעצמו בזרות טעם זה על אוזן שומעו וכתב בחלק ג פרק לב ראיה לזה מה שכתוב בתורה "ולא נחם אלהים דרך ארץ פלישתים וגו' ויסב את העם דרך המדבר ים סוף" וגו' וכתב על זה: "כמו שהסב ה' אותם מדרך הישרה אשר היתה מכוונת תחילה, מפני יראת מה שלא היו [גופותם] יכולים לסבלו לפי הטבע אל דרך אחרת, כן צוה בזאת המצוה אשר זכרנו מפני יראת מה שאין יכולת לנפש לקבלו לפי הטבע עד שיגיע הכוונה הראשונה והיא השגתו יתברך והנחת עבודה זרה"[42] עכ"ל.

והנה באמת גם ראיתו יש לדחות. דהנה במדרש פרשת בשלח[43] איתא על ולא נחם אלוהים שלא קיבל תנחומין על שעינו את ישראל ורצה לאבדם, מובן לכל שאין כוונתם להעמיס את הביאור הנ"ל בפשט הכתוב אבל הליטו בזה רעיון יקר, והוא כי דרכי ה' בהנהגת הבריאה נעלים מהשגתינו ואם אנחנו מבינים ורואים איזה טעם בהנהגתו הוא רק כמר מדלי, אבל עוד טעמים ויסודות שלו יתברך נעלים וכמוסים מהשגתינו. הנה כי כן לא היה רק כוונת ה' שלא יראו ישראל מלחמה וישובו למצרים, היה ביכולתו להנחותם בדרך פלישתים ולכבוש את שונאיהם לפניהם ולא היה צריך להנחותם בדרך המדבר, אבל באמת היה עוד לו יתברך שמו טעם נעלה בזה והוא לאבד את המצרים כי בשמעם שחזרו ממסעם דרך המדבר ונבוכים המה בו ימצא פרעה אומץ בלבבו לרדוף אחריהם ויטבע בים הוא וכל חילו.

אמנם אמרו בגמרא דראש השנה דף טז ב על הכתוב "וישמע ה' את קול הנער באשר הוא שם",[44] שאין דנין את האדם אלא לפי מעשיו ולא על העתיד, אם כן מאחר שפרעה כבר נכנס ושלח את

40. מלאכי ג, ד.
41. איכה רבה ה, כא.
42. מורה נבוכים חלק ג' פרק לב (תרגום אבן תיבון). הסוגריים המרובעים בציטוט הן הוספה של המחבר.
43. שמות רבה כ, יב.
44. בראשית כא, יז (בשינוי).

ישראל איך יבוא אתו השם יתברך בעלילה לצוות את ישראל שיסעו דרך המדבר בשביל להטעות את פרעה כדי שיחטא לרדוף אחריהם, על כן אמר הכתוב כי הטעם שלא "נחם אלהים דרך ארץ פלישתים כי קרוב הוא" וכו',[45] וזהו טעם אמיתי על פי סדר והנהגת הטבע. ואף כי ה' הנהיג את ישראל למעלה מן הטבע ולא היו מוכרחים לזה, הניח כאן השם יתברך ההנהגה על פי הטבע שהוא ידע שעל ידי זה יכבד פרעה את לבו ויחטא ברדיפתו אחריהם, ואז יקבל עונשו הראוי לו להטבע בים. והוא על דרך שאמרו "הבא לטמא פותחין לו"[46] ודו"ק. וזה רמזו במדרש על ולא נחם אלהים, שלא קיבל תנחומין ודו"ק.

על כל פנים לפי זה רק הטעם הראשון לפי שעה היה בשביל שלא יחזרו למלחמה, אבל לא זה לבד היה הטעם באמת כנ"ל. אם כן איפוא גם בקרבנות הטעם הפשוט לפי שעה הוא כדברי המדרש בפרשתינו ודברי המורה להמשיכם מעבודה זרה, אבל לא זה הוא הטעם העיקרי ויובנו היטב גם דברי המדרש הנ"ל בפרשת צו.

והנה עיקר עבודתם בקרבנות היה להקריב את בניהם למולך וכדומה. והטעם יען כי לא היה ביכולתם אז להקדיש את אלהי השקר בעיניהם זולת על ידי קורבנות אדם למען יראו כי אש אוכלה הוא טורף אדם ויפחדו ממנו. ולגודל הרגלם בזה ראה השם יתברך שאי אפשר להקדיש את המשכן וקדושתו בעיניהם זולת על ידי קרבן אדם כי אז יעריצוהו ויראו מקדושתו. אמנם לפי שגם בזה רצה לשרש הדיעה הכוזבת הזאת האוכלת אדם כצאן, על כן עשה הדבר על פי האופנים אשר לא יוסיפו לעשות עוד כהנה. והוא כי מקודם הקריבו הכהנים בעצמם את בני העם לטבח ולמאכולת אש, אמנם רק את בני אחרים אבל על בניהם חסו להקריבם כי הם בעצמם ידעו שקרית הדבר. עוד זאת שנית, כי בעת קרבן האדם אז הרעישו בתופים ובמחולות רקדו באלים בשמחה וששון כמבואר במעשי הצעבא.[47]

45. שמות יג, יז.
46. שבת קד ע"א.
47. ראו מורה נבוכים, חלק ג, פרק לז.

אבל השם יתברך אמר חלילה שהאדם יהרוג בעצמו את רעהו, אבל הוא קידש את המשכן במה שנטל הוא בעצמו מאתם קרבן, אמנם לא מדלת העם כי אז היה באיפשרי שהכהנים שבדורות הבאים יוסיפו לעבודה זרה הזאת להקריב קרבנות אדם, על כן הראה שקרבן ה' הוא דוקא בני הכהן הגדול בעצמו למען לא ישובו עוד לכסלה. ואחר כל אלה ציוה השם יתברך אשר כל בית ישראל יבכו את השריפה אשר שרף ה' ולא לשמוח חלילה, אבל יבכו מרה על אשר בגודל רעתם וכסילותם גרמו לאבד שתי נפשות היותר יקרות כמבואר במדרש[48] שאמר משה לאהרן עכשיו אני רואה שהם גדולים ממני וממך [והיינו על פי מה שכתב הפילוסוף הישראלי[49] בספרו ירושלים שלא יעניש הקדוש ברוך הוא את האחד בשביל טובת הכלל, אם לא שהוא במדרגה גבוהה כל כך אשר חשקו ורצונו הוא למסור נפשו לטובת הכלל, עיין שם בדבריו המחוכמים] ואם כי יש טעמים נעלים וגבוהים על מיתת בני אהרן, אמנם זהו הטעם הפשוט.[50]

והנה בהעדר הצדיק באמת כל איש אשר נפשו טהורה צריך להרגיש תיכף וכמו שמצינו בבני הנביאים שהרגישו בהסתלקות אליהו אף קודם שנסתלק כמבואר במלכים ב' ששאלו את אלישע "הידעת כי היום ה' לקח את אדוניך מעל ראשך ויאמר גם אני ידעתי החשו".[51] וכתב האר"י ז"ל:[52] יען כי אליהו היה ראש ישראל על כן היותר קטן מרגיש מקודם הסתלקות כמו האדם בשעת מיתה רגליו יתקררו וימותו מקודם, אחר כך האיברים היותר גבוהים, על כן שאלוהו אם הוא גם כן כבר הרגיש מהסתלקות אליהו. ובזה פירש בעל 'אפיקי יהודה' ז"ל[53]

48. ויקרא רבה יב, ב.
49. משה מנדלסון.
50. פסקה זו הובאה בחוברת של ד"ר מוהילבר בשינויים קלים (ראו לעיל עמ' 371 הערה 29).
51. מלכים ב' ב, ג.
52. נזכר באפיקי יהודה (ראה הערה הבאה).
53. 'אפיקי יהודה' לר' יהודה ליב אדל, איידטקוהנען תרל"ב (1872), דרוש שמיני ('עמק הבכא'), ד-ו.

כוונתם ז״ל במדרש ויגש ״יוסף קטנן של שבטים היה ולא יכלו אחיו לעמוד בתוכחתו״,[54] רצונם כי יוסף שאל אותם בהתודעו להם ״העוד אבי חי״,[55] היינו אם אתה במעלה גדולה כזו שתוכלו לידע ברגע זה אם אבינו הצדיק חי והיה להם להשיב כי הגם שאינם מרגישים מאומה עם כל זה אפשר שהוא כבר הרגיש אם נסתלק, יען כי הוא קטנן של שבטים כו׳ אבל לא יכלו להשיבו ״כי נבהלו מפניו״.[56]

והנה ידעתי כי יהיה הדבר זר ורחוק בעיני המתחכמים אבל כמה דברים זרים ורחוקים אשר אין ביכולתינו להבינם ואף על פי כן מוכרחים אנו לקיימם. הן ידוע שיש ב׳ מיני עצבים: עצבים חיצוניים, והם שפועלים על כלי הראיה השמיעה והדיבור עשיה והילוך וכדומה. עצבים פנימיים, והוא פעולת העכול וההיתוך מכל מיני מזון. והנה לכאורה בעצבים הפנימיים אין לשכל האנושי שום חלק שהרי הם נעשים מעצמם בלי רצונו והסכמתו, אבל באמת אין הדבר כן שהרי אנחנו רואים כשיש דאגה ועצב לאדם יפסיד את תאוות האכילה ויתקלקל גם העיכול, ועל כן אנו מוכרחים לקיים שגם לפעולות הפנימיות יש לשכל חלק והוא המנהיג גם בזה. ואם כי נעלם מאתנו בעצמנו פעולת שכלנו בזה. ולדעתי כבר ביארו לנו הדבר חכמי התלמוד ז״ל בקצרה בברכות דף י ע״א:[57] ״מה הקדוש ברוך הוא זן את העולם כן הנשמה זנה את כל הגוף, מה הקדוש ברוך הוא מלא כל העולם כן הנשמה מלאה כל הגוף״. רצונם בין בכוחות החיצוניות בין בכוחות הפנימיות כו׳. עוד פליאה אחת הכירו בטבע שמוכרחים אנו לאמר שיש קישור וידיעה גם בדברים שחוצה לנו אף מבלעדי הכרת השכל והוא בהכרת העולל תיכף בהולדו את אמו, אף כי הוא מרחוק קצת אם כן איפא הלא יש כח הנעלם המקשר גם את הנמצאים. אם כן איפא לא מוזר הוא שהאיש אשר נפשו טהורה ירגיש בהעדר החכמה

54. בראשית רבה צג, י.
55. בראשית מה, ג.
56. שם.
57. ושם מופיע בשינוי לשון.

והקדושה על ידי הסתלקות הצדיק. ועלינו למלאות את הנחסר על ידי תוספות יראה ולימוד התורה ויקום בנו "ובלע המות לנצח"[58] וגו'.

58. ישעיהו כה, ח.

אחרית דבר

בשנת 1902, חמש שנים אחרי פטירתו של הרב מוהליבר, פרסם בנימין זאב הרצל את ספרו 'אלטנוילנד' שבו הוא מתאר אוטופיה של המדינה היהודית כפי שהוא חזה אותה.

אחת הדמויות בספר זה היא הרב שמואל, וככל הנראה היא מתבססת על דמותו של הרב שמואל מוהליבר. הפסקה המובאת כאן היא פסקת הסיום של הספר ובה נשאלים הנוכחים על מקור ההצלחה של המדינה היהודית.

פרידריך לבנברג הציג ברוח דומה שאלה, וכולם ענו עליה כל אחד בתורו, כל אחד בדרכו.

"אנחנו רואים כאן צורה חדשה, מאושרת יותר, של חיים משותפים בין בני אדם – מי אחראי לכך?"

ליטבק הזקן אמר: "המצוקה!"

הארכיטקט שטיינק אמר: "התאחדותו מחדש של העם!"

קינגסקורט אמר: "אמצעי התחבורה החדשים!"

דוקטור מרכוס אמר: "המדע!"

ג'ו לוי אמר: "כוח הרצון!"

פרופסור שטיינק אמר: "כוחות הטבע!"

המטיף האנגלי הופקינס אמר: "הסובלנות ההדדית!"

רשיד ביי אמר: "האמונה בכוחות עצמנו!"

דוד ליטבק אמר: "האהבה והסבל!"

והרב שמואל קם ואמר בחגיגיות: "אלוהים!"

מקורות למאמרים

שער ראשון

סימן א: אל חברת 'מרבי השכלה בישראל' ואל הרבנים ברוסיה ופולין

הלבנון, תרל"ב (31.7.1872), גיליון 47.

סימן ב: היראה וההשכלה

המאמר פורסם ב**הלבנון** בשני חלקים: 1) תרל"ג (4.12.1872), גיליון 15; 2) תרל"ג (11.12.1872), גיליון 16. פורסם שוב ב**סיני**, ג, תרצ"ח, עמ' יז-כה, בשינויי נוסח קלים. הנוסח המפורסם כאן הוא הנוסח שפורסם ב**הלבנון**.

סימן ג: הצעה לחברת מרבי השכלה בישראל

המליץ, תרל"ג (29.4.1873), גיליון 12, עמ' 90-91. פרסום נוסף: רוזנטל, חברת מרבי השכלה, עמ' 101-102.

סימן ד: אושר האדם

פורסם ב**הלבנון** בארבעה חלקים: 1) תרל"ד (11.2.1874), גיליון 26; 2) תרל"ד (18.2.1874), גיליון 27; 3) תרל"ד (25.2.1874), גיליון 28; 4) תרל"ד (4.3.1874), גיליון 29.

סימן ה: יחס לגויים בזמן הזה

המליץ, תרל"ג (17.12.1872), גיליון 20. בפרסום המקורי מצוין שתאריך הכתיבה של המאמר הוא ג בכסליו תרל"ג (3.12.1872). המאמר נדפס ללא כותרת והיא נוספה כאן על ידי המהדיר.

סימן ו: ענייני חינוך ותרבות

א. התיאטרון ביפו: ארכיון ציוני מרכזי, תיק A35/84.

ב: בית הספר ביפו:

1. איגרת לאגודת 'בני משה' – ארכיון ציוני מרכזי, תיק A35/22.

2. איגרת לחברת 'כל ישראל חברים' – המכתב נכתב במקורו בצרפתית ועותק מתורגם שלו התקבל מד"ר אריה לב מוהילבר (נינו של הרב).

סימן ז: יראה ודרך ארץ

פרק מתוך 'דעותיו והשקפותיו של הרב מוהילבר' (מוהילבר, דעותיו והשקפותיו, עמ' כא-כט; ספר שמואל עמ' קלג-קמא).

שער שני

סימן ח: הגאולה

הפרק האחרון מתוך 'דעותיו והשקפותיו של הרב מוהילבר' (מוהילבר, דעותיו והשקפותיו, עמ' מא-מד; ספר שמואל עמ' קנג-קנו).

סימן ט: הנאום בוועידת קטוביץ'

כתבים, ב, עמ' 593-594, תעודה 420.

סימן י: פולמוס גדרה

מכתב א: כתבים, ה, עמ' 375-379, תעודה 1081.

מכתב ב: ספר שמואל, עמ' עו.

מכתב ג: כתבים, ה, עמ' 393, תעודה 1089.

מכתב ד: ספר שמואל עמ' עז; כתבים, ה, עמ' 391-392, תעודה 1088.

מכתב ה: כתבים, ה, עמ' 431-433, תעודה 1102.

מכתב ו: שם, עמ' 444, תעודה 1108.

מכתב ז: ספר שמואל, עמ' פה.

מכתב ח: כתבים, ה, עמ' 447-449, תעודה 1111.
מכתב ט: שם, עמ' 455-457, תעודה 1114.
מכתב י: **סיני**, ג, תרצ"ח, עמ' קכג-קכו.
מכתב יא: כתבים, ה, עמ' 460-462, תעודה 1116.
מכתב יב: הארכיון הציוני המרכזי A9/10/17; כתבים, ה, עמ' -492 491, תעודה 1131.
מכתב יג: **המליץ**, תרנ"ד (10.4.1894), גיליון 74, עמ' 2-3.

סימן יא: פולמוס השמיטה והיתר המכירה

א. היתר המכירה תרמ"ט: **המליץ**, תרמ"ט (22.3.1889), גיליון 58, עמ' 2-3; ארכיון ציוני מרכזי, תיק A9/10/19; כתבים, ו, עמ' 89, תעודה 1169.

ב. הצטרפות הרב יצחק אלחנן להיתר: נדפס לצד היתר המכירה תרמ"ט (ראו סעיף קודם), ומלבד זאת נדפס בתוך: **הצבי**, תרמ"ח, גיליון יז; לוין, אוריתא, עמ' 81-82.

ג. מכתבו של הרב יצחק אלחנן לרב מוהליבר: ורפל, לפרשת, עמ' 6; לוין, אוריתא, עמ' 83-84.

ד. היתר המכירה תרנ"ו: פרידמן, למשמעותו, עמ' 476-478. פרידמן מציין שהמכתב המקורי מצוי בארכיון רחובות, מס' 306.

ה. איגרת של הרב מוהליבר לבני רחובות: לוין־אפשטין, זכרונותי, עמ' 200-202.

ו. תשובה בדבר היתר המכירה לעכו"ם בשביעית: שו"ת מהר"ש מוהליבר, יו"ד סימן כב, עמ' קיב.

סימן יב: מטרת נסיעתי לארצנו הקדושה

שיבת ציון, מהדו' סלוצקי עמ' 7-18.

סימן יג: דברים להקמת המושבה רחובות

הסטנוגרמה פורסמה ללא חתימתו של הרב מוהליבר (כך שייתכן ומדובר על סיכום דבריו על ידי אדם אחר) בשני חלקים: **הצפירה**,

תרנ"א (7.11.1890), גיליון 235; **הצפירה**, תרנ"א (9.11.1890), גיליון 236. המאמר נדפס ללא כותרת והיא נוספה כאן על ידי המהדיר.

סימן יד: כרוזים ופעילות ציונית

א. קול קורא לעלייה לארץ ישראל והקמת אגודות חובבי ציון: ספר שמואל, עמ' כ-כא. הרב מימון מציין שם שהוא העתיק את הנוסח מכתב היד המקורי, שהיה ברשות הרב אברהם עביר הרשקוביץ מבורו־פארק בניו־יורק.

ב. מכתב התרמה ליהודי לונדון: סיני, עב (קכג), תשע"א, עמ' עו-עח. בפרסום מצוין שמכתב זה נמצא בספריית מוסד הרב קוק, אך אין פרטים על המכתב, על מקורו ועל נסיבות שליחתו. ייתכן שמכתב זה הוא חלק מאוסף כתבי היד שהיה ביד נכדו של הרב מוהליבר, ד"ר יוסף מוהילבר, שככל הנראה הופקד למשמרת בספריית יד הרב מימון. המכתב פורסם (בדילוגים קלים) גם אצל פדרבוש, תורה ומלוכה, עמ' 86. קטעים ממכתב זה פורסמו גם בחוברת **התנועה הלאומית היהודית והקמת מדינת ישראל**, המרכז לתכניות לימודים, משרד החינוך והתרבות (מהדורת ניסוי), ירושלים תשל"ח.

ג. קול קורא מראש המזרח": ספר שמואל, עמ' סב-סד.

ד. בדין יישוב ארץ ישראל ואתרוגי ארץ ישראל: ספר שמואל, עמ' לא-לד. מצוין שם שכתב היד של המכתב היה תחת ידו של נכדו של הרב מוהליבר. תשובה זו נדפסה בשנית בהשמטות קלות בשו"ת מהר"ש מוהליבר, סימן יט, עמ' מג-מה.

ה. קול קורא ליהדות ארצות הברית: מלאכי, ר' שמואל וציוני אמריקה, עמ' 585-587.

ו. איגרת לחובבי ציון בווילנה: אפל, בתוך ראשית התחיה, עמ' 152-150; ספר שמואל, עמ' קעה-קעו.

סימן טו: דברי ברכה של הרב מוהליבר לקונגרס הציוני

המליץ, תרנ"ז (6.9.1897), גיליון 192; ספר הקונגרס, עמ' 165; ספר שמואל, עמ' סו-ע.

סימן טז: 'צוואת' הרב מוהליבר

המליץ, תרנ"ח (21.6.1898), גיליון 125. גרסה ערוכה יותר של המאמר נתפרסמה שבוע וחצי לאחר הפרסום הראשון: **המגיד**, תרנ"ח (30.6.1898), גיליון כח, עמ' 4–5. הנוסח המובא כאן נסמך ברובו על הנוסח השני. לצורך קביעת הנוסח נעשה גם שימוש בכתבי היד שנמצאים בארכיון הציוני המרכזי, תיקים A24/5/3 ו־A/24/624.

שער שלישי

סימנים יז–כד:

השער השלישי כולו מקורו בחוברת 'דעותיו והשקפותיו של הרב מוהילבר' (מוהילבר, דעותיו והשקפותיו), זאת למעט הקטעים הבאים:

סימן כג, "בדין הדלקה עושה מצווה בנרות חנוכה": מתוך איגרת לרב מרדכי אליעשברג (לעיל סימן י מכתב י).

סימן כג, "רעיוני קודש לחג השבועות": נדפס בסיני מג, ניסן–אלול תשי"ח, עמ' קצא–קצד.

סימן כד, "הספד על האדמו"ר מצאנז, הרב חיים הלברשטאם": נדפס ב**סיני** 41 (כרך פ), תשרי–אדר תשל"ז, עמ' קצג–ר.

מפתח הקיצורים

אברהם, על היחס לגויים = הרב מיכאל אברהם, ׳האם יש עבודה זרה ״נאורה?״ – על היחס לגויים ועל שינויים בהלכה׳, **אקדמות** יט, תשס״ז, עמ׳ 86-65 (זמין במרשתת: bmj.org.il/wp-content/uploads/2019/12/19.4.Avraham.pdf)

אגרות הרצל = **אגרות הרצל**, א.ביין וג. הרליץ (עורכים), תל אביב תש״ה

אהרנסון, הבארון והמושבות = רן אהרנסון, **הבארון והמושבות**, ירושלים 1990

אהרנסון, מה שקדם = רן אהרנסון, ׳מה שקדם׳, **עת מול** 162, תשס״ב, עמ׳ 8–10

אילן, פרקים מזיכרונותיו = צבי אילן, ׳פרקים מזיכרונותיו של אליהו שייד׳, **קתדרה** 21, אוקטובר 1981, עמ׳ 207–222

אייזנברג, קורותיו = **אהרון א. אייזנברג: קורותיו כתביו ותקופתו הישובית**, עבר הדני (אהרן פלדמן) (עורך), תל אביב תש״ז

אלבוים־דרור, החינוך העברי = רחל אלבוים־דרור, **החינוך העברי בארץ ישראל**, ירושלים תשמ״ו

אנציקלופדיה לחלוצי הישוב ובוניו = דוד תדהר (עורך), **אנציקלופדיה לחלוצי הישוב ובוניו**, תל אביב 1947

אפל, בתוך ראשית התחיה = יהודה אפל, **בתוך ראשית התחיה**, תל אביב תרצ"ו (זמין במרשתת: URL=<http://benyehuda.org/appel/betox.html#c10)

ארקין, הארות לפולמוס = אחיעזר ארקין, **שמיטת תרמ"ט הארות לפולמוס השמיטה**, מזכרת בתיה תשפ"ב (זמין באתר של ציוני דרך: http://museum-mohaliver.org.il)

ארקין, הציוני המדיני הראשון = אחיעזר ארקין, **הרב שמואל מוהליבר הציוני המדיני הראשון**, מזכרת בתיה תשע"ט (זמין באתר מוזיאון הרב מוהליבר: http://museum-mohaliver.org.il)

ארקין, מזכרת בתיה = אחיעזר ארקין, **הרב שמואל מוהליבר זצ"ל ומזכרת בתיה**, מזכרת בתיה תשע"ח (זמין באתר מוזיאון הרב מוהליבר: http://museum-mohaliver.org.il)

ארקין, משני קצות הגשר הציוני = אחיעזר ארקין, 'משני קצות הגשר הציוני', **עתמול** 210, תש"ע, עמ' 4–7 (זמין במרשתת: www.ybz.org.il/_Uploads/dbsAttachedFiles/Article_210.2.pdf)

ארקין, נחשוני השמיטה = אחיעזר ארקין, **נחשוני השמיטה**, מזכרת בתיה תשנ"ד (זמין באתר ציוני דרך: http://www.midrasha-m-b.org.il)

ארקין, שמיטת תרמ"ט = אחיעזר ארקין, 'שמיטת תרמ"ט במזכרת בתיה', **המעיין** כו (ד), תמוז תשמ"ו, עמ' 1–19; המשך המאמר: **המעין** כז (א), תשרי תשמ"ז, עמ' 17–35 (זמין במרשתת: www.daat.ac.il/shmita/mamarim/arkin.htm)

אשל, גן שמואל = מרדכי אשל, '"עשיתי לי גנות ופרדסים" גן שמואל מפרדס אתרוגים לקיבוץ', **עתמול** 206, אב תשס"ט, עמ' 10-13

ביק, קווים למשנתו = אברהם ביק (=שאולי), 'קווים למשנתו של הגאון רבי שמואל מוהליבר – שמונים שנה לפטירתו', **שנה בשנה** תשל"ח, עמ' 448-454

ביק, רבי שמואל מוהליבר = אברהם ביק (=שאולי), 'רבי שמואל מוהליבר', **שרגאי** א, ירושלים תשמ"ה, עמ' 281-284

בן־יהודה, היישוב העברי = אליעזר בן־יהודה, 'היישוב העברי ביפו מתפתח', **ספר העליה הראשונה**, כרך ב, עמ' 149-150

בריל, יסוד המעלה = יחיאל בריל, **יסוד המעלה**, ירושלים תשל"ח

גולדשטיין, אנו היינו הראשונים = יוסי גולדשטיין, **אנו היינו הראשונים – תולדות "חיבת ציון": 1881-1918**, ירושלים תשע"ו

גלעדי ונאור, רוטשילד אבי הישוב = דן גלעדי ומרדכי נאור, **רוטשילד: "אבי היישוב" ומפעלו בארץ ישראל**, ירושלים 1982

גניחובסקי, סיפורים ירושלמיים = דב גניחובסקי, **סיפורים ירושלמיים**, ירושלים תשמ"ט

הוטרר, ובשנה השביעית = הרב בעז הוטרר, **ובשנה השביעית: שנת השמיטה בהתיישבות החקלאית היהודית בארץ ישראל**, חלק א, מזמן הכיבוש העות'מני ועד שלהי שנת תרמ"ט, הר ברכה, תשע"ח; חלק ב, שנות השמיטה תרנ"ו-תרס"ג, הר ברכה, תשפ"ב

הכהן, על הראשונים = הרב מרדכי הכהן, **על הראשונים: אבות רעיון חידוש ישוב ארץ ישראל לגאולת העם וחלוצי עובדי אדמתה על טהרת הקודש**, תל אביב תשכ"ט

הערשברג, פינקס ביאליסטוק = אברהם שמואל הערשברג, **פינקס ביאליסטוק**, ניו־יורק תש"ט-תש"י

הרצל, בפני עם ועולם = תיאודור הרצל, **בפני עם ועולם: נאומים ומאמרים ציוניים 1895–1899**, ירושלים תשל"ו

ויטל, המהפכה הציונית = דוד ויטל, **המהפכה הציונית, כרך א: ראשית התנועה**, תל־אביב 1978

ורפל, זכרון שמואל = יצחק ורפל (רפאל), 'זכרון שמואל', **סיני** ג, תרצ"ח, עמ' קכב-קכט

ורפל, לפרשת = יצחק ורפל (רפאל), 'לפרשת היתר־העבודה בשמיטה', **הצופה**, תש"ה (3.11.1944)

חיסין, מרשומות אחד הבילויים = חיים חיסין, **מרשומות אחד הבילויים**, ירושלים תשנ"א

חקרי הלכה ושאלות ותשובות = הרב שמואל מוהליבר, **חקרי הלכה ושאלות ותשובות**, עם הערות מאת הרב יהודה לייב הכהן פישמן מימון, מוסד הרב קוק, ירושלים תש"ד

טאו, הגבורה = הרב צבי ישראל טאו, **הגדולה והגבורה**, הוצאת שירת ישראל, תמוז התשפ"א

ירדן, הגותו החינוכית = יואל ירדן, 'הגותו החינוכית של הרב שמואל מוהליבר תרל"ג-תרל"ד', **עיונים בחינוך** 33, אדר תשמ"ב (פורסם בשנית: יחזקאל כהן (עורך), **הציונות הדתית בתמורות הזמן**, הוצאת הקיבוץ הדתי – נאמני תורה ועבודה, ירושלים תשמ"ט, עמ' 35–44)

כתבים = אלתר דרויאנוב (עורך), **כתבים לתולדות חבת ציון וישוב ארץ ישראל**, כרכים א-ג, אודסה תרע"ט-תרצ"ב; שולמית לסקוב (עורכת), **כתבים לתולדות חיבת ציון וישוב ארץ ישראל**, כרכים א-ה, תל־אביב, תשמ"ב-תשמ"ז (ההפניות הן למהדורת לסקוב אלא אם כן מצוין אחרת)

לוין, אוריתא = עמיהוד יצחק מאיר לוין (עורך), **אוריתא ט: שביעית ומוצאי שביעית**, מהדורה שנייה, נתניה תשמ"ז

לוין־אפשטין, זכרונותי = א"ז לוין־אפשטין, **זכרונותי**, הוצאת האחים לוין־אפשטין ושות', תל־אביב תרצ"ב

לילנבלום, דרך לעבור גולים = משה ליב לילנבלום, **דרך לעבור גולים**, ורשה תרנ"ט

מוהילבר, דעותיו והשקפותיו = יוסף מוהילבר (עורך), **דעותיו והשקפותיו של הרב שמואל מוהליבר**, ירושלים תרפ"ג. נדפס גם בתוך **ספר שמואל**, עמ' קיג-קנו.

מוהילבר, הרב המנהיג = יוסף מוהילבר, 'הרב המנהיג', **הצופה**, י"ח בסיוון תרצ"ח (17.6.1938), עמ' 5

מוסקט, על הרי ישראל = חיים אליעזר מוסקט, 'על הרי ישראל – רשמי מסע בארץ', **חבצלת**, תר"ן (1890), גיליונות: 31, 32, 37, 38, 39, 41

מימון, פרקי זכרונות = הרב י"ל הכהן מימון, 'פרקי זכרונות על הציונות', **הצופה**, כ"ד באדר א' תשי"ד (28.2.1954)

מימון, שרי המאה = הרב י"ל הכהן מימון, **שרי המאה**, ירושלים תשי"ב

מלאכי, לתולדות = א. ר. מלאכי, 'לתולדות רבי שמואל מוהליבר', **אור המזרח** ט, תשכ"ב, עמ' 55-63

מלאכי, ר' שמואל וציוני אמריקה = א.ר. מלאכי, 'ר' שמואל מוהליבר וציוני אמריקה', **תלפיות** (ניסן תש"ח) שנה ג, חוברת ג-ד, עמ' 599-579

נאור, ספר למזכרת = מרדכי נאור, **ספר למזכרת**, ירושלים תשע"א

ניסנבוים, אגרות = הרב י' ניסנבוים, **אגרות הרב ניסנבוים**, ירושלים תשט"ז

ניסנבוים, הדת והתחיה = הרב יצחק ניסנבוים, **הדת והתחיה הלאומית**, ורשא תר"פ

ניסנבוים, עלי חלדי = הרב יצחק ניסנבוים, **עלי חלדי**, ירושלים תשכ"ט

ניסנבוים, ר' שמואל מוהליבר = הרב יצחק ניסנבוים, **ר' שמואל מוהליבר**, ספריית ארץ ישראל של הקק"ל, חוברת כא, תל אביב תר"ץ

סמסונוב, זכרון־יעקב = אריה סמסונוב, **זכרון־יעקב: פרשת דברי ימיה תרמ"ב-תש"ב**, זכרון יעקב, תש"ג

ספר הקונגרס = לייב יפה (עורך), **ספר הקונגרס למלאת 50 שנה לקונגרס הציוני הראשון**, ירושלים תש״י

ספר שמואל = הרב יהודה ליב הכהן פישמן (=מימון) (עורך), **ספר שמואל**, ירושלים תרפ״ג

פדרבוש, תורה ומלוכה = שמעון פדרבוש, **תורה ומלוכה**, ירושלים תשכ״א

פוס, שטר היתר המכירה = אריאל פוס, ׳שטר היתר המכירה׳, **חיצי גבורים - פליטת סופרים מאסף תורני** י, ניסן תשע״ז, עמ׳ א׳פ-א׳קי

פינקל, גיבורי כח נשכחים = שמואל פינקל, **גיבורי כח נשכחים**, ירושלים 2021

פניס, מילון לועזי עברי = דן פניס, **מילון לועזי-עברי המורחב: מילים, שמות וניבים זרים בעברית**, תל אביב 1992

פרידמן, למשמעותו = מ׳ פרידמן, ׳למשמעותו החברתית של פולמוס השמיטה׳, בתוך: י׳ הקר (עורך), **שלם – מחקרים בתולדות ארץ ישראל ויישובה, ספר ראשון**, ירושלים 1974

פרלוב, ספר ראדום = יצחק פרלוב, **ספר ראדום**, תל־אביב 1961

קלויזנר, בדרכי ציון = ישראל קלויזנר, **בדרכי ציון – פרקים בתולדות הציונות ותחיית הדיבור העברי**, ירושלים תשל״ח

קלויזנר, מקאטוביץ עד באזל = ישראל קלויזנר, **מקאטוביץ עד באזל**, ירושלים 1965

קניאל, המשך ותמורה = יהושע קניאל, **המשך ותמורה: היישוב הישן והיישוב החדש בתקופת העלייה הראשונה והשנייה**, ירושלים תרמ"ב

קניאל, במעבר = יהושע קניאל, **במעבר: היהודים בארץ־ישראל במאה הי"ט בין ישן לחדש ובין יישוב ארץ הקודש לבין ציונות**, ירושלים תש"ס

קרק, עלייתה של יפו = רות קרק, 'עלייתה של יפו כמרכז היישוב החדש', בתוך: מרדכי אליאב (עורך), **ספר העלייה הראשונה**, כרך א, עמ' 297–318, ירושלים תל־אביב תשמ"ב

רוזן, החלוץ = חסידה רוזן, 'הרב שמואל מוהליבר – החלוץ שלפני המחנה', שמחה רז (עורך), **קובץ הציונות הדתית**, חלק ד, ירושלים 2001, עמ' 597–613

רוזנטל, חברת מרבי השכלה = יהודה רוזנטל (ראזענטהאל), **תולדות חברת מרבי השכלה בישראל בארץ רוסיא משנת התיסדותה תרכ"ד (1863) עד שנת תרמ"ו (1885)**, פטרבורג תרמ"ו, חלק א

שויביץ', המזרח"י = אילה שויביץ', 'המזרחי בראשות הרב שמואל מוהליבר תרנ"ג-תרנ"ח', **בשבילי התחיה** ג (תשמ"ט), עמ' 155–168

שו"ת מהר"ש מוהליבר = הרב שמואל מוהליבר, **שו"ת מהר"ש מוהליבר** – שאלות ותשובות בחקר ההלכה, בצירוף מבוא והערות מאת הרב יהודה לייב הכהן מימון, הוצאת מוסד הרב קוק, ירושלים תש"ם (נדפס מחדש בסיוע 'ציוני דרך' מרכז סיור ולימוד מזכרת בתיה, תשפ"ב)

שטיין־אשכנזי, אגודת 'בני משה' = אסתר שטיין־אשכנזי, 'אגודת

"בני משה", מרכזה בוורשה וזיקתה לתנועת חיבת ציון', **הציונות** יא (1986), עמ' 29–64

שטרנברג, היתר תרמ"ט: הרב שלמה שטרנברג, **היתר תרמ"ט**, תל אביב תשמ"ו

שיבת ציון = אברהם יעקב סלוצקי (מוציא לאור), **שיבת ציון – קובץ מאמרי גאוני הדור בשבח ישוב ארץ ישראל**, ורשה תרנ"ב. לספר זה פורסמו שתי מהדורות חדשות: **שיבת ציון – קובץ מאמרי גאוני הדור בשבח ישוב ארץ ישראל**, מבוא הערות ומפתחות, יוסף שלמון (עורך), מרכז דינור ואוניברסיטת בן גוריון, תשנ"ח; **שיבת ציון – קובץ מאמרי גאוני הדור בשבח ישוב ארץ ישראל**, הוצאת מכון הר־ברכה, ישראל תשע"ב

שלמון, אם תעירו = יוסף שלמון, **אם תעירו ואם תעוררו: אורתודוקסיה במצרי הלאומיות**, הוצאת מרכז זלמן שז"ר לתולדות ישראל, ירושלים תשס"ו

שלמון, העימות = יוסף שלמון, 'העימות בין החרדים למשכילים בתנועת חיבת־ציון בשנות ה־80', **הציונות** ה (1978), עמ' 43–77

שלמון, תנועת הבילויים = יוסף שלמון, 'תנועת הבילויים', **ספר העליה הראשונה** א, ירושלים 1982, עמ' 117–140

שקלאר, מסע המושבות הראשון = אילה שקלאר, 'מסע המושבות הראשון', **מקור ראשון**, כ' בסיון תש"פ (12.6.20)

תולדות היישוב היהודי בארץ ישראל = ישראל קולות (עורך), **תולדות היישוב היהודי בארץ ישראל מאז העליה הראשונה**, א, חלק א: התקופה העותומנית, ירושלים 1989

רשימת התמונות

מפתח שמות ומקומות

שמות

א

ב

ג

ד

ה

ו

ק

ר

ש

מקומות

ל

מ

נ

ס

ע

פ

ק

ר

ש